URKUNDEN

ZUR GESCHICHTE

DES DEUTSCHEN PRIVATRECHTES.

FÜR DEN GEBRAUCH BEI VORLESUNGEN UND ÜBUNGEN

HERAUSGEGEBEN

VON

HUGO LOERSCH UND RICHARD SCHRÖDER.

DRITTE, NEU BEARBEITETE AUFLAGE

VON

DR. RICHARD SCHRÖDER UND DR. LEOPOLD PERELS
O. Ö. PROFESSOR DER RECHTE A. O. PROFESSOR DER RECHTE
AN DER UNIVERSITÄT HEIDELBERG.

BONN
A. MARCUS UND E. WEBERS VERLAG
1912.

VORREDE.

Nicht ohne tiefe Bewegung habe ich dem Wunsche der Verlagsbuchhandlung nach Herstellung einer neuen Auflage entsprochen. Jahrelang hatte ich in Bonn im engsten Verkehr mit Hugo Loersch gelebt und gearbeitet. Herzliche Freundschaft verband uns ebenso fest, wie die Gleichheit der wissenschaftlichen Interessen und die Dankbarkeit gegen unsern gemeinsamen Lehrer Georg Waitz, dem wir vor nunmehr 38 Jahren dieses Buch als unsere Festgabe zu der 25jährigen Jubelfeier seiner historischen Übungen darbrachten. Alles in diesem Buche wurde von uns gemeinsam festgestellt, so dass schliesslich keiner mehr sagen konnte, was von dem Inhalt er als sein besonderes geistiges Eigentum betrachten könne. Nur so viel lässt sich heute noch sagen, dass meine mehr auf den sachlichen Inhalt der Urkunden gerichtete Neigung durch die ausserordentliche Sauberkeit und peinliche Sorgfalt, die Loersch in allen seinen Quellenausgaben bewährt hat, in glücklichster Weise ergänzt wurde. Er war es auch, der den Gedanken anregte, uns für die Bearbeitung der deutschen Texte der sachkundigen Hand eines Deutschphilologen zu bedienen. Alexander Reifferscheid, dem wir durch seinen uns befreundeten Bruder August näher getreten waren, hat sich dieser Arbeit in dankenswertester Weise unterzogen und uns auch bei der 1881 erschienenen 2. Auflage zur Seite gestanden. Nun sind beide, Loersch und Reifferscheid, schon seit Jahren von uns geschieden, und ich, als der einzig Überlebende, wäre bei den zahlreichen auf mir ruhenden Aufgaben nicht in der Lage gewesen, unser Buch in einer dem heutigen Stande der Wissenschaft entsprechenden Weise zu erneuern. Um so dankbarer habe ich es begrüsst, als mein junger Freund und Kollege Leopold Perels, einst ein Schüler von mir, sich auf meine Bitte bereit erklärte, diese Arbeit zu übernehmen. Alles Einzelne wurde von uns durchgesprochen, und wir tragen die Verantwortung gemeinsam, aber sein alleiniges Verdienst ist es doch, wenn das altbewährte Buch sich auch in der neuen Gestalt vor keiner Kritik zu scheuen hat. Ich lasse ihm jetzt das Wort zu näherer Ausführung dessen, was von ihm hier geleistet worden, und bemerke nur noch, dass der frühere Doppeltitel des Buches beseitigt wurde, weil die ursprünglich von Loersch und mir gehegte Absicht, in einem zweiten Bande Urkunden zur Geschichte des öffentlichen Rechtes nachfolgen zu lassen, unausgeführt geblieben ist.

Heidelberg im März 1912.

Richard Schröder.

Die vorliegende Auflage unterscheidet sich von der zweiten in mehrfacher Hinsicht.

Aus dem Bestande der Urkunden wurden 27 als minder geeignet ausgeschieden, darunter einige, die sich inzwischen als Fälschungen erwiesen hatten; andererseits sind 22 Urkunden, darunter 4 bisher ungedruckte (Nr. 285, 300, 311, 319), neu aufgenommen worden [1]), eine inhaltliche Vermehrung, die insonderheit dem Berg-, Lehn- und Handwerksrecht zu Gute kommt.

Allein auch die von früher beibehaltenen Stücke zeigen ein mannigfach verändertes Aussehen. Zunächst sind 58 Urkunden auf der Grundlage neuerer, gewiss ausnahmslos besserer Editionen, wenngleich nicht in unbedingtem Anschlusse an sie, bearbeitet worden [2]). Ausserdem aber bedurfte jedwede Urkunde und Erläuterung einer Nachprüfung im Hinblick auf die Fortschritte der juristischen, der historischen wie der philologischen Forschung. Einzelheiten brauchen an dieser Stelle nicht angeführt zu werden; sie ergeben sich dem vergleichenden Leser auf den ersten Blick. Doch sei für das Sprachliche allgemein bemerkt, dass in Zweifelsfällen eine engere Anlehnung an die Vorlagen gesucht wurde als ehedem. Es entspricht dies derjenigen modernen Editionstechnik, die um der Treue des Bildes willen und zur Erleichterung der Textkritik lieber einige Unarten der alten Schreiber mit in den Kauf nimmt, als dass sie den Quellen — die hier gerade in ihrer Buntheit wirken wollen — eine ideale Schreibeinheit aufzwingt, die niemals war und niemals sein wird. Immerhin durften auch dieses Mal gewisse allzugrobe Geschmacklosigkeiten der Vorlagen getrost beseitigt werden, z. B. grosse oder kleine Anfangsbuchstaben an unrechter Stelle, verkehrte Worttrennungen und Ähnliches. Ferner sind, wie schon in den vorigen Auflagen, die deutschen

---

[1]) *sie sind durch einen Stern bezeichnet, während im übrigen die Urkundennummern der 2. Auflage in Klammern denen der 3. beigefügt sind.* — [2]) *siehe die Konkordanztafel auf Seite XXIX/XXX.*

Texte mit dem etymologischen Längezeichen (Circumflex) versehen worden, dem eindringlichen Verständnis zu Liebe.

Die äussere Anordnung des Stoffes ist die chronologische geblieben. Die fränkischen Formeln sind wiederum als eine Einheit aufgefasst und, unter sich systematisch geordnet, an den Anfang des Ganzen gestellt worden. Nicht genauer zu datierende Urkunden findet man regelmässig am Ende des Jahres bzw. Jahrhunderts, in das sie spätestens fallen, untergebracht. Wo das Datum der Überschriften nicht aus der Urkunde selbst hervorgeht, sondern erst durch Kombination seitens der älteren oder neueren Herausgeber ermittelt wurde, ist es in Klammern gesetzt. Dieses alles stimmt im wesentlichen mit den früheren Bearbeitungen überein.

Zur Vergleichung des Urkundenbestandes aller drei Auflagen dient nunmehr die Zusammenstellung hinter der systematischen Übersicht.

Neu hinzugefügt ist überdies die Wortliste am Schlusse des Bandes. Sie bevorzugt solche Ausdrücke, die in den Anmerkungen erläutert worden sind, und solche, die in der bisherigen Literatur (mit Einschluss der lexikalischen) noch keine hinlängliche Würdigung erfahren haben.

Die ganze Arbeit ist durch Hülfeleistung von den verschiedensten Seiten gefördert worden. Besonderer Dank für die Erschliessung unveröffentlichten Materiales gebührt der Heidelberger Universitätsbibliothek, ihrem Direktor Herrn Geheimen Hofrat Professor Dr. Wille und Herrn Bibliothekar Professor Dr. Sillib; nicht minder dem Hamburgischen Staatsarchive, sowie der Aachener Stadtbibliothek, welche das ihr von Loersch vermachte Handexemplar der zweiten Auflage dieses Buches auf Wunsch sofort hierhersandte, so dass mehrere Textkorrekturen und Literaturhinweise daraus verwertet werden konnten. So manche sprachwissenschaftliche Auskunft erteilte mit stets bereitwilligem Entgegenkommen Herr Professor Dr. Sütterlin. Endlich hat es auch beim Verbessern der Druckbogen an dankenswerter Unterstützung nicht gefehlt; namentlich haben sich dabei in freundschaftlichster Weise betätigt Herr Dr. phil. Kotzenberg, Oberlehrer am Kgl. Wilhelms-Gymnasium zu Berlin, und mein hiesiger Kollege Privatdozent Dr. iur. Frhr. von Künßberg.

Leopold Perels.

INHALTS-VERZEICHNIS.

Geographische Übersicht [1] [2].

I. Westfranken (Neustrien): 1-3. 6-15. 17-19. 21. 28. 84. 94. 95. 99. Flandern: 76. 126. 131. Franken in Italien: 58. (86. 87.) Flämisch-niederländische Kolonien im Reiche: (269.)

II. Aquitanien: 57. 60. 61. 68.

III. Septimanien (Gothien): 54.

IV. Burgund: 39. 59. 64. 67. 77.

V. Italien: 24. 58. 73. 86-92. 101.

VI. Angelsachsen: 22. 56.

VII. Das Reich: 70. 75. 183.

VIII. Ostfranken (Austrasien).

a) Mosellande: 25. 46. 69. 71. 72. 86. 106. Stadt Trier: 116. 117. Stadt Boppard: 114.

b) Rheinfranken, Hessen, Ostfranken: 26. 27. 30. 32. 35. 42. 44. 75. 78. 96. 97. 129. 144. 147. 164. 176. 190. 192. 206. 224. 225. 227. 278. Stadt Frankfurt: 134. 136. 155. 156. 162. 163. 168. 170. 172. 173. 175. 192. 200. 231-233. 258-261. 264. 280. 284. 287-289. 293. 297. Stadt Heidelberg: 311. Stadt Worms: 300. Stadt Landau: 274.

c) Ribuarien: 47. 50. 62. 81. 82. 102. 103. 109. 113. 127. 138. 140. 142. 279. Stadt Aachen: 146. 177. 180. 181. 212. 215. 268. 307. 323. Stadt Köln: 100. 111. 112. 118-121. 123. 124. 128. 132. 135. 137. 139. 141. 145. 148. 150. 153. 158. 169. 174. 201. 202. 313.

d) Niederfranken. Cleve: 321. 322. Hamaland, Drenthe: 70. 275. 282. 291. 298. 299. 302. 303. 305. 306. 341. 342. Kampen: 285.

---

[1]) *die Zahlen beziehen sich, wo nichts Anderes angegeben ist, auf die Nummern der Urkunden. Was in den letzteren nur mittelbar enthalten oder bloss beiläufig berührt ist, wurde in Klammern eingeschlossen.* — [2]) *die Städte sind nicht schlechthin nach ihrer geographischen Lage, sondern nach der inneren Verwandtschaft ihrer Rechte eingeordnet worden, weshalb z. B. Lübeck und Lüneburg unter Westfalen und Goslar unter Thüringen aufgeführt sind.*

Systematische Übersicht[1]).

Allgemeiner Teil.

I. Die Rechtsnormen.

A. Stammesrechte. Fränkisches 58. 75. 78. 86. 96. 98. Salisches (7.) 50. 72. 86. 87. Ribuarisches 86. Allemannisches 53. (65.) 86. 98. Bayerisches 45. 86. 87. Sächsisches 78. Burgundisches 86. 87. Westgotisches 54. 86. Langobardisches (86-89.) 90. 91. (92.) 101. Römisches 86. 87. 91. Berücksichtigung mehrerer 86. 87. 96.

B. Landrechte. Flämisches 126. Rheinfränkisches (Wetterauer) 192. 260. Bergisches 279. Drenther 299. 303. Sächsisches 130. Österreichisches 221.

C. Rechtsbücher. Sachsenspiegel 213.

D. Stadtrechte. Aachen 181. Basel 230. 262. Bremen 199. Brünn 236. 240. 244. Cleve 322. Dresden 337. Frankfurt 134. 136. 156. 162. Köln 100. 169. 202. Landau 274. Lübeck 167. 222. Magdeburg 234. 267. 269. Mühlhausen 248. Nordhausen 250. 251. 266. Oppeln 269.

E. Römisches Recht 64. 166.

F. Gewohnheitsrecht 126. 130. 134. 136. 156. 162. 169. 178. 181. 182. 192. 230. 240. 241. 260. 262. 263. 274. 279. 322. Gerichtsgebrauch 282. (300.)

G. Privileg. Kreuzfahrerprivileg 161. Judenprivileg 329.

II. Die Rechtsanwendung.

A. Prinzip der persönlichen Rechte (7.) 58. 72. 78. 86. 87. 91. 96. 101.

B. Recht der belegenen Sache 78. 96. (227.) 246. 337.

C. Kollision der Rechte 78. 96. (143.) 234. 337.

---

[1]) *vgl. S. IX Anm. 1.*

III. Die Rechtssubjekte.

A. Natürliche Personen.

1. Rechts- und Handlungsfähigkeit.
   a) Allgemeine Voraussetzungen 127. 203. 277.
   b) Alter 124. 131. 136. 160. 166. 190. 192. 204. 231. 250. 326. 327. 332.
   c) Geschlecht 65. 69. 90. 91. 213. 228. 319. 336.
   d) Klostergeistliche 60. 96. 123. 124. 128. 213.
   e) Uneheliche 183. (278.) 279. 331.
   f) Verschwender 208. 342.
   g) Ketzer 328.
   h) Abwesende 170. 201. 202. 327.
   i) Zum Tode Verurteilte 325.
   k) Verpfändung des Lebens 135.

2. Standesverhältnisse.
   a) Freie. Beweis der Freiheit 7. Kommendation 1. 34. Verkauf der Freiheit 2. Pfandweise Ergebung zu unfreien Diensten 13. 14. Einlager, vgl. V. B. 2. d.
   b) Unfreie (vgl. a.). Geburt in Unfreiheit 4. 15. Ergebung in die Knechtschaft 2. 64. Vermögensrechte der Unfreien 3. 15. 42. 50. 87. 101. 178. Klage gegen einen entlaufenen Unfreien 6. Veräusserung von Unfreien 5. 6. 9. 10. 16. 20. 32. 46. 48. 52. 66. 79. 80. 82. 93. 102. 104. 319. Ehen von Unfreien 4. 15. 104.
   c) Hörige. Ergebung in die Hörigkeit 76. 79 82. 97. 104. Entstehung durch Freilassung 60. 62. 81. Klage auf Anerkennung des Hörigkeitsverhältnisses 7. 88. Veräusserung von Hörigen 74. Vermögensrechte, Abgaben und Dienste der Hörigen (6.) 7. 42. 62. 76. 93. 97. 102. 104. Ehen von Hörigen 76. 88.
   d) Ministerialen (110.) Ergebung in die Ministerialität 85. 142. Vermögensrechte der Ministerialen 103. 108. Veräusserung durch den Herrn, Freilassung 138.
   e) Freilassung 3. 4. 42. 50. 62. 75. 81. 87. 101. 104. 138.
   f) Adel (41. 44. 80. 104. 110.) Ahnenprobe 278.
   g) Verhältnis der Stände zu einander. Ebenbürtigkeit 4. 80-82. 85. 104.

3. Heimatverhältnisse.
   a) Fremde 35.
   b) Juden 153. 200. 214. (311.) 329.

4. Vormundschaft.
   a) über Unmündige 124. 166. (229. 252.) 324. 326. 327. (332.) Veräusserung von Mündelgütern (131.) 160. (192. 193.) Gewalt und Ehebewilligung 250. 254. Haftung 327.

Rechnungspflicht und Entlastung 204. 254. 260. Nebenvormund 204. Befreiter Vormund 260.

b) über mündige Männer: Minderjährige 166. (277.) Verschwender 288. 342. Abwesende 201. Freiwillige Begebung unter Vormundschaft 24.

c) Geschlechtsvormundschaft: über ledige Frauen 65. 69. 73. 90. 91. 213. 275. 281. 319. 336; über verheiratete Frauen (neben dem Ehemanne) (91.) 208. 228. (342.)

d) Standesvormundschaft: über Unfreie und Freigelassene (4.) 42. 62. 76. (88.) 97. 319; über Klostergeistliche (124); über Kirchen und Stiftungen (108. 115.) 205. (213.)

e) Obervormundschaft 173. 256.

5. Ehe.

a) Verlobung und Trauung 16. 73. 88. 90. 91. 215. 250. 254. 331. 332.

b) Eheherrliche Vogtei 82. 88. 90. (185. 189.) 208. 289. 302. 322. 336. Vertretung der Frau im Prozesse (18.) 232. 319. 322.

c) Standes- und Rechtsgenossenschaft der Ehegatten 81. 85. 91.

d) Missheirat 4. 80. 81. 85. 104. (278.) Ehe zwischen Unfreien oder Hörigen verschiedener Herren 15. 88.

e) Auflösung der Ehe 48. (104.)

6. Eltern- und Kindesverhältnis.

a) Uneheliche Kinder 183.

b) Kinder aus unebenbürtiger Ehe 4. (85.) 104.

c) Legitimation Unehelicher: durch den König 183; durch den Landesherrn 279; durch nachfolgende Ehe 331.

d) Väterliche Gewalt 73. 82. 90. 264. 319. 326. 332.

e) Aussonderung (Ausstattung) eines Kindes 154. 210. 283. 316. 326. 331. 333.

7. Die Sippe.

a) Gliederung 92. 278.

b) Familienrat 16. (81.) 124. 142. 173. 190. (208.) 250. 256. (342.)

c) Unterhaltspflicht, Wergeldhaftung 37. (116.)

d) Erbenwarterecht, vgl. Besonderer Teil I. B. 1. d. δ.

B. Juristische Personen.

1. Gemeinde: Stadtgemeinde 139. 145. 161. 294. Stadtbezirk 268. Dorfgemeinde 71.

2. Markgenossenschaft (vgl. Besonderer Teil I. B. 1. d. α.) (35. 69.) 113. 125. 305.

3. Rodungsgenossenschaft 44.

4. Sälzergenossenschaft (208.)

5. Judenschaft 153.

IV. Die Rechtsobjekte.

V. Die Rechtsverhältnisse.

3. Schuldschein (cautio) 13. 14. 21. 139. (151. 160.) 161. (214. 293.) 296. 320. (339.)
4. Inhaber- und Orderpapiere. Exaktionsklausel 13. 24. Orderklausel 198. 226. Willebrief zu einem Orderpapier 273. Alternative Inhaberklausel 151. 159. 161. 293. 320.

B. Die Rechtsgeschäfte.

1. Form.
   a) Realvertrag (vgl. Besonderer Teil II. B. 1. a. b.) 90. 94. 103. (134.) Friedensschilling 100. 129. 246. 335.
   b) Arrha, Anzahlung, Weinkauf 73. 83. 267. Bierkauf 335.
   c) Pfandbestellung, vgl. Besonderer Teil I. F.
   d) Scheinpfand (Wette) 11. 12. 19. 28. 30. 38. 41. 58. 60. 73. 78. 86. 89. 90. 95. 146. 181. (267.)
   e) Beurkundung, vgl. oben A., unten k.
   f) Eid (103. 130.)
   g) Handschlag 147. 163.
   h) Finger (incurvatis digitis) 78. 79.
   i) Bürgen 60. 73. 83. 89.
   k) Zeugen [1]: testes per aures tracti 36. 43. 45. Verhältnis zwischen Zeugen und Parteien 284. Gerichtszeugnis (vgl. oben unter a., Friedensschilling) 324. — in Ausstellung eines Rentenbriefes 226.
   l) Mehrfache Vornahme gleicher oder ähnlicher Rechtsakte: dreimal hintereinander 41. 45. 96. 122. 130. 180. 339. alljährlich 264. alle fünf Jahre 40.
2. Bestärkung.
   a) Strafgedinge 1. 13-15. 21. 23. 59. 73. 79. 87. 90. 132. 135. 169. — unter Bezugnahme auf die gesetzliche Strafe 53. Ausdehnung des Strafgedinges auf die Erben und dritte Personen 2. 5. (8.) 15-17. 20. 29. 33. 36. 42. 47. 51. 53. 56. 58. 60. 62. 67. 71. 72. 76. 77. 85. 86. — zu Gunsten des Fiskus oder Dritter 2. 16. 17. 29. 33. 42. 51. 58. 62. 77.
   b) Androhung weltlicher oder geistlicher Strafen 20. 22. 36. 42. 47. 56. 62. 71. 72. 76. 85. 103. 113. 183.
   c) Bürgschaft, vgl. Besonderer Teil II. B. 1. q.
   d) Pfand: an Sachen, vgl. Besonderer Teil I. F. — an Personen: Verpfändung des Lebens 135. — der Freiheit 13. 14. Einlager 115. 116. 192. 200. 223. 293.
3. Stellvertretung.
   a) im Prozess (vgl. oben A. 4.) 6. 7. 19. 28. 41. 54. 115. (177.) 216. 311.

---

[1]) *da Zeugen fast in jeder Urkunde erwähnt werden, so sind hier nur die aus besonderen Gründen bemerkenswerten aufgeführt. Ähnlich steht es mit den massenhaften Gerichtsurkunden; auch auf die Stadtbucheinträge kann hier allgemein verwiesen werden.*

b) bei der Besitzergreifung oder Entgegennahme der Investitur 41. 46. 48. 61. 77. 86. 103. 129. 130. 143. 146.

c) Salmann 38. 43. 46. 52. (61.) 72. 96 103. 153. (166.) — als Treuhänder im Besitze von Freiengut für einen Ministerialen 103. Landesherr als Treuhänder einer Kirche im Besitze von Satzungsgütern 108. 115. Vertreter des Salmannes 46. Testamentsvollstrecker, vgl. Besonderer Teil IV. B. 3.

d) Gutsverwalter 21. 82.

e) Bevollmächtigter 83. 112. 115. 143. (158.) 287. (311.) Substitutionsrecht desselben 287. Generalbevollmächtigter 207. 287. Handlungsbevollmächtigter und geschäftsführender Gesellschafter 276. 290. Schiffer als Vertreter des Reeders und der Ladungsinteressenten 271. 286. 309. 315. 318. Superkargo 292. Anweisung, Zession, Willebrief 145. 223. (255.) 273.

f) Inhaber- und Orderpapier, vgl. oben A. 4.

g) Pfandgläubiger und Richter als Vertreter des Schuldners beim Pfandverkauf 181. 202. 216. 217. 236.

h) Vertretungsbefugnisse unter Ehegatten (18.) 170. 201. 232. 322.

i) Vertretung durch Vater oder Vormund 24. 160. 250. 254. 264. 275. 336.

4. Verträge zu Gunsten Dritter 36. 38. 42. 49. 51. 62. 63. 72. 156. 158. 163.

5. Schenkung: unter Lebenden 19. 24. 25. 29-32. 39. 44. 45. 48. 61. 68. 74. 77. 79. 98. 99. 127. 264. 270. 325. 326. — mit Gegenleistung 32. 69. 84. 99. 103. — mit Vorbehalt der Einlösung 49. 53. 65. Schenkungen unter Ehegatten, vgl. Besonderer Teil III. F. 4. Schenkungen von Todes wegen, vgl. ebenda IV. C. 1. 2.

6. Hinfälligkeit der Rechtsgeschäfte. Geltendmachung durch die Gläubiger 242. — durch den Ehemann 243. 289. 302. — durch die Ehefrau 199. 288. (334.) — durch Verwandte und Erben 96. 134. 162. 244. 246. 248. 250. 264. 272. 325. 327. 332. 335.

C. Einfluss der Zeit.

1. Unvordenkliche Zeit 153. 176. 191. 311.

2. Jahr; Jahr und Tag 119. 137. 169. 177. 180. 181. 192. 199. 258. 264. 288. 323. 326. 327. 332. 335. Drei Tage 46. 98. 130. Vierzehn Tage 300. Seite 219[3]. Dreissig Tage 338. Drei Wochen 275. 303. Sechs Wochen (und ein Tag) 300. 306.

3. Dreissigjährige Ersitzung, Verjährung oder Verschweigung (54.) 105. 148. 153. 303.

D. Einfluss der Not 116. 147. 170. 173. 174. 240. 248. Seite 179[3].

Besonderer Teil.

I. Das Sachenrecht.

3. Lehen 34. (43.) 122. 126. 152. 190. 265. 337. — zur gesamten Hand 152. 337. — Auflassung durch die Hand des Lehnsherrn 126. 337.
4. Erbleihe (precaria, beneficium).
   a) Leihebrief (commendatitia, praestaria) 8. (23.) 31. 32. 71. 106. 144. (277.)
   b) Leiherevers (precaria) 8. 23. 25. 82. (83.) 176. 178.
   c) Auftrag zu Leiherecht (precaria oblata) 8. 20. 25. 31. 32. (48. 49.) 53. 65. 69. 79. 81. 98.
   d) Zinslose Leihe (im Regelfalle wird dagegen ein Zins entrichtet) 32. 48. 79. (102.) Blosser Anerkennungszins (25. 53. 65. 81.) 82. (98.)
   e) Zins als Ertragsanteil 102. 178.
   f) Sterbfall 62. 97. 102.
   g) Erbliche Leihe 20. 49. 53. 65. 71. 81. (82. 102.) 106. 143. 144. 176. (310. 327.) — zur gesamten Hand (337.)
   h) Zeitlich beschränkte Leihe: auf einen oder mehrere Leiber 8. 23. 25. 31. 32. 36. 48 69. 72. 79. 98. 178.
   i) Leihe an eine Genossenschaft 71.
   k) Entziehung des Leihegutes 20. 23. 36. 53. 72. 102. 176. Vermeidung der Entziehung durch formelles Schuldversprechen (fides facta) 8. 25.
   l) Pfändungsrecht des Herrn wegen rückständigen Zinses 235. — auch gegen den Nachfolger des Zinsmannes 310.
   m) Veräusserung (8.) 106. 143. 144. 180. 277. (310. 327.) 335. (337.)
   n) Neuverteilung der Feldmark 125.
   o) Näherrecht des Zinsherrn 106.
   p) Ablösung durch den Zinsmann 49. (53.) 65.
5. Hausleihe.
   a) Leihebrief 132. 268 (mit der Auflassungsformel). 311. Gerichtsurkunde über die Verleihung 155. 165. 175.
   b) Auftrag zu Leiherecht 280.
   c) Haftung für Zins 311. Vertragsstrafe dieserhalb 132.
   d) Entziehung 132. 175.
   e) Gefahr 155.
   f) Veräusserung 132. 156. 165. 181. Handänderungsgebühr 132. 165.
   g) Näherrecht des Zinsherrn 258. — vorbehalten 132. 165.
   h) Rückkauf durch den Zinsherrn 160.
   i) Umwandlung der Hausleihe: Leihebrief mit Auflassungsformel 268. Auflassung mit Vorbehalt einer Rente zu Gunsten eines Dritten 158. Auflassung mit Vorbehalt einer Rente zu Gunsten des Veräusserers 169.

D. Dienstbarkeiten.

1. Gebäudeservituten nebst Nachbarrecht 114. 141. 149. 155. 191. 195. 209. 300.

II. Das Recht der Schuldverhältnisse.

b) Tausch (vgl. oben I. C. 4. c. und 5. b., ferner I. E. 3. b.) 18. 81. 133. 274. 319. (336.) Gewährleistung 274. (319.)
c) Miete 118. 312. Pfändungsrecht des Vermieters 249. Lebenslängliches Benutzungsrecht an einem Hause, als Kauf aufgefasst 222.
d) Pacht 140 (zu Halbbau). 147 (Nebenabreden über Remission, Baulast, Rücktritt des Pächters). 168 (Verpachtung durch den Pfandgläubiger). 224 (Pacht auf unbestimmte Zeit, zum Teil als Teilpacht). 261 (Klage auf rückständigen Pachtzins). — Pachtkaution 182. 224. — Halbteilige Viehverstellung 140. — Regress des Pächters wegen Bezahlung rückständiger Renten 291.
e) Leihe 239. 249. Seite 180[1]. Über Erb- und Hausleihe siehe oben I. C. 4. und 5.
f) Darlehen: zinsloses 59. (212.) 238. 296. — zinsbares (13. 14.) 37. 186. (214. 293.) Bodmereidarlehen 271. (286.)
g) Dienstvertrag: auf Lebenszeit 1. Gesindevertrag 330. Lehrlingsvertrag 313. Rechtsstellung des Seeschiffers 271. 285. 286. 292. 308. 309. 315. 318. — der Seeschiffsleute 292. 315. — der Binnenschiffsleute (102.)
h) Werkvertrag 110. 294. Lehrvertrag 313.
i) Frachtvertrag 239. 259. Seefrachtvertrag 292. 308. 309. Chartepartie, Superkargo 292.
k) Auftrag 115. 171 (Einkaufskommission). (Generalbevollmächtigung 207. 287.)
l) Verwahrung 110. (115.) 153.
m) Gesellschaft 188. Handelsgesellschaft 212. 270. 276. 290. 296. Fortsetzung mit den Erben eines Gesellschafters 252. Partenreederei 271. 286.
n) Versorgungsverträge.
   α) Verpfründung 1.
   β) Leibzucht, vgl. oben I. D. 6. Altenteil 210.
   γ) Leibrente 32. 55. 190. 210. 268.
o) Spiel (173. 242.)
p) Wette 282. 304.
q) Bürgschaft 41. 54. 57. 60. 73. 84. 90. 109. 115. 136. 166. 168. 192. 200. 223. Bürge als Selbstschuldner 181. 186. 198. Selbstbürgschaft des Schuldners 181. Gesamtbürgschaft 136. 181. 182. 186. 198. 219. Mitbürgschaft 293. Wechselbürgschaft 198. 290. Bürgschaft von Ehefrauen 289. Ersatzansprüche des Bürgen 182. 186. 198. 200. Nichterblichkeit der Bürgschaft 136. 192.
r) Schuldversprechen und Schuldanerkenntnis 8. 21. 25. 28. 60. 115. (119.) 139. 151. 160. 200. 201. (218. 229. 253.) 255. (296. 304.) 311. 320.
s) Vergleich: siehe oben A. 3. f.
t) Anweisung: siehe oben A. 3. a.
u) Wechsel. Nach-Sicht-Tratte mit Bezeichnung des Präsentanten 197. Domizilierter Eigenwechsel an Order 198.

2. Verhältnisse nach Auflösung einer kinderlosen Ehe.
   a) Begriff der kinderlosen Ehe 260.
   b) Das Samtgut.
      α) Die eheliche Errungenschaft 221. 260. 280. 298. 307. 341.
      β) Die fahrende Habe 341.
   c) Das Sondergut 260. 280. 298. 307.
   d) Die Schulden (298.)
   e) Gesetzliche Leibzucht des überlebenden Ehegatten 174. 221. 260. 266. 280. 307.
3. Verhältnisse nach Auflösung einer beerbten Ehe.
   a) Verfangenschaftsrecht, vgl. unten E.
   b) Allgemeine Gütergemeinschaft 298. Seite 218[3].

D. Die allgemeine Gütergemeinschaft.
1. Eintritt der Gütergemeinschaft. Fälle, wo dieselbe nur bei beerbter Ehe stattfindet 157. 185. 189. (241-243.) 245. 251. (268.) 298. 324. Seite 218[3].
2. Verhältnisse während der Ehe (199.) 242.
3. Verhältnisse nach Auflösung der Ehe.
   a) Schuldverhältnisse der Ehegatten (Seite 218[3]).
   b) Fortgesetzte Gütergemeinschaft: im Witwenstande 205. — in zweiter Ehe (179.) 203. (213.) 230. 269. 322. 324.
   c) Schichtung 203. (213. 230.) 251. 269. 322. (324.) — partielle Schichtung 154. (210.) Verhältnisse nach der Schichtung 154. 230. 266. 269.

E. Verfangenschaftsrecht.
1. Rechtliche Natur 112. 120. 121. 124. 146. 150. 173. — veränderte Auffassung 316.
2. Die freien Güter 163. 177 am Ende. 192. 231.
3. Die verfangenen Güter 131. 134. 150. (156.) 168. 177. 231.
4. Verfügungen über verfangene Güter 116. 120. 131. 136. 146. 162. 168. 173. 192. 264.
5. Verhältnisse in zweiter Ehe 146. (156.) 162. 163. 177 am Ende. 231. 307.
6. Entziehung des elterlichen Leibzuchtrechtes 173.
7. Übergang des Rechtes der Kinder an den verfangenen Gütern auf dritte Personen 134. 172. 264. 316.
8. Teilrecht (266.)

F. Das vertragsmässige Güterrecht.
1. Form der Eheverträge: vor Gericht oder Rat 90. 112. 117. 163. 189. 225. 227. (246. 260. 269.) 337. — vor Zeugen 213.
2. Abschliessungszeit: vor der Ehe 213. 241. 251. — während der Ehe 112. 189. 225. 227. 242. (243). 335.

3. Aufhebung: durch Geburt eines Kindes (241. 242.) 251. — durch Ehescheidung 48.
4. Inhalt der Eheverträge.
   a) Heimsteuer 90. 126. 213. 215. 228. 241. 243. (316.) 333. (340.)
   b) Morgengabe 90. 208. 215. 228. 241. 242. 246.
   c) Wittum 16. 45 (bayerische iustitia). 65 (dos legitima). 90 (meta). (91. 190.)
   d) Widerlegung 241. 340.
   e) Vertragsmässige Leibzucht 215. 234. (336.)
   f) Schenkungen unter Ehegatten 72. 80. 165. 260. 280. 325. (336.)
   g) Vergabungen des ganzen Vermögens zu Eigentum oder Leibzucht 48. 134. 184. 251. 335. 340.
   h) Vertragsmässige Gütergemeinschaft 179.
   i) Ausschliessung der (allgemeinen oder partikulären) Gütergemeinschaft 213. 242.
   k) Vorbehaltenes Frauengut 199. 243.
   l) Verträge über die Verfügungsrechte der Ehegatten 112. 156. 189.
   m) Verschiedene Bestimmungen für den Fall der Auflösung der Ehe 112. 117. 156. 163. 215.
   n) Fränkische Einkindschaft (163.) 225. 227. 231.
   o) Westfälische Einkindschaft 179.

IV. Das Erbrecht.

A. Das gesetzliche Erbrecht.

1. Allgemeine Voraussetzungen. Ebenbürtigkeit 82. Eheliche Abstammung des Erben 183. 331. — des Erblassers 279.
2. Erbfolgeordnung (29. 30. 36. 43.) 92. 120. (148.) 206. (243. 244. 247.) 260. 326. 331. 333. — kein gesetzliches Repräsentationsrecht der Enkel 17. (215.) Abkömmlinge erben nach Stämmen 266. — Neffen nach Köpfen 233.
3. Ausserordentliche Erbfolge. Ehegattenerbrecht (statutarische Erbportion) 167. 196. (210. 241.) 244. (245. 252.) 336. 337; vgl. oben III. C. 2. e. — Erbfolge in die Gerade 213. 269. 338. — in das Heergewäte 338. — Erbfolge eines Klosters an Stelle seiner Konventualen (123.) 128.
4. Erbeslegitimation 148.
5. Erbteilung 43. 45. 326. 333. — gerichtliche 60. 124. — ideelle 150. Kürrecht des jüngeren Erben 124.
6. Rechtliche Stellung des Erben. Gewere 134. 148. 262. Haftung für die Schulden des Erblassers 37. (175.) 206. 210. 257. 330. Unvererblichkeit der Bürgschaft, vgl. oben II. B. 1. q. Fortsetzung einer Handelsgesellschaft mit den Erben 252. Der Dreissigste 338. Präklusion des Erben 327.

Konkordanz

der in den drei bisherigen Auflagen abgedruckten Urkunden nach ihrer Nummer[1]).

1. Auflage Nr.	2. Auflage Nr.	3. Auflage Nr.	1. Auflage Nr.	2. Auflage Nr.	3. Auflage Nr.	1. Auflage Nr.	2. Auflage Nr.	3. Auflage Nr.
1-7	1-7	**1-7**	41, 42	52, 53	**43**, 44	77	104	100
8	8	—	—	54	**45**	78	—	—
9	—	—	43-45	55-57	46, 47, 48	79-83	105-109	101-105
10, 11	9, 10	—	46-48	58-60	49-51	84	—	—
12	11	8	49	61	—	85-88	110-113	106-109
—	12, 13	**9, 10**	50, 51	62, 63	52, 53	89	114	**110**
—	14	—	—	64	54	90-92	115-117	111-113
—	15	**11**	52	65	55	—	118-121	114-117
13	16	**12**	—	66, 67, 68	**56**, 57, **58**	93	—	—
14	—	—	—	—	59	94	122	118
15	17	**13**	—	69, 70	60, 61	95	123	—
16	—	—	53	71	62	—	—	119
—	18-20	**14-16**	—	—	63, 64	96, 97	124, **125**	120, 121
17	21	**17**	—	72	—	98-100	—	—
—	22	18	54	73	65	—	—	122
19	**23**	19	—	—	66-68	101, 102	126, 127	123, 124
20, 21	—	—	—	74	**69**[2])	103	—	—
22	24	20	55, 56	75, 76	**70**, 71	104	128	125
23, 24	—	—	—	77, 78	**72**[2]), 73	105	—	—
—	25, 26	21, 22	57-59	79-81	74, **75**, 76	106-108	129-131	126-128
25	27	23	—	82, 83	77, **78**	109	—	—
—	28-30	—	60	84	**79**	—	132-134	129-131
26	31	—	—	85	**80**	110	135	132
—	32	24	61, 62	86, 87	81, 82	111	136	—
27, 28, 29	33, 34, **35**	25, **26**, 27	—	—	83	—	—	133
—	36	**28**	—	88	84	112, 113	137, 138	**134**, 135
30	37	29	63, 64, 65	89, 91, 92	85, 87, 88	114	139	**136**
31	38	**34**	66	90	86	115, 116	—	—
—	39	30	67	—	—	117-122	140-145	137-142
—	40	—	68-71	93-96	89-92	—	—	143
32-34	41-43	31-33	72	97	—	123, 124	146, 147	**144**, 145
35	44	**36**	—	—	93	—	148, 149	146, 147
36	45	**35**	—	98, 99	94, 95	125	150	148
37, 38	46, 47	37, 38	73-75	100-102	96-98	—	—	149
—	48, 49	39, 40	—	103	99	126	151	150
39, 40	50, 51	**41**, 42	76	—	—	—	152	151

[1]) ***fett*** *gedruckt sind diejenigen Nummern, welche gegenüber der früheren Auflage einen neuen Text zu Grunde legen.* — [2]) *vgl. die Berichtigungen und Nachträge Seite 251*

1. Auflage Nr.	2. Auflage Nr.	3. Auflage Nr.	1. Auflage Nr.	2. Auflage Nr.	3. Auflage Nr.	1. Auflage Nr.	2. Auflage Nr.	3. Auflage Nr.
—	—	152	194-196	217-219	219-221	—	291-293	290-292
127, 128	153, 154	153, 154	—	220, 221	222, 223	267	294	293
129	—	—	197	—	—	—	—	294
130, 131	155, 156	**155, 156**	198-204	222-228	224-230	268	295	**295**
132, 133	157, 158	157, 158	205, 206	—	—	—	296	296
—	159	159	207-210	229-232	231-234	269	297	297
134	160	160	211, 212	233, 234	—	—	298, 299	298, 299
—	161	161	213	235	235	—	—	300
135, 136	162, 163	**162, 163**	214	—	—	270	300	**301**
137, 138	164, 165	164, 165	215-217	236-238	236-238	—	301, 302	302, 303
139	—	—	218	239	—	271	303	**304**
140, 141	166, 167	166, 167	219	240	239	—	304, 305	305, 306
142, 143	168, 169	**168**, 169	220	241	—	272	306	307
144, 145	—	—	221, 222	242, 243	240, 241	—	307, 308	**308, 309**
146	170	**170**	223	—	—	273	309	310
—	—	171	224-227	244-247	242-245	—	—	311
147, 148	171, 172	**172, 173**	228	—	—	274	310	—
149	173	174	229-245	248-264	246-262	—	311	312
150, 151	174, 175	**175, 176**	—	—	263	—	—	313
152, 153	176, 177	177, 178	246-249	265-268	264-267	275	312	**314**
154	—	—	250	269	—	—	313-316	315-318
155-167	178-190	179-191	251	—	—	—	—	319
168	191	**192**	252-254	270-272	268-270	—	317	320
169-172	192-195	193-196	—	273	271	276	318	321
173	—	—	255	274	272	277	—	—
174-183	196-205	197-206	—	275	273	278, 279	319, 320	322-323
—	—	207	256	276	274	280	321	—
184, 185	206, 207	208, **209**	—	277, 278	275, 276	281-286	322-327	324-329
186	208	210	257-261	279-283	277-281	287	—	—
187	—	—	—	284	282	288-296	328-336	330-338
—	209	211	262, 263	285, 286	283, 284	—	337	339
188, 189	210, 211	212, 213	—	—	285	297-302	338-343	—
190, 191	212, 213	215, 214	—	287	**286**	303	344	340
192, 193	214, 215	216, 217	264-266	288-290	287-289	—	345, 346	341, 342
—	216	218						

Abkürzungen.

a. O. = angeführten Ortes.

Arnold: Zur Geschichte des Eigenthums in den deutschen Städten. Basel 1861.

Brunner RG. der Urkunde: Zur Rechtsgeschichte der römischen und germanischen Urkunde Bd. 1. Berlin 1880.

Cod. dipl. = Codex diplomaticus.

Diez: Etymologisches Wörterbuch der romanischen Sprachen[5], mit einem Anhang von August Scheler. Bonn 1887. Einen Index zu diesem WB. veröffentlichte J. U. Jarnik, Heilbronn 1889.

Du Cange: Glossarium mediae et infimae latinitatis conditum a Carolo du Fresne domino du Cange . . . digessit G. A. L. Henschel. Editio nova aucta . . . a Léopold Favre. 10 Bde., Niort 1883/87.

Fockema Andreae: Het Oud-Nederlandsch burgerlijk recht 2 Teile, Haarlem 1906.

Form. = Formulae.

Freundt (Carl): Wertpapiere im antiken und frühmittelalterlichen Rechte. 2 Bde., Leipzig 1910.

G. oder Gesch. = Geschichte.

Gierke (Otto) PrivR.: Deutsches Privatrecht Bd. 1 und 2. Leipzig 1895 bzw. 1905 (= Systematisches Handbuch der deutschen Rechtswissenschaft hersg. v. Karl Binding, Abt. 2 Teil 3 Bd. 1, 2).

Gierke (Otto) Schuld und Haftung im älteren deutschen Recht. Breslau 1910 (= Heft 100 der nachgenannten Sammlung).

Gierkes Untersuchungen = Untersuchungen zur deutschen Staats- und Rechtsgeschichte, hersg. v. Otto von Gierke.

Glasson: Histoire du droit et des institutions de la France. 8 Bde., Paris 1887/1903.

Grimm Deutsche Rechtsalterthümer ist zitiert nach den Seitenzahlen der 1. Ausgabe, Göttingen 1828. Diese Zahlen sind auch ersichtlich in der neuesten (4.) Ausgabe, besorgt durch A. Heusler und R. Hübner, 2 Bde., Leipzig 1899.

Handb. = Handbuch.

Heusler: Institutionen des deutschen Privatrechts. 2 Bde, Leipzig 1885/6 (= Systematisches Handbuch der deutschen Rechtswissenschaft hersg. v. Binding, Abt. 2 Teil 2 Bd. 1, 2).

Huber (Eugen) PrivR.: System und Geschichte des schweizerischen Privatrechtes. 4 Bde., Basel 1886/93.

Hübner (Rudolf): Gerichtsurkunden der fränkischen Zeit. Anhang zur ZRG. 25 (1891) und 27 (1893).

KrVJSchr. = Kritische Vierteljahresschrift für Gesetzgebung und Rechtswissenschaft.

MA. = Mittelalter.

von Meibom: Das deutsche Pfandrecht. Marburg 1867.

p. = pagina und bedeutet, dass die dann folgende arabische Seitenzahl in der Vorlage römisch ist.

Qu. = Quellen.

R. = Recht.

R. bedeutet, dass die betreffende Anmerkung von Alexander Reifferscheid herrührt.

Redlich: Die Privaturkunden des Mittelalters. München und Berlin 1911 (= Handbuch der mittelalterlichen und neueren Geschichte hersg. v. G. von Below u. K. Meinecke, Urkundenlehre III).

RG. = Rechtsgeschichte.

Schiller und Lübben: Mittelniederdeutsches Wörterbuch. 6 Bde., Bremen 1875/81.

Schröder GüterR.: Geschichte des ehelichen Güterrechts in Deutschland. Stettin, Danzig, Elbing. I: 1863; II Abt. 1: 1868, Abt. 2: 1871, Abt. 3: 1874.

Schupfer: Il diritto privato dei popoli germanici con speciale riguardo all' Italia. 4 Bde., Città di Castello 1907/9.

Thévenin: Textes relatifs aux institutions privées et publiques aux époques mérovingienne et carolingienne. Institutions privées. Paris 1887 (= Collection de textes pour servir à l'étude et à l'enseignement de l'histoire, publiée sous les auspices de la Société Historique [Cercle Saint-Simon], vol. 3). — Thévenin hat 40 Urkunden aus der 2. Auflage des vorliegenden Buches übernommen: bei einem Teile von ihnen hat er das ersichtlich gemacht.

UB. = Urkundenbuch.

Verwijs en Verdam: Middelnederlandsch Woordenboek. 's-Gravenhage 1882 ff.

WB. = Wörterbuch.

Z. = Zeile, bisweilen: Zeitschrift.

ZGO. = Zeitschrift für die Geschichte des Oberrheins.

ZHR. = Zeitschrift für das gesamte Handelsrecht (und Konkursrecht).

ZRG. = Zeitschrift für Rechtsgeschichte (Bd. 1-13) bzw. Zeitschrift der Savigny-Stiftung für Rechtsgeschichte, germanistische Abteilung (von Bd. 14 an). Beispielsweise deckt sich ZRG. 45 mit dem 32. Bande der seit 1880 alljährlich erscheinenden Ztschr. der Savigny-Stiftung, germ. Abt., und ist daher von 1911.

Ztschr. = Zeitschrift.

Der Exponent bezeichnet bei Büchertiteln die Auflage, bei Seitenzahlen die Anmerkung.

Wegen der Klammern bei den Urkundennummern und -datierungen siehe S. IV und V. In den Texten selbst sind von den Herausgebern runde Klammern verwendet, um Streichungen, eckige, um Zusätze gegenüber der Vorlage anzudeuten. Eingeklammerte Ausrufungszeichen weisen darauf hin, dass die Textform, mag sie auch auffällig erscheinen, genau wiedergegeben ist.

1. *Kommendation.*

Form. Turon. 43, Zeumer Formulae Merowingici et Karolini aevi (Monumenta Germaniae historica, Legum sectio V) 158; auch bei Thévenin 31 Nr. 26. Vgl. Waitz Deutsche VerfassungsG.[3] Bd. II Abt. 1 S. 249[3]; Ehrenberg Commendation u. Huldigung 49[41], 58, 66[74], 97[122], 136-141; von Inama-Sternegg Die Ausbildung der grossen Grundherrschaften in Deutschland während der Karolingerzeit (Staats- und sozialwissenschaftliche Forschungen hersg. von Schmoller 1, 1) 56; derselbe Deutsche WirtschaftsG. I[2] 332-335; Brunner RG. II 273; W. Sickel in Westdeutsche Ztschr. 16, 50.

Qui se in alterius potestate commendat. Domino magnifico illo ego enim ille. Dum et omnibus habetur percognitum, qualiter ego minime habeo, unde me pascere vel vestire debeam, ideo petii pietati vestrae, et mihi decrevit voluntas, ut me in vestrum mundoburdum tradere vel commendare deberem; quod ita et feci: eo videlicet modo, ut me tam de victu quam de vestimento, iuxta quod vobis servire et promereri potuero, adiuvare vel consolare debeas, et dum ego in capud advixero, ingenuili ordine tibi servicium vel obsequium inpendere debeam et de vestra potestate vel mundoburdo tempore vitae meae potestatem non habeam subtrahendi, nisi[1]) sub vestra potestate vel defensione diebus vitae meae debeam permanere. Unde convenit, ut, si unus ex nobis de has convenentiis se emutare voluerit, solidos tantos pari suo conponat, et ipsa convenentia firma permaneat; unde convenit, ut duas epistolas uno tenore conscriptas ex hoc inter se facere vel adfirmare deberent; quod ita et fecerunt.

2. *Verkauf der Freiheit.*

Form. Andecav. 19, Zeumer Formulae 10. Vgl. von Meibom PfandR. 33ff.; Brunner RG. I[2] 353, II 442f.; Schupfer Diritto privato I 115 f., III 255; von Inama-Sternegg a. O. (Zitate zu Nr. 1); Sjögren Über die röm. Conventionalstrafe und die Strafklauseln der fränk. Urkunden 133[5].

Incipit vindicio. Domno mihi semper illo illi. Et pro necessitatis temporum et vitae conpendium me eciam sterilitas et inopie precinxit, ut in aliter transagere non possum, nisi ut integrum statum meum in vestrum debiam implecare servicium. Ergo constat me, nullo cogente imperio, sed plenissima volumtate mea . . .[2]). Et

---

[1]) = *sondern.* — [2]) *die hier im Text offenbar vorhandene Lücke lässt sich aus Form. Andec.* 2 (*Zeumer Form.* 5) *ergänzen:* integrum statum meum in vestrum servicium oblegare.

accipi a vobis pro suprascriptum statum meum, hoc est, in quod mihi conplacuit, in auro valente soledus tantus, ut, quicquid ab odiernum diae de memetipso facere volueris, sicut et de reliqua mancipia vestra obnoxia, in omnibus, Deo presole, abeatis potestatem faciendi. Et si quis vero, aut ego ipsi aut aliquis de propinquis meis vel qualibet extranea persona qui contra hanc vindicionem, quem ego bona volumtate fieri rogavi, agere conaverit, inferit inter tibi et fisco, soledus tantus coactus exsolvat, et quod repetit vindecare non valeat, et haec vindicio atque volomtas mea perenni tempore firma permaniat.

3. *Freilassung vom Tode des Freilassers an wirkend unter Überweisung des Pekuliums.*

Form. Marculf. II 33, Zeumer Formulae 95. Vgl. Schupfer Diritto privato I 136-139.

Item ingenuitas alio modo post discessum. Dilecto suo illo aut illa, ille. Pro respectu fidei ac servitii tui, quam mihi famularis, pro remissionem peccatorum meorum, te ab omni vinculum servitutis absolvo: ea tamen conditione ut, dum advixero, mihi deservies, post obitum vero meum, si mihi suprestes fueris, sis ingenuus, tamquam si ab ingenuis parentibus fuisses procreatus, et nulli heredum ac proheredum meorum vel cuicumque servitium inpendas, peculiare concessum, quod habes aut elaborare potueris; et cetera.

4. *Verzicht des Herrn eines mit einer Freien verheirateten Unfreien auf Geltendmachung seiner Ansprüche gegen deren unfreie Nachkommenschaft.*

Form. Morbac. 19, Zeumer Formulae 334. Vgl. Zöpfl Alterthümer des deutschen Reichs und Rechts II 364.

Item alia[1]). Ego in Dei nomine ille. Dum non habetur incognitum, qualiter homo servus meus, nomine ille, feminam ingenuam, cuius vocabulum est illa, in coniugio sociavit, sed illorum fuit petitio, et mea voluntas decrevit, ut eis cartulam conculcationis pro mercede facere deberem; quod et ita faeci. Ideoque talem firmitatem per hanc cartulam facimus adque manu confirmamus, ut, si, Deo volente, agnatio ex illis procreata fuerit, sub integra ingenuitate omni tempore vite sue permaneat, et nec ipse ego nec heredes mei ullumquam tempore eos in servitio revocaemus, sed pro mercede nostra, sicut diximus, sibi vivent, sibi laborant, seu mundebordo cui voluerint pro defensione elegant. Facti epistolam conculcationis anno 16. regnante . . .

5. *Carta über den Verkauf eines Unfreien. Angabe bestimmter Eigenschaften.*

Form. Sal. Lindenbrog. 15, Zeumer Formulae 277. Vgl. Nr. 9; von

[1]) *nämlich* epistola conculcatoria; *vgl. die Formel 18 bei Zeumer.*

Inama-Sternegg Grundherrschaften (Zitat zu Nr. 1) 152; Rabel Die Haftung des Verkäufers I 294; Schupfer Diritto privato III 129.

Venditio de servo. Magnifico in Christo fratri illo emptore, igitur ego in Dei nomine. Constat me tibi vindidisse et ita vindidi, tradidisse et ita tradidi, hoc est servo iurisque mei, nomine illo, non fugitivum, non debilem, sed magis per omnia sanum atque incolomem. Unde accipi a te precium taxatum, in quo mihi bene conplacuit atque convenit, id est soledos tantos: in tali vero ratione, ut pro ipso precio ipsum iam dictum servum habeas, teneas atque possedeas, vel quicquid exinde facere volueris, liberam in omnibus habeas potestatem. Et si fuerit aliquis deinceps, si ego ipse aut ullus de heredibus vel quelibet ulla extranea persona, qui contra hanc vendicionem aliquam calumniam repetere conaverit, cui litem intulerit auro uncias tantas, argento libras tantas coactus exsolvat, et haec venditio meis et me rogantibus bonorum hominum manibus roborata, quorum nomina vel signacula subter tenentur inserta, firma et stabilis permaneat, stipulatione subnexa[1]). Actum . . .

6. *Klage gegen einen entlaufenen Unfreien.*

Form. Senonens. recentiores 3, Zeumer Formulae 212; auch bei Thévenin 43 Nr. 36. Vgl. Brunner RG. II 348, 377. 444.

Notitia de servo. Notitia, qualiter vel quibus presentibus veniens ille in causa monasterio sancti illius civitatis illius pontifici ad vicem venerabile viro illo abbate de predicto monasterio, die illo, illius civitatis, in mallo publico, ante inluster viro illo comite et ante illo episcopo vel aliis plures magnificis viris, qui ibidem resedebant, homine alico, nomen illo, ibidem interpellabat. Dixit, eo quod servus monasterii sancti illius de capud suum aderat, et colonus ipsius sancti illius, nomine ille, de Franco homine conparasset, et malo ordine ipso servitio partibus monasterii sancti illius effugibat vel intendebat. Interrogatum fuit ipsius servo, se ipsa causa vera erat, anon; sed ipsi servus in omnibus hoc fortiter denegavit. Et ipse abba vel suus avocatus contra predicto servo intendebant et taliter dixerunt, quod testimonia homines Francos presentare potebant, qui hic adstabant, quod ipse colonus ipso conparaverat, et in suum servitium eum viderant deservire, et per lege servus sancti illo esse debet. Et ipsa ora ipse abba vel ipse avocatus sua testimonia, hominis septem, his nominibus illo et illo, adcharmerunt[2]), ut in crastinum die illos ibidem presentare deberent; quod ita et fecerunt. Et ipsi homines sic testimoniaverunt, quod per lege servus sancti illius aderat debitus, et quomodo hoc testimoniaverunt, super altario sancti illius, in illa capella, que est in curte fisci, ubi reliqua sacramenta soluta sunt, iurati

[1]) *vgl.* *Brunner* *RG.* I^2 *568 f.; Lass Die Anwaltschaft usw. (Gierkes Untersuchungen 39) 28*[5]*; Schupfer Diritto privato III 117 ff.; Freundt Wertpapiere I 211 ff.; Redlich Privaturkunden 24, 34-37.* — [2]) achramire, *altfranzös.* aramir = *gerichtlich versprechen. Vgl. Thévenin 43*[5]*; Godefroy Dictionnaire de l'ancienne langue française I 373-375; Diez 509; Brunner RG. II 692 unter* adramire, *auch 376*[35]*, 497*[16]*; Schröder RG.*[5] *305*[114]*, 387*[104]*; Gierke Schuld und Haftung 157 f.*

dixerunt. Dinuo ipsius servo fuit interrogatum, si ipsa causa recognoscebat, si sic erat veritas; sed ipse servus in omnibus ac[1]) causa recognovit et ad servitium sibi reversus fuit. Et ipse abbe per iuditium ad ipsas personas per iussionem illius comite de manu illo vicario exceptum ibidem pro servo sancti illius evindicabat. His presentibus.

7. *Klage auf Anerkennung des Hörigkeitsverhältnisses. Beweis freier Abstammung.*

Form. Senonens. recentiores 5, Zeumer Formulae 213. Vgl. von Amira in Germania, hersg. v. Bartsch, Jahrg. 20, 53 ff.; Koehne Die Geschlechtsverbindungen der Unfreien im fränk. Recht (Gierkes Untersuchungen 22) 22; Brunner RG. II 348; Schupfer Diritto privato I 72, 344.

Notitia de colona evindicata. Veniens homo aliquis, nomen ille, avocatus sancti illius de monasterio sancti illius vel illius abbatis de ipso monasterio, die illo, in malo publico, ante inlustre viro illo comite vel ante quam pluris personis, qui ibidem aderant ad universorum causas audiendum vel recta iudicia in Dei nomine terminandum, qui subter firmaverunt, femina aliqua, nomen illa, ibidem interpellabat. Repetebat ei, dum diceret, eo quod avus suus, nomen ille, quondam vel genitor suus ille quondam coloni sancti illus de villa illa fuissent, et ipsa femina colona esse debebat et ipso colonitio malo ordine de ipsa casa Dei effugeret. Sic ipsa femina in presente adstetit, et ab ipsis personis ei interrogatum fuit, se ipsa causa esset veritas, anon. Sed ipsa in omnibus fortiter denegavit et taliter dixit, quod avus suus ille quondam nec genitor suus ille quondam coloni sancti illius de villa illa nunquam fuissent, nec ipsa colonitio de capud suum ad ipsa casa Dei sancti illius numquam redebebat, sed de patre et de matre bene ingenua nata vel procreata fuisset. Sic ab ipsis personis taliter ei fuit iudicatum, ut apud duodecim homines parentes suos, octo de patre et quattuor de matre, si fermortui non sunt, et, si fermortui sunt, apud duodecim homines bene Francos Salicos, in ipso mallo super altario sancti illius, in proximo mallo, quem ipsi comis ibidem tenit, hoc coniurare debeat, quod avus suus ille quondam nec genitor suus ille quondam coloni sancti illius de monasterio illo de villa illa numquam fuissent, nec ipsa colonitio de capud suum ad ipsa casa Dei non redebeat. Et si hoc in eo placito, sicut superius insertum est, coniurare potuerit, de ac[1]) causa ducta et secura resedeat; sin autem non potuerit, ad ipsa casa Dei se recognoscere faciat. Datum ibi.

8 (11). *'Precaria remuneratoria', 'precaria oblata'. Fides facta zur Vermeidung der Privation wegen Nichtentrichtung des Zinses.*

Form. Sal. Merkel. 34/35, Zeumer Formulae 254/255. Vgl. Nr. 25; Waitz Deutsche VerfassungsG.³ Bd. II Abt. 1 S. 299 ff.; Brunner RG. I² 292 ff., 308⁷⁰; Schröder RG.⁵ 298, 299; über fides facta Gierke Schuld und Haftung 144 ff.

---

[1]) *statt* hac.

Precaria. Domino mihi venerabili et in Christo patri illo, abbati ex monasterio sancti illius, vel cuncta congregatione ibidem consistentium. Nos quoque, in Dei nomine ille et filius meus ille, supplicantes ad vos accedimus, dum iuxta quod nostra fuit petitio et vestra vel fratrum vestrorum non negavit voluntas, ut illa rem vestra in loco nunccupante illo, in pago illo, in centena illa, hoc per vestrum beneficium, ut, dum advixerimus, nobis ad excolendum vel ad usufructuandum relaxare deberitis; quod ita et fecistis; hoc est in iam dicta rem tam terris, domibus et cetera. Unde nos tantum pro ipso usu de ipsa re vestra dedimus vobis ad partem sancti illius alteram rem nostra in loco nunccupante illo, in pago illo, in centena illa, quem de parte legitima hereditate legibus obvenit; hoc est in iam dicta rem tam terris, domibus et cetera: in ea vero ratione, ut, quamdiu advixeritis, in utraque loca nobis liceat tenere et usufructuare. Et pro hac re precaria vobis spondimus, censum annis singulis, quod evenit festivitas sancti illius, tantum, quantum inter nos convenit, dare studeamus; et si de ipso censo neglegentes aut tardi apparuerimus, fidem vobis exinde facere vel transsolvere debeamus et ipsas res superius nominatas in utraque loca non perdamus. Et si aliquis ex nobis ipsis pare suo subprestis fuerit, ei iam dicta precaria remaneat ad dominandum vel ad excolendum; et aliubi nec vendere nec condonare nec concamiare[1]) nec in naufragium ponere[2]), nullum exinde habeamus pontificium[3]) faciendi, nisi quod legitimus usus pertinet. Et post amborum quoque discessum cum omnibus rebus emelioratis vel suprapositis in utraque loca, absque ullius hominum contradictionem vel heredum nostrorum, pars sancti illius eligata ordine ad se recipere faciant at dominandum. Si quis vero, quod fieri esse non credimus, si fuerit unus ex nobis . . .

Commendatitiae. In Christo sanctae ecclesiae filio illo seu et filio suo illo. Qualiter vos precatores ad nos accessistis, dum iuxta quod vestra fuit petitio et nostra vel congregationis nostrae decrevit voluntas, ut illa rem nostra in loco nunccupante illo, in pago illo, in centena illa, que ante hos annos homo aliquis, nomine ille, per strumenta cartarum ad basilica sancti illo visus fuit dilegasse, hoc, dum advixeritis, per nostram precariam vobis relaxare deberimus; quod ita et fecimus; hoc est in iam dicta rem tam terris et cetera. Similiter et vos ipsi tantum pro ipso usu de ipsa re nostra partibus nostris vel monasterii sancti illius alteram rem vestra in loco nunccupante illo, in pago illo, in centena illa, visus fuistis adfirmasse. Proinde hanc commendatitiae vobis fieri et firmare decrevimus, ut, dum advixeris, in utraque loca tam ipsam quam nos vobis relaxamus, quam et eam, quam pro ipso usu vos amisistis, dum advixeritis, per nostrum beneficium in utraque loca tenere et usufructuare debeatis. Et in nostra precaria nobis spondidistis, in censo annis singulis, quod evenit festivitas sancti illius, tantum, quantum inter nos convenit, dare studeatis; et si de ipso censo neglegentes aut tardi apparueritis, fidem nobis exinde facere vel trans-

[1]) *statt* concambiare. — [2]) = disperdere; *vgl. Du Cange V 578.* — [3]) = potestas, ius, *vgl. Du Cange VI 409.*

solvere debeatis, et ipsas res in utraque loca, dum advixeritis, non perdatis; et aliubi nec vendere nec condonare nec concamiare nec in naufragium ponere, nullum exinde habeatis pontificium faciendi, nisi quod legitimus usus pertinet. Et post amborum quoque discessum res ipsas emelioratas vel suprapositas, absque ulla contrarietate heredum vestrorum vel ullius iudicis adsignatione vel contradictione, utrasque res pars sancti illius ad se recipere faciant ad dominandam. Unde hanc commendatitiae manu propria subter firmavimus et fratribus nostris roborare decrevimus.

9 (12). *Carta über den Verkauf eines Eigenen. Quittung über den Kaufpreis.*

Form. Sal. Merkel. 12, Zeumer Formulae 245; auch bei Thévenin 54 Nr. 45. Vgl. Nr. 5 und 10.

Venditio. Ego itaque ille. Constat me vendere et ita vendidi homine aliquo, nomine illo, servum iuris mei, nomine illum, quem ante hos dies de homine aliquo, nomine illo, data mea pecunia per venditionis titulum visus sum conparasse; et est in pretio taxato valente solidos tantos. Et quod pretium mihi bene conplacuit vel aptificatum fuit, in praesente de manu emptoris in manu mea accepi et praedicto servo nominato una cum carta venditionis ei publice adfirmavi, ut de ab hac die habeat, teneat atque possedeat suisque heredes aut cui voluerit ad possidendum derelinquat, vel quicquid exinde facere decreverit, liberam in omnibus habeat potestatem faciendi. Si quis . . .

10 (13). *Notitia über den aussergerichtlichen Verkauf und die aussergerichtliche Tradition eines Unfreien.*

Cartae Senonicae 9 (Appendix ad Marculf. 21), Zeumer Formulae 189; auch bei Thévenin 36 Nr. 31. Vgl. Nr. 5 und 9.

Notitia de servo. Notitia, qualiter et quibus presentibus veniens homo alicus, nomine ille, in pago illo, in loco que dicitur ille, seo in mercado vel in quacumque loco, ante bonis hominibus, qui subter firmaverunt, datum suum pretium ad homine negotiante solidus tantus, servo suo, nomen illo, visus est comparasset. Et ipse negotiens ipso servo superius nominato per manibus partibus ipsius lue visus est tradidisset, non fraudo sed in publico, ut, quicquid exinde ad die presente facere volueris, liberam et firmissimam in omnibus habeas potestatem faciendi. Id sunt[1]).

11 (15). *Grundübereignung. Auflassung.*

Cartae Senonicae 7 (Appendix ad Marculfum 19), Zeumer Formulae 188; auch bei Thévenin 35 Nr. 29. Vgl. Schröder RG.[5] 289 f.; Gierke Schuld und Haftung 154.

Tradetoria de terra. Veniens homo alicus, nomen ille, in pago illo, in loco que dicitur ille, ante bonis hominibus, qui subter

[1]) *bezieht sich auf die Zeugenreihe.*

firmaverunt, terra illa, id est tam mansis . . .[1]), totum et ad integrum, quem ante os[2]) dies hominem alico, nomen illo, per vindictionis[3]) titulum accepto vero pretio, visus fuit vendidisset, ante ipsius bonis hominibus ad integrum, ut, quicquid predicta vindictione ei vendidit, per manibus partibus ipsius lue vel herba vel terra visus fuit tradidisset et per suum fistucum contra ipso illo exinde exitum fecit, ut, quidquid ipse ille de ipsa terra ad die presente facere voluerit, liberam et firmissimam in omnibus habeat potestatem faciendi. Id sunt[4]).

12 (16). *Affatomie (Vergabung von Todes wegen) in Form hofgerichtlicher Auflassung durch die Hand des Königs.*

Form. Marculf. I 13, Zeumer Formulae 51. Vgl. Nr. 17; Waitz Deutsche VerfassungsG.[3] Bd. II Abt. 1 S. 297[1], 311[2]; Sohm in ZRG. 14, 36, 40 f.; Schröder RG.[5] 295; Schupfer Diritto privato II 11, IV 178; Gierke Schuld und Haftung 153 f.; Gál Die Prozessbeilegung (Gierkes Untersuchungen 102) 64[3], 93; Freundt Wertpapiere II 48 ff., 60 ff.

Praecepcio de leseuuerpo[5]) per manu regis. Quicquid enim in presentiam nostram agetur vel per manu nostra videtur esse transvulsum, volumus et iobemus, ut maneat in posterum robustissimo iure firmissimo. Ideoque veniens ille fidelis noster ibi in palatio nostro in nostrae vel procerum nostrorum presenciam villas nuncupantes illas, sitas in pago illo, sua spontanea volontate nobis per fistuca visus est leseuuerpisse vel condonasse: in ea ratione, si ita convenit, ut, dum vixerit, eas sub usu beneficio debeat possidere; et post suum discessum, sicut eius adfuit petitio, nos ipsas villas fidele nostro illo plena gratia visi fuimus concessisse. Quapropter per presentum decernimus preceptum, quod perpetualiter mansurum esse iobemus, ut, dummodo taliter ipsius illius decrevit volontas, quod ipsas villas in suprascribta loco nobis volontario ordine visus est lesiuuerpisse vel condonasse, et nos predicto illo ex nostro munere largitatis, sicus ipsius illius decrevit volontas, concessimus, hoc est tam terris, domibus, aedificiis, accolabus, mancipiis, vineis, silvis, campis, pratis, pascuis, aquis aquarumve decursibus, ad integrum, quicquid ibidem ipsius lui portio fuit, dum advixerit, absque aliqua diminutione de qualibet rem usufructuario ordine debeat posssidere; et post eius discessum memoratus ille hoc habeat, teneat et possedeat et suis posteris aut cui voluerit at possedendum relinquat. Et ut haec auctoritas firmior habeatur, manu propria subter eam decrevimus roborare.

13 (17). *Schuldschein. Pfandweise Ergebung zu unfreien Diensten. Zurückbezahlung des Doppelten bei nicht gehöriger Erfüllung. Beitreibung durch Stellvertreter. Gedinge auf Rückgabe der Cautio. Exaktionsklausel.*

---

[1]) *hier scheint etwas ausgelassen zu sein.* — [2]) *statt* hos. — [3]) *statt* venditionis. — [4]) *bezieht sich auf die Zeugenreihe.* — [5]) *Schosswurf (Wurf des Übergabesymboles in den Schoss der Gegenpartei).*

Form. Andecav. 38, Zeumer Formulae 17; auch bei Thévenin 9 Nr. 7. Vgl. Nr. 1; von Meibom PfandR. 33; Schröder RG.[5] 306, 722; Schupfer Diritto privato III 186, 187, 255 ff.; Freundt Wertpapiere I 121, 136, 151.

Incipit caucio de homine. Domino magnifico fratri illi ego illi. Constat me accipisse et ita acepi de vobis per hanc caucione ad pristetum beneficium, hoc est in argento uncias tantas. In loco pignoris emitto vobis statum meum medietatem[1]), ut in unaquisque septemana ad dies tantis, qualecumque operem legitema mihi iuncxris, facere debiammus. Que annus tantus conpliti fuerint, res vestras redere debiam, et caucionem meam recipere facias. Et si exinde de ipsa opera aut de ipsas res ad ipso placito necligens aut tardus fuero, aut volumtate vestra exinde non abuero, tunc me constat res vestras in dupplum debiam esse rediturus, aut vobis aut cui caucione ista dederis ad exagenda.

14 (18). *Darlehen gegen Frondienste. Rückgabe der Urkunde bei Schuldtilgung.*

Form. Marculf. II 27, Zeumer Formulae 93. Vgl. Schröder RG.[5] 306; W. Sickel in Westdeutsche Ztschr. 16, 49 f.; Schupfer Diritto privato III 95-98, 186, 187, 255 ff., 313; Freundt Wertpapiere II 171, 176 ff., 182, 189[1].

Item alia[2]). Domino fratri illo ille. Quatenus a necessitate mea supplendo solidos vestros, numero tantum, mihi ad beneficio prestetisti, ideo, iusta quod mihi aptificavit, taliter inter nos convenit, ut, dum ipsos solidos de meo proprio reddere potuero, dies tantus in unaquaque epdomada servicio vestro, quale mihi vos aut agentes vestri iniunxeritis, facere debeam. Quod si exinde negligens aut tardus apparuero, licentiam habeatis sicut ceteros servientes vestros disciplinam corporalem inponere. Et quomodo solidos vestros reddere potuero, meam cautionem absque ulla evacuario intercedente recipiam.

15 (19). *Sklavenehe. Fränkische Errungenschaftsgemeinschaft.*

Form. Andecav. 45, Zeumer Formulae 20. Vgl. Schröder GüterR. I 89 ff.; Koehne a. O. (Zitat zu Nr. 7) 7; Sjögren (Zitat zu Nr. 2) 144[1].

Incipit noticia. Noticia, qualiter illi et illi. Non abitur[3]) incognitum, qualiter servus, nomen illi, ancilla ad illo, nomen illa, extra volumtate ad coiugium se coniuncxerunt. Sed modo nos una pacis cumcordia convenit, ut de agnacione, qui de ipsis procreati fuerunt, illi ad ancilla sua duas partes recipiat, ergo et illi ad servo suo illo tercia; et quod ipsi aliquid stante coiugio convenerunt, illi servo suo de ipso peculiare duas partes recipiat, similiter et illa ad ancilla sua illa tercia; proinde, ut in postmodum nulla altercacio inter nos non debiat esse, ut manus nostra exinde per duas epistola

---

1) *vgl.* Ehrenberg *Commendation und Huldigung 41*[31]; Jastrow *Zur strafrechtlichen Stellung der Sklaven* (*Gierkes Untersuchungen* 2) *13*[5]. — 2) *nämlich* cautio. — 3) *statt* habetur.

uni tenorum conscriptas facere deberimus; quod ita et fecimus. Et pro rei tucius firmitate modo adfirmavimus, ut nec nos ipsi nec ullus de heredibus vel de propinquis nostris aut militans stranea persona, qui contra istas epistolas venire voluerit, a dupla pecunia teniat obnoxius, et illa repeticio non obteniat effectum, et has convenencias inconcusso et inconvulso teniat firmitate.

16 (20). *Alamannisches Wittum.*

Form. Sangall. miscell. 18, Zeumer Formulae 388. Vgl. Schröder GüterR. I 67 ff.

Ego N., cum filia N. de loco N. nomine N. in coniugium accipere, parentibus et cognatis nostris consentientibus, decrevissem, dedi ei dotis nomine in loco N., hoc est in villa N., inter sylvas et agros ac prata aestimationem duarum hobarum, curtem saepe conclusam, domum unius librae argentum pretio valentem, granarium et scuriam 11 solidorum, boves duos 4 saigarum et alios duos dimidii solidi, cavallum cum phaleris, quatuor mancipia, duos videlicet ac duas feminas, 30 capita de pecoribus, introitum et exitum, aquas aquarumque decursibus, usum lignorum vel materiae, pascuarium in communi marcha, sicut mihi et progenitoribus meis competit; ut haec omnia, seu me vivente seu defuncto, omnibus diebus vitae suae possideat et filii nostri post nos usque in saeculum. Si quis vero, quod tamen fieri omnino diffido, huic kartae legitime patratae contrarius esse praesumpserit, ad cameram regis auri uncias 2 et argenti libras totidem coactus persolvat, et haec dotalis karta nihilominus firma permaneat cum stipulatione subnexa [1]).

Actum in loco N. publice, praesentibus quorum hic signacula continentur. Signum illorum, qui hanc placitaverunt. Signum N. — hic scribe nomina testium. — Ego itaque N. indignus monachus scripsi, subscripsi. Notavi diem dominicum 7. idus Iulii, annum 6. imperii piissimi Karoli caesaris, secundi filii Hludovici celeberrimi regis Germaniae, Adelberto comite constituto [2]).

17 (21). *Kein gesetzliches Repräsentationsrecht der Enkel. Begründung desselben durch Affatomie.*

Form. Sal. Merkel. 24, Zeumer Formulae 250. Vgl. Nr. 12; W. Sickel in ZRG. 19, 44[1]; Schröder RG.[5] 943 unter 'adfatimus'; Schupfer Diritto privato IV 143, 178 f.

Affatimum. Dulcissimis nepotis meis illis ego avus vester ille. Dum et cognitum est, qualiter genitor vester, filius meus, nomine illo, complente fine naturae, de hac luce discessit, et vos in alode minime accedere poteratis: ideo, pensantes causa consanguinitatis, dabo vobis per hanc affatimum omni pro portione in loco nuncupante illo, in pago illo, in centena illa; hoc est in iam dicto loco tam terris, domibus et cetera, quicquid in iam dicto loco genitor vester filios meos illos et illos dividere et exsequare deberet, vos quoque, nepotes mei, per hanc affatimum post obitus mei dividere et exequare faciatis.

---

1) *vgl. Nr. 5 am Ende.* — 2) *das Datum entspricht dem 9. Juli 887.*

Illud etiam in hanc affatimum conscribere rogavimus, ut si fuerit aliquis de heredibus meis propinquos, avunculos vestros, venire aut de aliis heredibus vel quislibet in eorum causas, nulla calumnia nec repetitione generare non presumat, sed iure firmissimo in omnibus habeatis potestatem faciendi, tenendi, dandi, commutandi, vel quicquid exinde facere elegeritis, liberam in omnibus perfruatur potestas faciendi. Sed si fuerit aliquis de heredibus meis, qui contra hanc affatimum venire aut refragare presumpserit, socio fisco, solidos tantos contra quem litem intulerit suis partibus multa conponat, et ille qui repetit nihil vindicet, sed presens affatimus diuturnum tempore firmus et inviolatus valeat permanere; quam manu propria subter firmavimus et bonis omnibus, viris magnificis, roborare decrevimus.

18 (22). *Urteil des königlichen Hofgerichts. Königliche Schenkung. Verabredung über einen Tauschvertrag, mangelnde Perfektion desselben. Gewaltsame Besitzstörung.* 697, März 14.

Monumenta Germaniae historica, Diplomata imperii I 62 Nr. 70. Vgl. Hübner Gerichtsurkunden I 7 Nr. 40; derselbe Der Immobiliarprozess der fränk. Zeit (Gierkes Untersuchungen 42) 36 f.; Sohm Das Recht der Eheschliessung 25 f.; Schröder RG.[5] 142, 180, 295, 391; Schupfer Diritto privato III 204; Gál Die Prozessbeilegung (Gierkes Untersuchungen 102) 2, 5 f., 84.

† Chyldebercthus rex Francorum, vir inluster. Cum nus in Dei nomine Conpendio[1]) in palacio nostro una cum apostholecis viris, in Christo patrebus nostris, Ansoaldo, Savarico, Turnochaldo, Ebarcio, Grimone, Constantino, Ursiniano, episcopis; necnon et inlustri viro Pippino, maiorum domus nostro; Agnerico, Antenero, Magnechario, Grimoaldo, optematis; Ermentheo, Adalrico, Ionathan, comitebus; Vulfolaeco, Arghilo, Madlulfo, domestecis; Benedicto, Ermedramno, seniscalcis; seo et Hociobercthо, comite palacii nostro, vel cunctis fedilebus nostris, ad universorum causas audiendum vel ricto iudicio termenandum resederimus; ibique veniens venerabilis vir Magnoaldus abba de monasthirio Thunsonevalle, quem habuncolus suos, domnus Chardericus condam episcopus, suo opere edeficavit, climenciae rigni nostri suggessit, eo quod agentis inlustri viro Drogone, filio itemque inlustri viro Pippino, maiorum domus nostro, curte basileci sui nuncopanti Nocito[2]), que ponetur in pago Camiliacinse, qui fuerat Gaerino condam, et de fisco per precepcione domno et geneture nostro Theuderico condam rige ad ipso monasthirio fuerat concessa, ipsi agentis memorato Drogone malo urdene de potestati ipsius Magnoaldo vel monasthirie sui tullissent vel abstraxsissent, seo et mancipia, pecunia, vel reliquas ris quampluris exinde naufragiassent vel devastassent. Intendebat aecontra ipsi Drogus, eo quod socer suos, inluster vir Bercharius, ipsa villa de ipso Magnoaldo concamiassit, et idem iustisseme ad partem coniuge sui Adaltrute ligibus reddeberitur. Intendebat aecontra ipsi Magnoaldus, quasi conlocucione et convenencia exinde apud ipso Berchario habuissit, ut ipsa inter se conmutassent,

---

[1]) *Compiègne.* — [2]) Nocitum = *Noisy.*

sed hoc numquam ficissent, nec de ipsa curte ipsi Berecharius mano vestita numquam habuissit, nisi malo urdene per forcia et inico ingenium ipsi agentis predicto Drogone de potestate sua abstraxsissent. Interrogatum est ipsius viro Drogone, quatenus intendebat, quod exinde socer suos concammio apud ipso Magnoaldo ficissit, se talis epistulas conmutacionis exinde inter se ficissent, aut se ipsas in nostri presencia presentare potibat. Sed ipsi strumentum exinde nullatenus presentavit, nec nulla evidenti potuit tradere racione, per quod ipsi Berecharius ipsa habire debuissit, nec per quo urdene ipsa ipsi Drogo ad parte coniuge sui nec ad sua habire debirit. Sic ei a superscriptis viris, domnis episcopis vel optematibus nostris, in quantum ipsi inluster vir Hociobercthus, comis palacii noster, testimuniavit, nuscitur iudecasse vel definisse, ut ipsi vir Magnoaldus ipso loco Nocito, quantumcumque exinde per precepcione ipsius domno et geneture nostro ad ipso monasthirio suo Tunsonevalle fuerat concessum, hoc ipsi Drogus ad sana mano eum exinde revestire debirit, et ipsi Magnoaldus illa fructa, hoc est vinus vel annonas aut fenus, quod exinde missi sui devastaverunt, ei indulgire debirit; quod ita et ficit. Proinde iobimmus[1]), ut ipsa rem Nocito, quantumcumque ibidem Gaerinus possidit aut undeque ad ipso pervinit, et ab ipso geneture nostro ad ipso monasthirio per suum preceptum fuit concessum, omne tempore contra ipso Drogone et coniuge sua Adaltrute aut herides eorum, vel cuiuscumquelibet de parti eorum, omne tempore habiat evindecatum adque helitiatum, et sit inter ipsis in postmodum ex ac re subita causacio. † Aigobercthus ad vicem Chaldebercthо iussus recognovit. *(S. R. c. not. Tiron.)* *(L. S.)* Bene valete. † Data quod ficit minsis Marcius dies 14. Anno tercio rigni nostri. Conpendio. In Dei nomine. Feliciter.

19 (23). *Auflassung im königlichen Hofgericht. Scheinprozess.* 702, Februar 26.

Monumenta Germaniae historica, Diplomata imperii I 64 Nr. 73. Vgl. Hübner Gerichtsurkunden I 8 Nr. 52; Sohm Zur Gesch. der Auflassung (in der Strassburger Festgabe f. Thöl, 1879) 91 f.; derselbe in ZRG. 14, 37 ff.; Brunner Das Gerichtszeugniss und die fränkische Königsurkunde (in den Festgaben f. Heffter, 1873) 157 ff.; Laband Die vermögensrechtlichen Klagen 236 ff.; derselbe in KrVJSchr. 15, 382 ff.; Schröder RG.[5] 142, 180, 295; Gierke Schuld und Haftung 153 f.; Gál a. O. 63[4], 85[5].

† Childeberthus rex Francorum, vir inluster. Cum nos in Dei nomine Carraciaco[2]) villa Grimoaldo maiorum domus nostri, una cum nostris fedilebus resederimus, ibiquae veniens venerabelis vir Chedelmarus abba adversus misso Adalgude Deo sagrata, nomine Aigatheus, suggerebat dum dicerit, eo quod monastheriolo in pago Stampinse[3]), noncobante Lemauso[4]), una cum adiecencias suas in quibuscumquae pagis adquae terreturiis, villabus, domebus, aedificiis, acolabus, mancipiis,

---

[1]) *zu dieser Formel vgl.* Levillain *Examen critique des chartes ... de l'abbaye de Corbie (Mémoires et doc. publ. p. la Soc. de l'École des chartes V) 322-324;* Gál *a. O. 58 ff., 68 ff.* — [2]) *Quierzy.* — [3]) *l'Étampois.* — [4]) *Limours.*

libertis, campis, viniis, silvis, pratis, pascuis, aquis aquarumve decursebus, farinariis, gregis cum pastorebus, presidiis, mobilebus et immobilebus, rem inexquaesita, ad intecrum, quicquid possessio Gammone condam et conioge suae, memorata Adalgude, fuerunt, per eorum strumenta ad monasthyrio sancti Vincenti vel domni Germani, ubi ipsi preciosus domnus in corpore requiescit, quae est sub opidum Parisiace civetatis constructus, ubi Chedelmarus abba preesse videtur, condonaverant, et ipsa strumenta in presenti ostendit ad relegenda. Relecta ipsa strumenta, sollicetum fuit ipsi Aigatheo a nobis vel a proceribus nostris interrogasse: se alequid contra ipsa strumenta dicere aut obponere volebat, in presenti dicere debirit. Sed ipsi taliter adseruit, quod ipsas donacionis, quem venerabelis vir Chedelmarus abba proferebat, veracis aderant, et eas recognovit, et nihil contra hoc dicere nec obponire volebat. Qui et ipsi Aigatheus in presenti per sua festuca, tam pro se quam et pro ipsa Adalgude, se in omnebus de ipso monasthyriolo Lemauso una cum adiecencias vel adpendiciis suis superius intematum dixit esse exitum. Proinde nos taliter una cum nostris procerebus constetit decrivisse, ut dum inluster vir Ghyslemarus, comes palati nostri, testimoniavit, et inter ipsis fuit iudicatum, ut dum contra ipsa strumenta nihil habeat quod diceret[1]) nec quod obponeret, per sua festuca se exinde in presenti dixit esse exitum, iobemus ut ipso monasthuriolo superius nomenato, Lemauso, cum omni integritate sua ad se pertenente vel aspiciente, quem iam dictus Gammo condam vel coniox sua Adalgudis per eorum strumenta ad ipso monasthyrio sancti Vincenti vel domni Germani condonarunt, vel quicquid ipsi Gammo moriens dereliquit, abisquae repedicione iam dicta Adalgude aut heridebus suis, omni tempore ad partem ipsius monasthyriae sancti Vincenti vel domni Germani aut rectoris suos habiant aevindecatum adquae aelidiatum; et sit inter ipsis ex hac re in postmodo subita causacio. † Beffa recognovit ac subscribsit. *(S. R. c. not. Tiron.) (L. S.)* Bene valete. Data quod ficit mensis Februarius dies 25. Anno 7. rigni nostri. Carraciaco feliciter.

20 (24). *Auftrag zu Erbzinsrecht.* (716-720) Januar **16.**

Wartmann UB. der Abtei Sanct Gallen I 3 Nr. 3; auch bei Thévenin 63 Nr. 54. Vgl. Wartmann a. O. IV 1240; Waitz Deutsche VerfassungsG.[3] Bd. II Abt. 1 S. 299 ff.; Kohler Pfandrechtliche Forschungen 103; Brunner RG. I[2] 304; Schröder RG.[5] 298; Sjögren (Zitat zu Nr. 2) 100 ff.

In Christi nomine. Ego Erfoinus et filii mei Teotarius atque Rotarius cogitavimus Dei intuitum vel divinam retributionem vel peccatis nostris veniam promereri. Propterea vernacula terra iuris mei in loco qui dicitur Openwilare tradimus sancto Galloni viginti iuchos, et in Eberingen unum iuchum de vinea, et de colonis meis Erfoinum cum uxore sua et cum omni apertinentia sua, cum casa et cum terra et cum omnibus suis, et alium servum, nomine Waldolfum, cum casa, cum terra et cum omnibus ad eum pertinentibus, ut, dum adhuc vivimus ego et filii mei, in nostra permaneant potestate, et in

[1]) *die Vorlage hat* dicere, *Bréquigny-Pardessus* diceret.

anno reddamus carram de vino et carram de siligine et carram de feno et friskingam. Et si filiis meis infantes nati fuerint, sicut superius diximus, ita solvant censum et habeant potestatem; si noluerint censum inde reddere, omnia, sicut superius diximus, sint concessa ad eclesiam sancti Gallonis. Et si quis, quod non credimus, aliquis de heredibus nostris contra hunc factum nostrum ire vel irrumpere voluerit, inprimis incurrat iudicium Dei et solvat auri libras 2, et hunc factum nostrum inlesum permaneat, stipulatione subnixa[1]). Facta hec carta est in loco qui dicitur Anninchova, 17. kalendas Februarii, sub regno domni nostri Elperici regis[2]). † Signum Teotarii et Rotarii, qui hanc cartam fieri rogaverunt. † Signum Siguini testis, S. Raganlozi testis, S. Vulperti testis, S. Amihuni testis, S. Wicarii testis, S. Teutarii testis, S. Nandonis, S. Rangungerii, S. Vulperti testis, S. . . . .

21 (25). *Schuldurkunde (epistola). Stellung der Gutsverwalter.* 721, Juni.

Bréquigny-Pardessus Diplomata II 330 Nr. 517; auch bei Thévenin 64 Nr. 55. Vgl. Nr. 13, 14; Schröder RG.[5] 306.

Domno et seniore nostro viro apostolico Herlemundo, qui casam sancti Gervasii in regimen habere videtur, nos enim in Dei nomine Domnolenus, Bodoardus, Rogobertus, Bosolenus, Gembertus, Audobertus, Gundoaldus seu et Adobertus, iunioris Audranno agente de villa vestra sancti Gervasii nuncupante Arduno. Dum cognitum est, qualiter et permissio ipsius Audranno illas inferendas vel omnia exactum, quod ex ipsa villa ad partem sancti Gervasii reddere debetur, de pagensis nostris unusquisque per manus nostras recipimus vel ad recipere habemus, unde apud Hadingan vicedomino partes exinde fecimus, et nobis de annunciata carta, quod fuit regnante Chilperico rege, de ipsa ferenda in integrum nobis iniunxit, quod ipsi pagenses nostri hoc reddebant vel nos cum ipsis, vel ipsos pagenses exinde convictos esse faciat. Propterea hanc epistolam cautionum nobis emittemus vel manu nostra affirmavimus ego Domolenus, quod de ipsa annona redebeo solidos septuaginta et duo, et ego Bodoharius solidos septuaginta tres, et ego Rigobertus solidos 34, et ego Bosolenus solidos 40 et tres, et ego Audobertus solidos 38, similiter ego Gembertus solidos 82 et drachmas 2, et ego Gundoaldus solidos 36 et dimidio, et ego Adobertus solidos 21 et tremisso, sicut diximus. Nos enim iuniores Aidoranno hoc vobis per hanc epistolam cautionis spondemus, ut medio Iulio ipsa inferenda, quod superius est intimatum, quod unusquisque de sua parte reddere debet, sicut superius est insertum et apud nos cognitum est, quod exigere petimus, sicut diximus, medio mense Iulii ipsa vobis in integrum transsolvere spondemus, ut gratiam vestram exinde adimplere debemus. Similiter et de illis fidefactis quod nostri pagenses qui hoc contemserunt, et vobis de ipsis vicis hoc vobis spopondimus, ut per unumquisque hominem

---

[1]) *vgl. Nr. 5 am Ende.* — [2]) *Chilperich II., Juli 715-720.*

de suo servitio, iuxta quod vobis quidem fecerunt et vester brevis loquitur, ipso die in integrum exinde apud nos satisfacere debeamus. Quod si hoc non fecerimus et voluntatem vestram exinde non adimpleverimus, per hanc epistolam cautione vobis spopondimus, ut inpostea post ipso placito, totum in duplum vobis transsolvere spopondimus, quam postea epistolam cautione cum adstipulatione subnixam[1]) manus nostras subter firmavimus et adfirmare rogavimus. Actum Cenomannis civitatis, in mense Iunio, in anno 1. regnum domini nostri Theoderici regis. Signum Domnoleno . . .[2]), qui hanc epistolam cautionis affirmaverunt conscientes. Bertrannus rogitus subscripsi, Teobaldus subscripsi, Adebertus subscripsi, Odilus scripsi et subscripsi.

22 (26). *Veräusserung von Buchland durch den liber antiquus.* 734-737.

Kemble Cod. dipl. aevi saxonici I 98 Nr. 82. Vgl. Schröder RG.[5] 290; Vinogradoff Romanistische Einflüsse im angelsächs. Recht: das Buchland (in Mélanges Fitting II [1908] 499-522); Redlich Privaturkunden 46.

† Gloriosissimus Mercensium rex Æthelred, cum comite suo, subregulo Huuicciorum Oshero, rogatus ab eo, terram 20 cassatorum iuxta fluvium, cui vocabulum est Tillath, duabus sanctimonialibus, Dunnan videlicet et eius filiae Bucgan, ad construendum in ea monasterium, in ius ecclesiasticum sub libera potestate pro venia facinorum suorum condonavit propriaeque manus subscriptione hanc eorum donationem firmavit. Praefata autem Dei famula Dunne constructum in praedicto agello monasterium cum agris suis necnon et cartulam descriptionis agri, cui tunc sola ipsa praeerat, filiae, nimirum filiae suae, in possessionem ad Dominum migratura largita est. Sed quia haec in parvula adhuc aetate erat posita, cartulam conscripti agri necnon et omnem monasterii procurationem, quoad usque illa ad maturiorem pervenisset aetatem, matri illius maritatae conservandam iniunxit. Quae cum cartulam reddi poposcisset, illa reddere nolens, furtu hanc sublatam respondit. Quo tandem omni negotio ad sanctam sacerdotalis concilii synodum perlato, decrevit omne venerabile concilium cum reverentissimo archiepiscopo Nothelmo, hanc cartulam donationis vel regum vel supradictae Dei famulae Dunnan manifestissime describi praefataeque abbatissae Hrotuuari reddi eiusque possessionem monasterii firmissimam esse, damnato nimirum eo atque anathematizato synodi sacratissimae decreto, qui cartam illam subscriptionis agri primitivam vel per furta vel quolibet modo fraudulenter auferendo subripere praesumpserit. Atque hoc decernit sacra synodus, ut post obitum eius, sicut ante statutum fuit a senioribus eius, ad episcopalem sedem castrum Uueogernensis liber hic cum terra reddatur. † Ego Nothelmus, gratia Dei archiepiscopus, canonice subscripsi. † Ego Daniel episcopus subscripsi.[3])

---

1) *vgl. Nr. 5 am Ende.* — 2) *es folgen noch die Signa der übrigen Aussteller.* — 3) *es folgen noch die Namen von acht Bischöfen.*

23 (27). *Benefizium auf Lebenszeit. 'Precaria data'. Doppelte Urkunde. Ausschluss fünfjähriger Erneuerung.* 735, Juli.

Bréquigny-Pardessus Diplomata II 368 Nr. 557; auch bei Thévenin 65 Nr. 56. Vgl. Deloche Cartulaire de l'abbaye de Beaulieu 51 Nr. 23; Waitz Deutsche VerfassungsG.[3] Bd. II Abt. 1 S. 299 ff.; Schröder RG.[5] 299.

Domno venerabili et in Christo patri Romano, abbati de monasterio quod vocatur Maurobaccus sive Vivarius Peregrinorum[1]), in honore sancti Petri et sancte Marie et sancti Leudegarii ceterorumque sanctorum, una cum sancta congregacione vestra, quam de diversis provinciis ad peregrinandum propter nomen suum vobiscum Dominus coadunavit. Ego Hildradus preco et suplico gracie vestre, ut michi in usum beneficii rem ecclesie vestre in pago Alsacensi, in locis nuncupatis in Mathinhaim et Annegis villa, quam vir illustris Eberhardus pro anime sue remedio vobis seu ad monasterium vestrum per suum instrumentum delegavit, concedere deberetis, quod ita et pro mercede vestra fecistis: in ea racione, ut, dum advivo, una cum gracia vestra ad usum fructuarium ordine tenere debeam, et nullum preiudicium vel diminucionem nostra possessio de ipsis rebus vobis vel partibus ipsius monasterii nullumque[2]) tempore aliquo generare possit, sed post nostrum quoque discessum cum omni re emeliorata ad vestram vos vel successores vestros revocare faciatis dominacionem. Et censuimus nos ad vos pro hac re in luminaribus partibus monasterii vestri annis singulis, octavo die ante diem natalem Domini, cera libras quinque reddere debeam. Et si de ipso censu negligens apparuero vel certe postea infra quadraginta dies ipsum non reddidero, vos vel successores vestri ipsas res emelioratas, absque ullius contradictione vel iudiciaria consignacione, partibus ecclesie monasterii vestri revocare faciatis. Unde placuit vobis ut duas precarias absque quinquenii renovacione facte fuissent, et nos unam de manu vestra firmatam reciperemus et vos similiter de nostra, quod ita factum est, coactus[3]) precarias uno tenore conscriptas, anno quinto decimo regnante Theuderico rege, sub die 9. kalendas Augusti, Avendo castro sive Romarico commorante monasterio, publice. † Romanus, spectator vocatus, abbas hac precaria a me facta. † Signum Lintoni, † S. Guntfredi, † S. Marchrati, † S. Wolframni, † S. Gerhardi, † S. Theudofridi, † S. Cachihardi. Ego Ioannes lector hanc precariam rogatus scripsi.

24 (32). *Oblatio bonorum und Begebung in ein Schutzverhältnis. Überweisung von Wergeld oder Busse bei Tötung oder Verletzung des Schutzbefohlenen an den Schutzherrn durch Urkunde mit Exaktionsklausel. Traditio cartae nach langobardischem Recht.* 771, Dezember 31.

Troya Codice diplomatico Longobardo V 616 Nr. 944; auch bei Thévenin 72 Nr. 60. Vgl. Brunner RG. der Urkunde 86 ff.; Schröder RG.[5] 290, 722; Alfred Schultze Die langobardische Treuhand (Gierkes Untersuchungen 49) 118; Schupfer Diritto privato I 223; Freundt Wertpapiere II 46 ff., 94 f.

---

1) *Murbach im Ober-Elsass.* — 2) *hier fehlt ein Wort, etwa* detrimentum. — 3) *so die Vorlage, wohl statt* duabus.

Exemplar. In Dei nomine. Regnante domino nostro Desiderio rege et filio eius domino nostro Adelchis rege, anno regni eorum quintodecimo et tertiodecimo, pridie kalendas Ianuarias, per inditionem decimam. Manifestum est mihi Valeriano presbitero, qui et Roduli vocor, rectori ecclesie beati santi Salvatoris sitae in loco Montione, quia propter hanc cartulam offero Deo et tibi, ecclesia sancti Martini, ubi est domus episcoporum, cartulam illam, quam mihi fecerunt et confirmaverunt in iam dicta ecclesia, id est Ansuartus et Ermifridi et Ermualdus seu et Asprandus et Ermerisci et Ermulaus, una cum suprascripta ecclesia quomodo ab eis ego confirmatus sum et cum omnibus rebus ad eam pertenentem in integrum. Simul et si mihi aliquis homo violentia quamcumque fecerit sive me occiserit, volo ut pontifex, qui ibi tunc fuerit ordinatus, potestatem abeat quaerendi ipsam violentiam meam sive occisionem per se aut per illum hominem, cui ipse hanc cartulam dederit ad exigendum. Qualiter superius offerui ita omni in tempore stabile permaneat et neque a me neque a meis heredibus aliquando haec cartula posse disrumpi. Et pro confirmatione Austripertum presbiterum scribere rogavi. Actum Luca. Signum † manus Valeriani presbiteri, qui hanc cartula fieri rogavit. Signum † manus Ermicheidi, filii quondam Baroncii, testis. Signum † manus Walprandi clerici, filii Warnuli, testis. † Ego Ospertus diaconus rogatus a Valeriano presbitero in hanc cartulam me teste subscripsi. † Ego Rachiprandus clericus rogatus a Valeriano presbitero in hanc cartula me teste subscripsi. † Ego Austripertus presbiter post traditam complevi et dedi. † Ego Richiprandus clericus fideliter exemplavi.

25 (33). *Schenkung und Rückempfang durch Prestarie. 'Precaria oblata'. Fides facta bei Ausbleiben des Zinses.* **776-777.**

Beyer UB. der mittelrheinischen Territorien I 35 Nr. 30. Vgl. die Zitate zu Nr. 8; Hübner Die donationes post obitum usw. (Gierkes Untersuchungen 26), bes. 123 f.

Prestaria Walane. Domno atque meritis venerando Asuero abbate de monasterio sancti Salvatoris Prumiense, ego Uualac. Dum omnibus non habetur incognitum, qualiter ego res meas in pago Mosalinse super fluvio Salmonna, in villa quę dicitur Superiore, ad monasterium sancti Salvatoris per strumenta delegavi, sed postea mea fuit peticio et vestra seu servorum Dei, qui in ipso cenobio commorare videntur, decrevit voluntas, ut ipsas res vestras superius nominatas michi per vestrum beneficium prestare debuissetis, quod ita et fecistis. Id est ipsa porcione, quod, ut supra dixi, de parte genitore meo Francone et germano meo Uuarimbald michi advenit, quod ego, ut iam dixi, per strumenta ad monasterium sancti Salvatoris delegavi, necnon et vineolas duas super fluvium Mosella ad Porto Pingontio: in ea vero racione, ut ipsas res vestras superius nominatas per vestrum beneficium excolere atque usu fructuario tenere debeam et nichil exinde neque vendendi neque alienandi potestatem habeam, nisi, ut iam dixi, quamdiu advivo per vestrum beneficium tenere et excolere faciam. Unde adcensimus nos ipsos annis in luminaribus ipsius basilice ad festa sancti Salvatoris denarios 4 aut in cera aut in argento, et si de ipso censo negligens aut tardus apparuero, cum fide facta pro censo solvere faciam. Et de ipsas res expoliatus quamdiu advivo esse non debeam, post meum quoque decessum ipsas res emelioratas casa sancti Salvatoris seu rectores ipsius absque ullius iudicis consignatione vel expectata traditione recipere faciant. Actum Sugiaco villa, anno nono regnante Karolo gloriosissimo rege. Precaria quam ego Ualac fieri rogavi. Signum Daxilone, S. Teodfredo, S. Ualtario, S. Gunthachro, S. Olone, S. Bobone, S. Maghinfredo, S. Ildrado, S. Gislebert, S. Sigifredo, S. Uulferio, S. Theodone, S. Ugoni. Ego Blidgarius rogatus scripsi. Prestaria Uualane de Salmonna in pago Bedinse.

26 (34). *Schenkung von Königsgut an ein Kloster durch praeceptum regis.* 777, Januar 7.

Monum. Germ. hist., Diplomata Karolinorum I 162 Nr. 116. Vgl. ebenda S. 564; Roth Feudalität 42 ff.; Sohm Das Recht der Eheschliessung 81 ff.; derselbe Auflassung (Zitat zu Nr. 19) 115 ff.; Schröder in ZRG. 15, 79; derselbe RG.[5] 296[68]; Nr. 27.

(C.) Carolus gratia Dei rex Francorum et Langobardorum ac patricius Romanorum. Quicquid enim ob amore Domini et oportunitate servorum Dei locis venerabilibus concedimus, hoc nobis ad mercedis augmentum vel stabilitatem regni nostri pertinere confidimus. Quapropter conpertum sit omnium fidelium nostrorum magnitudini, qualiter donamus ad monasterium Fulta, quod est in honore beatorum apostolorum Petri et Pauli in pago Graffelt[1]) constructum, ubi preciosum corpus Bonefacii martyris requiescit, quaem[2]) vir venerabilis Sturmio abba in regimine habere videtur, id sunt res propietatis nostrae Hamalumburg[3]), situm in pago Salecgavio super fluvio Sala, cum omne integritate vel adiecenciis seu apendiciis suis Achynebach, Thyupfbach, Harital[4]), hoc est quantumcumque in superius nominata loca habere videmini, id est tam terris, domibus, aedificiis, acolabus, mancipiis, vineis, silvis, campis, pratis, pascuis, aquis aquarumve decursibus, movilibus et inmovilibus, omnia et ex omnibus, ad prefatum sanctum locum tradidimus perpetualiter ad possidendum. Propterea hanc preceptionem auctoritatis nostrae conscribere iussimus, ut ab hac die tam memoratus Sturmio abba quamque sui successoris, qui fuerint rectoris eiusdem sancti loci, predictis rebus ad opus iam dicte aecclesiae habeant, teneant adque possedeant et quicquid exinde ad profectum ipsius sancti loci facere elegerint, liberum perfruantur arbitrium. Et nullus quislibet de iudiciaria potestate aut qualibet persona predicto Sturmioni abbati neque actoribus aut successoribusque suis de memoratis rebus inquietare vel calumniam generare quoque tempore non presumat, sed per nostrum preceptum iure hoc valeant possedere firmissimum, quatenus melius delectet ipsa congregatione

1) *Grabfeld.* — 2) *statt* quod. — 3) *Hammelburg im bayer. Reg.-Bez. Unterfranken.* — 4) *Ober- und Untereschenbach; Dierbach; Ober- und Untererthal.*

pro nobis vel stabilitate regni nostri etiam uxore et prolis Domini misericordiam iugiter exorare. Et ut haec auctoritas firmior sit, manos nostre signaculis subter eam decrevimus roborare et de anolo nostro iussimus siggillare.

Signum (MF.) Caroli gloriosissimi regis.

(C.) Uuigbaldus advicem Radoni. (SR. NT.: *domno rege ordinante Uuihbaldus recognovi*). (SI. 1.)

Data septimo idus Ianuarias, anno nono et tertio regni nostri; actum Haristalio palatio publicae; in Dei nomine feliciter.

27 (35). *Notitia über Besitzeinweisung unter Zuziehung von Zeugen in bezug auf die vorstehende Königsschenkung. Beschreibung und Feststellung der Grenzen nach Vernehmung der Nachbarn.* (777) Oktober 8.

Monum. Germ., Diplomata Karolinorum I 162[1] bei Nr. 116. Vgl. Tangl ebenda S. 564 und in der Festschrift, Heinrich Brunner zum siebzigsten Geburtstag dargebracht, 762 f. Die Urkunde ist auch abgedruckt bei Braune Althochdeutsches Lesebuch[6] S. 6 Nr. I 5 nebst Erläuterungen S. 171. Siehe ferner Hübner Gerichtsurkunden I 18 Nr. 110; Schröder RG.[5] 296[68]; Nr. 26.

Anno tertio regni piissimi regis Caroli, mense Octobri, 8. idus Octobris, reddita est vestitura traditionis[1]) praedicti regis in Hamalunburg[2]) Sturmioni abbati per Nîdhardum et Heimonem comites et Finnoldum atque Gunthramnum vasallos dominicos, coram his testibus: Hruodmunt, Fastolf, Uuesant, Uuîgant, Sigibot, Suuîdberaht, Sigo, Hâsmâr, Suuîdgêr, Elting, Egihelm, Gêruuîg, Attumâr, Brûning, Engilberaht, Leidrât, Siginand, Adalman, Amalberaht, Lantfrid, Eggiolt. Et descriptus est atque consignatus idem locus undique his terminis, postquam iuraverunt nobiliores terrae illius, ut edicerent veritatem de ipsius fisci quantitate: primum de Salu iuxta Teitenbah in caput suum, de capite Teitenbah in Scaranvirst, de Scaranvirste in caput Staranbah, de capite Staranbah in Scuntra, de Scuntra in Nendichenveld, deinde in thie teofûn gruoba, inde in Ennesfirst then uuestaron, inde in Perenfirst, inde in orientale caput Lûtibah, inde in Lûtibrunnon, inde in obanentîg Uuînessol, inde in obanentîg Uuînestal, inde in then burguueg, inde in Otitales houbit, deine in thie michilûn buochûn, inde in Blenchibrunnon, inde ubar Sala in thaz marchóug, inde in then matten uueg, inde in thie teofûn clingûn, inde in Hunzesbah, inde in Eltingesbrunnon, inde in mittan Eichînaberg, inde in Hiltifridesburg, inde in thaz steinîna houg, inde in then lintînon sêo, inde in theo teofûn clingûn unzi themo brunnen, inde in ein sol, inde in ein steinînaz houg, inde in Steinfirst, inde in Sala in then elm[3]).

28 (36). *Vindikation eines Neubruchs. Revestierung durch den Beklagten. Fides facta. Bestätigung einer gerichtlichen Notitia durch das königliche Hofgericht.* 781, Dezember 16.

---

[1]) *vgl. Wunderlich in Grimms WB. Bd. IV Abt. 1 Sp. 4785* — [2]) *S. 17*[3]. — [3]) elm = *Ulme. Vgl. Hoops Waldbäume und Kulturpflanzen im germanischen Altertum 261.*

Monum. Germ., Diplomata Karolinorum I 188 Nr. 138. Vgl. ebenda I 91 Nr. 63 und S. 563; Hübner Gerichtsurkunden I 18 Nr. 114; derselbe Der Immobiliarprozess (Zitat zu Nr. 18) 90-92; Gál a. O. (Zitat zu Nr. 12) 64, 68-72, 83[4].

Karolus gratia Dei rex Francorum et Langobardorum ac patricius Romanorum. Cum nos in Dei nomine Carisiaco[1]) villa palatio nostro ad universorum causas audiendas et recto iudicio terminandas resideremus, ibique veniens advocatus sancti Dyonisii vel Fulradi abbatis, nomine Ado, nobis suggerebat dicens, eo quod inter Ripheronem comitem vel suos escapinios in pago Tellauo[2]), in mallo publico, qui vocatur Turcarias[3]), advenisset et homines aliquos his nominibus: Goduinum et germanum suum Flodoinum et germanam eorum Damascianam, sed et Andgarium et Ercammarum et Jonatham, interpellasset, repetens ab eis et dicens, eo quod rem sancti Dyonisii in ipso pago Tellauo, in loco qui dicitur Sonarciaga[4]) villa super fluvium Itta[5]), quem sanctus Dyonisius per suum brachium conquisivit, post se retinebant in sua potestate malo ordine. Sed ipsi Flodoinus et Goduinus et eorum germana Damascia, sed et Andgarius et Ercammarus et Jonathas in presenti aderant, et cum interrogaretur ab eis, utrum quid de hac causa contra hominem nomine Adonem, advocatum sancti Dyonisii, dicere vellent, numquam potuerunt tradere vel deducere rationem, per quam ipsam rem sancti Dyonisii Sonarciagam villam habere potuissent, sed ipsi per suos wadios ibidem in presenti prefatum Adonem, advocatum sancti Dyonisii, investiverunt et fidem exinde, sicut lex continuit, ibidem fecerunt. Proinde oportunum fuit ipsi Adoni, advocato sancti Dyonisii, ut talem noticiam bonorum hominum manu firmatam vel ipsius comitis nomine Ripherii seu qui ibidem fuerunt sedentes prendere et accipere deberet; quod ita et fecit, ut ad longum tempus ipsam rem Sonarciagam villam contra iam dictos homines ad partem sancti Dyonisii habeat evendicatam et elidigatam. Unde et advocatus sancti Dyonisii vel Fulradi abbatis, videlicet Ado, suam noticiam, quam se proposuit habere, ante nos legibus optulit vel adpresentavit ad relegendum. Relecta ipsa noticia interrogatum fuit ab ipso Riphero comite, si hec causa vel ipsa noticia vera et verax erat aut non? Sed ipse Ripherus comes nobis taliter suum prebuit testimonium, quod hec causa vel ipsa noticia vera et verax esset. Proinde nos taliter una cum fidelibus nostris, id est Richardo comite, Gunthardo comite, Theutbaldo comite, Griphone, Geroldo, Nortboldo, Winegiso, Walberto, Gisloldo, Aroino, Theutboldo, Constabili et Waraldo, comite palatii nostri, vel reliquis quam pluribus fisi fuimus iudicasse, ut, dum ipse Ripherus comes taliter nobis suum prebuit testimonium, quod hec causa vel ipsa noticia verax esset, propterea iubemus, ut, quia hanc causam sic actam vel perpetatram esse cognovimus, suprascriptus advocatus sancti Dyonisii contra sepe dictos homines inspecta sua noticia iam dictam villam Sonarciagam ad partem sancti Dyonisii omni tempore habeat evendi-

---

[1]) *Quierzy.* — [2]) *der Gau Talou, Departem. Seine-Inférieure.* — [3]) *Torcy (?), Arrondissement Dieppe.* — [4]) *vgl. Diplom. Karol. a. O. 573.* — [5]) *die Epte, Nebenfluss der Seine.*

catam atque elidigatam, et sit inter ipsos in postmodum ex hac re omni tempore sopita et definita atque inconvulsa causatio. Ego Witherius notarius advicem Chrotardi recognovi. Data mense Decembri, die 16., anno 14. regni nostri; in Dei nomine feliciter.

29 (37). *Veräusserung von Erbgütern unter Zurückweisung jedes Beispruchsrechts der Erben, nach alamannischem Rechte.* 783, September 14.

Wartmann UB. der Abtei Sanct Gallen I 94 Nr. 100. Vgl. Beseler Erbverträge I 51 ff.

Ego in Dei nomine Wano, tractans Dei induitum vel animę meę remedium, ut aliquid de rebus meis, quod est in pago vel in sito[1]) Linzgauwa, in villa qui dicitur Duringas, quicquid mihi de paternico vel maternico legitimo obtenebat, omnia et ex integro ad ecclesia sancti Gallonis vel eius monachis trado in dominatione, habeant, teneant atque possedeant, quicquid exinde facere voluerint, liberam ac firmissimam habeant potestatem faciendi. Si quis vero, quod fieri non credo, si ullus adest de propinquis meis, qui contra hanc traditionem a me factam agere temptaverint, partibus fische multe conponant, id est auri solido uno et argenti solido 2 coactus exsolvat, et quod repetit pernullisque ingeniis evindicare non valeant, sed haec pręsens traditio omni tempore firma permaneat cum stipulatione subnixa[2]). Actum[3]) in monasterio sancti Galli publici, presentibus quorum hic signacula contenuntur. Signum Wano, qui hanc traditionem fieri atque firmare rogavit, S. Gaerolt, S. Theotgaer, S. Erfmann, S. Enno, S. Raginbert, S. Hroadgaer, S. Wichram, S. Hroadfrid, S. Asbrant, S. Lantbold. Ego enim Wano scripsi et subscripsi. Notavi die dominico, idus Septembris, anno 15. Karoli regis, sub Ruadberto comite.

30 (39). *Carta über Schenkung von Grundbesitz. Tradition. Stipulationsklausel.* (796) Februar 6.

Dronke Cod. dipl. Fuldensis 73 Nr. 124. Vgl. Brunner RG. der Urkunde I 220 ff., 228 ff.; Schröder RG.[5] 743[82]; Stutz in ZRG. 33, 233[3]; Schupfer Diritto privato III 121, 133.

Kartula traditionis Egilolfi. Ego itaque in Dei nomine Egilolf in elimosinam[4]) meam et filii mei Helpfolfes sancto Bonifatio martyri trado hanc partem ex iure proprietatis meae sicut pater meus Huntolf in hereditatem reliquit, id est in istis locis: in pago Tollifeldum in villa Nordheim tertiam partem, similiter in Hoitine tertiam partem, et in pago Grapfeldun in villa Herifatorphe tertiam partem, et in Sulzifelde et in Suuallungom tertiam partem, in Chunithorpfe et in Pargthorfum, in Potoluessteti et in Ueterungom similiter tertiam partem, in Sclauis, in Heidu et in Truosnasteti tertiam partem, in pago Gozfeld in villa Suuanafeldum tertiam, in pago Egeuui in Scegifeldum tertiam partem, in pago Rinahgeuue in villa Gisenheim

---

1) *vgl.* Waitz *Deutsche VerfassungsG.*[3] *Bd. II Abt. 1 S. 403.* — 2) *vgl. S. 3*[1]. — 3) *die Vorlage hat* actuum. — 4) *die Vorlage hat* elimonisam.

tertiam partem. In his supradictis locis sicut hic scriptum est sic volo esse traditum ad supradictum sanctum tertiam partem in terris, silvis, campis, pratis, pascuis, aquis aquarumve decursibus, domibus, aedificiis vobis et posteris vestris absque ullius personae contradictione, vos et successores vestri ad possidendum et ad fruendum in elimosinam meam ulterius perenniter firmissimam habeatis potestatem, stipula confixum vobis ad roborandum et ad tuendum. Actum in monasterio Fulda die 6. mensis Februarii. Ego Asger scripsi. Ecce hic testes illius vestitionis qualiter Egilolf tradiderat sancto Bonifacio in Suuanafeldum: † Ato . . . Ecce isti testes sunt supra in Uuangheim: † Othelm . . . Ecce testes in Heriffu: † Starcfrid . . . [1]).

31 (41). *Schenkung eines Neubruches. Rückgabe der Hälfte zu Benefizium auch für die Söhne des Schenkers.* 801, Mai 8.

Lacomblet UB. für die Gesch. des Niederrheins I 12 Nr. 21; auch bei Thévenin 77 Nr. 64. Vgl. Nr. 35, 44; Beseler Der Neubruch, in den Symbolae Bethmanno-Hollwegio oblatae; Roth Feudalität 145 ff.; von Inama-Sternegg Grundherrschaften (Zitat zu Nr. 1) 50; Glasson Histoire III 68-82.

Dum omnibus vicinis suis non habetur incognitum, qualiter Helmbaldus filius Heribaldi tradidit ad reliquias sancti Salvatoris [2]) et in manus Liudgeri abbatis in elimosinam suam conprehensionem illam, quam ipse Helmbaldus in propria hereditate et in communione proximorum suorum proprio labore et adiutorio amicorum suorum legibus conprehendit et stirpavit, id est in loco qui dicitur Uuidapa, in villa Salehem, et postea postulavit, ut dimidiam ipsam conprehensionem in beneficium accipere deberet diebus vite sue et filii sui sub usu fructifero, id est demedio solido per singulos annos ad pasca Domini ad supradictas reliquias, que in eodem loco ponende [3]) sunt ad lumina conparanda: ita et feci ego modicus abba Liudgerus, prestiti ei dimediam conprehensionem illam in ea ratione, ut diebus vite sue et filii sui meliorati fiant res ipse que ad eandem conprehensionem respitiunt, absque ulla distractione et contradictione post obitum ipsorum ad supradictas reliquias res ipse inmeliorate revertantur et in usum servorum Dei, qui easdem reliquias procurare, Deo largiente, et custodire merentur in posterum. Acta est autem hec prestaria puplice in loco ipso qui dicitur Uuidapa sub die 8. idus Maias, anno tricesimo tertio gloriosi regis Carli. Ego Liudgerus abba subscripsi. Signum Gerusalem presbiteri, S. Hardgeri clerici, S. Uulgeri clerici, S. Guntberti clerici, S. Bocco clerici, S. Gerfrid clerici. Ego Uuambertus clericus subscripsi.

32 (42). *Schenkung von Grundstücken und Eigenleuten. Rückgabe des Geschenkten zu Leibzucht unter Hinzufügung einiger Leibeigenen nebst ihren Pekulien. 'Precaria remuneratoria'. Leibrente in Naturalien.* (um 803.)

Dronke Cod. dipl. Fuldensis 105 Nr. 191. Vgl. Nr. 8.

---

[1]) *nach* Ato, Othelm, Heriffu *folgen noch beziehungsweise zehn, zwölf und acht Namen.* — [2]) *d. h. der Abtei Werden.* — [3]) *so die Vorlage.*

Praestaria Paugolfi abbatis. Non est incognitum cunctis fidelibus, quod Leobataga tradidit ad sanctum Bonifatium in elimosinam suam partem hereditatis suae, id est ecclesiae suae, quod ad eam pertinet terris, pratis, pascuis, mancipiis, aedificiis in villa nuncupante Ascfeld, et illam hovastat, in qua aedificatum habet et sedet, et haec nomina mancipiorum: Hadarih, Liutrat, Ermanrih, Immina cum tali suppellectili quam Hadarih habet in villa Bonlantum et omnia ad se pertinentia. Ideo ego Paugolfus abbas cum consensu et voluntate fratrum nostrorum praestabo tibi Leobatagûn[1]) ad vitam tuam has supra dictas res, quae manu potestativa tradidisti ad sanctum Bonifacium, insuper et de nostro sumptu tria mancipia, id est: Adalrat, Theotuuic, Hruotrad cum suppellectili eorum, has res supra scriptas habendi, fruendi, non minuendi sed meliorandi firmissimam in omnibus habeatis potestatem per nostram praestariam, et post obitum tuum possideamus nos hoc ipsum et successores nostri. † Paugolfi abbatis, † Hramvolti presbyteri, † Amales presbyteri, † Gerberti diaconi, † Uuolfboten presbyteri, † Megingozi monachi, † Theganheri monachi. Item hi testes: Engilperaht, Adalman, Freibraht, Siginand, Eggiolt, Manolt, Amalperaht, Gerperaht, Leidrat, Liutheri, Sandrat, Theotbald, Theoleih. Et annis singulis tibi ad vitam tuam de nostris causis donetur una situla mellis plena et porcus unus qui assumitur pro pretio anni.

33 (43). *Fahrnisvergabung von Todes wegen, nach alamannischem Rechte.* 806, Juli 31.

Wartmann UB. der Abtei Sanct Gallen I 182 Nr. 191. Vgl. ebenda IV 1244; Glasson Histoire III 68-82; Huber PrivR. IV 604[3], 606[7]; Brunner in ZRG. 32, 128; Schupfer Diritto privato IV 168 f.; Klatt Das Heergewäte (Deutschrechtliche Beiträge hersg. von Beyerle 2, 2) 20 ff.

Ego, in Dei nomine, Adalhram trado ad monasterium sancti Galli quicquid in die exitus mei de hac luce in peccuniali causa non datum et non usatum reliquerim, id est caballis domalibus cum cetero troppo, caballis cunctis, auro argentoque, scuta cum lanceis, vestibus vel omnibus utensilibus, quas in die obitus mei non datas alicui et non usitatas reliquerim, trado ad iam dictum monasterium pro anime mee salutem filiique mei Deotonis, ut nullo contradicente quicquid, ut iam diximus, in die obitus mei reliquerim, ad eundem cenobium permaneat stabilitate perpetua ad habendum. Et si ullus sit, qui hoc contradicere voluerit, ut predictę res ad iam dictum monasterium stare non debeant, de suis rebus talia, quę carta continet, ad eundem cenobium restituat et fisco proximo auri uncias 5 et argenti pondera 7 persolvat, et nihilominus carta firma in eternum permaneat. Actum in villa que vocatur Sulaga, presentibus qui hic subnotantur. Signum Adalramni, Deotperti, Ruadperti, Werinberti, Wallodi, Puasonis, Walonis, Rihnandi, Perahtfridi, Tagaberti, Sicker, Neripreht, Liutpreht, Werinbreht, Hagano, Wolfberti, Meginbreht, Otachar, Woffo,

---

[1]) *ahd. schwaches Femininum, Dativ.*

Adalpreht. Ego Mano diaconus rogatus scripsi. Notavi diem Veneris, pridie kalendas Augusti, anno 40. regnante domno Karolo et secundo domni regis Pippini[1]), sub Rihuuino comite.

34 (38). *Kommendation gegen Benefizium. Entziehung des Benefiziums bei Vernachlässigung des Dienstes.* (807-810).[2])

Bitterauf Die Traditionen des Hochstifts Freising I (Qu. u. Erörterungen z. bayer. u. deutschen G., neue Folge Bd. 4) 230 Nr. 257. Vgl. ebenda p. 67, 73, 79[2]; Waitz Deutsche VerfassungsG.[3] Bd. II Abt. 1 S. 299 ff.; Stutz Das Eigenkirchenvermögen (in der Festschrift, Otto Gierke zum 70. Geburtstag dargebracht von Schülern, Freunden und Verehrern, 1911) 1258.

De Tanchiricha[3]) beneficio. Notitia, qualiter domnus Atto episcopus in beneficium praestabit ecclesiae in loco qui dicitur Tankiricha suo homine, cui nomen Uuldarrich. Ipse enim Uuldarrich se ipsum tradidit in servitium Attonis episcopi seu domui sanctę Mariae usque ad finem vitę suae. In hoc enim ipsum beneficium accepit, ut fideliter in servitio domui sanctę Mariae permansisset, et si aliter aliquid fecisset, privatus de ipso beneficio permansisset.

Hoc enim factum est in praesentia cuncta familię sanctę Mariae in loco Frigisinga, quorum nomina ex multis paucos adscribimus: inprimis Ellannod archipresbyter, Eio presbyter, Oadalpald presbyter, Hiltiperht presbyter, Rato presbyter, Unroch presbyter, Altman diaconus, Pazzuni diaconus, Hitto diaconus, Rupo diaconus, Marchuni diaconus, Tagaperht diaconus, Salomon monachus, Hiltiperht monachus, Crimheri monachus, Uuolfhart monachus, Kaganhart laicus, Emicho, Adahart, Coazmar, Toato, Pazrih. Isti omnes testes sunt, quia[4]) ego Atto episcopus ipso Uuldarricho homine nostro usque ad suam vitam ei in beneficium praestavi; post obitum vero eius sine ulla contradictione ad domum sanctae Mariae redire non tardet.

35 (45). *Ansiedlung. Neubruch. Bestätigung desselben durch praeceptum regis. Ausschliessung Fremder aus der Mark.* 811, Dezember 1.

Monum. Germ., Diplomata Karolinorum I 284 Nr. 213. Vgl. ebenda S. 567; ferner hier Nr. 31, 44, 47; Schröder in ZRG. 15, 22, 58[1], 63 f.; derselbe RG.[5] 295 f.; von Inama-Sternegg Grundherrschaften (Zitat zu Nr. 1) 47, 53.

(C.) In nomine patris et filii et spiritus sancti. Carolus serenissimus augustus, a Deo coronatus magnus pacificus imperator, Romanum gubernans imperium, qui et per misericordiam Dei rex Francorum et Langobardorum. Omnibus fidelibus nostris praesentibus et futuris notum sit, quia Bennit, comes fidelis noster, innotuit serenitati nostrae, eo quod pater illius Amalungus, dum ceteri Saxones

---

[1]) *der 31. Juli fiel im Jahre 806 auf einen Freitag, dagegen weder im Jahre 807, als dem zweiten Regierungsjahre Pippins, noch im Jahre 808, als dem vierzigsten Jahre Karls d. Gr.; es muss also bei der Angabe der Regierungsjahre ein Irrtum mit untergelaufen sein.* — [2]) *gegenüber den Datierungen bei Bitterauf s. Zibermayr in Mitteilungen d. Instituts f. österr. Geschichtsforschung Bd. 32, 212.* — [3]) *Tannkirchen.* — [4]) = quod.

pagenses illius contra nos infideliter egissent, praefatus Amalungus, mallens fidem suam servare quam cum ceteris infidelibus perseverare, relinquens locum nativitatis suae, veniens ad nos et, dum in nostro esset obsequio, venit ad villam cuius est vocabulum Uulvisanger, quam tunc temporis Franci et Saxones inhabitare videbantur, cupiens ibi cum eis manere, sed minime potuit. Tunc pergens ad locum qui dicitur Uualdisbecchi, inter Uuiseraa et Fuldaa, proprisit sibi partem quendam de silva quae vocatur Bocchonia, quam moriens dereliquit filio suo Bennit. Qui ad nostram accedens clementiam postolavit celsitudini nostrae, ut nostrae auctoritatis preceptum circa eum confirmare deberemus, quatenus ipse et heredes illius perennis temporibus absque alicuius praeiudicio tenere et possidere quieto ordine deberent. Cuius petitionem denegare noluimus, sed ita nos illi concessisse atque in omnibus confirmasse cognoscite. Praecipientes ergo iubemus, ut nullus fidelium nostrorum, praesentium scilicet et futurorum, praefatum Bennit vel heredes illius de hoc propriso, quod in lingua eorum dicitur *bivanc*, expoliare aut inquietare ullo quoque tempore praesumatis, sed liceat, sicut dicimus, eis per hoc nostrum praeceptum ipsam terram, quantumcumque pater illius proprisit et ei in hereditate dimisit, omni tempore tenere atque possidere. Et ut haec auctoritas firmior habeatur vel per tempora melius conservetur, de anulo nostro subter siggillare iussimus.

(C.) Suavis advicem Ercanbaldi scripsi et (SR. NT.: *Suavis scripsit*). (SI. D.)

Data kalendas Decembris, anno 11. Christo propitio imperii nostri et 44. regni in Francia atque 37. in Italia indictione 5; actum Aquisgrani palatio regio; in Dei nomine feliciter amen.

36 (44). *Vergabung von Todes wegen unter der Bedingung der Übertragung des geschenkten Besitztums zu Benefizium an einen Dritten. Entziehung wegen Verschlechterung. Investitur per cartam.* 812, April 23.

Bitterauf Die Traditionen des Hochstifts Freising I 259 Nr. 300. Vgl. ebenda p. 47 und wegen der Datierung p. 58; Nr. 38, 43; Brunner Carta und Notitia (in den Festgaben f. Theodor Mommsen) 11 ff.; Waitz Deutsche VerfassungsG.[3] Bd. II Abt. 1 S. 299 ff.; Hübner Die donationes post obitum usw. (Gierkes Untersuchungen 26) 57 ff.; Sjögren a. O. (Zitat zu Nr. 2) 100 ff.

Traditio Suuidharti diaconi. Dum, in Dei nomine, ego Suuidhart diaconus tractante vel cogitante me de vita futura, ut anima mea aliquantulum refrigerium in requie sempiterna habere meruisset, idcirco tradidi ad beatissimam semper virginem Mariam propriam hereditatem meam in loco Anzinga, quam mihi mater mea Kerlind in propriam reliquit hereditatem, hoc est curtem cum domo et cum omni aedificio et utensilia domus et dimidium territorium seu terminos, quos pertinent ad ipsum domum, mancipios quoque infra domo sex et mansos vestitos et bene ad servitium paratos quattuor: ea vero ratione haec omnia trado domui sanctae Mariae, ut post obitum meum hoc ipsud quod tradidi liceat habere Attonem, nepotem meum, in beneficium de domo episcopali cum censu qualem placeat domno Hittone episcopo, et ipse iam dictus Atto ad dies suos hoc habeat et nullam licentiam de me concessam habeat ipsum territorium in ullo minorare, sed meliorare; et si inventum fuerit quod aliter fecerit, nihil exinde habeat, sed in defensore domui sanctae Marię potestate consistat. Haec omnia feci ego Suuidhart ante altare sanctae Mariae et archa sancti Corbiniani confessoris Christi ibidemque constitui atque confirmavi in praesentia domni Hittonis episcopi. Si aliquando aut ego ipse aut aliquis de propinquis aut ullus de heredibus meis aliter exinde agere conatur vel temptatur, sciat se mendacem esse coram Deo et omnibus sanctis eius, quia nullus in eadem hereditate mecum nullam habeat potestatem nisi tantummodo ego solus; propterea firmam facio traditionem nullo contradicente vel potestatem in aliquo habente. Haec autem sunt testes per aures tracti[1]: primo enim Anno, Haholf, Reginpald, Uuillipato, Heriperht, Hisker, Emicho, Pepilo, Hroadperht, Uuituchi, Adalperht, Egilperht. Actum est haec in basilica beatę Mariae virginis, in praesentia domni Hittonis episcopi et aliorum turma monachorum et presbyterorum, diaconorum, clericorum multorum, quorum primi fuerunt: Uuicrat monachus, Chadol monachus, Oadalpald presbyter et monachus, Hiltiperht presbyter et monachus, Hiltiperht presbyter et monachus, Meginolt presbyter et monachus, Marchuni presbyter, Manno presbyter et monachus, Cundhart presbyter, diaconi vero Altman, Anno, Pazzuni, Nidperht, Hunolf, Eginolf, Adalperht seu alii sine numero haec videntes et audientes, die enim consule[2], quod facit 9. kalendas Maii, anno gloriosissimi imperatoris Karoli augusti 11., indictione 3. Ego quidem Tagabertus indignus diaconus hanc cartulam scripsi iussione Hittonis episcopi.

37 (46). *Notitia über ein zinsbares Darlehn zur Tilgung einer Wergeldschuld. Asylrecht. Mitverpflichtung der Verwandten zur Rückzahlung.* (um 813.)

Wartmann UB. der Abtei Sanct Gallen 1 198 Nr. 208.

Dum mundiali versante labitudine, quod certioris confirmatione necesse esse credendum est, plures subcumbant, prodesse nobis valde conicimus, si ab tam celeri transeunte capud levemus. Et ideo tali faminis eloquia promimus, quia experimento didicimus, quia fuit vir condam Cunzo nomine, qui, casu interveniente obnoxius duorum werigeldorum, refugium iubaminis[3] ad cenobium Christi militis Galli beatissimi et Werdonis abbatis fratrumque conquesivit. Sed quia nostrum est oppressos solvere, deiectos sublevare, cępimus de illius adiumenti tractare consilio, et hoc peracto feneravimus ei solidos centum ad sublevationem obnoxii sui: eo videlicet condicto, ut nobis annis singulis, dum inter prędicta peccunia ab illo demum reportata non fuerit, unam carratam civitalem, id sunt 33 siclę civitalię[4], pro

---

[1]) *vgl. Grimm Rechtsalterthümer 143 ff.* — [2]) *vgl. Brunner RG. der Urkunde 252.* — [3]) *statt* iuvaminis. — [4]) sicla = *Sickel, ein Hohlmass, Grimm Deutsches WB. X Abt. 1, 755. Vgl. Diez 289 unter* secchia,

censo persolvat, similiter autem heredes ipsius placitum condictum absque ulla contradictione consequantur. Iste Cunzo de Holzcolvishusun fuit, cuius heredes sunt Cunzo et Kerhart et Hiltipert, filii Eburharti.

38 (47). *Vergabung von Todes wegen mittels Salmannen. Grundstückstraditionen.* 814, September 18.

Bitterauf Die Traditionen des Hochstifts Freising I 277 Nr. 324. Vgl. Heusler Gewere 470 ff. (Exkurs 1); Stobbe in ZRG. 7, 405 ff.; Gareis Verträge zu Gunsten Dritter 239[3]; Brunner Carta (Zitat zu Nr. 36); Sigmund Adler Über das Erbenwartrecht usw. (Gierkes Untersuchungen 37) 87[2]; Schröder RG.[5] 391, 751; Schupfer Diritto privato IV 280 f.; Gierke Schuld und Haftung 310 f.; Stutz Eigenkirchenvermögen (Zitat zu Nr. 34) 1238 f.

Traditio Freidoni presbyteri ad Ominpach[1]). Dum et omnibus non habetur incognitum, qualiter ego Freido presbyter tradidi propriam hereditatem meam in loco Ominpach ad domum sanctae Mariae in loco Frigisinga, hoc est ecclesiam cum domo vel omnia, quicquid ad ipsam ecclesiam legibus pertinebat, ego enim Freido presbyter eo modo hanc traditionem feci. Contigit autem mihi, ut ego valida infirmitate depressus vocavi ad me proximos et vicinos meos, quorum nomina: Hadolt, Adalleoz, Kysalrih, Cunzo, Ekkyhart, Kerhart, Ermanrih, et in manus illorum totam dictam rem meam per wadium posui, si ego Freido in ipsa infirmitate defunctus fuissem, ut ipsi perfecissent traditionem, quam ego ante dispositum vel cogitatum habui; hoc autem cum eis firmiter condixi et in illorum potestate indubitanter constitui. — Hoc[2]) peractum, praevalente infirmitate et die exitus animae illius adpropinquante, defunctus est Freido presbyter ipsique supradicti aliquantum tempus detardaverunt hoc agere quod Freidoni presbytero promiserunt. Veniens enim Hadolt advocatus Freidoni presbyteri et narravit Hittoni episcopo omnia sicut actum erat. Ipseque episcopus veniens in concilium Engilharti comitis et interpellabat eos de ipsa ecclesia quam Freido domui sanctae Mariae tradidit per manus illorum. Ipsique confitentes verum esse, venerunt ad Frigisinga et perfecerunt, sicut eis iniunxit Freido presbyter, et confirmaverunt traditionem eius in altare sanctae Mariae, in praesentia virorum quorum nomina: Ratolf clericus, Uuenilo, Hadurih, Adalperht, Perakis. Actum est haec die consule[3]), quod facit 14. kalendas Octubris, anno primo Hludouuici imperatoris, indictione 7. Ego Tagabertus diaconus scripsi iussione Hittonis episcopi.

39 (48). *Investitur per cartam.* 816, Oktober 4[4]).

Pérard Recueil de plusieurs pièces curieuses servant à l'histoire de Bourgogne, Paris 1664, 14. Vgl. Hübner Gerichtsurkunden I 36 Nr. 213; Brunner RG. der Urkunde 294 f., 305; Redlich Privaturkunden 62.

Du Cange VII 469, Brinckmeier Glossarium diplomaticum II 546; civitalis *und* civitalius *bleiben noch aufzuklären.*

1) *Ober(Unter)umbach.* — 2) *von hier an Notitia, vorher Carta.* — 3) *S.* 25[2]. — 4) *mit dem eigentümlich formulierten Datum dürfte doch wohl der erste Sonnabend im Oktober gemeint sein.*

In Christi nomine. Noticia, qualiter ante illuster vir Hildiernio comite, sed et scabienis vel plures personas, qui cum eo ibidem aderant, Campanias villa in mallo publico ibique veniens Erlegaudus, abbas de ecclesia sancti Benigni Divionense, cartas ibidem presentavit de res quae sunt in villa Bargas sitae, in Monte Farulfo, in Bargas ad integrum et in Monte Farulfo medietatam, eo modo Dodalenus sive Dodo ad ipso loco sancto condonaverunt, vel ad ipsa congregatione tradiderunt. Et ipsas cartas ibidem relectas fuerunt et ad presens predictus abba per iudicium dedit novem testimonia legitima, bonas et veraces, testimoniaverunt et iurati per portaverunt[1]), quod tempore domni Pipini et tempore domni Karoli quondam regis et filii sui Ludovici regis ipsa casa Dei vestita fuisse et per ipsas cartas casa sancti Benigni vestitam vidissent et per legem et iusticiam vel per ipsas cartas ad sancti Benigni ad beneficio partem Erlegaudi abbatis omni tempore sint evindicatas atque legibus conquisitas his presentibus: signum Ursnado . . .[2]). Ego in Dei nomine Ualteridus presens fui, scripsi et subscripsi, datavi die sabbato proximo in mense Octobri, anno secundo regnante domno nostro Ludovico rege atque imperatore. Feliciter.

40 (49). *Vergabung von Todes wegen an ein Kloster, mit Erneuerung der Tradition von fünf zu fünf Jahren.* 817.

UB. des Landes ob der Enns I 27 (Codex traditionum monasterii Lunaelacensis Nr. 45). Vgl. Nr. 45; Schröder RG.[5] 299.

Latores legum sanxerunt, ut qui de iure proprio alicui aliquid tradere voluerit, hoc coram plures testibus faciat obplicare.[3]) Quapropter ego Sigiperht in Dei nomine recordatus sum antiqua tradicione mea, quam habuissem factam ad sancto Michahelo archangelo ad Maninseo[4]), nunc volo iterum renovabo cum filio meo Hunperhto illam tradicionem et volo firmiorem facere, quod ita factum est. Nunc trado omnem substanciam meam ad sancto Michahelo archangelo, quicquid habeo in loco qui dicitur Niuzzilingas ante omnia transfirmabo sicut superius nominavimus, ut post obitum meum habeatis, teneatis, liberum perfruatur arbitrio et in omnibus habeatis potestatem, absque ullam contradiccionem, in vestrum dominium faciam. Et ista tradicio de quinquennio in quinquennium sit renovata et firmiter permaneat. Actum in loco ad Niuzilingas, anni Domini 817., indiccione 10. Sunt testes multi.

41 (50). *Besitzstörung. Nachweis des Besitzes durch Zeugnis der Umwohner. Bestätigung von Königsschenkungen durch die Nachfolger. Revestierung mit Wadiation.* 818, September 15.

Bitterauf Die Traditionen des Hochstifts Freising I 344 Nr. 401a. Vgl. ebenda p. 45; Hübner Gerichtsurkunden I 37 Nr. 219; derselbe Immobiliarprozess (Zitat zu Nr. 18) 51 ff., 97, 207, 229; La-

---

1) *so die Vorlage.* — 2) *es folgen noch 30 Namen.* — 3) *vgl. Schröder in ZRG. 17, 100.* — 4) *das Kloster Mondsee, östlich von Salzburg.*

band Die vermögensrechtl. Klagen 219 ff.; Sohm Auflassung (Zitat zu Nr. 19) 85 ff.; Schröder in ZRG. 15, 79, 82: Heusler Institutionen I 210; Stutz in ZRG. 30, 149; derselbe Eigenkirchenvermögen (Zitat zu Nr. 34) 1224, 1259 f.; Gierke Schuld und Haftung 304 ff., bes. 312; Gál a. O. (Zitat zu Nr. 12) 9[2], 78; von Amira Die Wadiation (Sitzungsber. d. K. Bayer. Akad. d. Wissensch., phil. u. hist. Klasse, 1911, 2. Abhandlung), bes. 38/39.

Qualiter Uualdker reddidit ecclesiam ad Pahhu[1])[2]).... Conveuientibus viris nobilibus[3]), Hittone utique episcopo verum etiam et Liutpaldo comite, in loco iuxta fluvium Phetarach[4]), multorum ibidem confluentium pacificare contentiones quam etiam in caput conponere, ne aliquid deterius contigisset. Interea igitur surrexit advocatus episcopi, nomine Uuichart, et interpellavit quidam hominem, nomine Uualdker, dicens, quod iniuste curtem vel domum ecclesię, quae sita est in loco nomine Pach, intraret et proprium servum sanctę Mariae vapularet. Ille autem dicens, hanc ecclesiam cum omnibus ad eam pertinentibus suam propriam esse. Tunc interrogavit eum Liutpaldus comes, utrum ille vel episcopus vestituram haberet. Ille vero coram cunctis tribus vicibus fatebat, se hanc vestituram firmiter tenere. Tunc episcopus et Liutpaldus arcerserunt illos homines, qui hanc causam optime noverant, eosque iurare fecerunt in reliquiis et ut veritatem huius rei omnibus publice ostenderent, quorum nomina haec sunt: inprimis Chuniperht, Haholf, Uuicco, Reginperht, Kerperht, Alauuih, Isso, Egilberht, Iob, alius Alauuih, Pern, Memmo, Ampricho, Petto, Rihhuni, Uuichart, Erchanhart, et post sacramentum factum dixerunt, quod temporibus Karoli imperatoris Atto episcopus eam potestative haberet et suo presbytero Toto in beneficium praestitisset, similiter et Hittonem episcopum in datum Karoli et post eum Hludouuici imperatoris, usque Uualdker iniuste inde devestisset. His auditis sanxerunt populi, Hittonem episcopum et defensorem eius vestire debere. Tunc videbat, quod nequaquam optinere poterat quod volebat, sed iusto iudicio superatus reddidit ipsam ecclesiam cum omnibus adiacentibus in manus episcopi et defensoris sui. Fideiussor Uuolfleoz wadiavit omnia similia, item Uuolfleoz fideiussor pro altare 40 solidos, item Uuolfleoz fideiussor[5]). Die vero eadem legitimum missum episcopi vestivit cum corda unde signum tangitur[6]) cum domibus, aedificiis, curtiferis, mancipiis, pecoribus, et se ipsum in evum absacitum[7]) fecit.[8]) Actum est hoc sub die consule[9]) quod 17. kalendas Octobris, anno gloriosissimi Hludouuici regnum regente 5., indictione 12.

---

[1]) *Langenbach.* — [2]) *es folgen noch Angaben über weitere, hier nicht interessierende Verhandlungen.* — [3]) *wegen des* nobilis *vgl. Bitterauf a. O. p. 78[2] u. S. 790; Heck Die friesischen Standesverhältnisse in nachfränk. Zeit (in der Tübinger Festgabe f. F. von Thudichum, 1907) 214.* — [4]) *= Pfettrach.* — [5]) *dreimalige Sicherung! Vgl. das* tribus vicibus *in Zeile 19; ferner unter Nr. 96.* — [6]) *Grimm Rechtsalterthümer 184.* — [7]) *Schröder RG.[5] 290.* — [8]) *andere Verhandlungen vom selben Tage fallen hier aus.* — [9]) *vgl. Nr. 36 gegen Ende.*

42 (51). *Freilassung 'per kartulam' unter Überlassung des Pekuliums. Überweisung des Freigelassenen als Wachszinspflichtigen in den Schutz eines Klosters.* 823, Juni 29.

Dronke Cod. dipl. Fuldensis 187 Nr. 417. Vgl. Grimm Rechtsalterthümer 334 f.; Roth Feudalität 289-313; Brunner RG. der Urkunde 225; Sjögren a. O. (Zitat zu Nr. 2) 110 ff.

Kartula ingenuitatis Frumigisi. Dilectissimo meo Frumigiso. Ego in Dei nomine Ata plenius pertractavi pro Dei timore et pro remedio animae meae, ut ab iugo servitutis te laxare voluero ingenuum; quod et ita feci, ut ab hac die presente ingenuus sis et ingenuus permaneas et nulli heredum ac proheredum meorum nullo umquam tempore . . .[1]), nisi tantum annis singulis denarios 4 de cera ad ecclesiam sancti Bonifatii, quae est constructa in silva quae dictur Buochonia, ubi ipse sanctus Dei ac gloriosus martyr sacro requiescit corpore et ubi vir venerabilis Hrabanus abba preesse videtur, et ad festivitatem sancti Bonifatii dare studeas, et si exinde neglegens visus fueris, cum uno solido restituas, et cui dono ad confirmandam ingenuitatem ipsius quicquid peculiare habes aut deinceps elaborare potueris concessum habeas, *mundburt* vel defensionem ad ipsam ecclesiam in omnibus habeas. Si quis vero, quod fieri non credo, si ego ipsa, quod absit, aut aliquis de heredibus meis vel proheredibus meis seu quislibet ulla opposita persona, qui contra hanc kartulam ingenuitatis venire aut eam infrangere voluerit, iram Dei omnipotentis incurrat et sancti Bonifatii, et insuper inferat ad ipsam supra dictam ecclesiam auri uncias 2, argenti libras 4 coactus exsolvat, et tamen quod repetit evindicare non valeat, sed presens ingenuitatis kartula hec omni tempore firma et stabilis permaneat cum stipulatione subnixa[2]). Facta kartula ingenuitatis haec sub die 3. kalendas Julias, anno 10. regni domni Hludouuichi serenissimi imperatoris. Actum in Mogontia civitate in capella sancti Bonifatii coram testibus inferius scriptis. † Atûn[3]), quae hanc kartulam ingenuitatis fieri atque firmare rogavit, † Salichi, † Fruoridi, † Otrammi, † Hartuuini, † Thruodulfi, † Folcbercti, † Gundrammi, † Uuigrichi, † Ratgeri, † Ratulfi, † Sigimanni, † Reginfridi, † Altmanni, † Scapfleichi. † Ego Starcharius subdiaconus rogatus scripsi et notavi diem et tempus, quo supra.

43 (52). *Wiederholte Vergabung für bestimmte Todesfälle. Vollziehung der definitiven Vergabung von Todes wegen durch wiederholte Traditionsakte. Treuhänder.* 825, April 21.

Bitterauf Die Traditionen des Hochstifts Freising I 444 Nr. 520. Vgl. Nr. 38, 40; Waitz Deutsche VerfassungsG.[3] Bd. II Abt. 1 S. 299 ff.; S. Adler a. O. (Zitat zu Nr. 38) 85[2], 88[1]; Stutz Eigenkirchenvermögen (Zitat zu Nr. 34) 1241 ff., bes. 1257[1].

---

[1]) *hier ist* servitium impendas *oder etwas Ähnliches ausgefallen; vgl. Nr. 3 sowie die Formeln bei de Rozière Recueil Nr.* 72, 74, 76, 82-85 (*s. Zeumer Formulae p. 10*). — [2]) *vgl. Nr. 5 am Ende.* — [3]) *Genitiv von* Ata, *ahd. schwaches Femininum; vgl. S. 22*[1].

Traditio Uuolfharii ad Hage[1]. Notum est cunctis in provincia seu vico quę vocatur Zollinga vel vico nominato ad Hage seu omnibus in his locis in propinquitate manentibus multisque aliis et procul commorantibus venerabilibus et nobilibus viris, tam in ordine sacerdotali quam etiam habitu seculari, qualiter vir fidelis, nomine Uuolfheri, propriam hereditatem suam, quam ei pater suus moriens in alodem reliquid, in loco iam dicto ad Hage, quod Cozperht, pater Uuolfharii, ei in proprietatem dereliquit, iam post obitum patris sui ipsi Uuolfheri, conpunctus amore divino, statim divisa hereditate cum fratre, nomine Unarc, spontanea ac devota devotione sospis et incolomis suam legitimam hereditatis partem domui sanctae Marię in loco Zollinga pro redemptionem suae animę tradere et firmiter condonare constituit. Ita et fecit. Omni tempore, quando extra provinciam aut in hoste aut in quacunque legatione domini sui pergere debuerat, iam dictam hereditatem in manus Uuagoni domini sui commisit, ita dicendo coram multis, si ei in illo itinere exitus vitae suae evenisset, firma stabilitate ad domum sanctę Mariae in perpetuum permansisset. Nunc vero evenit ei, ut conpunctus divina clementia[2] firmiter perfecisset opere, quod frequenter verbis promisisset. Veniens ipse Uuolfheri cum proximorum turma ad basilicam beatissime virginis Mariae absente Uuagone, tradidit omnia quodcumque in iam dicto vico Hac habuit, curtem cum aedificiis et omnia utensilia ad eum pertinentia, tam culta quam inculta, mobilia et immobilia, nihil extra dimisit, sed totum cum omni integritate domui sanctę Mariae legitima donatione deligavit et cum testibus firmiter confirmavit. Itemque veniente Uuagone de domno Hittone episcopo ipsumque iterum ad eundem domum ad confirmationem huius traditionis venire rogavit, ipseque ita fecit. Congregatis ipsis testibus seu adiunctis aliis quam plurimis testibus, pervenerunt ad ipsum Uuolfharii domum, ibique congregatis omnibus prioribus testibus, coram ipsis enarravit Uuolfheri omnia, que fideliter actum habuit et cum testibus confirmatum. Placuit tunc omnibus, ut eodem ordine et ratione ipsam traditionem ita omnibus ibidem praesentibus et videntibus perfecisset sicut prius ita et fecit: ea ratione, ut absciso proprie arboris ramo et coram cunctis ipse Uuolfheri in manus Uuagonis tradito cum omnibus tradidit quodcumque ad eundem domum et curtem legitime pertinere deberet cum omni integritate, sic antea factum habuit, ita iterum perfecit; et tunc legitimos testes per aures traxit[3] et indubitanter confirmavit: ea firma ratione, ut ipse ad suam vitam haberet et emelioraret, non in nullo minueret, et ut hoc firmiter sit dictum, ut post obitum suum nulli in beneficium donatum fiat[4], sed in perpetuum domui sanctae Mariae deservire nullus impedire valeat. Haec sunt testes: Rihpald, Reginperht, Otperht, Cauzo, Hroadprant, Ambrico, Uuago, Hunger, Patucho, Lantperht, Alaman, Oato, Oadalpald, Kerperht, Arperht, Sigiperht.

---

1) *Haag.* — 2) *die Vorlage hat:* clementia quod firmiter perfecisset. — 3) *S. 25*[1]. — 4) *bezieht sich auf das von den Königen in Anspruch genommene Recht, kirchliche Besitzungen als Benefizien zu verleihen.*

Actum est haec anno incarnationis Domini nostri Iesu Christi 825., 11. kalendas Maias, indictione 3., anno gloriosi Hludouuici imperatoris 12. et Hittonis episcopi 14. Scripsi autem ego Tagibertus indignus presbyter hanc cartulam iussione Hittonis episcopi.

44 (53). *Verkauf des Neubruchs (captura) einer Rodungsgenossenschaft. Zahlung des Kaufpreises in fahrender Habe. Auflassung.* (826-827.)

Dronke Cod. dipl. Fuldensis 207 Nr. 471; auch bei Thévenin 82 Nr. 69. Vgl. Nr. 48; Hübner Gerichtsurkunden I 46 Nr. 259; derselbe Immobiliarprozess (Zitat zu Nr. 18) 70 f.; Heusler Institutionen I 270 f.; Gál (Zitat zu Nr. 12) 38.

Traditio capturae ad Suuarzesmuore. Isti tradiderunt illam capturam ad Suuarzesmuore: Uualto et accepit quatuor inaures[1]) et unum gladium; Farolf sibi et fratribus suis unum gladium et unum pallium laneum; Adalriche unum gladium et pallium laneum; Matto unum gladium; Herimuot unum bovem, qui illam capturam nunc acquirit; Erphung unum gladium; Altolf unam vaccam; Otrih, qui hanc capturam circumduxit, accepit unum caballum et unum pallium et unum gladium et unum baconem[2]). Isti tradiderunt et nihil acceperunt: Tagabraht, Reginpraht, Teoro, Erpuuart, Perahtger, Uuolfacar. Isti coeperunt illam capturam inprimitus ad Suuarzesmuore: nostri servi Hruodger, Eigolt de Iazahu.

Anno ab incarnatione Domini 827. et regni Hludouuici imperatoris 14. factus est conventus publicus in loco qui dicitur Suuarzesmuor, et Hrabanus abbas fuit in eo et Poppo comes et maiores natu de comitatu eius, quorum nomina sunt: Liutpraht, Uuidarolt, Uuotan, Gundacar, Herimot, Friduhelm, Nidhart, Ortheri, Otto, Alspraht, Einrat, Helmolt, Ratger, coram quibus Herimot et Berahart dixerunt se in illa captura aliquam habere portiunculam, sed tamen eorum acquisitio ita difinita est et pacata, ut dominus Hrabanus abbas illis duos boves et duo pallia lanea et linea, duos gladios daret, et illi negaverunt et abdicaverunt coram suprascriptis nobilibus viris, quod ulterius in illa captura nullam communionem habeant. Coram his vero testibus datum fuit quod dominus Hrabanus abbas promisit, et negatum et traditum ab Herimote et Beraharte et Munihelme et Attamanne et Nidgere et Lungane, id est: Gatto monachus, Altolf monachus, † Uuotan, † Amanolf, † Iungman, † Otto, † Unarg, † Hiltiman, † Bernuuin, † Hahmunt, † Albuuart, † Erpuuin, † Gozrih, † Meginhart, † Engilrih, † Farolf, † Goteram, † Otacar, † Friduger, † Gerbald, † Ramuolf, † Uuirunt, † Oti.

45 (54). *Schenkung an eine Kirche. Tradition. Vestitur. Iustitia der bayerischen Ehefrau.* 830, April 6.

Bitterauf Die Traditionen des Hochstifts Freising I 506 Nr. 591. Vgl. ebenda p. 45, 59, 75, 94 und II p. 27; Schröder GüterR. 169 f.,

---

1) *Ohrgehänge.* — 2) *mhd.* bache, *m.* = *Schinken.*

derselbe RG.[5] 289; Fockema Andreae Burgerlijk recht I 190; Schupfer Diritto privato II 132 f.; Stutz Eigenkirchenvermögen (Zitat zu Nr. 34) 1222 f.

Traditio et renovatio ante actae traditionis Ruboni archipresbyteri. Beatae memoriae Rubo archibresbyter suam amplificare studuit basilicam in loco Tansteti[1]) et in omnibus reaedificare et in alio loco constituere vel etiam suam renovare ante actam traditionem. Ipsa vero ecclesia reaedificata et in omnibus emeliorata advocavit supradictus Rubo Hittonem episcopum ad[2]) ipsam ecclesiam dedicandam. Adveniensque pręclarus pontifex, suis supplicationibus petitionibusque adquiescens, almis candidisque manibus ipsam ecclesiam dedicavit. Ipsaque dedicatione solemniter celebrata coram multis adstantibus accessit memoratus archipresbyter Rubo, ante actam traditionem renovavit et per pallium altaris firmiter tradidit in capsam sanctae Mariae et in manus Hittoni episcopi ipsam ecclesiam et omnem propriam hereditatem suam quam in suam partem de suis fratribus accepit, et partem matris suae Itispurc nomine, eo quod mater eius omne quod ad iustitiam propriam de marito accepit, totum ex integro filio suo Ruboni condonavit et firmiter tradidit. Ipseque Rubo pro patris sui animam, nomine Sigipald, et matris suae et pro se ipsum firmiter atque indubitanter ad domum sanctae Marię, matris Domini, seu sancti Corbiniani, confessoris Christi, in loco Frigisinga condonavit et firmiter tradidit, hoc est in tribus locis, ad Tanstetin, quod vicus vocatur Humpla, ad Stroagun et ad Isana[3]). Quicquid enim in ipsis tribis locis proprie hereditatis habuit, cum omni integritate ad Frigisingas domui sanctae Mariae tradidit preter unum mansum vestitum cum mancipiis et plena colonia, sicut servi debent habere. Et statim pro fune signi de omnibus rebus suis vestivit et inde pro superliminare domus in omnibus firmiter vestivit. Et exivit Rubo archipresbyter, et intravit Hitto episcopus et ipsam vestituram firmiter peractam accepit et ipsam noctem nullo contradicente in ipso domo de ipsis rebus vestitus ibidem mansit. Hoc factum est ad Tanstetin anno incarnationis Domini 831., indictione 8., Hludouuici imperatoris sui anno 17. et Hludouuici regis Bauuariorum anno 5., in 8. idus Aprilis. Et isti testes more Baiuuariorum per aures tracti[4]): Korhart[5]) . . . .

46 (55). *Eigentumsübertragung an Grundstücken und Hörigen, vorgenommen in Vollziehung einer Vergabung von Todes wegen durch die Substituten der Salmannen. 'Sessio triduana' des Erwerbers.* (842.)

Beyer UB. der mittelrheinischen Territorien I 107 Nr. 103 (für die Datierung vgl. daselbst II 590 Nr. 92); auch bei Thévenin 106 Nr. 78. Vgl. Böhmer-Mühlbacher-Lechner Regesta imperii I 452 Nr. 1094, 541 Nr. 1303; Laband Die vermögensrechtl. Klagen 241 ff.; Heusler Gewere 168 ff., 470 ff. (Exkurs I); Brunner RG. der Urkunde 296[1]; Sohm in ZRG. 14, 59[89].

Testimonia qui viderunt, quod vassus domni Lotharii imperatoris, nomine Folradus, fideiussor existens Bivini comitis et Gerardi

1) *Thonstetten.* — 2) *fehlt in der Vorlage.* — 3) *Oberhummel; Ober-(Unter)strogn; Isen.* — 4) *S. 25*[1]. — 5) *es folgen noch 30 Namen.*

comitis atque Tancradi, et venit cum pluribus viris[1]) in villam Vilanciam[2]) in pago Arduennae, quae olim Richardi comitis fuerat, et supradictos viros pro animae suae remedio suggessit[3]), eam cum omnibus rebus propriis ex ista parte Reni fluminis sitis monasterio Prumia[4]) deligare. Et his omnibus in praesentia imperatoris gestis atque confirmatis, supradictus Folradus cum testibus subter adnexis veniens in eadem villa Vilancia et tam de ipsa villa quam de omnibus rebus Richardi, sicut supra comprehensum est, manalitis[5]) venerabilis Macuuardi abbatis, Goeramnum scilicet, Adalbertum et Hildifraudum simulque et Teotfredum, advocatum ipsius monasterii, revestivit, et ipsi easdem res triduo secundum legem insiderunt. Hii sunt testes: Gerbernus, Heimeradus, Rocculfus, Bernarius, Meginarius, Gerlacus, Bernardus, Amaluuinus, item Bernardus, Tatilo, Nithardus, Adaluuardus, Buodo, Uuielfridus, Leibuinus, Herigaudus, Egiloldus, Sigifredus, Ernibaldus, Erluinus, Folcradus, Huodilbertus. Testimonia in quorum presentia fuit Vilancia tradita partibus sancti Salvatoris. De omnibus vero mancipiis per servum unum, nomine Germinanum, similiter eosdem missos revestivit[6]).

47 (56). *Verkauf eines Neubruches. Quittierung des Kaufpreises. Übereignung mittels Umgehung und Bezeichnung der Grenzen.* 848, Juli 20.

Lacomblet UB. für die Gesch. des Niederrheins I 29 Nr. 64; auch bei Thévenin 111 Nr. 81. Vgl. Nr. 44; Beseler (Zitat zu Nr. 31); Grimm Rechtsaltertümer 86 f.; Sjögren (Zitat zu Nr. 2) 100 ff.; Ernst Mayer Deutsche und französische VerfassungsG. I 416; Weimann Die Mark- und Walderbengenossenschaften des Niederrheins (Gierkes Untersuchungen 106) 25.

In Christo patri Altfrido, gratia Dei episcopo, emptori, ego Gunthard et Athiluuin, venditores. Constat nos tibi vendidisse et ita vendidimus, id est conprehensionem nostram in silva quę vocatur Uuitherouuald, quam conprehensionem homines tui una nobiscum circuierunt et novis signis obfirmaverunt. Et accepimus a te pretium pro ea, sicut inter nos convenit, hoc est libras 3: in ea ratione, ut post hunc diem ipsa conprehensio ad proprium vestrum monasterium pertineat quod vocatur Uuerthina[7]), et quicquid ex ea facere volueris, ab hac die liberam et firmissimam habeas potestatem. Si quis vero, quod

[1]) *die Vorlage hat* venit c. pl. v. venit in villam. — [2]) *Villance.* — [3]) *Subjekt ist hier* Richardus comes. — [4]) *Prüm.* — [5]) *das Wort kommt nur hier vor, vgl. Du Cange V 206: soviel wie Beamte, Beauftragte; dieselben Personen werden unten* missi *genannt.* — [6]) *die Übergabe erfolgte auf Grund einer Schenkung von Todes wegen, welche Lothar I. 842, Lothar II. 864 bestätigte; vgl. die Urkunden bei Beyer I 78 Nr. 70 und 104 Nr. 100. In ersterer heisst es:* Marcuardus abba ex monasterio Prumia . . . innotuit celsitudini nostrae, qualiter Richardus quondam comes illuster pro remedio animae suae res suas proprias ad dictum monasterium per Bivinum fratrem suum et Gerardum et Basinum, qui et Tancradus, comites, tradere fecisset, et non solum res ex qualibet legali adquisitione advenientes, verum etiam et quandam villam in pago Arduennensi sitam, quae dicitur Villantia, cum sua integritate, quam piae memoriae domnus et genitor noster Hludouuicus imperator per praeceptum largitionis suae eidem Richardo confirmaverat. — [7]) *die Abtei Werden.*

fieri non credimus, hanc venditionis cartulam infringere temtaverit, iram Dei incurrat et a liminibus sanctorum alienus existat, et hec venditio firma permaneat, stipulatione subnixa [1]). Acta in Uuerthina monasterio, 13. kalendas Augustas [2]), anno incarnationis dominice 848., regnante Hloduuuico iuniore anno 9., indictione 11., feria [3]) sexta. Isti sunt testes qui hoc audierunt et viderunt: Ego Liudbaldus humilis levita rogatus scripsi et subscripsi. Signum Gunthardi et Athiluuini, qui hanc traditionem fieri rogaverunt. S. Bernharii, S. Meinhardi, S. Heribratti, S. Reinhardi, S. Bernuuini, S. Hrodger, S. Nunnoni, S. Irmumfridi, S. Erkingeri, S. Helmfridi.

48 (57). *Gegenseitige Vergabung des ganzen Vermögens unter kinderlosen Eheleuten. Rückvergabung nach der Ehescheidung. Schenkung. Benefizium auf Lebenszeit.* 849.

Bitterauf Die Traditionen des Hochstifts Freising I 593 Nr. 706; vordem auch bei Thévenin 112 Nr. 82. Vgl. Schröder GüterR. I 159 f., 176; Beseler Erbverträge I 85 f.; Waitz Deutsche VerfassungsG.³ Bd. II Abt. 1 S. 299 ff.; Stutz Eigenkirchenvermögen (Zitat zu Nr. 34) 1263 f.

Traditio Hruodperti de Hruotperhtesdorf. Venit quidam vir nobilis, nomine Hruodperht, ad Frigisingas pro remedio animę suae cogitans. Ipsa vice contigit, quę iam ipsius fuerat uxor ibidem venisse, nomine Liutsuuind, qui iam [4]) alter altero tradiderunt proprietatem suam, sed dum divisi essent, uterque illorum suam habuit proprietatem. Tunc vero, ut firmior fieret traditio eius, iam dicta Liutsuuind dimisit ei ipsam traditionem, quam olim ei peractam habuisset, et presens adstabat, et ille firmiter, quicquid in iam dicto loco habuit, firmiter ad domum sanctę Mariae tradidit, mancipia his nominibus: Hemmo, Uuolfhram, Alprihc, Heriuuart, Comadrud. Hoc factum est anno incarnationis Domini 849. ad Frigisingas, indictione 12. Isti sunt testes: Adaluni, Sigiuuart, Aodalscald, Liutperht, Hruodperht, Odolt, Meginfrid, Reginperht, Cotahelm, Erchanperht, Anthelm, Hucco, Liutperht, Spulit, Rihheri, Sigihart, Adalperht, Liutolt, Sallo, Anulo, Uuicrih, Meripato, Uualdker, alius Adalperht, Cozperht. Postea venit Adalgarius prepositus ad ipsum locum et vestituram ipsius traditionis accepit. Isti sunt testes vestiture ipsius: Amalker, Irminperht, Adaluuart, Hruodheri, Engilker, Hadaperht, Eckyhart, Immino, Cotaperht, Crimperht, Anulo. Et econtra in beneficium accepit ipsam aecclesiasticam rem quę dicitur ad Herinchoua cum mancipiis 5 ad utendum et emeliorandum usque ad vitam suam.

49 (58). *Bedingte Schenkung mit Vorbehalt des Besitzes zu Zinsrecht und eines verschiedenartigen Rückkaufsrechts für den Schenker und seine Erben.* (849, Juni 20. — 850, Juni 20.)

Wartmann UB. der Abtei Sanct Gallen II 29 Nr. 408; auch bei Thévenin 113 Nr. 83. Vgl. das 1. Zitat zu Nr. 38; UB. der Stadt und Landschaft Zürich I 71 Nr. 160; Schröder RG.⁵ 751.

---

[1]) *vgl. Nr. 5 am Ende.* — [2]) *die Vorlage hat* kal. augustus. — [3]) *die Vorlage hat* ferica. — [4]) *Bitterauf liest statt der beiden Worte nur* quuam *und gibt im Texte* quam.

In Dei nomine. Perpetrandum est, quod sapientia Dei per Salomonem dixit: 'Redemptio animę viri proprię divitię eius', Redemptoris quoque verba dicentis: 'Date elymosinam, et omnia munda sunt vobis'. Ideoque ego Salomon, his ammonitionibus compunctus simul et confisus, dono donatum, et hoc est quicquid proprium habere visus sum in Linzgauve, ad honorem sancti Galli, absque duobus mancipiis Cotabertus et Thiotker et quod in villa Wildorf habere visus sum. Si sospes ad propria non regrediar, filius meus Madalbertus usque ad decimum annum pro illo singulis annis censum solvat, id est servi unius geldum[1]), et postea redimat cum 40 solidis. Et quod in Lindolveswilare et in Wintarsulaga habeo, soror mea Meginrat aut filii eius ad annum usque 10. singulis annis censum solvant, id est geldum servi unius, et postea redimant 80 solidis. Et si filius meus interim mortuus fuerit sine herede, soror mea superius nominata aut posteritas eius redimant totum bis 80 solidis. Et si contigit, ut absque heredibus sit, totum atque integrum ad honorem sancti Galli firmiter consistat. Atque si Deo favente in propria regressus fuero, licentiam habeam cum uno solido redimere totum, quandocumque sit. Signum Salomoni, qui istam traditionem fieri atque firmare rogavit[2]), S. Echoni, † Cozbreht, † Rihcker, † Kerolt, † Hartbreht, † Kundheri, † Witbot, † Waltheri, † Rantwig, † Cotebreht, † Nandker, † Khunimunt, † Engilhart, † Willigart, † Fridihelm. Ego itaque Hunoltus rogatus scripi et subscripsi. Notavi diem Martis, tertia feria, anno decimo regni Hludowici, sub Welfone comite. Actum in Potamo[3]) curte regis publica.

50 (59). *Freilassung durch den König 'per excussionem denarii'. Überweisung des vom Vater der Freigelassenen besessenen Grundstückes zu freiem Eigentum.* 851, April 19.

Beyer UB. der mittelrhein. Territorien I 87 Nr. 81. Vgl. Böhmer-Mühlbacher-Lechner Regesta imperii I 470 Nr. 1144 (1110); Grimm Rechtsaltertümer 178 f., 332; Roth Feudalität 289-313; Brunner Die Freilassung durch Schatzwurf, in Historische Aufsätze, dem Andenken an G. Waitz gewidmet (1886) 55-72, bes. 68[2]; derselbe RG. I[2] 366 f., 393.

Preceptum domni Lotharii serenissimi augusti de libertate Dodane ancille sue. In nomine Domni nostri Ihesu Christi Dei aeterni. Hlotharius divina ordinante providentia imperator augustus. Omnibus fidelibus sanctae Dei ecclesiae et nostris, presentibus scilicet et futuris, notum sit, quod nos pro mercedis nostrae augmento in procerum nostrorum presentia ancillam nostram, nomine Dodanem[4]), manu propria excutientes a manu eius denarium secundum legem Salicam, liberam eam fecimus et ab omni iugo servitutis absolvimus, eius quoque absolutionem per presentem auctoritatem nostram confirmamus atque nostris et futuris temporibus firmiter atque inviolabiliter mansuram esse volumus. Precipientes ergo iubemus, ut, sicut reliquae

---

[1]) *nach der Lex Alamannorum (A 7, B 8) galt der servus 12 oder 15 solidi; vgl. Mon. Germ. Leges I, tomi V. pars I 74 f.* — [2]) *vgl. Brunner RG. I[2] 568 f.* — [3]) *d. i. Bodman.* — [4]) *später sein Kebsweib.*

manumissę, quę per huiusmodi titulum absolutionis a regibus vel imperatoribus a iugo servitutis noscuntur esse relaxatę ingenuę, ita deinceps memorata Doda per hoc nostrum pręceptum plenius in Dei nomine confirmatum, nullo inquietante, Deo auxiliante, perpetuis temporibus valeat permanere bene ingenua atque secura. Concedimus illi etiam ad proprium mansum unum, quod pater eius, Ratbertus nomine, habuit in villa Eralio, cum mancipiis utriusque sexus ad eundem mansum pertinentes, ut per hanc nostram auctoritatem habeat, teneat atque possideat, faciatque exinde quicquid elegerit vel voluerit, remota omnium inquietudine vel contrarietate. Et ut haec absolutionis atque concessionis auctoritas rata atque inviolabilis per futura maneat tempora, manu propria subter eam firmavimus et anuli nostri impressione signari precepimus. Signum Hlotharii serenissimi augusti. Rotmundus notarius ad vicem Hilduini recognovit. Data 13. kalendas Maii, anno Christo propicio imperii domni Hlotharii augusti in Italia 31. et in Francia 11., indictione 14. Actum Aquisgrani palacio; in Dei nomine feliciter. Amen.

51 (60). *Grundstücksverkauf unter Ausbedingung eines Näherkaufrechtes für einen Dritten.* 851, Juni 12.

Wartmann UB. der Abtei Sanct Gallen II 35 Nr. 415; auch bei Thévenin 117 Nr. 87. Vgl. Wartmann a. O. II 79 Nr. 463; Gierke PrivR. II 797; Schröder RG.[5] 751; Huber PrivR. IV 858[18].

In Christo nomine. Anno 18.[1]) regnante Lodoicum rege, filium Lodoici imperatoris, scripsi ego Andreas presbiter rogitus a Balfredum et uxore sua Evaliane. Constat eos vindere et vindiderunt tibi Wacharenti et filiae tuae Odolsindai de Segavias[2]) curtem[3]) de Escolasticanes iure in aquis, in silvis, in pascuis, in accessionibus et in aquarum decursum. Et incontra reciperunt venditores de ad emptores 12 solidos in bono pretium valientem; ipse pretius fuit Odolsendas. In tale vero rationem, quod, si ipsa iure vendidere voluerit, non habeant licentiam nec ad Romanos nec ad Alaemannos, set Priecto vel ad suos infantes; exceptum si pro remedium animae suę voluerint donare ad monasterium sancti Galli, licentiam habeant. Et tradiderunt ipsa iure ad perpetuum possidendum, exinde facere queque voluerint, quia sicut iam superius diximus. Si quis vero, quod fieri non credimus, si aliquis aliquando de nos vel de aeredibus nostris aut subposita persona, que contra anc cartam vindicionis ire, temptare vel inrumpere voluerit, persolvat dubla terra cui commutare voluerit, et iudici aurum liberas 3, cum stibulacione subnixa[4]). Facta carta vinditionis in vico Vinonna[5]), pridie idus Iunii, sub presentia testium, qui ab eos rogiti venerunt vel signum fecerunt. Notavi diem et regnum. Signum Baldfredi et Evalianes, qui hanc cartam fieri roga-

---

[1]) *es muss dahingestellt bleiben, ob der Schreiber von 833 oder 840 an gerechnet hat. Letzterenfalls würde die Urkunde in das Jahr 858 gehören.* — [2]) = *Gävis oder Gäfis (Vorarlberg): Wartmann II S. 415.* — [3]) *die Vorlage hat* cum, *der Herausgeber will lesen* casale *statt* cum de. — [4]) *vgl. Nr. 5 am Ende.* — [5]) *das heutige Rankweil in Vorarlberg.*

verunt. Testes: Honoratus, Ioannes, Valerius, Tantio, Pasquales, Anteianus, item Tantio et item Tantio.

52 (62). *Bedingte Vergabung von Todes wegen, Grundstücke, Eigenleute und fahrende Habe betreffend, durch die Hand eines Salmannes.* 855, April 20.

Wartmann UB. der Abtei Sanct Gallen II 59 Nr. 441. Vgl. Nr. 33; Beseler Erbverträge I 166 f.

Ego in Dei nomine Posso, limina apostolorum Petri Paulique orationis gratia visitare cupiens ignoransque varios itineris eventus, pro animę meę remedio aliquas proprietatis meę res ad loca sancta donare curavi. Trado igitur ad monasterium sancti Galli, cui Grimaldus in presentiarum pręest, quędam mancipia in villa Illinouva manentia, his nominibus: Wolfmundum et uxorem eius et filios eorum, Happonem quoque et Hattonem prolemque eorum, iuga etiam boum 6 ad hanc curtem pertinentia, et in Hunichinwilare dimidietatem equaritiae[1]) meę, et in Altdorf totam vaccaritiam[2]) meam: ea videlicet ratione, ut, si de instanti itinere incolumis rediero, easdem res ad me recipiam proprio iuri subiectas, si ita libitum tunc fuerit; si autem Deo disponente debitum humanum in eodem itinere exsolvero, ad prętatum coenobium omnes supradictę res revertantur. Acta est autem hęc traditio in Hunichinwilare[3]) publice, pręsentibus his, quorum hic nomina subscripta sunt. Signum Bossonis auctoris, Ruodger, Adalbreht, Hadamar, Suab, Hartbret, Thiobret qui hanc vestituram facere debet[4]), S. Erchanbret, Waltili, Gunzo, Baldolt, Uoto, Lantfrid, Blidger, Berehthart, Ruodbertus advocatus sancti Galli. Ego itaque Marcellus ad vicem Thiotharti scripsi et subscripsi. Notavi diem sabbati, 12. kalendas Maii, anno 17. Hludowici regni, sub Oadalricho et Geroldo comitibus.

53 (63). *Bedingte Schenkung des ganzen Vermögens mit Rückempfang des Geschenkten zu Benefizium gegen Zins für den Schenker und seine Nachkommen. Alamannische Bekräftigungsformel.* 862, März 1.

Wartmann UB. der Abtei Sanct Gallen II 106 Nr. 490. Vgl. Bluhme Über die Bekräftigungsformeln der Rechtsgeschäfte, im Jahrbuch des gemeinen deutschen Rechts 3, 205, 222 ff.; R. Löning Der Vertragsbruch im deutschen Recht 592 f.; Sohm in Grünhuts Ztschr. für Privat- und öffentliches Recht 5, 13 Anm.; Waitz Deutsche VerfassungsG.[3] Bd. II Abt. 1 S. 299 ff.; Kohler Pfandrechtliche Forschungen 86[1] nebst 353; Huber PrivR. IV 758; Gierke PrivR. II 812; Schröder RG.[5] 300.

Ego in Dei nomine Hugibreht trado ad monasterium sancti Galli, ubi Grimaldus abbas praeesse videtur, pro remedio animae meae quicquid proprietatis vel conquisitionis in pago Prisigauge habere dinoscor, excepto Stephano servo meo, quem extra dimitto, et si aliquid ego ipse de pecunia mea in die obitus mei pro anima mea

1) *Stuterei.* — 2) *Sennerei.* — 3) *Hinwil im Kanton Zürich.* — 4) *als Salmann.*

cum manu mea donare voluero, hoc volo esse extra hanc traditionem; cetera omnia, sicut in praesenti die habere visus sum, id est pecuniis, mancipiis, edificiis, vineis, campis, pratis, pascuis, silvis, viis, aquis aquarumque decursibus, quicquid dici aut nominari potest seu quodcumque in pignus acceptum habeo, si me vivente redemptum non fuerit, tunc post obitum meum, si redimitum fuerit, pecunia illa, pro anima mea ad sanctum Gallum donetur, et, sicut iam dixi, alia omnia volo esse tradita ac delegata pro remedio animę meae ad coenobium sancti Galli: sub ea convenientia, ut easdem res ad me recipiam et annis singulis inde censum persolvam, id est 2 denarios vel in alio precio taxato, et ut cum eisdem rebus plagitatum habeam tantum tempus vitae meae a parte sancti Galli beneficium, quod inde visus sum modo habere. Si autem mihi ipsi Hugiberto legitimus heres et rectus de legitima coniuge progenitus fuerit, tunc ipse post obitum meum et illius iusta ac legitima procreatio, si ab eo genita fuerit, ipsum censum solvat quem ego annis singulis et easdem res possideat. Redimendique nec ego Hugibert nec ullus de heredibus meis iustis vel iniustis deinceps licentiam vel potestatem habeat. Quod si legitimi et recti mihi Hugiberto heredes a me geniti defecerint, tunc cum omni integritate ad rectores sepe dicti monasterii sancti Galli redeant habendae in evum, similiterque faciant, si de ipso censo neglegentes apparuerimus. Nullusque hanc traditionem a me factam violare audeat; quod si quis fecerit, illa conponat quae in lege Alamannorum continentur, et haec traditio nihilominus firma et stabilis permaneat, stipulatione subnixa[1]). Actum in Pinuzheim[2]) coram basilica sancti Laurentii. Signum Hugiberti auctoris, qui hanc cartam fieri iussit, † Griffo, † Wolbreht, † Adalhugi, † Adalger, † Meginheri, † Engilheri, † Wolvolt, † Zeizman, † Hildiger, † Vadilleoz, † Theotpold; de Durgauge: † Craloh, † Theothart, Wolfcanc, Puaso, Wolfleoz. Ego itaque Theothart ad vicem Edilleozi diaconi scripsi et subscripsi. Notavi diem dominicum in kalendas Martii, anno 25[3]). Hludowici regis in orientali Francia, sub Albaricho comite.

54 (64). *Vindikation von Grundstücken. Stellung des Gewährsmannes. Bruch an dem Gewähren. Mehrfacher Verkauf desselben Gegenstandes. Veräusserung mit traditio cartae. Anerkennungsrevers des Klägers und seines Gewährsmannes. Kassierung einer Urkunde. Anwendung des westgotischen Rechtes.* 862, November 18.

Devic et Vaissete Histoire générale de Languedoc² II (Toulouse 1875), preuves 331 Nr. 161 (1. Aufl., I, Paris 1730, preuves 113 Nr. 88); auch bei Thévenin 128 Nr. 94. Vgl. Hübner Gerichtsurkunden

---

1) *vgl. Nr. 5 am Ende.* — 2) *Binzen, Bezirksamt Lörrach, im Grossherzogtum Baden.* — 3) *der erste März fiel nur 856 und 862 auf einen Sonntag; es ist daher wohl anzunehmen, dass der Schreiber Theothart, dem auch in andern Urkunden irrtümliche Datierungen begegnet sind, das 22. Regierungsjahr Ludwigs (seit 20. Juni 840) gemeint und nur aus Versehen das 25. genannt hat.*

I 65 Nr. 359; derselbe Immobiliarprozess (Zitat zu Nr. 18) 79 ff., bes. 82, 212[1]; Schreuer Die Behandlung der Verbrechenskonkurrenz in den Volksrechten (Gierkes Untersuchungen 50) 103[28]; R. Löning (Zitat zu Nr. 53) 114[21], 125; Rabel Die Haftung des Verkäufers I 183[2]; Levillain (oben S. 11[1]) 88[1]; Brunner RG. I[2] 426; Schröder RG.[5] 290, 374, 391; Gál (Zitat zu Nr. 12) 23 f., 34, 42.

In iudicio ante[1]) Isimberto, misso Unafredo comite seu et Adaulfo, et iudices qui iusi sunt causas dirimere et legibus difinire, id est Adefonsus . . .[2]), iudices, sive inpresentia . . .[3]) et aliorum multorum bonorum ominum, qui cum ipsis ibidem residebant in mallo publico in Narbona civitate, pre multorum ominum altercationes audiendas et necotiis causarum derimendis vel rectis et iustis iudiciis finiendis; ibique in supradictorum iudicio veniens omo nomine Richimirus, qui est mandatarius de Richimiro abate et de concrecatione sancti Iohannis monesteri, qui situs est in territorio Carcasense iusta fluvium Duramno[4]), dicens: 'Facite mihi iustitia de isto Savigildo de . . . . snos[5]) cubertos petrineos cum curte, cum exia et regrecia[6]) earum, sive et terra sive et vinea, qui est in territorio Narbonense, in villa Staciano vel infra eius terminos, quod devet esse de gamdicto monesterio vel de Richimiro abate et de eius concrecacione, cui ego mandatarius sum, quod Petrus et uxor sua tradiderunt, nomine Vuarnetrudes, per ipsam scripturam qui in isto iudicium condicionis[7]) est inserta, et abuit ipsa casa Dei et eius concrecacio inter Vuilafredo et isto Richimiro abatibus legitimam vestituram seu et amplius. Iste Savigildus hoc invasit de illorum potestate malum ordine, iniuste infra istos duos annos et exblatavit[8]) hoc iniuste.' Nos missus et iudices interrocavimus Savigildo: 'Qui respondis ad hec de hac causa?' Savigildus in suo responso dicxit: 'Ipsas casas petrineas cum curte, exia et recrecia earum, sive et terra sive et vinea, ego hoc retineo, sed non malum ordine nec iniuste, quia ego exinde scripturam emcionis abeo et autorem nomine Petrone, qui ipsas res mihi in legibus autoricare debet.' Tunc nos missi et iudices ordinavimus Hictore, misso nostro, quod ad Savigildo fidiuxorem tollere faciat, ut se presentare faciat una cum sua scriptura et suos autores, nomine Petrone et uxori sue, in villa Pegano que vocant Caput-stanio, in placito ante iudices in dies 15, et ad Rihimiro mandatario similiter de sua presentia; et si minime fecerint, unusquisque conponat solidos 10, et quidquid ibidem ad iudices legibus finitum fuerit, de hac causa sic consistat. Suber vero venientes ad placitum constitutum in dies 15 in villa Pegano que vocant Caput-stanio Savigildus cum sua scriptura et suum autore, nomine Petrone, et Richimirus mandatarius de sua presentia una cum sua scriptura ante Randrico, misso Isimberto qui est missus Unafredo comite seu et

[1]) *fehlt in der Vorlage.* — [2]) *es folgen 8 Namen.* — [3]) *es folgen 13 Namen.* — [4]) *die Dure.* — [5]) *möglicherweise ist* masnos (*Variante für* mansos) *zu lesen; vgl. Diez 200 unter* magione. *Weiterhin spricht die Urkunde immer von* casae petrineae. — [6]) exitus, regressus. — [7]) conditio *ist im Westgotenrechte die schriftlich formulierte Aussage, die der Zeuge beschwören soll. Vgl. Sohm in ZRG. 14, 15; Brunner Zeugen- und Inquisitionsbeweis 34-37.* — [8]) *vielleicht zu* bladum, *Getreide; also = ernten, Nutzungen ziehen. Vgl. Du Cange III 341.*

Adaulfo, et iudices, id est Ermenfredus, Teuriscus, Adalbertus, Vuilimundo, et aliis plures bonis ominibus qui cum ipsis in ipso iudicio residebant; ibique in supradictorum iudicio presentavit Savigildus suam scripturam et suum autorem, nomine Petrone, qui ipsas res ei legibus autoricare debeat, sicut ille ei fidiuxorem datum abebat. Et cum nos iudices ipsam scripturam de Savigildo ante nos relegere ordinaremus, sic in eam insertum invenimus, quomodo Peter eam fecit et uxor sua Aldana de supradictas res et firmaverunt et testes firmare rogaverunt[1]). Post hec interrogavimus Petrone, si vellis autoricare ipsas res ad iamdicto Savigildo? Peter dicxit: 'Ipsam scripturam ego eam feci ad iamdicto Savigildo et firmavi et testes firmare rogavi, set ego eam legibus autoricare non possum, nec odie nec nulloque tempore, quia ego et uxor mea Vuarnetrudes antea tradidimus ipsas res per scripturam donacionis ad iamdictum domum Dei, unde iste Rihimirus mandatarius, quam ad isto Savigildo.' Richimirus presens stetit, qui dicxit: 'Hecce iudicium vel relatum, ubi ipsa scriptura est inserta, quomodo iste Peter et uxor sua Vuarnetrudes tradiderunt ad iamdictum monasterium in honore sancti Iohannis vel eius concrecatione, cui mandatarius ego, ipsas res superius scriptas, et abuerunt hoc per os 30 annos seu et amplius per legitimam vestituram, usqueco iste Savigildus eas prendidit de illorum potestatem.' Et cum nos iudices ordinaremus ipsum iudicium relatum ante nos relegere, sic invenimus eum verum et legibus factum, et ipsa scriptura qui ibidem est inserta de supradictas res terminum legis inclusum abebat, et vidimus eum de testes iuratum et firmatum et de iudices legibus roboratum. Post hec interrocavimus Petrone: 'Qui vellis dicere contra istum iudicium, ubi ipsa scriptura est inserta, si est verus aut legibus factus, aut non?' Peter dicxit: 'In omnibus verus est et legibus factus, sicut ibidem insertum abet, et nullam infamiam contra eum dicere non possum, nullo quod tempore.' A tunc nos iudices, cum vidissemus quod Peter sic professus fuit ante nos et sic ipsam scripturam conlaudavit, sic ordinavimus eum, ut suam recognitionem exinde scripsisque fecisset, sicut et fecit, ubi dici: 'Recognosco me ego omo, nomine Peter, in vestrorum iudicio ad petitione de isto omine, nomine Richimiro, qui est mandatarius Richimiro abate et de concrecacione sancti Iohannis monesterii, qui situs est in territorio Carcasense iusta fluvium Duramno, de id unde vos iudices me interrogastis, iste relatus quod iste Richimirus mandatarius ostendit ante vos ad relegendum, ubi ipsa scriptura est inserta de casas, curtes, terra et vinea, qui sunt infra terminos de villa Staciano, territorio Narbonense, quod ego tradidi cum uxori mea nomine Vuarnetrude ac iamdicto monesterio, si est verus aut legibus factus, aut non? Taliter vero me recognosco ego, iamdictus Peter, quia ipsa scriptura qui in ipsum relatum est inserta, ego eam feci autoricare mea iamdicta de supradictas res, et firmavimus et testes firmare rogavimus, et tradidi ego ipsas res per ipsam scripturam ad ipsam domum Dei, sicut in ipsum relatum insertum est; et iste relatus vel

---

1) *Brunner RG.* I^2 *569.*

iudicius vel qui in eum ibidem insertum abet in omnibus verus est et legibus factus, et nullam infamiam contra eum dicere non possum, nec odie nec nulloque tempore, et vera est mea recognitio.' Cum nos iudices vidissemus, quod Peter sic conlaudavit ipsam scripturam quod fecit et tradidit ad ipsam domum Dei, sic interrocavimus Savigildo, si potebat abere ullam scripturam aut alia re, unde ipsas res partibus suis vindicare debeat? Savigildus dicxit: 'Non possum, nec odie nec nulloque tempore nisi ista scriptura, quia[1]) non est legibus facta.' At tunc nos iudices ordinavimus Savigildo, ut eum excidere fecisset, sicut et fecit, et suam recognitionem exinde scriptis fecisset, sicut et fecit, ubi dici: 'Recognosco me ego omo, nomine Savigildus, in vestrorum iudicio a peticione de isto Richimiro, qui est mandatarius Richimiro abate et de concrecacionem sancti Iohanis monesterii, qui situs est in territorio Carcasense super fluvium Duramno, de id unde ille me repetit per casas, curtes, terra et vinea, qui est in villa Staciano, territorio Narbonense, unde ego autorem debui dare in vestrorum iudicio, set minime hoc feci, qui mihi hoc legibus autoricasset; unde vos, iudices, me interrocastis, si abeo exinde autores vel ullam aliam scripturam, unde ipsas res superius scriptas partibus meis vindicare deveam? Taliter vero me recognosco ego, iamdictus Savegildus, quia de ipsas res superius scriptas non abeo nec abere possum nec scripturam nec autores nec nullum indicium veritatis, pro quibus ipsas res superius scriptas partibus meis legibus vindicare debeam nec odie nec nulloque tempore, nisi ista scriptura quod ego in vestrorum iudicio absisi, quia non est legibus facta, quia antea fecit ipsa scripturas et tradidit ad ipsam domum Dei quam ad me.' At tunc nos iudices, cum vidissemus tales recognitiones de Petrone et de Savilido[2]) factas et firmatas et de iudices legibus roboratas, sic perquisivimus in lege Cotorum, in libro 5., titulo 4., era 8., ubi dicit: 'De is qui aliena vendere vel donare presumserint. Quotiens de vendita vel donata re contentio comobetur, id est si aliena fortasse vendere vel donare quemcumque constiterit, nullum emtori preiudicio fieri poterit, set ille qui alienam fortasse rem vendere vel donare presumsit, duplam[3]) se domino cogatur exolvere, emtori tamen quod accepit pretium retiturus[4]), et penam quam scriptura continet inpleturus, et quicquid in profectu conparate rei emtor, vel quod[5]) donatum accepit, studio sue utilitatis agecerat[6]), a locorum iudicibus extimetur adque ei, qui laborare cognoscitur, a venditore vel a donatore iuris alieni sactisfactio iure retatur[7]).' Tunc nos missus et iudices, cum vidissemus tales recognitiones factas et firmatas de supradictos omines et de iudices legibus roboratas, et talem rei veritate de Richimiro, mandatario Richimiro abate, et talem lecum obtoritatis, tunc decrevimus iudicium per legem Cotorum et ordinavimus Randrico, misso nostro, ut super ipsas res venire faciat et de furti-

---

1) *so die Vorlage, für* qui *statt* quae? — *vgl. auch Z. 25.* — 2) *für* Savigildo. — 3) *Thévenin will statt dessen lesen:* duplum rei. — 4) *so die Vorlage für* redditurus *wie unten Z. 39* retatur *statt* reddatur. — 5) *statt* qui. — 6) *statt* acceperat; *vgl. überhaupt Walter Corpus iuris Germanici I 519.* — 7) *Thévenin will korrigieren:* iusta reddatur.

bus Petrone eficat, et partibus Richimiro, mandatario Richimiro abate, dare et revestire facit, sicut lex Cotorum continet et in unc iudicium insertum abet. Dato et confirmato iudicio 14. kalendas Decembris, anno 23. regnante Karolo rege. S. Adefonsus. S. Ermenfredus. S. Teudefredus. Teudemirus, qui hunc iudicium scripsi, una cum litteras superpositas super verro 7[1]), et subscripsi sub die et anno quod supra.

55 (65). *Veräusserung von Grundbesitz gegen Leibrente in Naturalien.* 865, März 10.

Wartmann UB. der Abtei Sanct Gallen II 120 Nr. 506; auch bei Thévenin 137 Nr. 97. Vgl. Wartmann a. O. II 377 Nr. 777 und die Formel 15 der Collectio Sangallensis bei Zeumer Formulae S. 405.

Grimaldus, gratia Dei monasterii sancti Galli abba. Scire cupimus omnes tam praesentes quam futuros, quod quaedam femina nomine Adalpirin omnem suam proprietatem, quam habuit in Ekkomarca, ad ius nostri coenobii contradidit atque transfundavit: sub ea ratione, ut nos easdem res statim ad nostram potestatem recipiamus, teneamus atque possideamus sub iure proprietatis, absque ullius contradictione, et ei econtra per singulos annos demus usque ad obitum eius quatuor carradas de grano, duas de spelta, alias duas de avena et unum friskingum solido valentem, quando pastura porcorum proveniet, quando autem non, 8 denarios valentem, et uno anno tonica unum solidum valentem, altero vero anno lineam, qui dicitur *smoccho,* duas tremissas valentem. Actum in Altorf publice, praesentibus multis. Signum Grimaldi abbatis et advocati sui Ruadperti, qui hoc precarium fieri voluerunt. Signum Hartmoti decani, † Ruadhoi praepositi, † Waltharii sacratarii, † Erlebaldi portarii, † Cotaberti cellararii. Signa aliorum testium qui praesentes fuerunt, † Wolfhart, † Wolfheri, † Amalrih, † Uozo, † Ruadpret, † Erchanpret, † Waltheri, † Pernhart, † Werimpret, † Kerpret. Ego itaque Albrih indignus diaconus rogatus scripsi et subscripsi. Notavi diem sabbati, 6. idus Martii, anno 25. Hludowici regis, sub Keroldo comite.

56 (66). *Angelsächsisches Familienfideikommiss.* 869.

Birch Cartularium Saxonicum II 141 Nr. 524. Vgl. Schröder RG.[5] 298[78].

(C.) In nomine sanctae et individuae Trinitatis, Dei scilicet atque Domini nostri Ihesu Christi faventeque ridenteque gratia, Mercis in regem dicatus, ego Burgred nec non et ego Æþelsuiþ, pari coronata stemma regali Anglorum regina, cum consensu licentiaque nostrorum omnium magnatorum eclesiastico sub grado sineque manentium, condonavimus Wulflafe aliquam telluris partem, id est 5 manentium ubi

---

[1]) verro *ist offenbar entstellt oder verlesen.*

appellatur on Upþrope pro eius placabili pecunio, 50 mancusis[1]) in auro, in ius possessionemque sempiternam sibimet ad habendam, quamdiu vivat, suoque relinquendam fratre germano, diutius superstes si fuerit, ab omnibus liberam servitiis aligenigenarum exterarumque. Et sic semper illa in sanguinitate paterne generationis sexuque virili perpetualiter consistat adscripta, Christusque, Dei filius, testis fautorque sit huius praecepti, aliter non esse motandum[2]), cuius in nomine omnibus saeculi potestatibus praecipimus, audaciam non habere hoc Christi decretum seniorumque irritare destruereque, quia ipse per quendam dixit sapientem: 'Qui resistit potestati, Dei ordinationi resistit'[3]). Augentibus haec a Deo pax; frangentibus vero vae, sintque maranatha in die magno adventus Domini. Perscripta est autem haec cartula anno dominicae incarnationis 869., indictione vero 2., Burgredi autem regis regno 17., hiis testibus consentientibus, quorum nomina postponuntur. † Burgred rex consensi. † Æþelsuiþ regina consensi. † Eadberht episcopus consensi . . .[4]). Est autem terruncula praememorata his falerata agellulis constipataque: on sceomman hrycge willering wic and on midhelte cynemunding wic and on sigeres felda udding wic ægðer ge etelond ge eyrðlond ge eac wudolond all hit is gemæne þara fif and tuentig higda and æt peadan beorge seondon sex æcras innlondes ægðer ge medlondes ge eyrðlondes.

57 (67). *Notitia iudicati über einen Eigentumsstreit um Grundstücke und Notitia über die vollzogene Revestierung des Klägers.* 871, August.

Devic et Vaissete Histoire générale de Languedoc² II (Toulouse 1875), preuves 362 Nr. 178 (1. Aufl., I, Paris 1730, preuves 122 Nr. 95). Vgl. Hübner Gerichtsurkunden I 72 Nr. 388; derselbe Immobiliarprozess (Zitat zu Nr. 18) 228 f.; Brunner RG. der Urkunde 241 ff.; Schröder RG.⁵ 391; Gál (Zitat zu Nr. 12) 9².

Noticia cum iudicio ante bonos viros quam plurimos vel ante eos qui hanc notitiam subterfirmaverunt, qualiter veniens Garulfus, abbas ex monasterio Belliloci[5]), cum advocato suo, nomine Aichardo, in villa quae vocatur Senmurum, die lunae, ante virum illustrem Bernardum comitem interpellavit aliquem hominem Adenum, dicens quod ecclesiam sancti Christophori, quae est in pago Limovicino in valle Cosatico[6]), quem Rodulfus archiepiscopus sancto Petro eiusdem monasterii sua cessione firmavit, malo ordine tulisset. Tunc interrogatus est ipsi Adeno, si hoc legaliter defendere posset? quod ipse omnino negavit, et sic fideiussores dedit Oddonem et Umbertum, ut die constituto, quod est 5. idus Augusti, super ipsas res veniret et manibus suis, sicut spoliaverat, ipsum abbatem Gairulfum legaliter reve-

---

1) mancus, *ursprünglich ein wahrscheinlich byzantinischer Goldsolidus, in England ¼ Mark. Vgl. R. Schmid Die Gesetze der Angelsachsen² 593; Liebermann Die Gesetze der Angelsachsen II 1 S. 140; Soetbeer in Forschungen zur Deutschen Geschichte 2, 359-367.* — 2) *Vgl. Birch a. O. II 211 Nr. 570 (v. J. 892):* ut haec largitio eo stabilior sine motatione et disceptatione perseveret. — 3) *Römerbrief 13, 2.* — 4) *es folgen noch 10 Namen.* — 5) *Beaulieu in Limousin.* — 6) *Saint-Christophe de Cosac.*

stiret. Nam et ad ipsum placitum utrique venerunt, et sicut[1]) fuit iudicatum, per signum de ipsa ecclesia revestivit. Ideo necesse fuit ipsi abbati, ut exinde notitiam ipsius rei per cartulae testamentum notificare deberet, quod ita et fecit. His praesentibus actum fuit . . . [2]). Facta ista notitia in mense Augusto, anno 4. Ludovici regis, filio Karoli regis.

58 (68). *Kaufvertrag über Grundbesitz. Besitzübertragung. Auflassung. Gewährschaft. Zahlung des Kaufpreises. Levare cartam. Übergabe der Urkunde. Rogatio notarii et testium. Fränkisches Recht in Italien.* 872, November.

Mabillon De re diplomatica (3. Aufl., Neapel 1789) I 562 (1. Aufl. Paris 1681; desgl. 2., ebenda 1709: 542 Nr. 102); auch bei Thévenin 150 Nr. 105. Vgl. Böhmer-Mühlbacher-Lechner Regesta imperii I 516 Nr. 1251 f.; Sohm Auflassung (Zitat zu Nr. 19) 95; Brunner RG. der Urkunde 39, 104 ff., 230, 260 ff., 271, 273 ff., 288 ff., 302 ff., 308; derselbe RG. I² 389, 570 ff.; Schröder RG.⁵ 290; Gierke Schuld und Haftung 86²², 87²³, 153 f.; Redlich Privaturkunden 52 f.

In nomine domini Dei et salvatoris nostri Iesu Christi. Hludovicus, divina ordinante providentia imperator augustus, Deo propitio anno imperii eius 22., mense Novembri, indictione 5. Vobis, domino meo Ludovico, glorioso imperatori, ego Sisenandus ex genere Francorum, filius quondam Anastasii et missus Supponis comitis. Manifesta causa est accepisse, sicuti et in praesentia testium accepi a vobis per missum vestrum Adoaldum, argentum libras decem, finitum pretium, pro casis et omnibus rebus illius iuris mei, quae habere visus sum in loco qui dicitur Casaurus, pago Pinnensi[3]), omnia insimul se tenente, quae sunt super totum in terram arabilem et vineam, seu modiorum duodecim, ubi cohaerent ab uno latere et uno capite via publica, de alio latere terram Adelongi et de germanis suis et alio capite tenente in fluvio Piscar[4]), ut dictum est, tam casis, curtis, ortis, areis, vineis, silvis, terris, pascuis et stalariis[5]), rivis, rupinis ac paludibus, coltis et incoltis, divisis et indivisis, cum finibus, terminis, accessionibus et usibus aquarum aquarumque decursibus, et cum molendinis, cum omnibus et in omnibus inibi meo iuri pertinentibus, cum superioribus et inferioribus suis, in integrum habendum vobis domino meo Ludovico, glorioso imperatori, pro vestro argento vendo, trado et mancipo, liberis quoque ab omni nexu publico privatove, nulli alii venditis, donatis, alienatis, obnoxiatis vel traditis, nisi vobis. Et iuxta legem meam per cultellum et festucam notatam[6]) seu guasonem terrae vobis exinde ad vestram partem corporalem facio vestituram, ad vestram proprietatem habendum, et me exinde foris expuli et absasito[7]) feci, faciendum exin a praesenti die tam

---

[1]) *die Vorlage hat* sic. — [2]) *es folgen acht Namen.* — [3]) *Gau von Penne, in der firmanischen Mark.* — [4]) *die Pescara kommt von den Abruzzen und mündet ins Adriatische Meer.* — [5]) stalaria (*fem.*), *Weidicht, Pfahlwerk zum Halten der Fischnetze* (*vgl.* Du Cange *VII 576*)? *Viehställe?* — [6]) *die Vorlage hat* notatum. — [7]) *vgl. Nr. 41 am Ende.*

vos quamque haeredes vestri aut cui vos dederitis vel habere statueritis proprietario nomine quaecumque volueritis, sine omni mea et heredum ac proheredum meorum contraditione vel repetitione, et nihil mihi infra ipsa cohaerentia aliquid reservasse professus sum, sed dico me meosque omnes exin a praesenti quod foris essisemus. Si quis vero, quod futurum esse non credo, si ego ipse Sisenandus, quod absit, aut ullus de heredibus ac proheredibus meis seu qualibet opposita persona contra hanc cartulam venditionis meae ire aut eam infringere conaverimus, inferamus vobis poenam, quae est multa auri optimi libra una, et quod repetierimus vindicare non valeamus, sed praesens cartula vinditionis diuturnis temporibus maneat inconvulsa cum stipulatione subnixa [1]. Insuper et a me qui supra Sisenando vel heredibus ac proheredibus meis vobis domino Ludovico imperatori glorioso vestrisque heredibus, aut cui vos dederitis vel habere statueritis, praedictis casis et omnibus rebus, sicut superius sunt, comprehensis, in integrum ab omni homine sint defensatis. Quod si defendere non potuerimus, aut si vobis exinde aliquis pro quovis ingenium subtrahere quaesierimus, in duplex vobis aut cui vos dederitis vel habere statueritis restituamus, sicut pro tempore fuerint melioratis aut valerint sub aestimatione in eodem loco, et nihil mihi ex pretio aliquid reddideris. Dixi et pergamena cum atramentario de terra elevans Ariperto, notario domini imperatoris, tradidi et scribere rogavi, in qua subter confirmans testibusque obtuli roborandum. Actum in villa quae dicitur Vico [2]), ubi ipse augustus praeerat feliciter.

Ego Sisenandus in hac cartula venditionis a me facta superius hoc suprascriptum argentum accepi. Signum † manus Dagiberti ex genere Francorum, vasallo Aderaldi, testis. S. † manus Ischerio ex genere Francorum, vassallo Wichodi episcopi, testis. S. † manus Guneradi ex genere Francorum, vassallo ipsius domini imperatoris, testis. S. † manus Lampaldi ex genere Francorum vassallo Wichodi episcopi, testis. S. † manus Wilari, vassallo Andraei episcopi, testis. S. † manus Richardi ex genere Francorum, vassallo Andraei vocati episcopi, testis. Ego Agelmundus, iudex domini imperatoris, in hac cartula venditionis rogatus a Sisenando supradicto et supradictum argentum accipere vidi. Ego Albertus, notarius domini imperatoris, in hac cartula venditionis rogatus a Sisenando suprascripto et suprascriptum argentum accipere vidi. Petrus, notarius domini imperatoris, in hac cartula venditionis rogatus a Sisenando testis suprascriptum argentum accipere vidi. Ego Aripertus, notarius domini imperatoris, scriptor huius cartulae venditionis.

59*. *Darlehen gegen Verpfändung eines Weinberges.* (878?) Mai.

Bernard et Bruel Recueil des chartes de l'abbaye de Cluny (Collection de documents inédits sur l'histoire de France, 1e série, histoire politique) I 26 Nr. 22. Vgl. Caillemer Les formes et la nature de l'engagement immobilier dans la région lyonnaise, in der Festschr., Heinrich Brunner zum 70. Geburtstag dargebracht, 302 f.

---

1) *vgl. Nr. 5 am Ende.* — 2) *Vicoli bei Catignano südl. Penne.*

Domino fratribus Bernois et filio suo Durando et uxor sua Ermendraa, ego Ardo. Nostra fuit peticio et vestra bonitas, ut ex vestrum argentum nobis prestitisti solidos 5. Pro ipso precio inpinnoravimus vinea una, que es situs in pago Cabilonense[1]), in fine Rofiacense[2]), in Ariangas vocat. Terminat de uno latus et uno fronte Sancte Mamato, de alio latus de ipso ereditate, de alio fronte via pullica. Abet in longo percicas[3]) 24, de uno fronte percica una et pedes 4, de alio fronte percicas 2 et media. Infra ipso terminio tibi inpinnoravimus usque ad annos 29. Ipsos annos expletos, solidos 5 reddamus; et si extraquerit antequam solutum sit, de auro uncia una componat. Actum in Tornocio[4]) fuit facta. Sig. Ardrao, qui caucione fieri et firmare rogavit. Sig. Adeloldos. Sig. Gosberto. Sig. Odolberto. Sig. Leterio. Sig. Gondrano. Sig. Giroldo. Sig. Valanno, Sig. Rainelmo. Ego Lecbaldus escripsit, datavit die sabato, in mense Maio, anno primo regnante Lodovico rege[5]). Sig. Orberto. Sig. Duranno. Sig. Girelmo.

60 (69). *Gerichtlicher Erbteilungsvergleich. Fides facta. Carta und Festuca. Bürgen für die Unterschrift der Notitia.* 878, August.

Devic et Vaissete Histoire générale de Languedoc² II (Toulouse 1875), preuves 400 Nr. 201 (1. Aufl., I, Paris 1730, preuves 135 Nr. 109; auch bei Thévenin 158 Nr. 108. Vgl. Hübner Gerichtsurkunden I 76 Nr. 410; Sohm Der Process der Lex Salica 225 ff.; R. Löning (Zitat zu Nr. 53) 8, 11 ff., 80⁴, 85 f.; Brunner RG. der Urkunde 239 ff.; W. Sickel in ZRG. 19, 72¹; Sjögren (Zitat zu Nr. 2) 100 ff.; Schröder RG.⁵ 391; Schupfer Diritto privato III 141; Gierke Schuld und Haftung 147; Gál (Zitat zu Nr. 12) 47 f., 54², 56 f.; von Amira Der Stab in der germanischen Rechtssymbolik (Abhandlungen der Bayer. Akademie, phil. u. histor. Klasse, XXV. Bd., 1. Abhdl.) 156; derselbe Die Wadiation (Sitzungsberichte derselben Klasse, 1911, 2. Abt.).

Notitia quorum roborationis vel signacula eorum, qui subtus tenentur inserti, qualiter venerunt aliqui homines his nominibus, Segarius et Alidulfus necnon et Hictarius seu et Ingilbaldus, videlicet ex alia parte Karissima, abbatissa ex regula sancti Saturnini monasterii, Ruthenensis civitate[6]) degenti, nam et Fulcrada, Deo devota, et ab utraque parte venerunt die Iovis foras Albia civitate[7]) in ecclesia sancti Affricani in mallo publico, in praesentia Reymundo comite et civiles iudices qui ibidem aderant, quorum nomina qui subtus firmaverunt. In eorum praesentia ab utraquae parte inter se contentiones habebant pro Rodunda-Vabro, mansis, terris, vineis, cum ecclesiis quae ibidem sunt fundatae, quidquid ad ipsam curtem aspicere dinoscitur, de quantumcumque Vualdo[8]) et uxore sua Ingelbergane, qui quondam fuerunt, debita fuit possessio. Dicebat Segarius

---

[1]) *Gau von Châlon sur Saône.* — [2]) *Ruffey, Kommune Sennecey le Grand.* — [3]) *lat.* pertica *Stange, (Mess)rute, frz.* perche. — [4]) *Tournus, Dep. Saône-et-Loire.* — [5]) *Ludwig II, der Stammler (†879).* — [6]) *Rodez in Guyenne, Dep. Aveyron; vgl.* Lognon *Atlas historique de la France, texte explicatif I 280.* — [7]) *Albi, n.-ö. von Toulouse, Dep. Tarn.* — [8]) *so ist statt des* Vudaldo *der Vorlage zu lesen.*

et Hictarius nam et Ingilbaldus, quod scriptos conligatos super Fulcradane Deo devota et super Karissima . . . .[1]) abbatissa scriptos iudicios, notitias et iectivas[2]) perhennis temporibus confirmatas haberent, pro quas volebant ipsos alodes, mansos, terras vel vineas legibus adquirere. Dum eos intendentes et inter se altercantes, guirpivit supranominata Karissima suam qui dicebat ad[3]) monacham Fulcradam nomine, et cartulam, quam pro ipsam curtem manu tenebat, Fulcradane manibus reddidit et per omnia dixit, quod ipsas res nolebat tenere neque contentionem pro hoc ipsut habere[4]). Fulcrada namque, suam cartam videntibus cunctis recipiens, cum suis contracausariis in rationem intravit et inter se contendentes consenserunt ipsi iudices una per voluntatem ipsius comitis et arbitrium iudicum, ut inter se pagum[5]) fecissent, quod ita et fecerunt: ita ut obtineat Fulcrada de Rodunda-Vaber priorem illam haereditatem in capite, quam Gilbulgis cum Vualdo iugale suo adquisierat, illam medietatem et reliqua; cetera vero omnem illam medietatem, de quantumcumque in Rodunda-Vabro vel omnibus ibi pertinentibus, quae Vualdus et uxor sua Ingilberga, qui ante fuit, illam aliam medietatem similiter Fulcrada obtineat et illas duas ecclesias dominicarias cum pratis et vineis quae inter eos complacuit, cum illorum adiacentiis, ut donet Fulcrada contraria pro ipsas res in ipsa haereditatem et in ipso aice[6]) tantum de alia terra, quantum et haereditate illa ibi illi advenit, pro ipsas res iamdictas. Quod ita per omnia adimplevit. De illas vero vineas et maliolos[7]), quos iamdictos Fulcrada hedificavit super ipsum territorium, a suis partibus in integrum obtineat, et donet ad iamdictos haeredes alium tantum terra in contra, quantum eo die et ipsis vineis et malliolis ipsis advenire debuisset. Illud autem quod superfluum est, mansos et omnia quae superius sonat inter se dividant[8]), sicut superius iamdictum est, quod ita et fecit. Deinde Segarius et Hictarius seu et Ingilbaldus unanimiter guirpierunt, Segarius de hoc quod per haereditatem Godilane uxori suae interpellaverat, et Hictarius et Ingilbaldus de illorum partibus in contra Fulcradane omnes plantos[9]), quos inter eos de Rodunda-Vabro causa orta fuerat. Segarius vero talem fecit fidem de partem uxori suae et sua vel de parte Petroni, suum haeredem, ut, si post hunc diem exinde contra Fulcradane aut suis successoribus pro ipsas res ulla repetitione removebat, Segarius suam legem componat et in antea ipse et uxor sua seu et Petrus idem simul se taceant. Hictarius similiter fidem fecit vinculo legis suae, et Ingilbaldus secundum legem suam fidem fecit, quod in contra Fulcradane aut suis successoribus de ipsa

---

[1]) *Lücke in der Vorlage, wohl* s. Saturnini monasterii *zu ergänzen.* — [2]) iectiva, *etwa Versäumnisurteil oder Urteil gegen den Beweisfälligen; vgl. Du Cange I 21 f. unter* abjective; *Brunner RG. II 368 f.* — [3]) *die Vorlage hat* et. — [4]) *die Äbtissin war bei dem Streite wohl nur dadurch interessiert, dass die Fulcrada ihre Rechte auf das Kloster übertragen hatte. Durch Rückgabe der Carta an Fulcrada schied das Kloster völlig aus.* — [5]) *dem Sinne nach soviel wie* pactum; *vgl. Du Cange VI 93.* — [6]) aicis *ist ein Bezirk; vgl. Ernst Mayer Deutsche und französische VerfassungsG. I 363.* — [7]) *Rebfächser, dann auch junger Weinberg.* — [8]) *die Vorlage hat* dividat. — [9]) *lat.* planctus, *frz.* plainte, *Klage.*

causa reparare non se praesumant. Unde Segarius in contra Fulcradane fideiussorem talem dedit de parte Godilane, uxore sua, Leoni nomine, ut, si Fulcrada notitiam inde ostendebat et eam Segarius pro parte suae uxori firmare nolebat, Leo suam legem componeret et Segario ad hoc permittat, ut ipsam notitiam ei firmare faciat. Simili modo Hictarius pro ipsam notitiam fideiussorem alium opposuit, Deotimio nomine, ut eam Hictarius firmare non renuat; et si hoc facere noluerit, Deotimius suam legem componat et in antea ipsam notitiam Hictario firmare faciat. Iterum vero Ingilbaldus alium fideiussorem de sua parte dedit, Rostagno nomine, ut, si Ingilbaldus ipsam notitiam non firmabat, Rostagnus suam legem componat et ipsam notitiam Ingilbaldo firmare faciat. Ita vero de hac praedicta causa aliquis homo Alidulfus nomine illorum . . . .[1]) fidem talem fecit, sua fistuca iactante in contra Fulcradane, ut ipsam notitiam suam manibus firmare fratri suo Vualdo faciat, et ut ipse Alidulfus eam manibus firmet, et si hoc facere contempnunt, suam Alidulfus legem componat et fratri suo Vualdo eam firmare faciat, et ipse Alidulfus manibus eam firmet et hanc convenientiam stare et adimplere faciat. Unde iamdictus Alidulfus duos fideiussores ipsius Fulcradane dedit, Segario et Hicterio, ut post hunc diem neque Alidulfus neque frater suus Vualdus de quantumcumque de Rodunda-Vabro Fulcrada a sua parte recepit, ut nulla inquietudine removere non praesumat; et si quis ullus ex ipsis hoc fecerit, Segarius et Hictarius unusquisque legem suam componat et postea in antea ipsas fides factas adimplere faciant. Et illut illis inserere placuit, qui si fuerit, ipsi aut ullus haeredum ac prohaeredum vel illorum successoribus de hac causa ulloque tempore causa calumpniae removebat, auri libram componat et quod repetit vindicare non valeat, sed haec notitia stabilis et firma permaneat cum omni firmitate adnixa[2]). Unde pro hac causa necesse fuit Fulcradane, ut inde notitiam bonorum hominum in testimonium colligeret, quorum praesentibus actum fuit, sub die Iovis, in mense Augusto, Albiae civitate, mallo publico, in praesentia Raymundo comite, anno 1. regnante Ludovico rege post obitum Karoli imperatoris. S. Segarius. S. Alidulfus. S. Vualdo. S. Hictario. S. Ingilbaldo. S. Teuberto. S. Garrigus. S. Radulfo. S. Rodaldo. S. Guilabert, auditor. S. Didimo. S. Teudomo. S. Adalberto. S. Garifredus. S. Bernardo. S. Benamen. S. Alibranno. S. Ebroinus rogatus scripsit, dictante Teudino cancellario[3]).

61 (70). *Notitia über eine Tradition, vollzogen durch beiderseitige Stellvertreter.* 881, November.

Deloche Cartulaire de l'abbaye de Beaulieu (Collection de documents inédits sur l'histoire de France, 1e série, histoire politique) 241 Nr. 173. Vgl. Nr. 11, 57; Heusler Institutionen I 210.

Ante eos qui hanc notitiam subterfirmaverunt, quorum nomina subter tenentur inserta, qualiter veniens Ebrardus, filius quondam

---

1) *Lücke.* — 2) *vgl. Nr. 5 am Ende.* — 3) *vgl. Brunner RG. der Urkunde 235.*

Guigoni et Avanae, in pago Arvernico, in vicaria Salense, et ecclesiam quae est in honore sancti Boniti, seu ad villam quae vocatur Lacus, quas ipse Guigo et ipsa Ava pro remedio animarum suarum et parentum suorum et pro remedio filii sui, ipsius Ebrardi, per cartam cessionis sancto Petro Belliloci monasterii[1]) in stipendiis et usibus monachorum in venturis generationibus, ubi vir venerabilis Gairulfus abbas praeesse videtur, condonaverunt, sicut in ipsa carta loquitur. Tunc veniens ipse Ebrardus introivit in ipsam ecclesiam et veniens ad ipsam villam, per cordam de signo et hostium de domo et cespitem de terra sive ramum de arboribus, missis sancti Petri et ipsius Gairulfi abbatis, Loboleno et Ebrardo monachis, manibus tradidit in vicem patris et matris suae, ut faciant tam ipsi quam successores eorum iure ecclesiastico quicquid elegerint. Quapropter necesse fuit, ut ipsi monachi Lobolenus et Ebrardus notitiam exinde colligerent et colligere deberent; quod ita et fecerunt. His praesentibus hoc actum fuit . . .[2]) Factam notitiam hanc in mense Novembrio anno 2. Karllamandi regis. S. ipsius Ebrardi traditoris.

62 (71). *Freilassung einer Familie 'per cartam'. Überweisung als Wachszinsige in den Schutz einer Kirche. Feststellung der Abgaben an diese.* 882, August 13.

Lacomblet UB. für die Gesch. des Niederrheins I 38 Nr. 73. Vgl. Brunner RG. I² 363 f.; derselbe Zur Gesch. der ältesten deutschen Erbschaftssteuer, in Festschrift f. F. von Martitz, 1911, S. 4; W. Sickel in Westdeutsche Ztschr. 16, 70[24].

(C.) Qui debitum sibi nexum relaxat servicium, mercedem sibi esse apud Deum in futuro confidat. Ideoque nos, in Dei nomine, Evuruuinus et soror mea Lantsuint quendam ex nostris prospicientes devotum ac fidelem nobis fideliter servientem vernaculum, nomine scilicet Salafridum, et coniugem eius, nomine Liebuvi, pro remedio animae nostrę vel propinquorum nostrorum seu pro aeterna retributione a iugo servitutis de servitio publico ingenue relaxamus cum filiis et filiabus, sicuti per hanc absolutionis cartam a die presente visi sumus fecisse. Ea utique ratione, ut ab hac die nulli quicquam debeant servitutis preter tantum[3]), eant, pergant, per portas intrent et exeant apertas, nullo obstaculo resistente; mundaburdem vero aut patrocinium eligant sub ecclesia Dei et sancti Ypoliti, martyris Christi, vel sub ala ipsius domini vel dominę: ea rationis causa, ut singulis annis ad supradictam ecclesiam sancti Ypoliti unusquisque eorum in festivitate eiusdem martyris duas deneratas[4]) cerę persolvere satagerit, nihil magis de propria facultatula dantes post obitum uniuscuiusque eorum, preter tantum, quod obtimum habeant aut in equis sive in bubus seu in porcis aut in ceteris rebus, dare festinent,

---

[1]) *Beaulieu in Limousin.* — [2]) *es fehlt offenbar die Zeugenreihe.* — [3]) *die Worte* preter tantum, *wenn sie nicht aus dem Folgenden irrtümlich herübergenommen und deshalb zu streichen sind, beziehen sich auf die weiter unten angegebenen Leistungen (Wachszins und Besthaupt).* — [4]) *eigentlich* denariatas, *so viel man für einen Denar kaufen kann; vgl. Du Cange III 59 Mittelspalte, auch unten Urkunde Nr. 68.*

cetera vero dare, vendere, commutare vel ad bonum vel ad malum licentiam teneant. Si quis vero, quod futurum esse non credimus, si nos ipsi, quod absit, aut ullus de heredibus vel proheredibus nostris aut ulla opposita vel extranea persona, quę contra hanc ingenuitatis cartam venire aut eam infringere vel emutare voluerit, primo iram Dei omnipotentis incurrat et sancti Ypoliti martyris, preterquam hęc una cum distringente socio fisco auri libras 3, argenti pondera 4 coactus exolvat, et quod repetit evindicare non valeat, sed presens ingenuitatis carta ceraria firma stabilisque permaneat, stipulatione subnixa[1]). Actum publice in Gerricheshaim sub die iduum Augusti, anno 1. serenissimi regis Karoli. Signum Evuruuini et Lantsuindę in Dei nomine feliciter. S. Uuolfridi, S. Hathageri, S. Ruotberti, S. Reginbernni, S. Ruothardi, S. Heionis, S. Herimanni, S. Ruotuuigi, S. Uuanboldi, S. Sigilberti, S. Uuilhelmi, S. Immonis, S. Hildiboldi.

63*. *Schenkung von Besitzungen an ein Kloster. Firmare, levare cartam.* 884, Juli 9.

Wartmann UB. der Abtei Sanct Gallen II 245 Nr. 639. Vgl. ebenda I Nr. 105, 240, 376, II Nr. 456, 621, 684 (unten Nr. 66), 760, III p. 9, IV S. 1248; Zeumer in ZRG. 17, 113 f.

Ego in Dei nomine Moyses cogitans pro remedio animę meę parentumque meorum trado ad monasterium sancti Galli omnem adquisitionem meam, quam hodierna die in Asiningaro marcho visus sum possidere, excepta sexta parte ipsius adquisitionis, quam in Otprigęriot mihi vindicavi; ea scilicet ratione, ut a pręsenti die eędem res in ius monasterii redigantur absque ulla redemptione et contradictione in evum possidendę; hoc quoque adiuncto, ut in quacumque die me libeat et quandocumque velle videor filium meum potestatem habeam ipsius monasterii congregationi incorporare, et ipse filius meus habeat suum locum inter fratres ad monasticam vitam iuxta regulam sancti Benedicti explendam. Quod si ipse filius meus prius obierit, nihilominus tamen ab hodierna die, ut supra dictum est, traditę atque delegatę res in usus monasterii in perpetuum perseverent.

Actum in ipso monasterio publicę, presentibus quorum hic nomina continentur. Postea vero in publico placito sub frequentia populi levata atque iterum firmata est hęc eadem carta, astipulantibus his, quorum hic signacula subnotantur. Signum ipsius Moysi, qui hanc scripturam traditionis seu donationis fieri firmarique rogavit. † Thiotolt. † Ehso. † Paldinc. † Ouo. † Hunwart. † Altman. † Hadaprant. † Thiotpold. † Albrihc. † Ruadpold. † Sigibrant. † Rathelm. † Nidhart. † Reginbold. † Richolt. item † Richolt. Sigipret. Ego Hartman indignus monachus scripsi et subscripsi. Notavi diem Iovis, 7. idus Iulii, annum 3. Karoli gloriosissimi atque ortodoxi imperatoris, Uadalricum comitem.

---

[1]) *vgl. Nr. 5 am Ende.*

64*. *Ergebung in die Knechtschaft.* 887, Juni.

Bernard et Bruel Recueil des chartes de l'abbaye de Cluny (Collection de documents inédits sur l'histoire de France, 1e série, histoire politique) I 35 Nr. 30; auch bei Thévenin 162 Nr. 110. Vgl. Brunner RG. I^{2} 353, II 442.

In Dei nomine, noticia vel tradiccione, qualiter quibus presentibus bonis ominibus, qui anc noticia vel tradiccione subterfirmaverunt, insertum qualiter venit omo nomen Berterius in Asine villa, in publico, ad ecclesia Sancti Petri, plena plebe coniuncta [1]) inluster vir Teutbolt comite, ibique in eorum presencia fuit mea peticia (?), et vestra decrevit voluntas, nec invitis, nec coactus, nec circumventus, nisi per mea plenissima prumta voluntate, corrigiam ad collum meum misi et manibus in potestate Alariado vel ad uxore sua Ermengart ad integrum estatum suum secundum lege Romana se tradidit; quod insertum est, quod omo bene ingenuus estatum suum meliorare et pegiorare potes; ut post ac die de me ipsum et de mea angnicione faciatis quitquit volueritis, vos vel eredes vestri, adabendi, vendendi, donandi vel ingenuandi. Et si ego, per me me (!) ipsum aut per consilium malorum ominum, me de servicio vestro abstraere voluero, taliter mihi detinere vel destringere debeatis, vos vel missi vestri, sicut relico mancipio originalio vestro. Is presentibus qui corrigiam notaverunt et tradiccione ista subterfirmaverunt. S. Erlulfo, S. Rainart, S. Magnione, S. Ahino, S. Costancione, S. Mahidranno, S. Bertran, S. Vuinierio, S. Adalayo, S. Ingelbolt, S. item Vuinierio, S. Berfredo, S. Vuandalbert, S. Disderio. Ego Eldevoldus roytus tradiccione ista scripsi, datavi die sabato, in mense Iunio, anno primo post obitum Bosone, et regnante Karolo imperatore.

65 (73). *Schenkung von Wittumsgütern seitens einer alamannischen Witwe und ihres Vormundes, mit Vorbehalt des Besitzes zu Zinsrecht und unter der Bedingung des Einlösungsrechtes für die Schenkerin und die Erben ihres Mannes zu dem gesetzlichen Wittumsbetrage von 40 Solidi.* 890.

Wartmann UB. der Abtei Sanct Gallen II 283 Nr. 681; auch bei Thévenin 165 Nr. 113. Vgl. Schröder GüterR. I 67 f., 149 ff.; Sohm in ZRG. 5, 423; Huber PrivR. IV 351^{1}, 353^{6}.

In Christi nomine. Ego Himilthrud, cogitans incertitudinem pręsentis vitę, cum manu advocati mei Heribaldi trado ad monasterium sancti Galli, cui nunc venerabilis abba Salomon pręesse dinoscitur, quicquid hodierna die visa sum habere in illis locis quae mihi vir meus Plasius in dotem dedit, hoc est in Sulles [2]) et in Calcaires [3]), in . . anes et in Venusta valle [4]), in viis et inviis, in arvis, silvis, alpis, aquis aquarumque decursibus, cultis et incultis, mobilibus et inmobilibus, vel quicquid dici aut nominari potest, omnia videlicet ex

1) *nach Thévenin ist hier zu ergänzen* coram *oder* ante. — 2) *Sulz, Vorarlberg.* — 3) *das frühere Kalchern, jetzt Klus, Vorarlberg; Wartmann IV 1249.* — 4) *Vinstgau, Tirol, nach Wartmanns Annahme a. O.*

integro trado atque transfundo ad prędictum monasterium: ea videlicet racione, ut easdem res ad me recipiens censum unius denarii inde persolvam ad ecclesiam sancti Martini sitam in loco qui dicitur Rautines[1]). Et quandocumque redimere voluero, cum 40 solidis in argento sive in cavallis aut in armentis aut in pannis novis redimendi licentiam habeam ad prędictam ecclesiam. Quod si ego non redimero, tunc filius meus Richarius aut propinqui heredes Plasii, viri mei, easdem res cum supradicta peccunia, hoc est 40 solidis, redimendi licentiam habeant. Si autem illi non redimerint, tunc supradictę res ex integro redeant ad supradictum monasterium. Actum in loco qui dicitur Rautines, pręsentibus istis, quorum hic signacula continentur. Signum Himilthrudę et advocati eius Heribaldi, qui hanc traditionem patraverunt. Signa et aliorum testium: S. Meroaldi, S. Wanzonis, S. Pauli, S. Aldulfi, S. Lionciani, S. Cimonis, S. Antegani, S. Iohannis, S. Unnonis, S. Martini, S. Libucii, S. Frecco, S. Quintelni, S. Lucii, S. Liuperti, S. Iohannis. Ego itaque Engilbertus indignus monachus et subdiaconus in vicem Winiberti prępositi scripsi et subscripsi. Notavi diem Mercurii, annum 3. Arnulfi regis, sub Ruadolfo duce Raetianorum.

66*. *Austauschung von Eigenleuten (zwei 'servi' gegen vier 'mancipia'). Levare, firmare cartam.* 892, März 17.

Wartmann UB. der Abtei Sanct Gallen II 286 Nr. 684. Vgl. ebenda II 416 wegen der Datierung; ferner oben Nr. 63; Zeumer in ZRG. 17, 113-117.

In Dei nomine. Conpertum sit omnibus praesentibus sive absentibus atque posteris nostris, qualiter ego Chadoloh concambiavi de monasterio sancti Galli, ubi abbas Perenhardus esse cernitur et praepositus Luito, duos servos cum quatuor mancipiis his nominibus: Razo, Frolind, Oterat, Liuza, cum consensu monachorum et cum manu advocati Herebertus. Ideoque ego supranominata mancipia trado ad praefatum monasterium, quatenus abbas atque rectores eiusdem monasterii potestatem habeant habendi, donandi, vendendi, sicuti pro eis libitum sit agendi. Acta et levata in pago Munteriheshuntere in villa Diethereskiriha[2]), firmata et perpetrata in pago Eritgeuve, in loco qui dicitur Pusso[3]), in atrio sancti Laudegarii puplice. Signum Chadalonis, qui hanc cartam fieri rogavit. Signum Perehtoldi palacii comitis. Signum episcopi Solomonis. Signa aliorum testium: Arnolf comes. Otolf. Wirant. Pirihtelo. Herebertus. Otine. Uodal. Walterih. Salaho. Gerbold. Hupold. Tanto. Milo. Riholf. Huc. Perenger. Otine. Petilo. Rako.

Regnante Arnolfo rege anno 5., 16. kalendas Aprilis, luna 13., in die Veneris. Ego Uoto rogitus notavi diem et annum.

---

[1]) *Rötis, Vorarlberg.* — [2]) *Dieterskirch, Oberamt Riedlingen, Württemberg.* — [3]) *Bussen, ebenda.*

67*. *Grundstücksverpfändung mit Abrede eventuellen Kaufes.* 892, März.

Bernard et Bruel Recueil des chartes de l'abbaye de Cluny (Collection de documents inédits sur l'histoire de France, 1e série, histoire politique) I 54 Nr. 46. Vgl. Caillemer Engagement immobilier (Zitat zu Nr. 59) 283-287, 301.

Domino fratribus Magenardo et uxor sua Adaldrada, emtores, igitur ego Siihelmus et uxor sua Eldeverta, inpignoratores, inpignoramus vobis vinea cum cortilo iuris mei qui est in pago Vianense[1]), in villa que nominatur Marcia; qui terminat de ambis latus et ambis front terra de ipsa ereditate. Infra as fines et terminaciones, una cum arboribus et exivis[2]), totum et sub integro vobis in pignus mitto pro solidos 16, pro modios 5 de musto nobis donare debetis usque ad annos 3; et si ad annos 3 vestros solidos reddere non potuerimus, veniant iusti preciatores super ipsa vinea, et quod iustum preciatum fuerit, nobis adimpleatis, et post ac die in loco vindicionis permaneat adabendi, vendendi, donandi, seut liceat comutandi; et si ego ipse aut ullus omo aut ullus ex heredibus meis, qui contra anc inpignoracione ista aliquit agere vel inquietare voluerit, non valeat vindicare quod repetit, et insuper sit culpabilis et inplecturus, et conponat tantum et alium tantum quantum ista inpignoracio meliorata valuerit, et inantea firma permaneat, cum stipulacione subnixa[3]). S. Siihelmo, S. Eldeverta, qui inpignoracione ista fieri et firmare in presentem rogaverunt. S. Agelberto. S. Warnerio. S. Costabile. S. Trutulfo. S. Rotboldo. Ego Ermengerius rogatus, iubente Bernardo, scripsi, datavi die sabato, in mense Marcio, anno 2. regnante Lodovico rege.

68*. *Schenkung an eine Kirche zur Tilgung einer Bussschuld.* 902, Mai.

Gustave Desjardins Cartulaire de l'abbaye de Conques en Rouergue 271 Nr. 352.

Locum sacrum sancte Dei ecclesie qui est situs in pago Ruthenico[4]), super alveum Dordonis[5]), et est fundatus in honore Domini nostri Ihesu Christi pseu sancte Marie virginis et sancti Petri principis apostolorum necnon et clavigeri, ubi sanctis Vincencius et sancta Fides tumulati esse videntur. Ego enim, in Dei nomen, Guitbaldus cedo vel dono illo alode meo que ego habeo in Boziolo[6]), illa vinea mea tres dinariatas[7]) de vinea et una medaliata[8]) cedo vel dono sancta Fide, in emenda de illo malo quem ego habeo sancta Fide facto, omnique tempore ille alodus semper sit sancta Fide in ad luminaria. Et habet ipse alodus fines: de uno latus terra sancti Salvatoris, de alio latus rivo decurrente. Quantumcumque ad ipsa vinea

---

1) *Gau von Vienne.* — 2) *Bedeutung? vgl.* Du Cange *III 365 unter* exius. — 3) *vgl. Nr. 5 am Ende.* — 4) *vgl. S. 46*[6]. — 5) *Dourdou, Nebenfluss des Lot.* — 6) *Bouyssols, Kommune Entraygues.* — 7) *S. 49*[4]. — 8) *Land im Werte einer 'Medaille' (Münze); vgl.* Du Cange *V 319.*

aspicit vel aspicere videtur, totum et abintegrum cedo vel dono sanctae Fide in ad luminaria, sine ullo contradicente sane.

Facta carta donatione ista sub die lunis, in mense Madio, anno 4. regnante Karolo rege[1]). — S. Guitbaldo, qui carta donatione ista scribere vel adfirmare rogavit. S. Arlando, Bernardo, Amalfredo, Gauzfredo, Stephano. — Benedictus scripsit.

69 (74). *Schenkung von Grundstücken an ein Kloster, gegen Empfang derselben und anderer Klostergüter als Benefizium auf Lebenszeit gegen Zins. Levare cartam.* 910.

Histoire de Metz par des religieux bénédictins, preuves I 52. Vgl. Zeumer in ZRG. 17, 113; Schröder RG.[5] 291 f.

Ego in Dei nomine Richildis, quondam regina, cogitans pro divini respectus intuitu et animae meae salute, ut veniam in futuro delictorum meorum adipisci merear et in die tremendi examinis ante tribunal Christi secura adsistens illam desideratissimam Domini vocem audire valeam: 'Venite, benedicti patris mei, percipite regnum'. Propterea dono quasdam res proprietatis meae ad partem sancti Petri seu sancti Gorgonii, Gorziensis monasterii, cui dominus Robertus, sanctae Metensis ecclesiae episcopus, preesse videtur, donatumque in perpetuum esse volo et promptissima voluntate per cartulam testamenti confirmo; hoc est in comitatu Virdunensi, in villa quae dicitur Manciola, mansum indominicatum cum edificiis desuper statutis et de terris arabilibus indominicatis ad seminandum inter utrasque sationes[2]) modios 400, prata quoque ad colligendum 22 karradas feni, de silva ad saginandum porcos 700, farinarios 2, alios quoque mansos et sortes[3]) 9 et mancipia 60, quorum haec sunt nomina[4]) . . .; videlicet quicquid in ipsa villa vel ad ipsam aspiciens visa sum tenere vel habere, in mansis si quidem, edificiis, mancipiis utriusque sexus, campis, pratis, silvis, farinariis, aquis aquarumve decursibus, mobilibus et immobilibus, cultis et incultis, totum per omnia ad integrum partibus profati monasterii sancti Petri seu sancti Gorgonii dono, trado atque transfundo, in Dei nomine perpetualiter ad possidendum: ita tamen, ut in recompensatione earumdem rerum et aliarum, quae sunt in comitatu Gerbercinse in Langeivilla, quas simili modo per aliam cartam ad ipsum monasterium dedi, tam ipsas res, quas ego dedi, quam et de ratione sancti Petri vel sancti Gorgonii monasterium in honore eiusdem sancti Gorgonii dicatum, in pago Calmontinse, in Vuarengisivilla situm, cum omnibus suis appendiciis, et ad ipsum monasterium aspicientes mansos et sortes 62, cum mancipiis ibidem cummanentibus vel aspicientibus, et in alio loco in pago Scarponinse super fluvium Mosellam in Vuasatico vocata villa mansos et sortes 5, et quicquid ad eos aspicit, videlicet quicquid ad ipsos predictos mansos aspicere dinoscitur in mansis, ecclesiis aliisque edificiis, mancipiis

---

[1]) *Karl der Einfältige.* — [2]) *Sommer- und Wintersaat.* — [3]) *vgl.* *Schröder in Forschungen zu deutschen Gesch. 19, 146*[1]*; Waitz Deutsche VerfassungsG.*[3] *Bd. II Abt. 1 S. 150*[6]*, 155*[3]*, 157*[1,2]*, 288 f.* — [4]) *es folgen die Namen.*

uitriusque sexus, vineis, campis, pratis, silvis, aquis aquarumve decursibus, totum per omnia et ad integrum, de parte predictae ecclesiae per beneficium memorati domni Roperti, presulis, seu successorum eius, quandiu vixero valeam habere et excolere iure precario quieto ordine iureque legitimo uti, et proinde annis singulis in festivitate sancti Gorgonii, quae est 5. idus Septembris, ad partem ipsius monasterii ad altare sancti Petri de argento solidos 6 persolvere debeam; post meum quoque discessum, quandoquidem Deus voluerit, ipsae res omnes ad partem ipsius ecclesiae absque ullius contradictione vel iudicis assignatione omnimodis revertantur, et sic deinceps pars ipsius ecclesiae illas habeat, teneat atque possideat, vel quicquid rectores ipsius sancti loci exinde facere decreverint, in omnibus libero perfruantur arbitrio, stipulatione subnixa[1]). Actum in Boloncias vocata villa publice, anno ab incarnatione Domini 910., indictione 13., epacta 7., concurrente 7., anno 11. Lodovici regis. Signum domnae Richildis reginae, cuius rogatu haec carta facta est. Signum Altmanni, advocati eius, qui hanc cartam a terra levavit et fieri ac firmari rogavit. Signum Teudonis comitis . . . .[2]). Ego Quillardus presbiter atque cancellarius legi et relegi.

70 (75). *Königliches Jagdregal. Begründung eines privaten Jagdrechtes durch praeceptum regis.* 944, November 26.

Monum. Germ. hist., Diplomata I 143 Nr. 62. Vgl. von Ottenthal Die Regesten des Kaiserreichs . . . 919-1024 (Böhmer, Reg. imperii II) 64; Karl Roth Gesch. des Forst- und Jagdwesens §§ 49-63; Schröder in ZRG. 15, 79 f.; derselbe RG.[5] 548; E. Matthias Die Jagd im Nibelungenliede, in Ztschr. f. deutsche Philologie 15, 496 f.; Thimme Forestis, im Archiv f. Urkundenforschung 2, 101 ff., bes. 129 f.

In nomine sanctę et individuę Trinitatis. Otto divina favente clementia rex. Noticię omnium fidelium nostrorum tam presentium quam futurorum significamus, quoniam venerabilis Baldrici Traiectensis[3]) ęcclesię presulis voluntati obtemperantes ex hoc inantea presenti privilegio auctoritatis nostrę interdicimus, ut nullus comitum aliorumve hominum in pago forestensi, quod est in comitatu Everhardi, cervos, ursos, capreas, apros, bestias insuper quę Teutonica lingua *elo* aut *scelo* appellantur, venari absque prelibatę cathedrę presulis permissu presumat. Volumus quoque firmiterque regalis edicto munificentię precipientes iubemus, ut in eodem pago ac in silva quę nuncupatur Fulnaho[4]) ac universis finibus eius ac prefati pagi adusque adiacentes ceteras regiones predictę Traiectensi ęcclesię ius servetur forestense, utpote nobis in nostris. Ac ut hęc traditionis nostrę concessio firmiorem in Dei nomine obtineat vigorem veriusque per succedentium curri-

---

[1]) *vgl. Nr. 5 am Ende.* — [2]) *es folgen noch 12 Namen, darunter 4 als scabini, 1 als scabinus et centenarius bezeichnet.* — [3]) *Utrechter.* — [4]) *wegen der Ortsbezeichnung vgl. van den Bergh Handboek der middelnederlandschen geographie² 53, 173-175; von Schwerin Die altgermanische Hundertschaft (Gierkes Untersuchungen 90) 48-50 und in ZRG. 44, 578 f.*

cula temporum ab omnibus credatur inviolabiliterque servetur ac incorrupta iugiter perduret, manus nostrę scripto illud firmavimus ac anuli nostri impressione iussimus corroborari. Signum domni Ottonis serenissimi regis. Brun cancellarius advicem Frethurici archicapellani recognovi. Data 6. kalendas Decembris, anno Domini 944., indictione 1., anno domni Ottonis invictissimi regis 9.; actum in loco qui dicitur Walahusan[1]).

71 (76). *Verleihung von Fronländereien an eine Genossenschaft zu Erbzinsrecht unter der Verpflichtung, dieselben in Weinberge zu verwandeln.* 952, Februar 29.

Beyer UB. der mittelrheinischen Territorien I 254 Nr. 193. Vgl. von Schwind Zur EntstehungsG. der freien Erbleihen usw. (Gierkes Untersuchungen 35) 106.

In nomine sanctę et individuę Trinitatis et unicę Deitatis Rothbertus Trevericę sedis archiepiscopus. Si petitionibus fidelium nostrorum libenter assensum prebuerimus, id procul dubio ad statum et continuam episcopii nostri soliditatem credimus profuturum. Omnium igitur sanctę Dei ecclesię nostrorumque fidelium, tam presentium quam et futurorum, comperiat notitia, quod Sigibodo, venerabilis eiusdem ecclesię signifer, una cum clero et populo nostram pontificalem deprecatus est benivolentiam, ut cuidam villico eiusdem ecclesię, vocabulo Uuydoni, cum suis paribus aliquid iuris nostri rerum in proprium largiremur. Cuius petitioni voluntarie faventes, dedimus prefato Uuydoni cum suis sodalibus in pago Mosolensi, in comitatu Bedensi[2]), in marca et villa, que vocatur Villere, situm super fluvium Lysure et in locis hiis nominibus nuncupatis: Campella, Lannoga, Ualleit, Juruolrin, legali traditione per manus advocati nostri Uodilberti de adiacentiis sedis nostrę Altreie terram indominicatam ad vineas plantandas. Postquam autem constructę erunt, antedictus Uuydo cum suis sodalibus nobis et successoribus nostris omni anno ad festivitatem sancti Martini[3]) ex eisdem vineis quatuor situlas vini persolvent: sub ea nimirum ratione, ut ab hac die ipsi et posteri suorum more hereditario habeant potestatem deinceps tenendi, donandi, commutandi, vendendi et quicquid voluerint faciendi. Si quis vero, quod minime credo, contra hanc traditionem venire conatus fuerit et eam infringere temptaverit, primitus iram Dei omnipotentis incurrat et quod repetit evendicare non valeat, sed presens donatio firma et stabilis absque ulla repetitione persistat cum stipulatione subnixa[4]). Signum domni Rothberti archiepiscopi, qui hanc cartam facere iussit atque firmavit. Actum Treveris in Dei nomine publice in domo sancti Petri, 2. calendas Martii, anno incarnationis dominicę 952., anno vero gloriosi regis Ottonis 18. super regnum quondam Lotharii, indictione 10. Aderoldus cancellarius iussu domni Rothberti archiepiscopi scripsit et subscripsit.

---

1) *Wallhausen.* — 2) *im Bietgau.* — 3) *November 11.* — 4) *vgl. Nr. 5 am Ende.*

72 (77). *Schenkung an ein Kloster unter Vorbehalt der Nutzniessung für die Ehefrau des Schenkers gegen Zins; Entziehung bei Ausbleiben des Zinses. Salmannen. Levare cartam. Salisches Recht.* 957.

Histoire de Metz par des religieux bénédictins, preuves I 70; auch bei Thévenin 193 Nr. 132. Vgl. Thévenin a. O. 194[1]; Zeumer in ZRG. 17, 113; Brunner RG. I² 389; Schröder RG.⁵ 291 f., 751.

Quantum humanus intellectus valet mente sagaci excogitare, oportet, ut unusquisque pro salute animae suae sollicite evigilet, quatinus districtus iudex neminem reperiat imparatum, dum venerit, et ne inveniat quod dampnet, sed potius quod coronet; hoc est, ut unusquisque, dum in propriae libertatis subsistit iure, de caducis et transitoriis in aeterna tabernacula vitam sibi querat mercari perpetuam et retributionem sibi faciat apud[1]) Deum, ut inter iustorum consortium desiderabilem obtineat locum. Hoc etenim ego Raginbaldus, filius Ragimbaldi et Heriburgis, mente revolvens saepe, et quoniam, sicut scriptum est, res ecclesiae vota sunt fidelium, patrimonia pauperum et precia peccatorum, cogitavi, ut aliquid de rebus a parentibus supradictis michi concessis ob remedium animarum suarum, et ut ipse veniam de peccatis meis adipisci queam, ac ut in die districti examinis securius adsistens illam desiderabilem Domini vocem audire valeam: 'Venite, benedicti patris mei, percipite regnum', ad partem sanctae Gorziensis congregationis darem, quod et feci. Tradidi namque per manus fidelium meorum lege Salica viventium, Vuinemanni videlicet et Vuachini atque Girivilfi, praedium meum in pago et comitatu Salnensi situm, Vitreneicurtim dictum, cum omnibus suis edificiis et appendiciis, tam in domibus quam in mansis, ecclesiis, campis, pratis, vineis, silvis, pomariis, villis, villulis, mancipiis utriusque generis, pascuis, piscatoriis, aquis aquarumve decursibus, pontibus, ingressibus et regressibus, mobilibus et immobilibus, et in cunctis, quae dici vel nominari possunt, ad ipsam curtim pertinentibus, tam de concessis a parentibus quam a me adquisitis, ut, quemadmodum ego illis dictum tradidi alodium, ita ipsi parti altaris sancti Petri, quod est in prefato Gorziensi monasterio, ubi etiam venerabile pignus, corpus scilicet sancti Gorgonii, habetur, unde quoque sanctitatis memoriae Agenoldus esse dinoscitur abbas, traderent et vestirent: ea scilicet ratione ut, quamdiu Fredelindis, coniunx mea, vixerit, usu possideat fructuario, nullum ex eis habens pontificium[2]) minuendi, quin potius augendi, emeliorandi, restituendi, ac proinde annis singulis in festivitate sancti Gorgonii, quae est 5. idus Septembris, pro vestitura argenti libram persolvat. Post eius quoque discessum, quandoquidem Deus voluerit, statim et absque alicuius contradictione hae res cum suis omnibus ad ius et ditionem abbatis dictae congregationis et ad prebendam monachorum inibi Deo degentium remittantur, habeantque talem ex eis potestatem, qualem de reliquis ad eorum prebendam pertinentibus. Si autem ex ipso censu negligens aut tarda

---

1) *fehlt in der Vorlage.* — 2) *vgl. S. 5*³.

extiterit legemque facere distulerit, similiter faciant. Deprecatus sum insuper, ut huius facti scriptum in pleno mallo levaretur [1]) et a comite, scabinis aliisque Deum timentibus firmaretur. Si autem aliquis heredum meorum adversus hanc donationem a me factam insurgere voluerit eamque infringere temptaverit, prius iram Dei incurrat ac sanctae Dei ecclesiae, cui vim intulerit, libras auri 100, argenti 1000 persolvat et quod repetit evindicare non valeat. Actum in villa Dexteriaca in pleno mallo, anno ab incarnatione Domini 957., indictione 15., epacta 17., concurrente 3., anno 21. regni Ottonis imperatoris. S. Teutberti comitis. Isti sunt scabinii: . . . [2]). S. Ego Adelardus, presbiter indignus, ad vicem Nortmanni cancellarii scripsi.

73 (78). *Verlobung mit Wette. Symbolische Trauung mit Rückgabe. Bürgschaft. Vertragsstrafe. Mahlschatz (arrha). Stab als Trauungssymbol.* 966.

Cod. dipl. Cavensis II 31 Nr. 236; auch bei Thévenin 198 Nr. 135. Vgl. Nr. 90; Thévenin in Nouvelle revue hist. de droit français et étranger 1880, 459 f.; Schröder RG.⁵ 311¹³⁹, 312; Fockema Andreae Burgerlijk recht II 133 f.; Gierke Schuld und Haftung 277, 364¹¹²; Schupfer Diritto privato I 266 f., 269; Peterka Das offene zum Scheine Handeln im deutschen Rechte des MA. (Deutschrechtl. Beiträge hersg. v. Beyerle 7, 1) 9.

† In nomine Domini. Tricesimo tertio anno principatus Domni nostri Gisolfi, glorioso princeps, mense Februarius, nona indictione. Memoratorium factu a me Maghenolfus, filius quondam Madi, eo quod in Nuceria ante subscribtorum testium per vona combenientia et vona sua bolumtate [3]) guadia [4]) mihi dedit Petrus, filius Bisantii de locum Sarnu, et mediatorem [5]) mihi posuit Petrus, filius [6]) quondam Sadelperti de ex eodem locum Nucera, et Adelghisi diaconus, filius [7]) Sarni presbiteri de ex eodem locum Sarnu, tali ordine, ut isto mense Februario stante diem una daret mihi at legitimam uxorem habendum Monda, filia sua [8]). Et si ipsa eadem filia sua mihi legitimam uxorem in dictum constitutum mihi non dederit, obligavit se per ipsa eadem guadia at componendum nobis quinquaginta auri solidos Constantinos, et per imvitis [9]) ipsa filia sua mihi [10]) legitimam uxorem daret. Unde ividem presens per baculum ipse Petrus ipsa filia sua mihi legitimam uxorem tradidit et arre a me recepi[t] pro ipsa filia sua solidum aureum Constantinum unum, et per ipsum eadem baculum ipsius Petri recommandavi ipsa filia sua usque in dictum constitutum, ut illam aput me legitimam uxorem remidteret ipsa guadia, sicut illam mihi guadia habui. Et hunc brebem scribsi ego

---

1) *in einer Urkunde desselben Ragimbald vom Jahre 958 (a. O. 73) heisst es:* Deprecor etiam, ut huius facti scriptum in pleno mallo legatur et a comite, scabiniis aliisque Deum timentibus firmetur. *Statt* legatur *ist wohl auch hier* levetur *zu lesen.* — 2) *es folgen 14 Namen.* — 3) *statt* bona convenientia et bona sua voluntate. — 4) = vadia, *Wette.* — 5) *statt* fideiussorem. — 6) *statt* Petrum, filium. — 7) *statt* Adelghisum diaconum, filium. — 8) *statt* Mondam, filiam suam. — 9) *statt* perinvitus? *vgl. Thévenin 198*². — 10) *hier und im folgenden statt* ipsam filiam.

Ildericus subdiaconus et notarius qui interfui. † Ego Petrus diaconus. † Ego Romoaldo.

74 (79). *Schenkung eines durch Rodung und Grenzbegehung in der gemeinen Mark erworbenen Grundstückes (Bifang).* (975-1001.)

Pez Thesaurus anecdotorum novissimus I 3 Sp. 103 Kap. 42; auch bei Thévenin 203 Nr. 139. Vgl. Beseler Neubruch (Zitat zu Nr. 31) und den Bericht in Monum. Germ. hist., Scriptores 17, 616.

Papo etenim, urbis praefectus, offerens Liutolfum filium suum in coenobium sancti Emmerammi et fraternam salariam [1]) in praesentia abbatis Ramuoldi [2]) et fratrum seu etiam testium, ut semper sub regula sancti Benedicti, Deo donante, stabilis permaneret. Et non post longum tempus iterum idem Papo comes, iam paratus Romam tendere, convocatis tam abbate quam et caeteris fratribus, tradidit super altare praefati sancti Emmerammi in silva communi Nordwald nuncupata tale praedium silvaticum, quale ipse cum suis sequacibus contra suam proprietatem Stevininga prospiciens circumeundo sibi in proprium ad eundem locum Stevininga captivaverat, cum uno tantummodo Wandalico colono institutum, quod etiam situm est inter rivum Franchinpah et montem vulgari vocabulo Vigo nominatum. Hanc quoque traditionem accepit praenotatus abbas Ramuoldus et advocatus Maganus, et isti sunt testes: Rudpreht comes, Richpolt, Erchanpreht, Engilmar, Rudpreht, Arripo, Lantpero, Adalo et ceteri.

75 (80). *Freilassung vor dem Könige 'per excussionem denarii'.* 977, April 6.

Monum. Germ. hist., Diplomata II 169 Nr. 151. Vgl. Nr. 50; H. Schulze in ZRG. 7, 403; Sohm in ZRG. 14, 35.

In nomine sanctae et individuę Trinitatis. Otto divina favente clementia imperator augustus. Noverint omnes fideles nostri, presentes ac futuri, qualiter nobilis quidam Heinricus Karentanorum dux quendam sue proprietatis clericum, nomine Reginbato, nostrę adducens presentię, ut eum liberum dimitteremus, imploravit. Quem ergo nos accipientes ac sub quorundam conspectu fidelium nostrorum denarium de manu eius manu nostra excutientes, ab omni eum debitę servitutis iugo absolvimus. Unde regia atque imperiali iubemus potentia, ut idem iam dictus tali lege ac libertate deinceps perfruatur, qualem ceteri manumissi, eodem modo a regibus vel imperatoribus libertatem accipientes, huc usque tenuerunt. Et ut hęc nostrę concessionis ingenuitas firma stabilisque permaneat, hanc cartam scribi et sigillari precipimus. Egbertus cancellarius advicem Willigisi archicappellani notavi. Data 8. idus Aprilis, anno dominicę incarnationis 976., indictione 4., anno vero regni domini Ottonis 16., imperii 10.; actum Magontia.

---

[1]) *der Unterhalt eines Bruders.* — [2]) *Abt von Sanct Emmeram zu Regensburg von 975 bis 1001.*

76 (81). *Freiwillige Ergebung in die Hörigkeit.* 993, Oktober 19.

Warnkönig Flandrische Staats- und RG. III, UB. 11 Nr. 8; auch bei Thévenin 210 Nr. 144.

In nomine sanctae et individuae Trinitatis. Omnibus non habetur incognitum, sed pluribus constat manifestum, qualiter quaedam foemina nomine Folcrada, libera cum esset, tributariam se esse constituit cum omni posteritate ex se processura: in eo quidem rationis tenore, ut esset de familia beati Petri apostolorum principis, atque ad venerabilem nominis eius basilicam in loco Blandinio [1]) constructam annis singulis in festivitate sancti Martini pro censu duos denarios solveret, in matrimonio vero vel copulatione pro vadimonio solveret denarios sex; nihilominus, cum vitae praesentis imminere sibi terminum conspiceret, de collaboratu et facultate propria denarios duodecim destinaret praenominato caenobio persolvendos; mundeburdem vero vel defensionem alibi non quaereret, nisi a rectore vel advocato ipsius monasterii. Insuper addidit confirmans traditionem hanc et dicens: si quis cuiusque personae huic traditioni contraire voluerit, nisi digne poenituerit reatui, offensae beati Petri apostoli se subiacere cognoscat, nec ullatenus praesens testamentum violationis damnum patiatur, immo fine tenus stabile maneat et inconvulsum cum stipulatione subnixa [2]). Actum publice in Blandinio monasterio, 14. kalendas Novembris, anno 7. regis Hugonis [3]) et 7. domini abbatis Adalwini. Signum Balduini marchisi, S. Walberti advocati, S. Hunradi, S. Walberti, S. Lobbin, S. Arnulfi, S. Radfridi, S. Gerberti, S. Stemari, S. Frorici, S. Everardi, S. Alfrici, S. Eilbrandi, S. Engevaldi. Ego Lanterus cancellarius, cantor quoque Blandiniensis coenobii, monachus indignus, interfui et annotavi. †

77 (82). *Schenkung von Grundbesitz an ein Kloster. Levare cartam in Burgund.* 1025.

Bernard Cartulaire de l'abbaye de Savigny (Collection de documents inédits sur l'histoire de France, 1e série, histoire politique) I 320 Nr. 641; auch bei Thévenin 215 Nr. 147. Vgl. Zeumer in ZRG. 17, 113; Brunner RG. I^2 570 f.; Schröder $RG.^5$ 291 f.

Dum huius mundi finem simulque terminum nostrum advenire non dubitamus, necesse est unicuique mortalium, ut de terrenis ac transitoriis acquirere satagat, quatenus Deo in aeternum placere possit. Quapropter ego Anselmus, cogitans animae meae remedium parentumque meorum viventium ac mortuorum, saeculum relinquens et Deo servire cupiens, laudante et consentiente matre mea Adalasia et fratre meo Gunfredo, per manum cuiusdam Anselmi, cognati mei atque advocati, tale alodium, quale visus sum habere et possidere, et quod mihi provenire debet, cum servis et ancillis, in comitatu Vualdense et in comitatu Augustudunense et in comitatu Valense et

[1]) *das Kloster Blandinium bei Gent.* — [2]) *vgl. Nr. 5 am Ende.* — [3]) *Hugo Capet.*

in comitatu Vuarasco, sancto Martino ad monasterium, quod est in loco Saviniensi constructum, dono, lego atque transfundo, ut abbas illius loci cum fratribus die noctuque Deo servientibus habeat, teneat atque possideat suisque posteris ad possidendum relinquat, sine ullo contradicente. Si quis autem haeredum aut prohaeredum meorum est qui hanc donationem infringere voluerit, non valeat evindicare quod cupit, sed insuper sit culpabilis et impleturus camerae regis auri purissimi uncias triginta. Per iussum autem regis Rodulfi et praesente regina Ermengarde loco advocati accepit hoc alodium ad partes sancti Martini quidam liber miles eorum, nomine Vuilhelmus. S. Anselmi advocati, qui hanc cartam de terra levavit et scribi et firmari rogavit . . . . .[1]). Actum Lauzonnae[2]), anno ab incarnatione Domini 1025., regnante domno rege Rodulfo anno 33. Ego Fochardus subdiaconus in vice Pandulfi cancellarii scripsi. Data in die Iovis.

78 (83). *Auflassung verkaufter Grundstücke nach sächsischem und sodann nach fränkischem Recht. Persönliches und Landesrecht.* (1027) Oktober 19.

Bresslau Die Urkunden Konrads II. (Monum. Germ. hist., Diplomata IV) 154 Nr. 111; vordem u. a. auch bei Thévenin 216 Nr. 148. Vgl. Tagg in Ztschr. der Gesellschaft f. Schleswig-Holstein-Lauenburgische Geschichte 12, 191 f.; Gierke PrivR. II 270; derselbe Schuld und Haftung 153 f.; Schröder RG.[5] 664 f., 737 und in ZRG. 43, 448; Redlich Privaturkunden 70.

14. kalendas Novembris fecit abnegationem comes Didericus et filius eius Gisilbertus praedii nomine Budenesheim[3]), quod est situm in Wedereiba, pro 50 talentis, quae dederat Heinricus Babenbergensis abbas, in praesentia Ebirhardi, primi istius loci episcopi, et Humfridi, Magideburgensis archiepiscopi, et Hazechonis, Wormaciensis episcopi, in Dribure[4]), iubente et consiliante piissimo imperatore Cuonrado, primo incurvatis digitis secundum morem Saxonicum — isti sunt Saxones, qui hoc viderunt et audierunt: Bernhardus comes, Sigefridus comes, Liudold comes, Widekind comes, Gebehard, Hemezo, Diederich, Engilbraht, Gezo, Ruoderich —, et deinde abnegationem fecit cum manu et festuca more Francorum — isti sunt orientales Franci, qui hoc viderunt et audierunt: Otto comes, Adelbertus comes, Gumbertus comes, Albuvin comes, Ebo comes . . .[5]).

79 (84). *Schenkung von Grundbesitz mit Erbenbewilligung. Sächsische Auflassung. Freiwillige Ergebung des Schenkers in die Hörigkeit. Rückerwerb des Geschenkes zu Benefizium. Rentenlehn. Aufhebung der Schenkung bei Vertragsbruch des Beschenkten.* (1037-1052.)

Philippi Osnabrücker UB. I 120 Nr. 139; vordem u. a. auch bei Thévenin 225 Nr. 159. Vgl. Gierke PrivR. II 270; Schröder RG.[5] 737; Wittich in ZRG. 35, 311.

---

1) *es folgen noch 7 Namen.* — 2) *Lausanne.* — 3) *Büdesheim.* — 4) *Tribur.* — 5) *es folgen noch 20 Namen.*

Noverint omnes Christi fideles, praesentes scilicet et futuri, qualiter quidam libertus, Werinbraht vocatus, cum laude et consensu iusti ac proximi heredis sui Heo[1]) nominati, praedium suum subscriptum cum mancipiis subtus nominatis ad ęcclesiam tradidit Osanbruggensem. Delegavit namque in manum Albrici, eiusdem sedis episcopi, et in manum advocati sui, Wal dicti, praedia ista et mancipia hęc nomina habentia, investituram eiusdem traditionis statim illis cum digito suo[2]), sicut mos est, promittens: ad Buscon 2 mansas, ad Tinon 1 mansam, ad Walishem 1 mansam, ad Hornsetehuson 1 mansam, et hęc mancipia: Gelo, . . .[3]) et alia omnia quę habuit et habiturus erat, quorum nomina nescivit.

Deinceps vero post breve tempus propter amorem ac dilectionem eiusdem episcopi se ipsum cum omni bono suo, quod tunc habuit et post haec adepturus erat, ad eandem tradidit ęcclesiam, et cum sacramento, sicut proprius liddo merito debuit, eidem ęcclesię et episcopo fidelitatem fecit. Econtra vero episcopus in praesentia fidelium suorum clericorum atque laicorum cum manu advocati sui tradidit eidem Werinberhto in beneficium hęc omnia que ipse tradidit, et insuper decimę libras duas et de servicio, quod sibi debetur annuatim in circuitione sua de bonis abbatis Chorbeiensis, farris vel sigalis[4]), hordeae, avenę et bracie[5]) libras duas, necnon per singulos annos vini karradas duas; si autem vinum defuerit, quod sepe contingit, pro vino marchas duas, sive argenti sive farris; et annuatim duas feras idem: cervum 1 et cervam 1 aut ipse capiat aut ad capiendas det cuicunque sibi placeat: eo rationis tenore, ut ipse et uxor sua Hazucha[6]) traditum simul et acceptum usque ad finem vitę illorum absque omni molestia et famulatu possideant et obtineant. Sciant insuper omnes, quia idem Werinbraht hoc specialiter habet pactum, quod nullus episcopus neque aliqua alia persona eum cogat ire in expeditionem aut ad curtem regalem. Si aliquis episcopus vel advocatus, quod absit, hanc illorum pactionem infringerit sive destruerit, cognoscant omnes Dei cultores, quoniam hoc firmiter pepigerunt, ut libertatem et praedium et mancipia cum cęteris cunctis bonis suis, sicut antea possederant, ita absque omnium contradictione libere atque potestative possideant et retineant. Et ut hoc verius credatur, hanc paginam ad memoriam et agnitionem illius rei scriptam episcopus idem sigilli sui impressione insigniri fecit. Huius rei testes: Wal advocatus, Heinric, Gisilbraht, Abbo, Abbiko, Athalbraht, Athalword, Hildilech, Ezo, Godefrith; de familia: Regil, Hedo, Eilhard, Eizo, Sicco, Fraric, Liudbraht, Gerhard.

---

[1]) *Koseform für* Herigis. — [2]) *vgl. Grimm Rechtsalterthümer 140 ff. und Nr. 78.* — [3]) *es folgen noch 50 bis 60 Namen.* — [4]) *die Lesung ist unsicher*; sigalis, *bei Plinius* secale, = *Roggen; vgl. Du Cange VII 471; Körting Lateinisch-romanisches WB.*[3] *872.* — [5]) *Lesart zweifelhaft;* brace, brasia, brasium *u. dgl.* = grani species, ex quo cerevisia conficitur, *Du Cange I 727; vgl. Körting a. O. 182 Nr. 1532, ferner unten Urkunde Nr. 238.* — [6]) *Koseform für* Hadawih.

80 (85). *Fideikommiss. Schenkung an die Ehefrau. Standesgemässe Ehe.* (um 1072.)

Bitterauf Die Traditionen des Hochstifts Freising II (Qu. u. Erörterungen z. bayer. u. deutschen Gesch., neue Folge Bd. 5) 319 Nr. 1469. Vgl. Brunner in von Holtzendorffs Rechtslexikon[3] I 792.

Pateat et notum sit omnibus Christi fidelibus, qualiter Adalpertus Frisingensis vicedomnus predium, quodcunque in milicia Baioarica et in regno regis Heinrici quarti habuit, totum et inquesitum et inquirendum sine omni contradictione Berthe, dilectę coniugi suę, in proprium tradidit ac delegavit. Ipse etiam eiusdem traditionis et delegationis vestituram eadem hora sibi dedit et presentavit. Quas utrasque traditiones testibus infra et retro notatis confirmavit. Deinde mox prenominata Perhta, mariti sui Adalberti prece devicta, predia et mancipia, quecunque de parte mariti vel de paterna possedit hereditate, exceptis istis 4: Uncinchovin, Huli, Pheterach, Hatperch, et exceptis mancipiis 20 utriusque sexus, quecumque ad libitum suum exciperet et deputaret, cetera inquam omnia, filiis et filiabus ex illo generatis ac generandis post suam suique mariti vitam Adalperti pepigit et delegavit. Hoc autem pactum inter filios filiasque sui hac ratione et lege discrevit, videlicet quod filias vel ad monasteria vel ad conubia deputatas porcio hereditatis nulla, nisi iuxta communium amicorum placitum et statutum, contingeret, reliqua vero omnia filii inter se concorditer equabili divisione partirentur, sic tamen, ut, si quis ex illis clericus fieret aut forte matrimonium inferius conditione sua incideret, porcio hereditatis ipsius post vitam suam ceteris fratribus equanimiter distribuenda cederet.

Istius vero traditionis idem, qui et superioris pacti, sunt testes nobiles et ignobiles [1]). Nobiles enim isti sunt: Heinrich, filius Marchwardi Carinthiensis comitis, et milites eius Odalscalch, Anno, Erchanger; Arnolt comes de Diezan et miles eius Wolftrigil; Meginhart comes de Giltichingen et miles eius Magnus; Otto comes de Daningan et miles eius Reginpreht; Otto comes de Skyrun et miles eius Reginpreht; Adalhôch de Umbalesdorf et miles eius Rôtpreht; Adalpreht de Heriboldesveldun et miles eius Arnolt; Ernust comes et vassallus suus Isingrim; Gêr comes et miles eius Reginhart; Werinheri comes et vassallus suus Ozi; Lantfrit comes; Adalram miles Pataviensis episcopi et miles eius Râtpoto; . . . [2]), qui sunt simul 58. De familia autem: Heimo, Penno et filius eius Sigihart, . . . [2]), qui pariter sunt 27. Summa ex nobilitate familiaque collecta 85 invenitur.

81 (86). *Eintauschung der Freiheit. Hörigkeit. Auftrag von Grundstücken zu Erbzinsrecht. Freilassung von Gotteshausleuten nur gegen Ersatz.* (1081-1105).

Lacomblet UB. für die Gesch. des Niederrheins I 172 Nr. 266; auch bei Thévenin 235 Nr. 169. Vgl. Lex Ribuaria tit. 58.

In nomine patris et filii et spiritus sancti. Notum sit omnibus Christi fidelibus, qualiter quidam liberę conditionis vir, nomine Azze-

[1]) *vgl. S. 28*[3]. — [2]) *die folgenden Namen sind weggelassen.*

linus, mulierem quandam ad familiam preposituręin Fiuhuson pertinentem sibi cupiens in coniugium sociare cum suis Gere prepositum familiaribus adiit et, ut ipsam mulierem, facta permutatione, de servili conditione ereptam ad altare sancti Liudgeri contraderet, fideli supplicatione promeruit. Pro cuius beneficii concessione quendam sugę proprietatis mansum in Berghuson, 8 modios siliginis cum totidem modiis hordei et unum mercatorium[1]) leguminis annuatim persolventem, ad supradictum delegavit altare. Prepositus vero hanc eius bonam voluntatem hac remuneravit mercede, ut, mox altera sui iuris ancilla, Evekin nomine, pro eadem Imiza reddita, tam ipsi quam uxori eius sive filiis eorum ipsum predium pro 2 per singulos annos denariis ad idem altare sancti Liudgeri persolvendis quasi hereditario iure concederet possidendum. Facta est autem hęc conventio venerandi abbatis temporibus Oddonis, Gere preposituram simul et altaris custodiam tenente, villico eius Ebbe hoc concambium perficiente, coram utriusque sexus personarum testibus, quorum nomina inferius ex parte conscripsimus: Liudolfus, Bertoldus, Heleith, Uuamboldus, Thiedricus, Gisekin, Ebbe, Benzo, Godefridus, Benno et alii perplures.

82 (87). *Übergabe der Ehefrau und der Kinder in Hörigkeit. Ebenbürtigkeit als Voraussetzung des Erbfolgerechtes. Verleihung eines Meieramtes und eines Zinses zu Erbzinsrecht. Anerkennungszins.* (1082-1121.)

Lacomblet UB. für die Gesch. des Niederrheins I 192 Nr. 293. Vgl. Göhrum Ebenbürtigkeit I 147 f., 346 ff.; Glasson Histoire III 54.

Notum sit omnibus tam presentibus quam futuris, quod ego Obertus uxorem meam, nomine Mazecham, et duos filios meos, Wichmannum et Obertum, mancipiaque tria et quicquid prediorum habui sancto Pantaleoni[2]) tradidi. Solus spe hereditatis propinquorum in libertate mansi, quousque abbas domnus Herimannus, quo agente hęc facta sunt, vel quicumque sibi suo succedet in honore, assensum dederit. Huius rei gratia villicationem curtis, quę dicitur Helebeche, accepimus ad eundem censum solvendum, qui hactenus inde solvebatur, 4 scilicet libras et dimidiam, 4 modios caseorum et quatuor verveces. Hoc ex censu 5 solidos in beneficium accepimus[3]) et de prediis nostris ad indicium traditionis 4 nummos annis singulis resolvemus, ego scilicet Obertus, uxor mea Mazecha et duo filii mei Wichmannus et Obertus, quousque vixerimus; postea quomodo disponitur, in abbatis erit potestate. Quod ut apud posteros inmutabile permaneat, scripto et sigillo ipsius abbatis domni Herimanni confirmatum est. Huius rei testes sunt: Sigefridus comes, Megenboldus, Fridericus, Wennecho, We . . ., Adelbertus; ex servientibus domni abbatis: Cuono, Liutfridus, Sigebertus, Herimannus, Wolbero et Heri-

[1]) *fehlt bei Du Cange, ein Mass.* — [2]) *Benediktinerabtei zu Köln.* — [3]) *doch wohl einmaliges Geschenk.*

mannus; ex familia curtis ipsius: Hezelo, Geroldus, Liudolfus, Wizzo, fratres quoque mei et ipsi liberi. Curtis huius advocatus et rei huius testis est Adelbertus comes.

83*. *Precaria. Anzahlung. Ungültige Grundstücksübertragung. Erbenlaub. Ausschluss der Stellvertretung.* (1088-1093.)

Philippi Osnabrücker UB. I 175 Nr. 203.

In nomine sancte et individue Trinitatis. Notum sit omnibus Christi fidelibus tam presentibus quam futuris, quod dominus Everhardus nobilis homo curtem, quam in Beverne habuit, domino Bennoni Osnaburgensi episcopo ad ecclesiam sancti Clementis in Yburg in precariam tradere constituerat, et datis eidem Everhardo quasi pro arrabone ab episcopo 3 libros et die constituta, qua id fieret et firmaretur, episcopus morte preventus condictum hoc terminare non potuit. Cumque eadem res successori eius domino Marcwardo innotuisset, acceptis ab abbate eiusdem monasterii 10 marcis, ut ita stabiliret, ut predecessor eius inceperat, et constituta die in loco Vockestorp et equata precaria cum curte et aliis quibusdam prediis, que tamen sibi episcopus retinuit, idem Everhardus supradictam curtem presente et iubente domino Marcwardo episcopo et recipiente ad ecclesiam sancti Clementis in Yburg perpetualiter tradidit et confirmavit. Sed cum hec res minus firmitatis habere videretur, eo quod iustus heres, frater videlicet eius Temo, utpote vulnerum infirmitate detentus, presens non esset, sed nuntius eius, iterum constituta die in loco Remesethe [1]) in comitatu Adalgeri, idem Everhardus presente et consentiente et collaudante fratre eius Temone iusto herede supradictam curtem ad ecclesiam sancti Clementis in Yburg domino Marcwardo episcopo et eius advocato Everhardo cum omnibus pertinentiis eius, edificiis, mancipiis, nemoribus, pratis, pascuis, aqueductibus, piscationibus, castoribus, leporibus, denique omni utilitate collecta perpetuo iure tradidit et in eternum confirmavit. Testes etc.

84 (88). *Schenkung. Investitur mit Symbol. Befestigung desselben an der Urkunde.* 1090.

Marchegay in Bibliothèque de l'École des chartes 36, 412 Nr. 18; auch bei Thévenin 236 Nr. 170. Vgl. Redlich Privaturkunden 54.

Notum sit successoribus nostris, quod Hubertus de Campania perdonavit sancto Florentio et eius monachis omnem vicariam terrae eorum circa Salmurum [2]). Et in testimonium perdonationis huius amputavit summitatem ligaminis serici, quo pelles suae a pectore

[1]) *Remsede südöstlich von Iburg.* — [2]) *Saumur an der Loire (Anjou).*

nectebantur, et cum illo secmento revestivit inde monachos, id est Isembardum patruum suum, Iterium, Goslenum; et Isembardum iuvenem, consobrinum suum, dedit eis fideiussorem et defensorem predictae perdonationis. Fecit autem hoc eo tenore, ut monachi faciant de eo, cum obierit, sicut de monacho suo. Particula vero illa ligaminis huic scedulae insuta est. Actum Toarciaci [1]), anno ab incarnatione 1090.

85 (89). *Die Standesgenossenschaft der Ehegatten auf die Dauer der Ehe beschränkt. Freiwillige Ergebung in die Ministerialität.* 1095.

Beyer UB. der mittelrheinischen Territorien I 446 Nr. 389. Vgl. von Fürth Die Ministerialen 296 ff., 139 ff.; Heusler Institutionen I 187; Schröder RG.[5] 472 f.

Egilbertus, sanctae et individue Trinitatis gratia favente Treverorum archiepiscopus. Omnibus fidelibus Deum timentibus et iniustitiam benigno ac simplici corde animadvertentibus, tam presentibus quam futuris, notum esse volumus et digne considerare et observare postulamus conpendiosa quidem brevitate tractatum, sed tamen ad multorum presentium et futurorum cognitionem non incongrue deputatum. Matrona nobilis, Rycardis nomine, de Hunrin cuidam egregio viro iuncta matrimonio, qui ministerialis fuit ecclesie sancte Dei genitricis Marie in Treveri, que Horreum dicitur Dagoberti regis [2]), et in villa Uuillare dicta ad eandem ecclesiam pertinente morabatur. Quo sine liberis mortuo et infra ambitum eiusdem loci honorifice sepulto, predicta matrona ob honorem regine celi et propter amorem mariti sui, cum ingenua esset et liberis orta natalibus, semet sponte eidem ecclesie in ancillam mancipavit. Post non multum vero temporis, consilio amicorum suorum alteri libero iuncta viro, filios et filias genuit, qui velut non coacti aut aliqua necessitate convicti, sed spontanea voluntate matris in ministerium sancte Dei genitricis adducti, inter optimos ecclesie ministeriales computati sunt. Hiis ergo cum omni concessione sua pacem firmam statuimus, ne alicuius violentia aut iniqua exactione ad alia cogantur vel in aliud ius transferantur. Ut hec rata et inconvulsa permaneant, auctoritate beati Petri apostoli eiusque successorum et sigilli nostri impressione necnon et banni nostri comminatione confirmamus, ut nulli mortalium liceat hec infringere vel imminuere nisi anathemate feriatur et in futuro a regno Dei alienetur. Signum Brunonis corepiscopi, item Brunonis corepiscopi, S. Godefridi corepiscopi, S. Gerberni presbiteri, S. Theodori ducis, S. Bertolfi comitis, S. Ludouuici comitis, S. Gerlaci, S. Engelbaldi, S. Azelini, S. Annechonis, S. Adelberti. Data Treveris anno dominice incarnationis 1095., domni autem Egilberti Trevirorum archiepiscopi 17., apud Romam Heinrico IIII. feliciter imperante.

---

[1]) *Thouarce, südl. von Angers.* — [2]) *das Kloster Oeren oder Horreum.*

86 (90). *Veräusserung von Grundstücken. Traditio cartae. Investitur- und Auflassungs-Sollemnitäten nach den verschiedenen Stammesrechten.* 11. Jahrhundert.

Cartularium Langobardicum Nr. 2, hersg. von Boretius in Monum. Germ., Leges IV 595 Sp. 1; auch bei Thévenin 60 Nr. 52. Vgl. Grimm Rechtsaltertümer 110-133, 152-155, 170 f., 196 ff.; Brunner RG. der Urkunde 93 ff., 104 ff., 130 ff., 263 f.; derselbe RG. I^2 497; Schröder RG.^{5} 291 f.; Rabel Die Haftung des Verkäufers I 42 ff., 294; Neumeyer Die gemeinrechtliche Entw. des internat. Privat- u. Strafrechts I 97 ff.; Brandileone La 'stipulatio' nelle carte italiane del medio evo, in Mélanges Fitting I (1907) 101-111; Schupfer Diritto privato II 129 f., III 116 f., 119, 127, 128, 131, 206, 208, 326, IV 215; Rauch Gewährschaftsverhältnis und Erbgang (in Historische Aufsätze, Karl Zeumer ... dargebracht, 1910) 552 f.; Gierke Schuld und Haftung 86^{22}, 87^{25}, 153 f.; Freundt Wertpapiere I 201 ff.; Redlich Privaturkunden 52.

Traditio venditionis cum defensione. Martine, trade per hanc pergamenam cartam venditionis sub dupla defensione de petia una de terra quae est tui iuris, que est in tali loco, que est per mensuram tantum et habet coherentias tales, ad Iohannem, quod dehinc inantea a presenti die proprietario nomine faciat ipse et sui heredes aut cui ipsi dederint quicquid voluerint sine omni contradictione tua et tuorum heredum. Et insuper esponde te, vos ab omni homine defensare; quodsi defendere non potueritis, aut si vos aliquid per quodvis ingenium subtrahere quaesieritis, tunc in duplum illis eandem venditionem restituatis, sicut pro tempore fuerit meliorata aut valuerit sub aestimatione in consimili loco. — Dicis ita? — Dico. — Sic trade ei [1]) ad proprium et huic notario ad scribendum. — Habes precium iusta cartam? — Habeo. — Dic: 'totos vos rogo tangere' [2]). Si est Romanus, similiter dic; sed si est Salichus, si est Roboarius, si est Francus, si est Gothus vel Alamannus venditor: 'pone cartulam in terram, et super cartam mitte cultellum, festucam notatam, wantonem et wasonem terrae et ramum arboris et atramentarium' et in Alamanna wandilanc [3]), et levet de terra; et eo cartam tenente dic traditionem ut supra diximus. Et adde in istorum cartulis et Baioariorum et Gundebadorum — nam in Baioaria et Gundebada non ponitur insuper cultellum —: 'proheredes' et 'repetitione', et tolle: 'esponde te', et mitte: 'obliga te'. Et in omnium fine traditionis adde et insuper mitte poenam stipulacionis nomine, que est multa auri optimi uncias quattuor, argenti pondera octo, quam inferatis ad illam partem contra quam exinde litem intulleritis, et quod repetieritis vendicare non valeatis; et adde: 'warpi te' [4]), caetera sunt similia. Si vero fit per missum, dic tantum in fine: 'et ita trade ei per hunc missum et huic notario ad scribendum'.

---

1) cartam *zu ergänzen.* — 2) rogatio testium; *vgl.* Brunner *RG. der Urk. 38 f.* — 3) *vgl.* Schröder *RG.*^{5} *63*^{14}. — 4) werpitio, exfestucatio.

87 (91). *Freilassung durch 'traditio cartae' unter Überweisung des Pekuliums, nach den verschiedenen Stammesrechten.* 11. Jahrhundert.

Cartularium Langobardicum Nr. 8, hersg. v. Boretius, Monum. Germ., Leges IV 596 Sp. 2; auch bei Thévenin 58 Nr. 50. Vgl. Brunner Carta (Zitat zu Nr. 36) 8 ff.; derselbe in ZHR. 22, 549 ff.; Winogradoff in Forschungen zur deutschen Gesch. 16, 599 ff.; Neumeyer (Zitat zur vorigen Nr.); Schupfer Diritto privato III 119, 128, 131, IV 215; Freundt Wertpapiere I 201 ff.

Traditio cartulae libertatis. Martine, trade per hanc pergamenam cartam libertatis et absolutionis ad Marcoardum qui est servus tui iuris, ut amodo a presenti die sit liber et absolutus ab omni vinculo servitutis iuxta legem pro animae tuae mercede, et habeat licentiam et potestatem de quattuor viis ambulare aut cohabitare ubi voluerit, et neque a te neque a tuis heredibus ullam habeat repetitionem nec conditionem servitutis sed in perpetuum permaneat in sua potestate et congrua libertate, et sicut illi qui in quadruvio in quarta manu traditi sunt et amont facti sunt[1]) vel sicut illi qui per manus sacerdotis circa sacrum altare ad liberos dimittendos deducti sunt[2]) pro animae tuae mercede; et insuper concede sibi ad gratiam suae libertatis omne suum conquistum, quod nunc habet aut inantea adquirere potuerit, ita ut faciat exinde a presenti die proprietario nomine quicquid voluerit pro animae tuae mercede. — Dicis ita? — Dico. — Ita trade huic cartam libertatis et absolutionis, et huic notario ad scribendum. — Dic: 'omnes vos rogo'[3]). — Si est Salichus et caeteri[4]), elevent atramentarium tantum super pergamenam de terra, si non tribuunt eis terram; si vero tribuunt, tunc elevent cultellum et caetera, exceptis Baioariis et Gundebadis; et adde: 'proheredes', et pone 'peculiare'[5]), et adde: 'insuper mitte poenam stipulationis nomine, quae est mulcta auri optimi uncias quattuor, argenti vero pondera octo, quam inferatis ad illam partem contra quam exinde litem intulleritis, et quod repetieritis vendicare non valeatis, si hanc cartam libertatis pro quolibet ingenio frangere volueritis. Si est Romanus, adde illic ubi dicis 'deducti sunt': 'cives Romani, portas apertas, eat ac pergat et, qua parte voluerit ambulare, discedat'. Similiter in Salicha et in omnibus aliis. Caetera vero sunt similia in omnibus.

88 (92). *Kinder von Aldien verschiedener Herren aus einer rechtmässigen Ehe folgen dem Vater.* 11. Jahrhundert.

Formel zu Liutpr. 125, Boretius Liber Papiensis, Monum. Germ., Leges IV 461 Sp. 1 Z. 45; auch bei Thévenin 59 Nr. 51. Vgl. Bluhme in ZRG. 11, 381 ff.; Schröder GüterR. I 27 ff.

---

[1]) *vgl.* von Schwerin *in Beiträge zum Wörterbuch der deutschen Rechtssprache, Richard Schröder zum 70. Geburtstage gewidmet v. Freunden u. Mitarbeitern (1908) 181 unter* âmund; von Grienberger *in Anzeiger f. indogerman. Sprach- u Altertumskunde (Beiblatt zu den indogerman. Forschungen) Bd. 26 S. 35.* — [2]) *Liutp. 23.* — [3]) *vgl. S. 67*[2]. — [4]) *vgl. Nr. 86.* — [5]) *statt des vorher gebrauchten* conquistum.

Petre, hoc te appellat Martinus, quod tu tenes sibi Marcoardum suum aldium. — Meus proprius est. — Quomodo est tuus proprius? — Unus meus aldius apprehendit Mariam tuam aldiam et fecit mundium de ea, et post ex ea fuit natus ille. — Approbet appellatus sic esse, aut perdat.

89 (93). *Anfangsklage. Gewährleistung des Verkäufers und Begrenzung derselben.* 11. Jahrhundert.

Formel zu Roth. 232, Boretius Liber Papiensis, Monum. Germ., Leg. IV 358 Sp. 2 Z. 4; auch bei Thévenin 57 Nr. 49. Vgl. Schröder RG.[5] 388 f.; Schupfer Diritto privato II 162-171, III 138 ff.; Gierke Schuld und Haftung 88[25]; Alfred Schultze Die Bedeutung des Zuges auf den Gewähren, in Gierke-Festschrift v. 1911, 759 ff.

Petre, te appellat Martinus, quod ipse interciavit tibi unum suum caballum, qui valebat solidos 100. — Interciasti tu michi ipsum caballum, ecce caballus. — Quid tibi pertinet? — Ego comparavi de Dominico de tali loco. — Iuret, quod ad certum warentem eum conducat. — Vendidisti tu michi ipsum caballum? — Non feci. — Vis ei ardire? [1]) — Volo. — Et tu, vis te defendere? — Volo. — Wadiate pugnam. — Si dixerit: vendidi et volo stare in auctoritatem, det vadia, quod stet in auctoritatem; et ipse det vadia de contradictore [2]), et reddat precium et recipiat caballum. — Qui tibi pertinuit iste caballus ad vendendum? — Ego comparavi de Donato. — Da vadia de auctore. — Et tibi, quid pertinet? — Ego comparavi de Paulo. — Non vadat super tercium warentem. Aut iuret secundum usum, quod nec fur sit nec collega furonis, aut emendet sibi nonum.

Petre, te appellat Martinus, quod ipse interciavit tibi unum suum caballum, qui valebat libras 5. — Ego comparavi ipsum caballum de Martino de Roma. — Aut ducat warentem infra tercium comitatum, aut perdat caballum, et faciat supradictum sacramentum.

90 (94). *Verlobung und Trauung einer langobardischen Witwe. Mundschatz und Morgengabe. Launegild.* 11. Jahrhundert.

Expositio zu Roth. 182, Boretius Liber Papiensis, Monum. Germ., Leg. IV 333 Sp. 2 Z. 29; auch bei Thévenin 56 Nr. 48. Vgl. Nr. 73; Schröder GüterR. I 26-53, 84 ff.; derselbe RG.[5] 311[139], 312[144] ff.; Bluhme in ZRG. 11, 375 ff.; Brunner in Jenaer Liter.-Zeitung 1876, 499; derselbe RG. der Urkunde 94 ff.; Val de Lièvre in ZRG. 17, 15 ff.; Schupfer Diritto privato I 264-267, 269, 273 f., 306-308, III 177, 262 f.; Gierke Schuld und Haftung 364 f.

Domne comes, Cristina cum Petro tutore suo dicit, quod pluribus vicibus in conspectu vestro lamentata est de Dominico mundoaldo suo, qui suam denegat voluntatem et eam marito Martino, quem elegit, tradere non vult; unde vos multotiens ex vestri parte nuntios

---

1) *bekämpfen.* — 2) *vgl. die Formel zu Ottonis I. c. 7 (Boretius a. O. 578 Sp. 2 Z. 11):* Tunc warens det ei vadimonia de stando in auctoritate et reddendo pretio; hic vero det ei wadimonium de conducendo interciatorem ad eum ad placitum appellando et reddendam rem.

ac epistolas misistis, ut ad vestrum placitum veniret et eidem Cristine iustitiam faceret, et ad iudicium habere non potuistis. — Dicis ita, Cristina? — Sic dico. — Domne comes, recordamini ita? — Sic recordor. — Et vos iudices? — Sic recordamur. — Quo dicto dicant iudices, interrogante comite, quid inde lex precipiat. Iudices vero hanc legem dicant, que est: 'Si quis filiam suam' usque ad 'Et si talis fuerit', aut sententiam eius dicant. Quo facto interrogetur mulier, utrum mundium suum ad parentes suos transire velit? Que confessa sponsetur: huc ad hoc venit Martinus, quod, si a Deo consensum est, vult sibi sponsare Cristinam, post Albertum relictam, et Andree filiam. — Interrogatur sponsus, an velit, et an sit paratus dare medietatem mete heredibus Alberti, quondam Cristine mariti? — Quo respondente: Albertus quondam ei dedit in meta solidos 40, et ob hoc paratus sum dare medietatem inde, solidos 20, — si heredes Alberti affuerint, debent solidos 20 accipientes eam sponsare; si autem adesse noluerint, ad patrem redeat mundium. — Tunc dicatur sponso: da Andree wadiam, quod tu Cristine filie sue omnium que modo habes aut inantea acquirere poteris, que sunt, portionem quartam facies, et, si te retraxeris, auri libras 100 compones. — Tunc wadia a fideiiussoribus accipiatur. Dehinc patri dicatur: Andrea, per hunc ensem et wantonem istum sponsa Cristinam filiam tuam. — Ipso affirmante, dicatur sponso, ut eam accipiat. — Dehinc dicatur: Andrea, da wadiam Martino, quod filiam tuam ei trades uxorem, et eam sub mundio cum rebus ad eam pertinentibus mittes; et tu, da wadiam, quod tu eam accipies, et, si quis nostrum se subtraxerit, componat pars parti fidem servanti penam auri libras 100. — Antifacti et morgincaph cartule lecte sponse a sponso tradantur. Tunc pater, qui mundoaldus est, per manum dexteram tradet eam marito. — Tunc dicatur: Martinus hunc caballum, solidos 20 valentem, Andree dat pro mundio Cristine uxoris sue et Andree filie; — et pater caballum accipiat. — Et tu, Andrea, pro hoc caballo, 20 solidos valente, Cristinam, filiam tuam, cum rebus omnibus ad eam pertinentibus sub Martini mundio mitte, mundium et caballum sibi ad proprium trade. — Tunc Martinus patri mulieris launechil exsolvat, de quibus omnibus breve fieri rogetur, aut notitiam scribi a comite iubeatur.

91 (95). *Die Ehefrau erwirbt bei rechtsgültig geschlossener Ehe das Stammesrecht des Mannes. Veräusserungen einer Ehefrau nach römischem und langobardischem Recht.* 11. Jahrhundert.

Formel zu Liutpr. 126, Boretius Liber Papiensis, Monum. Germ., Leg. IV 461 Sp. 2 Z. 18; auch bei Thévenin 55 Nr. 47. Vgl. Schröder GüterR. I 21, 27, 132 ff.; derselbe RG.[5] 391; Bluhme in ZRG. 11, 375 ff.; Rosin Die Formvorschriften für die Veräusserungsgeschäfte der Frauen nach langobardischem Recht (Gierkes Untersuchungen 8).

Petre, te appellat Maria cum Dominico suo tutore, quod tu tenes sibi malo ordine terram in tali loco. — Mea propria est per cartulam venditionis, quam tu michi fecisti cum marito tuo, qui est mortuus, et ecce cartula. — Ipsa cartula non michi nocet, quia ego eram Longobarda; non potui facere sine parentibus. — Maritus tuus fuit Romanus et fecit mundium de te. — Aut probet ipse qui habet cartulam, quod maritus fecit mundium, aut fiat vacua.

92 (96). *Angabe der Verwandtschaftsgrade beim Prozess um Erbschaft.* 11. Jahrhundert.

Formel zu Roth. 153, Boretius Liber Papiensis, Monum. Germ., Leg. IV 317 Sp. 2 Z. 24; auch bei Thévenin 55 Nr. 46. Vgl. Bluhme Omnis Parentilla, in Bluhme, Schröder, Loersch Drei Abhandlungen zur Gesch. des deutschen Rechts, Festgruss aus Bonn an C. G. Homeyer; von Amira Erbenfolge und Verwandtschaftsgliederung 20 ff.; Stutz Das Verwandtschaftsbild des Sachsenspiegels (Gierkes Untersuchungen 34) 83, Anhang III; Fliniaux Le système des parentèles 54 ff.; Schupfer Diritto privato IV 100 f.

Petre, te appellat Martinus, quod tu tenes sibi malo ordine terram, quae iacet in loco tali. — Ipsa terra, de qua tu dicis, mea propria est de parte Dominici parentis mei; et tibi, quid pertinet ad requirendum? — De parte ipsius. — Tunc interroga ipsum qui tenet, quomodo fuit suus parens. — Marcoardus proavus suus fuit consobrinus de proavo meo, et fuerunt in tercio gradu; avus meus et avus illius in quarto; pater meus et pater illius in quinto; ego et ille in sexto. — Interroga similiter illum, qui pulsat. — Avus meus et avus suus fuerunt fratres, et fuerunt secundo gradu; pater meus et mater sua in tercio; ego et ille in quarto. Et cum fuerit nominata haec parentela, interroga eum qui tenet, si potest probare, quod plus proximus sit; si non potest probare, probet ipse qui appellat. Et si ipse non potuerit, iuret ipse qui appellatus est cum suis sacramentalibus, quod plus proximus sit, et habeat ipsam terram.

93*. *Übertragung eines Unfreien an eine Kirche zu Zensualenrecht, mit Vorbehalt des Rückfalls in die Unfreiheit bei wiederholter Zinssäumnis.* (1104-1116.)

Hauthaler Salzburger UB. I 315 Nr. 135.

Cunctis Christi fidelibus pateat, quendam fidelem virum nomine Arbonem super altare sancti Petri per manus Lantoldi servum suum nomine Fridaricum quinque denariorum censu pro animę suę remedio tradidisse; si vero tribus annis istum censum neglexerit et in 4. non emendaverit, monachorum servituti subiciatur. Testes: Růdpreht, Heriuuich, Lantolt, Uuolfchrim, Reginpreht, Richolf, Oze.

94 (98). *Kein Erbenwarterecht bei Kaufgut. Entgeltlichkeit der Verträge.* (um 1114.)

Marchegay in Bibliothèque de l'École des chartes 36, 424 Nr. 26. Vgl. Nr. 103; Sohm Das Recht der Eheschliessung 28 ff.; Heusler Institutionen I 82.

Memoriae tam praesentium quam posterorum commendare curavi, quod ego Petronilla, que tunc Dei gratia Fontis Ebraudi [1]) prioratum tenebam, dum uno die apud Pignonariam [2]) paululum me recreassem, Helignandus de Longo Campo et Elisabet, uxor saepedicti Achardi, me visitandi gratia pariter ad me venerunt. Cumque satis plura dixissemus, haec inter cetera ipsi Elisabet reduxi memorie, ut filius suus Buccardus domno R. et feminis sibi subpositis concederet terram quam pater eius Achardus et ipsa perpetuo eis tenendum concesserat. Quae meis itaque verbis huiuscemodi verba respondit: quia praedicta terra de emptione sua et adquisitione fuerat, et cui ipsi voluissent eam libere vel quiete dare aut dimittere potuissent. Tunc ego Petronilla, nolens suis adquiescere dictis, consilio amicorum nostrorum et suo assensu ad locum qui vulgo Escharbot appellatur de fratribus et secularibus hominibus huius rei gratia transmisi, quorum unus Bernardus de Saponariis . . . [3]) ibi interfuit, qui filio suo Buccardo sex denarios pro concessione donavit, sub testibus istis [4]).

95 (99). *Auslösung eines Pfandes durch formelles Versprechen (Wadia als interimistisches Pfand).* (um 1130.)

Marchegay in Bibliothèque de l'École des chartes 36, 429 Nr. 29; auch bei Thévenin 239 Nr. 173. Vgl. Franken Das französische Pfandrecht im MA. I 215-219, 233-240, 261 ff.; Gierke Schuld und Haftung 297.

Goslenus de Puiza monachos sancti Albini habitantes apud Sichilionem [5]) inquietare coepit, dicens quia homines eorum ad praeceptum illius debebant ire in expeditiones et equitationes eius. Huic igitur sermoni cum monachi nollent obedire, praedas eorum cepit, sed tamen eas per ecclesiasticam iusticiam gadiavit; et cum non posset eas ex integro reddere, loricam suam pro gadio apud monachos deposuit. Evolutis autem paucis diebus, recognoscens impietatem suam, venit in capitulum sancti Albini, ibique cum una virgula in manu Roberti abbatis predictam exactionem guirpivit et eamdem virgulam super altare sancti Albini detulit; monachi autem loricam suam reddiderunt ei. Hoc viderunt et audierunt Bardulfus, Balduinus Bernardi, Calopinus de Essart; de nostris: Goffridus Magnus, Rubiscallus, Calopinus de Credone, Petrus coquus, Haimericus carpentarius.

---

[1]) *Fontevraud.* — [2]) *La Pignonière bei Angers.* — [3]) *Lücke in der Handschrift.* — [4]) *es folgen 9 Namen.* — [5]) *Séchillon, Anjou.*

96 (100). *Grundstückskauf und dessen Vollzug. Anwendung des Stammrechtes und des Rechtes der belegenen Sache. Beispruchsrecht der Erben. Verfügungsunfähigkeit der Mönche. Salmannen.* (1133-1152.)[1]

Wirtembergisches UB. II 399. Vgl. Dobenecker Regesta historiae Thuringiae I 356 Nr. 1691; Heusler Gewere 470 ff. (Exkurs 1); Schröder in ZRG. 9, 410-421 und 15, 26; derselbe RG.^{5} 664 f.

Notum esse cupimus domino nostro Ihesu Christo famulantibus, qualiter Mathilt de Sunthousun[2]) predium quod est situm in Hirslandun et Housun[3]) cum omnibus appenditiis vendiderit sepedicto famulo Dei Ernest[4]) ob centum marchas argenti cum consilio et viginti marcharum subsidio Hartwici, Magadburgensis venerabilis archiepiscopi[5]), pro sustentatione monachorum aliorumque Deo famulantium in cella sancti Gregorii. Huic causę prefuit idem prememoratus archiepiscopus Hartwicus, cęterique plures interfuerunt, scilicet Herimannus, Magadburgensis urbis prefectus, et palatinus comes Fridericus et Sigeloch, pluribus Saxonum, Suevorum, Bauuariorum, Francorum adiunctis. Neque enim hoc semel fecisse sufficere credidimus, nisi iterum id in Gibechestein[6]) innovaretur, pluribus testimonio adhibitis, deinde in Herphesfuort[7]), filiis predictę matronę secundum ius id ex omni parte confirmantibus. Deinde filius eiusdem, nomine Burchardus, legitimus successor matris suę hereditatis, tradidit hoc idem predium ex peticione Ernestonis consensuque omnium coheredum suorum cuidam nobili Suuevo Berhtoldo de Sparewaresekke, ut potius per illius manum illud predium offerretur sancto Gregorio quam per manum Ernest, qui iam armis et mundo pro Christo abrenuntiaverat. Postea vero in quarto anno ex relatione aliquorum agnovit hoc Ernest, quod predicta matrona murmuraret, sibi adhuc aliquid defore de promissa pecunia; set ille Ernest, labore invictus, iterum rediit Saxoniam et in presentia H. archiepiscopi et H. fratris eius et Hedenrici militis ipsius aliorumque innumerabilium militum ipsius et Theoderici comitis de Hâra[8]) multorumque suorum tot et tanta huic matronę suisque filiis contulit, donec predictum predium, omni mala calliditate submersa, legitime stabiliretur sancti Gregorii cęnobio. Huic negocio interfuit Sigeloch et Heinricus, Fridehelm et Winehart, miles Fridehelmi, Adelbertus et Burchardus, milites archiepiscopi. Ad hoc istos novissimos testes idoneos esse estimati fuimus, quia Franci fuerunt, maxime quod predictum predium in terra Francorum situm est et prenominata matrona cum suis coheredibus Francorum lege regenda

---

[1]) *die Aufzeichnung, welche allerdings über ältere Vorgänge berichtet, erwähnt Lothar II. als Kaiser (1133, Juni 4.) und ist nach dem Vorbericht der Herausgeber (Wirt. UB. II 389) vor dem Tode Konrads III. (1152, Februar 15.) niedergeschrieben worden.* — [2]) *Sundhausen in Thüringen, Herzogtum Gotha (?).* — [3]) *Hirschlanden und Hausen, württemb. Oberamt Leonberg.* — [4]) *der Stifter des dem heiligen Gregorius gewidmeten Klosters Reichenbach* — [5]) *regierte von 1079-1102.* — [6]) *Burg Gibichenstein bei Halle an der Saale.* — [7]) *Erfurt.* — [8]) *Graf Dietrich von Altenahr.*

atque cohercenda est. Denique, sicut dictum est, predictum predium centum marcis emptum est, quarum 20 Hartwicus, Magadburgensis archiepiscopus, se daturum spopondit, domnus Ceizolfus Mogontiensis decanus, qui et alia multa beneficia nobis contulit, in eadem emptione 30 marcas dedit, Drutwinus, Wormatiensis civis, 20 marcas dedit, Heinricus, Magadburgensis vicedomnus, 10 marcas dedit, Gerlahus de Malbotesheim duas houbas sancto Gregorio dederat quę pro 6 marcis venditę in eius predii emptionem cesserunt, insuper aliorum fidelium oblationes, quorum nomina in libro vitę scripta sunt, in eodem predio datę sunt. Post hęc autem omnia domnus Sigebertus, filius eius iunior, conquestus est coram rege Lothario apud urbem Wirceburc, delegationem illam esse iniustam a matre et fratre factam. Cui post hęc dederunt provisores huius loci 30 marcas argenti. Qui et ipse in Spirensi urbe coram imperatore Lothario et aliis principibus delegavit in manus Waltheri de Rotenburc, ut ipse offerret sancto Gregorio. Ad hoc soror eiusdem Sigeberti et filius eius, Gerungus nomine, tradiderunt supradictum predium sancto Gregorio in manus Oudalrici abbatis de cella domne Paulinę[1]).

97 (101). *Ergebung in die Hörigkeit. Sterbfall.* 1135.

G. Simon Die Geschichte der Dynasten und Grafen zu Erbach, UB. 4 Nr. 2. Vgl. Brunner Zur G. der ältesten deutschen Erbschaftssteuer, in Festschr. f. F. von Martitz, 1911, S. 5.

In nomine sancte et individue Trinitatis. Notum sit universis ecclesie filiis, tam presentibus quam futuris, quod quedam Verburch et eius due filie Berta et Orudlint cum omni posteritate sua se libera manu sua ad altare beate Marie in Michlenstat tradiderunt: ea ratione, ut tam ipsa, quam de stirpe sua vir sive femina, singulis quoadusque vivet annis in assumptione sancte Mariae super altare eiusdem duos denarios iure perpetuo offeret, et post masculi obitum sicut precipuum capud, sic post decessum femine optimum indumentum vel solidum custos ecclesie recipiet. Nec silentio pretereundum, quod hec eadem mulier ab omni coactione liberrima nulli iure patronatus tenetur, nisi ei, cuius superficaria est et territorium habitat. Ut ergo hec traditio rata maneat et inconcussa, ego Rehewinus, predicte ecclesie prepositus, presentem paginam rei geste custodem et testem adhibui, quam etiam ob habundantiorem cautelam sigilli ecclesie Laurissensis munimento roborare curavi. Actum est hoc anno incarnationis dominice 1135., regnante Romanorum imperatore Cunrado, Baldemaro abbatiam Laurissensem administrante. Testibus: Adalbero custode et toto conventu, Lferando[3]) et Heinrico avocatis, Luerando[3]) villico, Wichmanno cemetario, Uokero de Stocheim. Ego Cunradus scripsi.

---

[1]) *Paulinenzell in Thüringen, Fürstentum Schwarzburg-Rudolstadt.* — [2]) *Michelstadt im Odenwald.* — [3]) *diese Namen sind sicher verderbt.*

98 (102). *Schenkung und Rückempfang zu Benefizium. 'Sessio triduana' nach fränkisch-alamannischem Rechte.* 1136.

Bader in ZGO. 9, 222 Nr. 113. Vgl. Nr. 46; Homeyer System des Lehnrechts 315 ff.; Bückling Die Wechselwirkung gewererechtlicher u. fronungsrechtlicher Elemente im Liegenschaftsrecht des deutschen MA. (Deutschrechtliche Beiträge hersg. von Beyerle 6, 2) 181, 183 Nr. 6.

Anno dominicae incarnationis 1136. Rudolphus liber homo de Salenstat tradidit pro remedio animae suae, nullo contradicente, super reliquias beati Georgii martyris, quicquid praedii habuerat in villa vel in marcha Endingen, eo iure quo ipse hoc possederat. Recepit autem hoc ipsum praedium ac si pro beneficio ea conditione, ut fructuarios usque ad vitae suae terminum ex eo percipiat et censum numismatis singulis annis inde persolvat. Facta ergo traditione, mox a fratribus nostris in proprietatem sancti Georgii redactum triduoque ab eis, secundum leges Francorum et Alemannorum, possessum est [1]). Huius rei testes sunt: Conradus advocatus de Suarzenberg, Heinricus et Luitholdus de vico Wilere, Eberhardus et Eberhardus, Folchardus, Einhardus, Megewardus et alii plures.

99 (103). *Investitur.* (um 1140.)

Marchegay in Bibliothèque de l'École des chartes 36, 432 Nr. 32.

In nomine Domini nostri Ihesu Christi. Ab antiquis et sapientibus ad nos exemplum descendit, ut litterarum custodiae commendaretur quod in perpetuum desideratur esse servandum. Ego igitur Ulgerius, Andegavensis ecclesiae dictus episcopus, per praesentis scripti testimonium constans et certum esse cupio, quod Yvo de Jaillia, iturus Jerusalem, sumpta cruce ad signum Jerosolimitani itineris, adducens ad me duos fratres suos Aimericum et Petrum de Jaillia et Gaufredum Teudum et Rainaldum Rufum, dedit et concessit tam ipse quam fratres sui et dictus Gaufridus ecclesiae beati Mauricii et mihi et successuris mihi episcopis perpetuo in elemosinam, pro anima patris sui et matris suae et sui ipsius et fratrum suorum, ecclesiam beati Martini de Bosco; et investivit me de ea cum baculo pastorali, et postea posuit eumdem baculum supra dominicum altare, ad signum concessionis. Ego autem ad necessaria viae Jerosolimitanae dedi tam sibi quam fratribus suis et praefato Gaufrido 300 solidos. Factum est hoc in camera Andegavensis palatii proxima ecclesiae beati Mauricii. Hoc viderunt et audierunt quorum nomina subscripta sunt . . . . [2]).

100 (104). *Ankauf von Grundstücken durch die Pfleger einer Kirche. Vergabung nach Kölner Stadtrecht. Exfestukation. Erbenwarterecht. Urkundsgeld.* 1159.

---

[1]) *da sowohl Endingen und Schallstadt im Breisgau, als auch das Kloster St. Georgen im Schwarzwalde noch durchaus dem alamannischen Gebiete angehören, so kann die Bezugnahme auf das fränkische Recht nur aus der Übereinstimmung desselben mit dem alamannischen erklärt werden. Vgl. übrigens* Schröder *in ZRG. 9, 411 f.* — [2]) *es folgen 14 Namen.*

Lacomblet UB. für die Gesch. des Niederrheins I 276 Nr. 399. Vgl. Nr. 103, 129; Stobbe Die Auflassung des deutschen Rechts, in Iherings Jahrbüchern 12, 191 f.; Gobbers in ZRG. 17, 136[1]; Gierke PrivatR. II 278; Schröder RG.[5] 737; Bückling (Zitat zu Nr. 98) 180[6, 9], 183 Nr. 10, 185 Nr. 23.

In nomine sanctę et individuę Trinitatis. Quoniam omnibus Christi fidelibus sua iustitia pro veritate conservanda est, universitati fidelium tam in presenti quam in posterum notum sit, quomodo ęcclesia sancti Gereonis per curatores suos emit allodium in villa Morsdorp, que sita est infra bannum urbis Colonię: ab ipso custode memoratę ecclesię Henrico 40 iornales; a quadam nepte sua, nomine Godesdu, vidua item 40 iornales; a quadam alia nepte sua similiter vidua, nomine Winlif, et a quodam Herimanno, sororis suę marito, 15 iornales; a quodam Henrico, agnomine Scecere, integrum mansum et 16 iornales; a quodam Richolfo de novo foro et filio suo Herimanno integrum mansum et sex iornales. Facta est autem hec emptio legitime, pleno consensu heredum et perfecta condicti precii persolutione. Ipsa vero donatio eiusdem allodii ad altare beati Gereonis facta est legitimo donationis modo secundum ius Coloniensis urbis per ipsos iudices[1]) Colonienses sub presentia senatorum et civium, recognito et facto eis omni suo iure propter veritatis testimonium[2]). Exfestucatio etiam eiusdem allodii ab universis heredibus in presentia eorum facta est. Ut vero hec omnia inconvulsa et illibata permaneant, placuit ea presente scripto annotari et communi sigillo urbis ad veritatis confirmationem signari. Acta sunt hec anno incarnationis dominicę 1159., indictione 7., regnante Friderico Romanorum imperatore augusto, presidente Colonię archiepiscopo . . .[3]), in maiore ęcclesia Adelhelmo preposito, Philippo decano, in ęcclesia beati Gereonis Godefrido preposito. Huius veritatis testes sunt Henricus urbis prefectus, Herimannus advocatus, Albero subcomes, Herimannus subadvocatus, Vůgelo telonearius et Karolus telonearius, senatores vero: Marcmannus Hoger, Gerardus Niger, Godefridus Uolfuendis filius, Herimannus Ditwigis filius, Herimannus Razonis filius, Daniel et frater eius Bruno, Vůgelo Herimanni filius, Godefridus de Stavere, Emundus, Hupret, Franco et omnes tam senatores quam senatorum fratres et Coloniensis urbis potiores cives. Pax conservantibus. Amen.

101 (105). *Professio iuris Langobardici. Freilassung mit Bezugnahme auf die altlangobardischen Freilassungsformen.* 1169, Juli 25.

Ficker Forschungen zur Reichs- und RechtsG. Italiens IV 186 Nr. 145. Vgl. Nr. 87; Gaupp Die germanischen Ansiedlungen 241 ff.; von Bethmann-Hollweg Der germanisch-romanische Civilprocess V 74; Karl Schulz in Ztschr. für thüringische Gesch. 9, 15 ff.; Neumeyer Die gemeinrechtliche Entw. des internationalen Privat- u. Strafrechts I 165-167.

---

1) *Schöffen.* — 2) *das Urkundsgeld.* — 3) *da der erzbischöfliche Stuhl nach Friedrichs Tode (1158) zwei Jahre erledigt war, so ist hier für den Namen des Nachfolgers der Platz offen geblieben; vgl.* Joerres *UB. des Stiftes St. Gereon 20*[1].

Anno ab incarnacione Domini nostri Ihesu Christi 1169., 8. kalendas Augusti, indictione 2. Rainaldus de Arcellos et Mabilia uxor eius, manifestantes se lege Longobarda vivere, propter amorem Dei et redentionem animarum suarum parentumque eorum dederunt libertatem Caffe ancille eorum; ita ut ipsa ab hac die sit libera et absoluta ab omni vinculo servitutis et omnibus modis, quibus melius esse potest, et habeat licentiam ac firmissimam potestatem eundi et ambulandi, in qua parte voluerit, et congruam libertatem habitandi, cum quo voluerit, sicut illi, qui per manum sacerdotis circa sacrum altare ad liberos dimittendos deducti sunt, et qui in quadruvio in quarta manu traditi sunt et amont facti sunt [1]). Insuper concesserunt predicti iugales eidem Caffe omne conquistum, quod modo habet vel quod est habitura; et faciat exinde a presenti die ipsa Caffa eiusque heredes et cui dederint iure proprietario nomine, quicquid voluerint, sine omni istorum iugalium eorumque heredum contradictione. Actum est hoc in loco Trozani ante hostium predictorum iugalium cum stipulatione subnixa [2]). Feliciter. Signa manuum istorum iugalium, qui libertatis hanc cartulam fieri rogaverunt ut supra. Ibi interfuerunt Homodeus de Burgo, Pigus Platus, Martinus de Casa et Petrus frater eius, Petrus Terdonensis, Ato Plontalis et Obertus Plontanis, Witanus de Burgo, rogati testes. Ego Ogerius sacri palatii notarius interfui et rogatus hanc libertatis et absolutionis cartulam inde scripsi.

102 (106). *Zinspflichtige und freie Güter hofhöriger Weinbauern. Umwandlung derselben in Halbgewinngüter durch Übereinkunft mit dem Grundherrn. Privationsrecht wegen Verschlechterung. Sterbfall.* 1176.

Lacomblet UB. für die Gesch. des Niederrheins I 321 Nr. 457. Vgl. von Schwind Erbleihen (Zitat zu Nr. 71) 90[1]; Lamprecht Deutsches Wirtschaftsleben I 414.

In nomine sanctę et individuę Trinitatis. Ego Geldolfus humilis minister in Brunwilrensi cenobio [3]) universis filiis matris ęcclesię in perpetuum. Quod ad noticiam multorum pervenire congruum duximus, litterarum monimentis mandare provida deliberatione curavimus. Noverit ergo presens ętas et omnium secutura posteritas, quod beatę memorię domna Richeza regina villam Mesenihc cum hominibus suis eodem iure possidendam beato Nykolao tradidit, quo ante tempus oblationis tenebat. Preterea 24 vineas, quas arpennas [4]) vocant, eidem confessori sub tali conditione contulit, ut quelibet arpenna tempore vindemię 10 onera vini solveret ęcclesię et de residuo vino dupla portio ęcclesię, tercia incolis remaneret. Regina vero, quia liberalis erat, sicut suam decebat excellentiam, terciam portionem, eo quod exigua videbatur secundum magnitudinem laboris quem cultura exigebat vinearum, cultoribus suis ampliare dignata est, tribuens eis quasdam

---

[1]) *vgl. S. 68*[1]. — [2]) *vgl. Nr. 5 am Ende.* — [3]) *Benediktinerabtei Brauweiler bei Köln.* — [4]) *vgl.* Holder *Alt-celtischer Sprachschatz I 205 unter* arepennis; Körting *Lateinisch-romanisches WB.*[3] *93.*

vineas, quas singularitates vocant, cum curticulis, cum agris et pratis, ut ipsi quicquid emolumenti inde proveniret soli possiderent. Qui de tali augmento sibi collato presumentes, continuo studium suum ad suas converterunt singularitates, spaciose illas dilatando, et econtra nostra vineta de die in diem neglexerunt. Dampnum igitur tam diuturnum ulterius non valentes ferre, illos ante advocatum Theodericum ad rationem posuimus, ut nobis super hoc satisfacerent aut, dictante iusticia, quicquid ab ęcclesia tenebant perderent. Qui nullam invenientes excusationem, quia negligentia eorum oculis patebat omnium, tale inierunt consilium, ut pro labore et sumptibus vinearum suarum eis 60 marcas daremus et ipsi omne vinum quod amodo in suis singularitatibus habituri essent nobiscum equa lance dividerent in perpetuum. Tandem assensimus, 60 marcas dedimus, ita ut omnis iusticia, quam nos eis debebamus et ipsi nobis, amodo quiescat, excepta dimidia ama vini quę vinum nostrum in navi deferentibus dabitur. Viam vero universę carnis quolibet eorum ingresso, equus aut bos aut vestimentum melius quod habuerit dabitur. Testes huius rei sunt: Fortolfus prior, Adelbertus, Sigewinus, Iohannes, Theodericus, Reginoldus, Rudolfus; ministeriales: Theodericus advocatus, Heinricus, Iohannes de Dalheim, Heinricus de Ulmeno, Everhardus; et ex familia: Frithericus, Gerhardus, Heinricus, Rupertus et alii quam plures. Acta sunt hec anno dominicę incarnationis 1176., indictione 9., anno imperii Friderici regis 15., domni Philippi archiepiscopi anno 9., sub abbate Geldolfo feliciter in Domino. Amen.

103 (107). *Ministerialen können Freiengut nur durch einen freien Salmann erwerben und weiterveräussern. Der Dienstherr als Salmann. Der König als Eigentümer des Reichskirchengutes. Entgeltlichkeit der Verträge.* 1179.

Lacomblet UB. für die Gesch. des Niederrheins I 330 Nr. 470. Vgl. Heusler Die Gewere 121 ff.; Laband in KrVJSchr. 15, 394 f.; Ficker Das Eigentum des Reiches am Reichskirchengute (in den Sitzungsber. der Wiener Akademie, phil.-histor. Klasse) 72, 55 ff., 381 ff.; Schröder in ZRG. 15, 82; derselbe RG.[5] 455, 748; Ernst Mayer Deutsche und französische VerfassungsG. II 196.

In nomine sanctę et individuę Trinitatis. Notum sit universitati fidelium tam futurorum quam presentium, quia ego Arnoldus, licet indignus, Dei tamen voluntate, qui omnia ordinat quomodo vult et ubi vult et cum quibus vult, provisor Porcetensis cenobii[1]), cum primum suscepissem pastoralis regiminis curam, nichil preciosius lucro animę fore prospiciens, sollicite tum pro me tum pro meorum necessitate fratrum cępi cogitare, quatenus in emolumento utriusque hominis fructum perciperem laboris. Unde videns tenuitatem redituum nostrorum non satis sufficientium ad usus fratrum nostrorum in cenobio nostro Deo militantium, adaugere eos in usus tam presentium

---

[1]) *Reichsabtei Burtscheid bei Aachen; bis 1222 mit Benediktinern, von da ab mit Zisterzienserinnen besetzt.*

quam futurorum laboravi, ut inde mihi ęternorum merces succresceret pręmiorum. Interea accidit filios cuiusdam Willelmi de Wilra sancti Dionisii cum aliis coheredibus eorum possessionem quandam quatuor mansuum in Harleis adiacentem allodio ecclesię nostrę in villa nostra Vile voluisse vendere, quam et predecessores eorum a quodam libero viro, scilicet Herimanno de Sleida, libere emerant. Eos itaque conveniens pręfatos quatuor mansus cum omni functione iuris, quo ipsi possidebant atque predictus Herimanus, ab ipsis quippe filiis Willelmi, scilicet Machario, Alberto et Giselberto et Heinrico, et a coheredibus eorum item Machario filio Sapientię et Gerardo de Rode sororio Willelmi et Macharii, datis 40 marcis libera et incontradictoria emptione comparavi, eosque omnes in altari sancti Iohannis Baptistę, patroni nostri, resignare feci. Preterea usucapium possessionis huius, quod theotonica exprimitur lingua *sala*, quod ipsi quidem, quia liberi non erant verum ministeriales ducis Henrici de Limburch, usucapere a prefato libero et nobili viro nequibant, immo dominus eorum in usus ipsorum susceperat [1]), ut ecclesia nostra ex integro possideret quod suum futurum erat, ab ipso domino duce 4 marcis redemi fidelesque domini imperatoris cuius dicioni subicimur, videlicet dominum Stephanum prępositum sancti Adalberti et decanum ecclesię sanctę Marię Aquisgrani, Ricolfum iudicem Aquensem, Warnerum de Rode, Anselmum de Dure, in dicionem domini imperatoris, rata legatione legatorum bonorum, cum iure usucapii suscipere feci, ut hęc actio eo firmior fieret. Quod ne aliquid impedimenti de cetero pullulare valeret, prenotatum nobilem Herimannum cum filiis suis, data sibi dimidia marca [2]), quidquid iuris in prefata possessione videbatur posse habere, in altari sancti Johannis Baptistę ex integro feci resignare. Quia igitur hanc possessionem labore nostro contraximus, utile aliquod commodum animę meę facere volens, fratribus nostris, quia domestici erant fidei, in caritatem contradidi: ea quidem constitutione, ut in singulis sabbatis anni in honorem Dei genitricis exinde habeant consolationem mediaque pars redituum ex prefata possessione exeuntium transeat ad hospitale pauperum in elemosinam animę meę et fratrum meorum, ut ipsa oret pro nobis ad Dominum. Ipsi vero fratres in recompensationem huius elemosinę hoc Deo et beatę Dei genitrici promiserunt firma et perpetua promissione ex humilitatis meę peticione, de cetero omnibus sabbatis missam in honorem beatę virginis et Dei genitricis celebrare, sive in conventu sive extra conventum, hocque posteris suis devota successione atque successiva devotione relinquere. Ut autem hęc constitutio utrobique in posterum rara et inconvulsa permaneat, scripto et sigillo nostro confirmavimus atque, annuentibus et rogantibus fratribus, infractorem utriusque constitutionis ęternę dampnationis anathemate cum Dathan et Abiron [3]) percussimus. Acta sunt hęc anno incarnationis dominicę 1179., in presentia fratrum subscriptorum: Zacharię prioris, Sibodonis senioris,

---

[1]) sala *ist hier das freie Eigentumsrecht; die Erklärung dieser Stelle bei* Zoepfl *Deutsche Staats- und RG.*[4] *III 187*[6b] *ist unrichtig.* — [2]) *vgl. Nr. 94.* — [3]) *vgl. 4. Buch Moses Kap. 16.*

Alberti custodis, Lamberti, Hedenrici, Teoderici, Reineri, Iulini, Christiandi et ceterorum, papante in unitate ecclesię Alexandro summo pontifice, imperante Friderico Romanorum augusto, presidente Colonię domino Philippo archipresule.

104 (108). *Auflösung einer Ehe wegen error conditionis. Das Kind folgt der ärgeren Hand. Freilassung. Ergebung in Hörigkeit.* (vor 1190.)

UB. des Landes ob der Enns I 371, Traditiones Richerspergenses Nr. 161. Vgl. Schröder RG.[5] 472, 473.

Notum habeant Christi fideles, tam futuri quam presentes, quod Wernherus, fundator loci istius, tradidit ad altare sancti Michahelis Rudpertum ad omnimodam proprietatem. Qui volens accipere uxorem, consilio ac auxilio amicorum obtinuit, ut nobilem[1]) quandam acciperet, nomine Diemuodam, tamquam et ipse esset liber. Qui simul in pace manserunt, donec illa rimota[2]) omni dubitacione rescivit, quod ille proprius esset ecclesie. Et illa recedens ab eo dolensque quod decepta fuerit, reversa est ad amicos nec ultra redire ad eum destinavit, donec coram preposito loci ipsius domino Gerloho et domino Regingero sic ad integrum terminatum est, ut illa eo pacto rediret ad eum, quod filiorum quem vellet, primum vel ultimum, dimitterent liberum. Et illa elegit ultimum. Quorum filiorum ultimus erat femina, Richilt nomine. Huius rei sunt testes: Mainso de Vihusen, Pecel de familia ecclesie, Engelfridus de Antesenhoven et frater eius Anwicus de Wilbach, Geroldus de eodem loco, Merboto de Marcelinesbach, Otto de Munstur. Que Richildis, cum sic esset libera, tradidit se cum omni posteritate sua ad altare sancti Michahelis ad 5 denariorum censum. Huius rei testes sunt: Uodalscalchus, Rawinus, Peritoldus, omnes de Tobele, Wolfpertus faber, Meingozus et Gotscalcus frater ipsius mulieris, Perihtoldus cognomento Pelch et alii.

105 (109). *Erwerb einer Mautgerechtigkeit mittels dreissigjähriger ungestörter Ausübung, erwiesen durch Siebener-Zeugnis.* 1190, Juni 17.

UB. des Landes ob der Enns I 388, Traditiones Richerspergenses Nr. 200. Vgl. Laband Die vermögensrechtl. Klagen 166 ff.; Heusler Gewere 224 ff., 274 ff.

Notum sit omnibus Christi fidelibus, quomodo anno ab incarnatione Domini 1190., domino Gerloho ecclesiae Richerspergensis preposituram agente, iusticia ipsius ecclesie in Ascha, que vulgo *mûta* dicitur, quia iam per decem annos iniuste abalienata fuerat, est requisita. Siquidem cum per triginta annos sine lite, nemine contradicente, liberam ibi transvectionem habuisset, eo quod contigua essent

[1]) nobilis *bedeutet hier einfach frei.* — [2]) *die Vorlage hat* rimata.

et terra et aqua in predio ecclesie, postea fere per decem annos ex neglientia(!) providentium in ius usurpata est alienum, donec predictus Gerlohus prepositus incipiens contradicere, vocatus in iudicium in publico concilio hanc accepit sententiam, ut, si vellet optinere ipsam *mûtam* ad ecclesiam suam pertinere, hoc septem idoneis testibus eum probare oportere. Acceptam itaque sententiam executus, statuto die 16. kalendas Iulii eiusdem anni testes cause produxit, quorum ista sunt nomina: Chunradus Ruoghalm, Willehalm de Geilespach, Egen de Posenpac, Volcholt et filius eius Alram, Waltherus de Ascha, Egen de Chalinge.

106 (110). *Verleihung eines Weinberges zu Erbzinsrecht, mit ungeteilter Vererbung und unter Vorbehalt des Vorkaufsrechtes für den Zinsherrn.* 1204.

Beyer UB. der mittelrheinischen Territorien II 260 Nr. 221. Vgl. daselbst I 594 Nr. 536 und II 223 Nr. 186; Lamprecht Beiträge zur Gesch. des französischen Wirthschaftslebens im 11. Jh. (Staats- und sozialwissenschaftliche Forschungen, hersg. v. Schmoller 1, 3) 64 ff.; von Schwind Erbleihen (Zitat zu Nr. 71) 31[1], 33[3], 37[5] (doch gehört das Zitat dort zu Anm. 6), 45[1], 110 f.; Gierke PrivR. II 797; Schröder RG.[5] 741, 771.

Conradus Dei gratia maior prepositus, Wilhelmus decanus totusque maioris ecclesie Treverensis conventus universis Christi fidelibus, ad quos scriptum istud pervenerit, tam futuris quam presentibus, in perpetuum. Maiorum nostrorum prudentiam imitati dignum duximus veritatis notam scripto committere, quam ad posterorum nostrorum notitiam decrevimus reservare. Notum itaque sit universitati vestre, quod nos de communi capituli nostri consensu Elmenrico civi Treverensi quandam terram incultam in Ruselingrove, ad nostram ecclesiam spectantem, ad vineam plantandam et excolendam et suis post eum heredibus iure hereditario habendam sub annuali censu concessimus. Hanc autem inter ecclesiam nostram et prefatum civem seu suum heredem ordinationem observandam statuimus, quod annuatim usque ad quatuor annos iam dictus civis Elmenricus sive suus heres quinque solidos in festo beati Martini super memorata terra refectorii nostri administratori reddere tenetur, in quinto vero anno et deinceps a prefato cive sive suo herede ama una vini cum claustrali mensura super eadem terra prenotato amministratori annuatim reddetur aut, si vinum defecerit, 10 solidi pro ama vini in festo beati Martini solventur. Hoc etiam adnectere curavimus, quod pretaxata hereditas non in plures heredes dividetur, sed integra a sola persona memoratus census persolvetur. Insuper si sepedictus Elmenricus sive suus heres prenotatam hereditatem sibi alienare et vendere volet, hoc primum ecclesie nostre evidenter denuntiabit, et si nec ad opus ecclesie nostre nec ad opus cuiusquam fratrum nostrorum inter fratres capituli nostri emptorem invenerit, cuicunque alii volet vendendi liberam potestatem habebit. Ad hec prefatus Elmenricus universi iuris, quod in memorata terra habebat, genero suo Godefrido et filie sue Elizabeth contulit integritatem. Ad huius autem facti veritatem certius memorandam, sigilli nostri et sigilli civium Treverensium imaginem huic scripto testimoniali fecimus appendi et nomina testium, coram quibus hoc tractatum et approbatum fuit, annotari. Testes: Conradus maior prepositus, Willelmus decanus, Johannes cantor, Cono, Henricus, Lampertus, Hermannus, Thomas, Titmarus et alii quam plures; scabini: Herbordus, Sistappus, Wezelo, Warnerus, Bartholomeus; ministeriales ecclesie: Wezelo, Gerongus, Henricus Hain, Alexander. Factum est autem hoc dominicae incarnationis anno 1204.

107 (111). *Eigentumserwerb durch Trockenlegung von Ländereien. Novalzehnten.* (1212).

Van den Bergh Oorkondenboek van Holland en Zeeland I 134 Nr. 227. Vgl. Julius Gierke Die Gesch. des deutschen Deichrechts I (Gierkes Untersuchungen 63) 120 f.

In nomine sancte et individue Trinitatis. Ego Wilhelmus Dei gratia Hollandensis comes indubitatum esse volo tam presentibus et futuris quod sequitur. Tempore fratris mei Theoderici comitis deliberato consilio virorum prudentum factus est agger a Berghen usque Alkmer ad excludendas aquas, que influebant et agriculturam acredine fossorum fluctuum minus fertilem reddebant, sed multis deinceps causis ingruentibus opus illud neglectui datum est. Ego igitur propitiante Deo fratri succedens, neglecte utilitati providens, aggerem predictum redintegrare et perfici constitui, quicquid autem sub aquarum alluvione latuerat, si ad cultum perveniret, nostre proprietati mancipatum erat. Et ego, monitu divine retributionis, in absolucionem peccatorum meorum firma concessione contradidi et obtuli sancto Adalberto ad utilitatem ministrorum eius ab Aremersweth usque Wijmnemersweth quicquid ab aquis exsurgeret et ad novalia vel pascua perficeretur; ceterum quaquaversum Hecmundense monasterium decimam habebat predicte noviter emergentis terre, que *slick*[1]) vocatur, si excoletur, decimam sancto Adalberto[2]) firmiter contradidi. Ad cuius facti corroborationem et attestationem presens scriptum sigillo meo firmavi, attestante Lubberto abbate et tota congregatione fratrum, testibus Wilhelmo de Thelinke, Simone de Hâirlem, Isbrando de Hâirlem, Jacobo castellano de Leithen, Arnoldo de Riswike, Wilhelmo de Egmonde, Otgero dapifero, Florencio de Wurth, Jacobo de Riswike et multis aliis.

108 (112). *Grundstücksverpfändung mit Nebenabreden über die Einlösung. Vertragsmässiges Vorkaufsrecht zu Gunsten des Satzungsnehmers. Tradition.* (um 1212.)

Monumenta Boica III 330 Nr. 16. Vgl. von Meibom PfandR. 264 ff., 341-346, 318 ff.

---

[1]) *Schlick. Vgl. Grimms WB. IX 675; deutsches Gesetz, betr. die Reichs-Kriegshäfen, v. 19. Juni 1883 § 3.* — [2]) *Abtei Egmond; vgl. van den Bergh Handboek der middel-nederlandsche geographie² 150 f.*

In nomine sancte et individue Trinitatis. Lodwicus Dei gratia Bawarie dux. Notum facimus universis Christi fidelibus, tam presentibus quam futuris, qualiter quidam fidelis noster, ministerialis regni, predium quod habuit in Ubrachen, cultum et incultum, quesitum et inquirendum, simul cum hominibus adtinentibus ad idem predium in manus nostras coram vasallis nostris et ministerialibus deposuit, ecclesie beati Pancratii martiris in Ranshoven protegendum [1]) tam diu, donec ipse regni qui dicitur Pubo de Lozenchirichen ministerialis pecuniam 50 librarum, quam ab eis recepit, in integrum eis restituat, fratribus nimirum ibidem tunc Deo servientibus. Erit autem moneta illius temporis inter quatuor meliore [2]). Quodsi solvere voluerit prefatum predium, sine dolo et de proprio faciet. Si vero vendere voluerit, potestatem non habebit, nisi primum prefate ecclesie hoc offerat, ut fratres ei pecuniam, quam aliunde sibi offerre certificaret pro comparando predio, si velint tribuant. Tempus autem debite solutionis erit in purificatione sancte Marie; quo peracto, si ipse postmodum solvere voluerit, tamen fructus illius anni usui ecclesie remanebit. Constat autem, quod prefatus Babo idem predium eodem tenore in predicta ecclesia super altare sancti Pancratii martiris tradidit, coram positis matre sua Leukarde et uxore sua Gertrude et simul unanimem consensum prebentibus. Ad hec accessit Heinricus filius eius ceterique filii sui.

109 (113). *Totsatzung. Jährliche Schätzung der Einkünfte aus dem Pfande. Versprechen des Pfandgebers, dieselben auf bestimmter Höhe zu erhalten.* 1214, Anfang Februar.

Lacomblet UB. für die Gesch. des Niederrheins II 24 N. 46. Vgl. Nr. 109; Gierke PrivR. II 814.

In nomine sancte et individue Trinitatis. Lutharius comes, Methildis comitissa de Hostadem omnibus Christi fidelibus hoc scriptum inspecturis iustitiam et veritatem custodire. Notum facimus tam presentis quam future posteritatis hominibus, quod nos quandam curtem in villa que dicitur Wievelinchovin cum quibusdam suis attinentiis, videlicet agris, silvis et pratis cenobio Knechstedensi [3]) pro centum marcis obligavimus: eo videlicet pacto, ut curtis predicta prefato monasterio tamdiu serviat, donec ecclesia nominata centum marcas ad plenum resumat. Adiecimus quoque, quod estimatio perceptorum fieri debeat cum fidelibus nostris singulis annis circa festum purificationis; quodsi ecclesia in percipiendis proventibus medio tempore in aliqua parte lesa fuerit vel mutilata, per instantiam fideiussorum de aliis nostris reditibus ecclesie iam sepedicte debet resarciri. Fideiussores sunt huius contractus: Henricus burgravius de Are cum filio suo,

---

[1]) *Herzog Ludwig war Schirmvogt der Kirche.* — [2]) *diese Bestimmung dürfte wohl so zu verstehen sein, dass dem Gläubiger gestattet wird, unter vier vom Schuldner zur Zahlung vorgeschlagenen Münzsorten eine zu wählen.* — [3]) *Benediktinerabtei Knechtsteden bei Köln.*

Volkoldus castellanus ibidem, Joannes Sumir, Thomas dapifer ibidem, Theodericus Schechere ibidem, Reinerus dapifer de Hostadin, Godefridus burgravius ibidem, Udolfus et Gilo fratres de Culin, Heribrordus de Elrode, Sibodo de Duttilsdorp, Wolbertus et Engilbertus fratres Berefreit. Acta sunt hec anno incarnationis dominice 1214., circa festum purificationis.

110 (114). *Ausschluss der Haftung für anvertrautes Gut bei unverschuldetem Verlust.* (um 1215.)

Oberstrichterliche Entscheidung des Landgrafen von Thüringen, Posse Urkunden der Markgrafen von Meissen und Landgrafen von Thüringen (Cod. dipl. Saxoniae regiae, 1. Hauptteils III. Bd.) 149 Nr. 199. Vgl. Dobenecker Regesta historiae Thuringiae II 298 Nr. 1622; Stobbe Zur Gesch. des deutschen Vertragsrechts 218 ff.; Laband Die vermögensrechtl. Klagen 66 ff.; Schröder RG.[5] 516[63]; Rothenbücher Gesch. des Werkvertrags (Gierkes Untersuchungen 87) 80 f.

Hermannus, Dei gratia Thuringie lantgravius et Saxonie comes palatinus, dilectis suis Ludewico de Lare et Alberto de Clettenberg, comitibus, omnibusque hanc cedulam inspecturis salutem et omne bonum. Veniens ad presentiam nostram dilectus noster venerabilis abbas de Walkenrid exposuit nobis, quod quidam homines in iurisditione vestra constituti pannos suos ad fullandum[1]) et alias res ad servandum in grangiis abbatie sue deposuerunt, que a quibusdam maliciosis hominibus simul cum propriis rebus inibi nocte violenter ablata fuerunt, cumque super hiis reddendis abbati questio coram vobis moveretur, ad iudicium nostrum calculus sententie servabatur, quam per advocatum, videlicet dominum A. de Droiceke, expetivit, dictante ipsam domino Alberone de Vigbike: videlicet prefatum abbatem restituendis rebus ablatis non teneri, non obstante eo, quod mercedem pro fullando acceperunt. Hanc sententiam multi nobiles, qui subscripti sunt, approbaverunt: comes Adolfus de Scowenburg, Burchardus comes de Mansvelt, Gunterus comes de Keverenberg, Fridericus comes de Bigelinge, Heinricus comes de Stalberg, Manegoldus de Tannenrot et filius suus Conradus, Hermannus advocatus de Saleche, Heinricus de Hagen; ministeriales: Erenfridus advocatus de Novo Castro[2]), Heinricus marscalcus, Rudolfus pincerna, Gunterus dapifer, Hegelolfus, Hermannus et alii quam plures, tam nobiles quam ministeriales. Datum sabbato in albis Pasche, in Novo Castro.

111 (115). *Öffentliche Versteigerung kirchlicher Kleinode.* 1216.

Ennen und Eckertz Qu. zur Gesch. der Stadt Köln II 64 Nr. 54; Gierke Schuld und Haftung 86 f.

Conradus, maior in Colonia decanus et archidiaconus, totumque capitulum sancte Coloniensis ecclesie universis presentes literas in-

---

1) *walken.* — 2) *Neuenburg, landgräfliches Schloss bei Freiburg a. U.*

specturis in Domino salutem. Noveritis, quod nos tam de approbacione reverendi patris Engelberti, electi nostri, quam de communi assensu fratrum nostrorum vendidimus pro evidenti necessitate ecclesie nostre venerabilibus viris capitulo Parisiensi vas quoddam aureum, ecclesie nostre minus necessarium, gemmatum exterius, in modum calicis factum, cum quibusdam laminis aureis, ponderis circiter 21 marche, pro 360 libris Parisiensis monete, cum a nemine plus offerretur, licet publice venale a nobis fuisset expositum. Quam pecuniam integre recepimus per manus F. abbatis sancti Victoris Parisiensis et in utilitatem ecclesie nostre convertimus. Promittimus autem eidem capitulo Parisiensi, nos eos indempnes et omnino conservare ab omni vicio et evictione. In cuius rei testimonium presentes literas sigilli nostri fecimus impressione roborari. Actum anno gracie **1216.** et publice recitatum in capitulo nostro, vocatis fratribus nostris, qui commode poterant evocari.

112 (116). *Vollmacht eines Kreuzfahrers für seine Ehefrau. Wegbedingung verfangenschaftsrechtlicher Verfügungsbeschränkungen. Kein Beispruchsrecht der Kinder.* 1218.

Ennen und Eckertz Qu. zur Gesch. der Stadt Köln II 74 Nr. 61. Vgl. Schröder GüterR. II 2 S. 37, 40 f., 251, 255.

Notum sit tam futuris quam presentibus, quod Renardus de Aquis cum uxore sua Heilewige coram iudicibus in iudicio presentibus, scabinis et officialibus sancti Martini ita convenit, quod Heilewigis predicta quicquid cum domo et area sita in fine versus monetam, que olim fuit Anselmi de Durin, post dominicam proximam festo beati Gereonis absque marito suo Renardo agere voluerit, ipsi licebit et tamquam Renardo presente et per manum eius factum fuerit, ratum erit. Si vero Renardus predictus de terra Iherusalem reversus fuerit et predictam Heilewigim mortuam invenerit, et predictam domum et aream neque alienatam neque dispositam similiter invenerit, liberam habebit potestatem, perscriptam domum cum area absque manu puerorum Renardi et Heilewigis quocumque voluerit divertendi et hoc, tamquam ipsa Heilewige presente et per manum eius factum fuerit, ratum habebitur et hoc officiales de iure obtinebunt. Acta sunt hec anno dominice incarnationis 1218.

113 (117). *Teilung einer Allmende.* (1218-1225.)

Lacomblet UB. für die Gesch. des Niederrheins II 68 Nr. 129. Vgl. F. W. K. Thudichum Gau- und Markverfassung 299; Gierke PrivR. I 598, II 634.

In nomine sancte et individue Trinitatis. Engilbertus, Dei gratia sancte Coloniensis ecclesie archiepiscopus, omnibus in perpetuum. Notum sit universis tam futuris quam presentibus, quod provisores ecclesie in Mere[1]), scilicet Wicmannus prior et Godescalcus cellerarius, de consensu conventus cum hominibus ville que Turre dicitur et assensu dominorum ipsorum ita convenerunt, quod placuit tam fratribus predictis quam hominibus ville prenominate, ut quandam silvam indivisam, cuius medietas Merensi attinet ecclesie et medietas hominibus de Turre, dividerent. Fratres igitur prenominati dictam silvam in presentia hominum discretorum, prout melius et discretius potuerunt, dividebant, hominibus de Turre in partibus divisis eligendi libertatem concedentes[2]), in divisione talem considerantes utilitatem, ut post divisionem et alterius partis electionem, omni discordia exclusa, Merensis ecclesia in silva suam partem cum omni utilitate tam glandium quam aliorum proventuum haberet ab altera parte separata, et homines de Turre versa vice, quamcunque partem in silva eligerent, sine Merensium fratrum gravamine in pace possiderent, viis et semitis ac pascuis sicut hactenus ita deinceps manentibus communibus. Placuit etiam, ut utriusque partis oves a festo beati Martini usque in pascha silvam intrarent. Facta divisione, homines de Turre iam sepius nominati superiorem partem silve, illam scilicet que est versus Nusiam, elegerunt, Merensi ecclesie partem relinquentes inferiorem. Nos vero tam rationabili divisioni assensum prebentes, factum ipsius divisionis auctoritate beati Petri et nostra confirmamus, sub anathemate precipientes, ne quisquam in posterum presumat aut audeat infringere factum eiusdem divisionis; scriptum quoque super eadem divisione contextum sigilli nostri appensione auctorizamus, testimonium virorum idoneorum invocantes. Testes igitur sunt: Wichmannus prior, Godescalcus cellerarius, Reinerus subcellerarius, Gerardus magister curie; milites: Theodericus de Coslar, Arnoldus de Budberg, Godefridus Knouph, Iwanus de Budderich et fratres sui Jonatas et Gervasius, Adolfus de Scakena et fratres sui, Theodericus de Turre et alii viri honesti.

114 (118). *Gerichtsurteil über eine Traufgerechtigkeit.* 1221.

Eltester und Goerz UB. der mittelrheinischen Territorien III 152 Nr. 177. Vgl. Kohler in Rheinische Ztschr. f. Zivil- u. ProzessR. 3, 422.

Ut obstruatur os loquentium iniqua et fingentium veritati contraria, sani capitis est ea, que rationabiliter geruntur, scripti testimonio committere. Unde ego, frater Waltherus, provisor ecclesie sancte Marie, litteris commendare studui, quod domum emptam a Wasmudo et suis heredibus iure proprietario nobis mancipatam[3]) suscepimus. Quidam vero, Baldewinus et Herbrandus et eorum heredes, contiguam habentes nostre domui domum, manum inquietudinis nobis imposuerunt, asserentes compluvium et stillicidium domus nostre non

---

[1]) *Meer bei Neuss.* — [2]) *nach dem bekannten Grundsatze bei Erbteilungen: der Ältere soll teilen, der Jüngere soll kiesen; vgl. Sachsensp. III 29 § 2 und Weistum von Fankel (bei Grimm Weistümer VI 535) § 2.* — [3]) *die Vorlage hat* mancipatum.

debere madidare [1]) extremum tecti domus sue, sed per canale esse deducendam aquam pluvialem. Quare lite diu habita, is qui nobis vendiderat domum, obtinuit iuramento coram ordine iudiciario, libere debere ad ima defluere prefate domus stillicidium, et hec decisio contentionis facta est coram sculteto L. et scabinis civitatis et omni populo. Super hoc facto fecit scultetus bannum domini regis, ne quis hoc factum infringere presumat, et sigilli munimine civitatis consignavimus. Huius rei testes sunt: Ludewicus scultetus, Cunradus thelonearius, ...[2]) Anno incarnationis Domini 1221. acta sunt hec.

115 (119). *Schuldversprechen des Käufers wegen rückständiger Kaufgelder. Sicherstellung des Verkäufers durch Übergabe des Kaufobjektes an den Landesherrn zu treuer Hand, sowie durch Einlager und Bürgen.* 1222, November 28.

Van den Bergh Oorkondenboek van Holland en Zeeland I 160 Nr. 278. Vgl. Fockema Andreae Burgerlijk recht II 26; Schröder RG.[5] 744[87]; Max Rintelen Schuldhaft und Einlager im Vollstreckungsverfahren des altniederländischen und sächsischen Rechtes.

Ego Florentius, Dei gratia comes Hollandie et Zelandie, notum fieri volo universis presens scriptum inspecturis, quod Wulfardus de Burgh et Thankardus de Welle pro quadam summa pecunie, scilicet 500 marcis, quas debent ecclesie de Dunis de terra sua que dicitur Wulmarsward [3]), coram me et hominibus meis ad solvendam dictam pecuniam fide interposita in hunc modum se obligaverunt. In primis 100 marcas infra 12 dies natalis Domini absque ulla contradictione seu dilatione fideliter solvere promiserunt, 200 vero marcas quandocunque abbas sive ecclesia de Dunis necessarium duxerit, quod sine damno differre non potuerit vel voluerit, absque mora solvere tenebuntur. Si autem solvere parati non fuerint, cum nuncius abbatis cum litteris eius ad eos venerit, si ipse nuncius ex parte abbatis iusserit, statim cum eo ire debebunt, ubi ei melius visum fuerit, sive Brugis sive apud Mildelburgh [4]), et dictam pecuniam quomodo melius potuerint acquirent, se ipsos impignorando, inde non exituri, donec tam de capitali debito quam de custo abbati plenario fuerit satisfactum. Solutio vero istarum 200 marcarum et tocius custi ex integro perfici debet infra festum sancti Petri ad vinculum [5]). Item 200 marcas solvere debent in pascha. Porro ut de hiis omnibus certior sit dicta ecclesia et indemnis maneat, dicti Wulfardus et

---

1) *die Vorlage hat* maclidare. — 2) *es folgen die Namen von 11 Schöffen zu Boppard und von 6 anderen Zeugen.* — 3) *die Abtei Dunes (Losdunes) hatte ihnen den Werder verkauft. In einer Urkunde vom 15. Juni 1223 (a. O. I 163 Nr. 280) verzichteten verschiedene Personen auf die Geltendmachung ihres Näherrechts bei dieser Gelegenheit:* guerpiverunt quicquid iuris se habere putabant in propinquitate venditionis curie de Wardo, que quondam fuit monachorum de Dunis, et quitos clamaverunt dictos fratres propinquitate emptionis dicte terre. — 4) *statt* Middelburgh. — 5) *August 1.*

Thankardus totam terram de Ward cum omni decima in manus meas contulerunt, ut omnes proventus tam ipsius terre quam decime ex integro auctoritate dominii mei conserventur et ipso conventionis iure et potestate mea in usus sepedicte ecclesie convertantur, donec de totali summa dicte pecunie et toto custo eidem ecclesie ex integro fuerit satisfactum. Ut autem moris est, sepedicti Wulfardus et Thankardus fideiussores pro se dederunt, quorum nomina sunt hec . . . .[1]). Isti omnes, si dicti Wulfardus et Thankardus descriptam conventionem violaverint, eandem observare tenebuntur. Super omnia hec rogatus ab ipsis me fideiussorem huius conventionis constitui, et ad omnia que prescripta sunt efficaciter observanda quotiens necesse fuerit paratus ero. Ut autem hec omnia firmitatem et robur obtineant, sigilli mei appensione et testium subscriptione munire curavi. Testes . . .[2]). Actum anno Domini 1222., in claustro de Crabbendica, 4. kalendis Decembris.

116 (120). *Gerichtliche Ermächtigung zum Verkaufe verfangener Güter.* 1225, Februar 22.

Eltester und Goerz UB. der mittelrheinischen Territorien III 200 Nr. 240. Vgl. Schröder GüterR. II 2 S. 102, 182, 187 f.

Notum sit universis tam presentibus quam futuris presens scriptum inspecturis, quod Gertrudis vidua accedens in iudicium coram me Lodewico de Ponte, videlicet tunc temporis sculteto, presentibus universis scabinis civitatis Treverensis, allegans ibidem corporis necessitatem, a nobis per sentenciam certificari postulavit, si domum suam retro Templum prope domum Lodewici Pape sitam vendere posset, cum ad hoc corporis necessitate compelleretur. Cui a scabinis per sentenciam coram nobis iudicatum est, cum ipsa Gertrudis nullum heredem nec aliquem proximum affinitate sanguinis haberet, qui eidem Gertrudi in necessariis corporis provideret, quod dictam domum bene vendere posset, non obstante alicuius contradictione. Quam domum Anselmus et Warnerus in presentia nostra sibi et suis coheredibus erga sepedictam Gertrudem, presentibus et consentientibus filiis eius, Ludewico videlicet et Lamberto, et omnibus aliis quorum assensus in hac parte fuerat requirendus, emptionis titulo compararunt, qui omni iuri suo et occasioni, que ab ipsis posset emergi in futuro super premissa venditione, coram nobis abrenunciarunt. Et ne oblivio huic facto aliquatenus in posterum valeat novercari, presentem paginam inde conscriptam sigillo civitatis Treverensis et nominibus testium, qui interfuerunt memoratis Anselmo et Warnero, in testimonium duximus roborandam. Actum anno Domini 1225., in cathedra Petri. Testes scabini . . . .[3]).

---

[1]) *es folgen 12 Namen.* — [2]) *es folgen die Zeugen.* — [3]) *es folgen 13 Namen.*

117 (121). *Gegenseitiger Erbeinsetzungsvertrag unter Ehegatten.* (1225-1233.)

Eltester und Goerz UB. der mittelrheinischen Territorien III 224 Nr. 276. Vgl. Beseler Erbverträge I 184 ff.

Notum sit omnibus tam presentibus quam futuris presens scriptum inspecturis, quod ego Wezelo faber de Urley, civis Treverensis, et uxor mea Richza legitima de proprio nostre voluntatis arbitrio coram Gerbrando tunc temporis sculteto et universis scabinis in pleno iudicio arbitrati sumus: quod, si me vivente eam mori contigerit, universe hereditatis sue, que ipsam hereditario iure contingit[1]), rerum mobilium et immobilium, et que ad presens habet vel ea que adhuc se sperat acquisituram, me constituit heredem; ego vero Wezelo, si decedero ipsa Richza uxore mea vivente, totius hereditatis mee, que me hereditarie contingit, rerum mobilium et immobilium, et que ad presens habeo vel ea que adhuc me spero acquisiturum, sepedictam Richzam constituo heredem. Et ne super his imposterum aliqua calumnia possit suboriri, presentem scedulam testium nominibus et sigillo civitatis Trevirensis fecimus communiri. Huius rei testes sunt: Gerbrandus scultetus, Warnerus advocatus, . . .[2]).

118 (122). *Vermietung eines Kellers gegen Vorausbezahlung des Mietzinses.* 1229.

Kölner Schreinsbucheintrag, Ennen und Eckertz Qu. zur Gesch. der Stadt Köln II 120 Nr. 113.

Notum sit tam futuris quam presentibus, quod Jacobus, filius Godefridi advocati de Wistubbe, cum consensu fratris sui Godefridi et uxoris sue . . .[3]) concessit Bertolfo et uxori sue Hadewigi cellarium situm inter venditores pannorum sub cubiculo in quo stat Bruno Schonewedir, contiguum platee que dicitur Rubingazze, versus monetam, de nativitate Domini ad octo annos habendam. Actum anno gracie 1229. Et hoc eis officiales iure obtinebunt. Et sciendum, quod idem Bertolfus et uxor eius Hadewigis totalem censum predicto Jacobo de predictis 8 annis in antea persolverunt.

119*. *Gerichtliche Einweisung des Gläubigers in ein Grundstück zu Eigentum wegen bekenntlicher Schuld.* (1230.)

Hoeniger Kölner Schreinsurkunden Bd. II, 1. Hälfte S. 5. Vgl. Brunner Grundzüge der deutschen RG.[4] § 47.

Notum sit tam futuris quam presentibus, quod Henricus Patto per iudices missus est (*geweldiget wart*) in possessionem illius aree, que adiacet domui Harperni in Greco foro, pro 6 marcis recognite

---

[1]) *die Vorlage hat* contigit. — [2]) *es folgen noch 14 Namen.* — [3]) *der Name fehlt.*

pecunie, dum post factum istud circulus (annus et dies) transiit. Item predictus Henricus ad curiam accessit, tunc per sententiam datum est ei, quod predictus Henricus per iudices deberet mitti in possessionem predicte aree *vůr hêgindům*; ita missus est in possessionem *vůr hêgindům.*

120 (124). *Rückfall verfangener Güter an den überlebenden Elternteil durch Tod oder Verzicht der Kinder. Pfandsatzung. Miteigentum zu ideellen Teilen unter Miterben, mit gegenseitigem Beispruchsrecht (als Rest des Gesamteigentums).* 1233.

Kölner Schreinsbucheintrag, Ennen und Eckertz Qu. zur Gesch. der Stadt Köln II 144 Nr. 141. Vgl. Schröder GüterR. II Abt. 2 § 15; derselbe RG.[5] 741 f.

Notum sit, quod Godescalcus Overstolz de morte Gertrudis filie sue nonam partem octo mansionum sub uno tecto sitarum[1]) in curia que dicitur Ciderwalt et curie adiacentis de una platea usque ad aliam, sicut easdem Godescalcus in sua possidebat proprietate, similiter de morte Werneri filii sui aliam nonam partem octo predictarum mansionum et curie adiacentis ante et retro, nec non et nonam partem earundem octo mansionum, que Henricum filium suum, monachum sancti Martini, hereditario iure attingebat, item nonam partem predicte hereditatis, que Herimannum filium hereditario iure attingebat, similiter et nonam partem, que filiam suam Sophiam et maritum suum Henricum in sepedicta hereditate hereditarie attingebat, ita obtinuit, quod iure et sine contradictione dictas quinque partes prescriptorum puerorum suorum quocunque voluerit liberam divertendi habebit potestatem. Item notum sit, quod Godescalcus Overstolz contradidit et remisit filio suo Herimanno et uxori sue Methildi quartam partem octo mansionum sitarum sub uno tecto in curia que dicitur Ciderwalt versus sanctum Gereonem et quartam partem curie adiacentis de una platea usque ad aliam. Item notum sit, quod Godescalcus Overstolz contradidit et remisit filie sue Sophie et marito suo Henrico quartam partem octo mansionum sub uno tecto sitarum in curia que dicitur Ciderwalt versus sanctum Gereonem et quartam partem curie adiacentis. Insuper idem Godescalcus eis quartam partem alterius curie sue tamdiu in pignore posuit, quousque Godescalcus, canonicus sancti Andree, et Ricolfus, sancti Cuniberti, et Gerardus et Bruno, filii sui, super predicta quarta parte Henrici et Sophie ut iustum est effestucaverint, et eos indempnes ab omni impetitione reddat. Actum anno Domini 1233.

121 (125). *Rechtliche Natur der Verfangenschaft.* (1234.)

Kölner Schreinsbucheintrag, Ennen und Eckertz Qu. zur Gesch. der Stadt Köln II 150 Nr. 147. Vgl. Schröder GüterR. II 2 S. 82 f., 182-191 und in ZRG. 10, 440 f.

---

1) *über solche Teilungen der Wohnungen vgl.* Arnold *Eigentum 49, 169 ff.*

Notum, quod Theodericus, filius Hartmanni Gir, et uxor eius Elisabeth comparaverunt sibi erga Johannem de Patberg partem suam curtis que dicitur Gurcenigerhof, ubicumque eum hereditarie in particione attingebat, ita quod iure et sine omni contradictione obtinebunt. Et sciendum, quod Agnes, uxor Wilhelmi burgravii de Nitecgin, usumfructum quem habebat in parte sua curtis que dicitur Gurcenigerhof, ad ipsam hereditarie devoluta, ad manus Theoderici Gir et uxoris sue Elisabeth penitus effestucavit, et Adolfus, filius dicte Agnetis, proprietatem suam, que ad ipsum[1]) hereditarie devoluta est in curti que dicitur Gurcenigerhof, ad manus Theoderici Gir et uxoris sue Elisabeth similiter effestucavit.

122*. *Ersuchen um eine Lehnsinvestitur.* 1237, September 23.

Imbreviatur des Bozener Notars Jakob Haas, von Voltelini Die Südtiroler Notariats-Imbreviaturen des 13. Jh. I (= Acta Tirolensia Bd. 2) 353 Nr. 704. Vgl. ebenda p. 83.

Carta Cuncii Fafe de Grifenstain. Die suprascripto et loco[2]) et testibus. Ibique Cuncius Fafe de Grifenstain peciit semel bis ter investitura[3]) feudi unius a domino Egenoni[3]) comiti[3]) de Epiano pro se et ab eo vice pueris[3]) de Epiano filiis condam domini Ůlrici de Epiano de quoddam[3]) feudo, quod condam dominus Morhardus et sui antecessores habebat[3]) ab eo et a pueris et a condam domino Ůlrico comite, et porrexit ei manus suas et volebat sibi facere minuitatem[4]).

123 (126). *Erbverzicht eines Klostergeistlichen.* (1241.)

Kölner Schreinsbucheintrag, Ennen und Eckertz Qu. zur Gesch. der Stadt Köln II 222 Nr. 217. Vgl. Schröder RG.[5] 774 f.

Notum sit tam futuris quam presentibus, quod Everhardus, qui fuerat filius Henrici dicti Rape et Cristine, cum abbate et conventu suo de Veteri Monte super omnibus, que predicti parentes eius tam in hereditate quam mobilibus et suppellectili habebant, ad manus fratrum et sororum predicti Everardi, videlicet Elisabeth et mariti sui Ludolfi Grin, Cristine et mariti sui Herimanni Iserinschouf, Conradi et Henrici, penitus effestucaverunt.

124 (127). *Gerichtliche Erbteilung. Familienrat.* 1241.

Kölner Schreinsbucheintrag, Ennen und Eckertz Qu. zur Gesch. der Stadt Köln II 220 Nr. 215. Vgl. Schröder RG.[5] 741 f.

Notum sit tam futuris quam presentibus, quod, comparentibus in figura iudicii Herimanno de porta Martis post mortem parentum

---

[1]) *die Vorlage hat* ipsam. — [2]) *Sigmundskron.* — [3]) *Haas war grammatisch schlecht beschlagen.* — [4]) = homagium, hominium.

suorum Vugelonis (I)[1] et Gertrudis cum liberis suis, Gertrude relicta Vugelonis (II) fratris sui cum liberis suis, Cristina relicta Theoderici de Aurea Ove cum liberis suis, tutoribus etiam pupillorum cum cognatis de utraque linea comparentibus et iurantibus, quod divisio hereditatis ipsorum de consilio cognatorum et amicorum suorum inter ipsos facta utilior esset pupillis, quam si quilibet coheredum particulariter suam partem obtineret, Herimanno et Johanne, filiis Vugelonis (II), canonicis sancti Kuniberti, cum suis litis advocatis ibidem presentibus et divisioni facte consentientibus, sententia insuper scabinorum dictante, divisionem ipsam ratam esse debere et ubicumque partes divisionem ipsam scribi peterent, sive inter scabinos sive inter officiales, hoc ipsis denegari non posse, Cristina, relicta Theoderici de Aurea Ove in suam terciam partem[2]) per electionem[3]) obtinuit cum liberis suis, videlicet Johanna et marito suo Gerardo Flacco, Vugelone (III), Theoderico et Gertrude cum marito suo Johanne dicto Cleinegedanc, domum sitam in foro que dicitur ad Leopardum, que contigua est domui ad Cornum versus sanctum Martinum, prout ibi iacet domus predicta, item domum sitam in fine nove platee, que dicitur domus Scapule, versus sanctum Martinum, similiter unam marcam reddituum hereditariam in domo sita in foro piscium super cellario ex opposito domus Gerardi Ovirstolz versus Renum, ita quod predicti pueri post mortem matris sue Cristine dictam hereditatem iure et sine omni contradictione equaliter obtinebunt. Et sciendum, quod cellarium situm sub terra ante domum supradictam, que domus Scapule dicitur, predictis Cristine et pueris suis in divisione ipsa ipsis cecidit. Insuper sciendum, quod Gertrudis, relicta Vugelonis (II), et pueri sui. Vugelo (IV) cum uxore sua Guderade, Theodericus cum uxore sua Elisabeth, Herimannus et Johannes, canonici sancti Kuniberti, Ulricus, Margareta cum marito suo Godeschalco Ovirstolz, Hadewigis et maritus eius Henricus Ovirstolz, Richmudis cum marito suo Ludewico, item Herimannus, frater Vugelonis (II) et Theoderici, cum pueris suis Vugelone (V), Gertrude, Alverade et Johanna, item Margareta, soror predictorum Vugelonis (II) et Theoderici et Herimanni, cum marito suo Constantino, item Johanna, soror ipsorum, cum filiis suis Waltelmo, Herimanno et Vugelone (VI), super predictis hereditatibus ad manus predicte Cristine et puerorum suorum penitus effestucaverunt. Actum anno Domini 1241.

125 (128). *Ackerverteilung. Dreifelderwirtschaft.* **1247.**

Monumenta Boica XI 32 Nr. 20. Vgl. Gierke Das deutsche Genossenschaftsrecht I 66; Schröder RG.[5] 216.

Cum villa in Yserhoven sicut et alia predia in tota comitia de Pogen per Albertum comitem et suos inimicos ad hoc devenisset, quod

---

[1]) *die römischen Ziffern sind zur besseren Unterscheidung hinzugefügt.* — [2]) *hinterher wird noch zweier Schwestern, Margarete und Johanna, gedacht, die aber, wie es scheint, schon abgefunden waren, während Herimann und Gertrud, die Witwe seines Bruders Vugelo II., noch in Gemeinschaft blieben.* — [3]) *vgl. Nr. 113.*

agros et prata eiusdem predii, quia diu sine colonis extiterant, nullus sciret, et milites ac potentiores agros ville propinquos solummodo coluissent, remotioribus agris in vepres et spineta redactis, pace reddita ex morte comitis supradicti, rustici ecclesie et militis infeodati pro quantitate et limitibus contenderent, ego itaque Hermannus abbas [1]) per querimonias coram domino Ottone duce et suasiones diversas personas militares ad hoc induxi, quod ad sanctorum reliquias iuraverunt, se velle puram dicere veritatem, quantum quilibet ipsorum iuste possidere deberet. Quod et factum est, ut inferius continetur. Compromissum itaque fuit, ut maximus campus per funiculos [2]) mensuraretur, ille videlicet contra Auhalmingen, et cuilibet hube 12 iugera deputarentur, et quodlibet iugerum haberet 12 *pîvange* [3]), atque sic primo infeodatis ipsorum partes distribuerentur, residuum vero totum ecclesie remaneret. Item, in quot partes maior campus divisus esset, in totidem partes secundus campus et tercius divideretur, licet cuilibet hube in eisdem posterioribus campis non possent cedere 12 iugera ut in primo. Inchoata est igitur ista particio camporum per Alwinum monachum scribentem et fratrem Perhtoldum prepositum et Rudolfum officialem cum funiculis mensurantes, Hermanno abbate et populo comitante, anno Domini 1247.

126 (129). *Bestellung einer Heimsteuer. Grundstücksauftragung zu Zinsrecht mit Ablösungsrecht und -pflicht. Auflassung eines Rentenlehns durch die Hand des Lehnsherrn unter Vorbehalt eines Lösungsrechtes für den bisherigen, die Heimsteuer bestellenden Lehnsträger.* 1249, Juli.

Warnkönig Flandrische Staats- und RG. III, UB. 152 Nr. 87. Vgl. Brunner RG. der Urkunde 192 f.; derselbe in ZHR. 22, 541 ff.; Schröder in Annalen des hist. Vereins f. den Niederrhein Heft 24, 161 ff. und in ZRG. 19, 201; derselbe RG.[5] 747 f.; Gierke in Deutsche Literaturzeitung 1882 Nr. 37; derselbe PrivR. II 762; S. Brie Die Lehre vom Gewohnheitsrecht I 216[17].

Universis praesentes litteras inspecturis vel audituris Eustatius miles de Lederne, dominus de Ristune, et eius uxor Mathildis salutem in Domino. Noverint omnes, quod nos dedimus dilecto nostro Olivero, clerico [4]) de Aldenardo, in vero matrimonio et legitimo cum Aelide filia nostra omnes terras, tam arabiles quam inarabiles, cum pratis et pascuis ad easdem terras pertinentibus, iacentes in officio de Somerghem, cum mansu et aedificiis in loco quod vulgariter dicitur Bredebroech, factis ad praesens ibidem et faciendis, quae omnia resignavimus secundum legem et consuetudinem patriae in manus Soykini ballivi de Somerghem, effestucavimus et werpivimus praedicta bona ad opus dicti Oliveri et Aelidis eius uxoris, sub testimonio et in praesentia scabinorum dicti loci de Somerghem, qui ad hoc submoniti fuerunt

---

[1]) *der Abt des Klosters Niederalteich an der Donau.* — [2]) *vgl. Bader in ZGO. 5, 384.* — [3]) *das von den Furchen eingefasste Ackerbeet.* — [4]) *Schreiber; vgl. Wattenbach Das Schriftwesen im MA.*[3] *426, 456; Heidenheimer in Centralblatt für Bibliothekswesen 19, 451 ff.; Otto Klee ebenda 20, 325 ff.*

et vocati. Quae etiam bona dictus Oliverus nobis contulit de manu sua tenenda, Aelide uxore sua praesente et consentiente, ita quod nos dicto Olivero singulis annis viginti et duas libras Flandrensis monetae in nativitate Domini de ipsis bonis persolvere tenemur; hoc adiecto, quod nos sive heredes nostri ab ipso Olivero et uxore sua Aelide praedicta, sive ab heredibus eorum, quamlibet libram pro decem libris Flandrensibus possumus absque contradictione redimere et acquitare. Praeterea debemus nos sive heredes nostri praedictas viginti et duas libras ab ipso Olivero et Aelide uxore sua, sive ab heredibus eorum, quamlibet libram de praedictis viginti duabus libris pro decem libris Flandrensibus, redimere, si dictus Oliverus vel eius heredes in meliores usus suos et ubi magis sibi viderint expedire de communi consilio ipsorum ad commodum eorum velint alibi ponere vel assignare pecuniam memoratam. Et ad hoc nos et heredes nostros obligamus. Dedimus etiam saepedicto Olivero clerico et eius uxori Aelidi octo libras Flandrenses annui reditus iacentis in parrochia de Kneslar, quas a domino de Wastina in feodum tenere dinoscimur, quas in manu dicti domini de Wastina resignavimus, effestucavimus et werpivimus ad opus dictorum Oliveri et Aelidis eius uxoris, sub testimonio et in praesentia hominum et scabinorum dicti domini de Wastina. Quas octo libras ipse dominus de Wastina contulit dicto Olivero clerico de se tenendas sub annuo censu sex denariorum Flandrensium sibi in nativitate Domini solvendorum. Et ut praedictum est, si praedictas octo libras ab ipso Olivero vel eius heredibus redimere velimus, licet nobis quamlibet libram pro decem libris Flandrensibus redimere et acquitare. In cuius rei testimonium et munimen praesentes litteras feci ego Eustacius sigilli mei appensione roborari. Et quia ego Mathildis proprium sigillum non habeo, sub sigillo domini mei et karissimi mariti mei domini Eustacii praedicti personam meam comprehendo. Actum anno Domini 1249., mense Julio.

127 (130). *Veräusserung mit gesamter Hand. Voraussetzungen der Geschäftsfähigkeit.* 1252, September 17.

Lacomblet UB. für die Gesch. des Niederrheins II 206 Nr. 384. Vgl. Schröder GüterR. II 2 S. 38; Nagelschmitt Zur Gesch. des Klosters Hoven, in Annalen des hist. Vereins f. den Niederrhein Heft 32 S. 1 ff., 12.

Notum sit universis presens scriptum inspecturis, quod cum nos, Henricus miles de Breitpach [1]) et uxor nostra Lucia, sani et incolumes corpore existeremus, ita quod ire, stare et equitare possemus, de libero nostro arbitrio et voluntate spontanea pro remedio animarum nostrarum contulimus abbatisse et conventui de Hovin [2]) quandam [3]) vineam, que nostra fuit propria, que sita est in parrochia Breitpach, que vocatur Ledinberch, nullo penitus contradicente. Actum anno Domini 1252., in die beati Lamberti.

---

1) *Rheinbreitbach, Kr. Neuwied; vgl. Weidenbach in Annalen des hist. Vereins f. den Niederrhein Heft 24, 72.* — 2) *Zisterzienserinnenkloster Hoven bei Zülpich; vgl. Clemen Die Kunstdenkmäler des Kreises Euskirchen 86 ff.* — 3) *die Vorlage hat* quendam.

128 (131). *Intestaterbrecht eines Klosters an Stelle seiner Konventualen.* 1253.

Kölner Schreinsbucheintrag, Ennen und Eckertz Qu. zur Gesch. der Stadt Köln II 336 Nr. 323.

Notum sit tam futuris quam presentibus, quod domus pistorea cum camera adiacente, que sita est in monticulo, accidit conventui de monte sanctae Walburgis [1]) ex parte Gertrudis, sanctimonialis ibidem, cui acciderat de morte patris sui Rambodonis hereditas memorata. Actum anno Domini 1253.

129 (132). *Auflassung. Weinkauf.* 1255, Mai.

Baur Hessische Urkunden I 26 Nr. 40. Vgl. Nr. 100, 103; Sohm in ZRG. 14, 55[88].

Noverint . . . [2]) quod ego Embricho, filius domini Gerhardi de Wolveskelen, contuli ecclesie Eberbacensi unum mansum et aream unam in Popinheim, partim in elemosinam partim pro debitis 14 marcarum, resignans eadem bona fratri Emechoni, magistro in curia Leheim, primo coram Herbordo sculteto in villa Leheim in cimiterio, presentibus domino Alberto et domino Burchardo de Wolveskelen et domino Henrico de Limpurg, militibus, et Henrico de Eltevile, urbisprefecto nominati castri. Post hec vero resignavi eadem bona iam dicto fratri Emechoni in strata publica Popinheim coram Heinrico Blerrinc, iudice ibidem, astantibus militibus domino Heinrico de Kuningernheim et domino Arnoldo de Dinheim et civibus de Oppenheim, Heinrico de Buneshe:m, Reinhero Parvo et Heinrico Lapide de Dinheim, sculteto in Popinheim, cui frater Emecho pro vino testimoniali solidum hallensem tribuit et 20 hominibus ibidem et amplius potum prebuit de Lagena . . . [2]) Actum anno Domini 1255., mense Maio, indictione 13.

130 (133). *Grundstücksverkauf mit Erbenlaub. Auflassung im Landgericht nach sächsischem Recht. Aufforderung der Berechtigten zum Widerspruch. Friedewirken. Einweisung in den Besitz durch den Fronboten. 'Sessio triduana'.* 1256, August 5.

von Heinemann Cod. dipl. Anhaltinus II 166 Nr. 220. Vgl. Nr. 46, 78, 79, 96, 98; Sohm in ZRG. 14, 37[52], 54 ff.; Brie (Zitat zu Nr. 126) I 215[14]; Gierke PrivR. II 278; Schröder RG.[5] 737-739 und in ZRG. 18, 66[4]; Bückling (Zitat zu Nr. 98) 182[4], 184 Nr. 15.

Olricus et Heinricus comites de Regensten omnibus tam presentibus quam futuris cupimus esse notum, quod dominus Heinricus miles de Hersleve [3]) quasdam proprietates, videlicet quinque mansos, unam curiam in magno Hersleve, cenobio Widerstede [4]) vendidit et,

---

[1]) *Walberberg.* — [2]) *Lücke in der Vorlage.* — [3]) *Harsleben, südöstl. von Halberstadt.* — [4]) *Wiederstedt a. d. Wipper.*

secundum quod ius et consuetudo terre exigit, tradidit coram nobis, cuius rei processum et ordinem propter labilem hominum memoriam presentibus duximus exprimendum. Instaurato iudicio et secundum ius et terre consuetudinem sedente pro tribunali prefecto nostro Heinrico de Blankenberg dominus Heinricus de Hersleve et sorores sue et alii heredes, quotquot erant, dicte proprietati renunciantes in totum cenobium Hekstede, alias Hetstede[1]), contulerunt, scrinio reliquiarum illius loci, quod nobiles matrone sorores Mechthildis de Arnestein et Luthardis de Wernighenrod secum deportaverant, suis manibus imponentes. Cumque secundum iura terre nostre fuisset ab hominibus illis, qui liberi vocantur et qui secundum suam conditionem debent huiusmodi donationibus interesse, diligentius perquisitum, si donacio esset facta iuste et idonee, quod deberet inviolabiliter observari, fuit ab eis per sentencias, ut consuevit fieri, sic responsum, quod omnia rite processerint et nichil fuerit de contingentibus pretermissum. Igitur prefectus requirens, si contra donacionem huiusmodi aliquis haberet aliquid questionis, et trina inquisitione facta non appareret aliquis contradictor, sub banno regio cum sententiis, ut moris est, dicte proprietati firmam pacem induximus, iam dictas matronas nomine cenobii prefati in possessionem bonorum cum personis ad hoc deputatis et nuncio publico Henrici de Hersleve nomine inmittentes, que eandem proprietatem per triduum continuum corporaliter possederunt et, sicut consuevit fieri, permanserunt in ipsa. Huius rei testes sunt: Olricus, filius noster, milites Heinricus de Minsleve, Olricus Dives, Theodericus de Orden, alii homines liberi Lodewicus, Fredericus, Heinricus, Thetmarus, Wernherus, Johannes, Bernardus et alii plures. Et ne de cetero aliquid dubietatis super hoc negocio valeat suboriri, presentem litteram sigillis nostris duximus sigillandam. Actum et datum anno Domini 1256., nonas Augusti.

131 (134). *Veräusserung verfangener Güter. Bestellung eines Pfandes zur Sicherung der Gewährschaft des Verkäufers.* 1257, Juni.

De Smet Recueil des chroniques de Flandre II 914 Nr. 224.

T. allen denghenen die dese letteren selen sîen, de lantscepenen van Velseke: Gôd houden in unsen hêre. Wi maken verconde gh, dat d'abt ende convent van Ninive hebben gecocht ter wet êne hofstat met allen, gheleghen te Bôchoute boven hare hof ane de strâte, jeghen Hûghen ende Segheren; dewelke hofstat de vorgheseiden Hûghe ende Seghere hadden ghecocht ter wet jeghen Arnoude de Smet van Bôchoute. Ende ombe dat Arnout de Smet hadde ên wîf, dôe hi dat gôet bejaghede[2]) ane den hêre van Gavera, van der welker hi hevet ên kint, dat nâ de wet es sculdech te dêlene ane dat gôet, bi dien dat si porteren[3]) wâren, dôe si dat gôet bejagheden, ende dat kint niet nes comen te sînen jâren, sôe dat het dis gôets mach worpen ter wet, sôe hevet de vorgheseide Hûghe ende Seghere, sîn ghe-

[1]) *Hettstedt im Mansfelder Gebirgskreise.* — [2]) *erwarb.* — [3]) *Vollbürger.*

selle, vor ons gheset den abt ende den convente ên halph bunre lands, dat leght in Lettellendrisch, quîte ende vrî van alre bewîsenessen ende van alre calangen[1]): ocht dat sake wâre, dat de vorgheseide Hûghe ende Seghere niet enbrachten Arnouts kint te wetteleker worpinghen van dien gôede binnen ênen jâre nâ dat't[2]) kint verjârt wâre, dat d'abt ende de convent van dien halbunre lants mochten dôen hare vrome als met andren haren gôede, tote der wîlen dat si dat kint brachten te wetteleker worpinghen, alsôe als[3]) si hebben ghelovet. Wâre ôec dat sake, dat't[2]) kint storve, îer het quâme te wetteleker worpinghen, sôe mochte Hûghe ende Seghere van dien halbunre lants, dat dien van Ninive es bewîst, haren wille dôen als si dâden, îer si't bewîsden dien van Ninive. Ende ombe dat dese vorwarde vast blîve ende ghestâde, sôe hebbe wi dese letteren ghegheven den abt van Ninive en den convente, gheselt met onsen seghele. Dese vorwarde was ghemact vor ons ende vor vele gôeder lîde te Velseke, 's donderdags vor de gheborte sinte Jans Baptisch, in't jâr nâ de incarnâtie ons Hêren 1257.

132 (135). *Hausleihe zu Erbzinsrecht. Rutscherzins und Rückfall an den Leiheherrn bei Versäumnis. Vorkaufsrecht desselben bei Veräusserung. Handänderungsgebühr ('Gewerf').* 1257.

Lacomblet UB. für die Gesch. des Niederrheins II 242 Nr. 446. Vgl. Arnold Eigentum 20-22, 36-45, 60-66, 70-79, 141-192; Rosenthal Zur Gesch. des Eigentums in der Stadt Würzburg 37 ff.; Gobbers in ZRG. 17, 153 f.; von Schwind (Zitat zu Nr. 71) 35²; Gierke PrivR. II 797; Schröder RG.⁵ 741.

Capitulum Coloniense universis tam futuris quam presentibus inspecturis has litteras volumus esse notum, quod nos de areis olim vinee nostre apud sanctum Marcellum sitis, liberum nostrum existentibus allodium, magistro Gerardo lapicide, rectori fabrice nostre[4]), propter meritorum obsequia nobis facta unam aream laciorem et maiorem aliis, prout ibi iacet et conprehendit magnam domum lapideam quam idem magister Gerardus propriis aedificavit sumptibus, duximus concedendam: ita videlicet, quod prefatus magister vel Guda, uxor ipsius, aut eorum heredes censum nobis duodecim solidorum Coloniensium denariorum iure hereditario persolvent de area memorata, cuius tamen census medietas in sanctae Walburgis et reliqua medietas in sancti Remigii festis[5]) annis singulis persolvetur. Si vero aliquo terminorum istorum postea infra mensem census non fuerit debitus persolutus, extunc pro pena solventur nobis tres solidi denariorum, et similiter de unoquoque mense per unum annum tres solidi pro pena

---

[1]) calange, *mittelbar vom lat.* calumnia, *Ansprache; hier eventuell auch gewaltsame Besitzergreifung; vgl.* Verwijs en Verdam *III 1115-1171.* — [2]) dat't *statt* dat *der Vorlage R.* — [3]) als si *statt* alsi *der Vorlage; so auch Zeile 11. R.* — [4]) *Dombaumeister Gerhard. Vgl.* J. J. Merlo *in Jahrbücher des Vereins v. Alterthumsfreunden im Rheinlande Heft 72, 100 ff.;* Hasak *in Ztschr. f. christliche Kunst Jahrg. 19, 63.* — [5]) *also Mai 1. und Oktober 1.*

solventur, si infra totus census cum pena totali neglecta non fuerit persolutus; et ad hoc census, si quis neglectus est, nichilominus persolvetur. Anno autem elapso, si infra mensem postea ad longius omnia prescripta vel aliqua eorum non fuerint adimpleta, dicta area cum domo lapidea ad nostram et nostre ecclesie proprietatem absolute et libere revolvetur. Post obitum vero uniuscuiusque possessoris vel heredis domus et aree sepefate, heres aut successor instituendus dabit nobis in receptione dictorum bonorum duodecim denarios pro iure quod *gewerf*[1]) vulgariter appellatur, et similiter ab emptore domus eiusdem et aree, si vendi contigerit et eandem primo nobis exhibitam emere recusaverimus, duodecim denarii persolventur. Et sciendum, quod emptor dictam domum et aream sub omnibus prenotatis conditionibus tam census quam penarum libere perpetuo obtinebunt a nobis. Ut autem predicta omnia tam a nobis quam nostris successoribus dicte domus possessoribus et ab ipsis nobis vel ecclesie nostre inviolabiliter perpetuo observentur, presens scriptum in testimonium nostri fecimus sigilli munimine roborari. Datum anno Domini 1257.

133*. *Übertragung von Grundbesitz gegen Gewährung bergbaulicher Befugnisse durch den Grundeigentümer.* 1260, August 15.

Gehrken in Wigands Archiv für Gesch. u. Alterthumskunde Westphalens Bd. 1 Heft 4 S. 97 Nr. 3. Vgl. ebenda S. 93; Hüllmann Gesch. des Ursprungs der Regalien 62 ff.; Preuss und Falkmann Lippische Regesten I 285 Nr. 472; Seibertz Landes- und RG. des Herzogthums Westfalen Bd. I Abteil. 3 Teil 3 S. 358, 386; missverständlich G. von Detten Westfälisches Wirtschaftsleben im MA. 147.

Nos Widekindus Dei gratia comes de Svalenberg omnibus Christi fidelibus hanc paginam visuris salutem in Domino. Expedit, ut que geruntur in tempore, ne simul labantur cum tempore, scripti memoria perhennari (!). Notum esse volumus tam presentibus quam futuris, quod venerabilis abbas Henricus monasterii prope Svalenberg[2]), prior totaque universitas eiusdem capituli contulit nobis, quidquid in prediis aut in proprietate ecclesie ipsorum auri vel argenti ad suffodendum de terra poterit inveniri. Nos vero e converso utilitati iam dicte ecclesie intendentes cum consensu nostre matris et uxoris et fratrum nostrorum nec non heredum nostrorum, ob dilectionem genetricis Dei, eiusdem ecclesie et congregationi bona nostra in Volkoldessen contulimus perpetuo possidenda. Ne autem predicta donatio a nobis sive a nostris successoribus possit retractari, presentem kartulam sigilli nostri munimine roboramus. Huius autem rei testes sunt: milites Bertoldus de Helmerinchusen, Conradus de Woltessen, Borchardus de Holthusen, Wernherus Ditberuere, Henricus de Helmerinchusen; famuli Arnoldus

---

[1]) *vgl. Wunderlich in Grimms WB. Bd. IV Abt. 1 Sp. 5624.* — [2]) *es ist das Benediktinerkloster Marienmünster im Kreise Höxter in Westfalen, unweit Schwalenberg (Lippe).*

de Thidenhusen, Hermannus de Donepe, Helmbertus, Wernerus de Wordey et alii quam plures. Datum et actum anno Domini 1260. in die assumptionis beate Marie virginis.

134 (137). *Unübertragbarkeit des Rechtes der Kinder an verfangenen Gütern in Frankfurt am Main. Gewere des Erben.* 1261, April 1.

Rechtsgutachten der Schöffen von Frankfurt a. M. für Erfurt, Böhmer-Lau UB. der Reichsstadt Frankfurt I 112 Nr. 232. Der Rechtsfall kehrt in deutscher Bearbeitung wieder als Art. 15 der Erfurter Statuten v. 1306 (bei Walch Vermischte Beyträge zu dem deutschen Recht I 104). Vgl. Nr. 172; Schröder GüterR. II 2 S. 134 ff., II 3 S. 198 f., auch II 2 S. 71 ff.; Laband Die vermögensrechtl. Klagen 164[14] und in KrVJSchr. 15, 401; Brie (Zitat zu Nr. 126) I 215[14], 227[13], 230[22].

Wolframus, scultetus, et schabini civitatis Frankenvordensis omnibus has litteras audituris. Facta fuit ad nos consultacio, quid iuris vel consuetudinis haberetur apud nos super casu infrascripto, qui talis est: Heinricus et Gertrudis, uxor eius, habentes filium Conradum nomine, transtulerunt se in Erfordiam et cum argento suo, quod elaboraverant in remotis partibus et secum adduxerant, quandam ibi curiam titulo proprietatis emerunt. Inhabitantibus siquidem ipsis eandem curiam, Heinricus ipse post aliquot annos decessit. Uxor sua Gertrudis sedit et sedet adhuc hodie in possessione curie sue. Filius eius Conradus predictus, irrequisita matre sua, tandem duxit uxorem, cui iuxta terre consuetudinem donavit, sicut *dingen* vulgariter appellatur, omnia que tunc habebat vel esset in posterum habiturus. Numquam fuit nactus possessionem curie matris sue, tantum habuit expectationem solam in curia, ut post mortem matris hereditario iure succederet ad curiam supradictam. Postea ipse Conradus genuit prolem et mortuus est. Demum proles eciam clausit diem supremum. Relicta itaque sua extunc alteri viro nupsit. Modo Gertrudis illa, que cum viro suo Heinrico prefato curiam per suam pecuniam comparavit et numquam extra suam possessionem dimiserat vel Conrado, suo filio, vel ipsius proli, vult ipsam vendere; sed relicta filii interdicit, asserens eam sibi competere post mortem Gertrudis, eo quod, quando Conradus, maritus suus, filius eiusdem Gertrudis, sibi donavit, sicut vulgo dicitur *dingen*, omnia que tunc habebat vel esset in posterum habiturus, donaverit eciam sibi omne illud ius, quod sibi in ipsa curia competebat. — Nos igitur, discusso negocio, dicimus et testamur, quod si res est ita, sicut superius continetur, ista relicta Conradi, secundum ius et consuetudinem habitam ex antiquo apud nos et hactenus observatam, nichil penitus habet iuris aut expectationis in curia supradicta, quare et quia nec Conradus vir eius nec proles sua, dum viverent, ullo umquam tempore nacti fuerant possessionem curie sepedicte. Datum apud Frankenvord, anno Domini 1261., kalendas Aprilis.

135 (138). *Verpfändung des eigenen Lebens.* 1263, Mai 30.

Kölner Schreinsbucheintrag, Ennen und Eckertz Qu. zur Gesch. der Stadt Köln II 475 Nr. 455. Vgl. Heusler Institutionen I 103 f.; Gierke Schuld und Haftung 247 f.

Notum sit tam futuris quam presentibus, quod Henricus, filius Harperni Zerdonis, manifeste in figura iudicii coram iudicibus et scabinis cum spontanea voluntate elegit, quod amicabilem compositionem, quam fecit et inivit cum Henrico dicto Asino, ratam et inconvulsam tenere deberet, omni fraude et dolo exclusis, et si unquam ipsam confringeret compositionem, sine contradictione decollari deberet, dummodo rationabiliter convincatur et legitime de confractione dicte compositionis seu eandem compositionem violasse. Hi fuerunt iudices: Gerhardus Overstolz comes, Everhardus advocatus. Hi fuerunt scabini: Johannes de Lintgassen, Gerardus frater suus, Hermannus Comes, Theodericus dictus Grin, Henricus Clenegedanc, Godescalcus Vetscholder, Bruno Scherfgin, Ricolfus Grin, Henricus de Hane, Wernerus Birkelin, Theodericus de Porta et alii quam plures. Actum anno Domini 1263., quarta feria post Urbani pape.

136 (139). *Verkauf und Auflassung eines Grundstückes. Veräusserung verfangener Güter. Leibbürgen für dereinstige Einwilligung minderjähriger Kinder. Einlager. Gewährschaft des Verkäufers für Zinsfreiheit. Rentenkauf. Pfandsatzung ('obligation').* 1264, September 24.

Böhmer-Lau UB. der Reichsstadt Frankfurt 120 Nr. 252. Vgl. Nr. 115; Schröder GüterR. II 2 S. 126; von Meibom PfandR. 402 ff.; Franken Das französische PfandR. im MA. I 4 ff.; E. Friedlaender Das Einlager 61 ff.; Rabel Die Haftung des Verkäufers I 7[5], 181, 201; Gierke Schuld und Haftung 254; Brie (Zitat zu Nr. 126) I 213[8].

Heinricus decanus et capitulum ecclesie Frankenfordensis, Conradus scultetus, scabini et universi cives ibidem. Ad universorum noticiam presenti pagina cupimus pervenire, quod Rudolphus miles, dictus de Prumheim, curiam suam iuxta curiam parrochie sitam Cristano (!) cantori de Frankenford et Godeschalko capellano sancti Nicolai ibidem pro triginta marcis Coloniensium denariorum vendidit et eam coram nobis in manus Conradi, sculteti nostri, una cum filio suo Heinrico, videlicet seniore annos discrecionis tunc habente, resignavit; quam curiam idem scultetus predictis Cristano et Godeschalko, iuxta nostre consuetudinem civitatis, porrexit et assignavit titulo proprietatis perpetuo possidendam. Dedit eciam dictus Rudolfus fideiussores, videlicet Wolframum olim scultetum, Godeschalkum et Richwinum, fratres suos, prefatis Cristano et Godeschalco, quod alii pueri sui dicte curie simili modo renunciabunt, cum ad annos legitimos producuntur. Promisit insuper prenotatus Rudolfus, quod si unum de fideiussoribus decedere contigerit, quod absit, ipse alium substituet infra quindecim dies loco defuncti. Si vero factum non fecerit, alii duo fideiussores hospicium Frankenfort intrabunt, more fideiussorum commesturi, donec alter fideiussor, sicut promissum est, substituatur. Preterea si in aliquo predictorum fideiussorum fuerit defectus, alii omnem supplebunt defectum. Adiectum est eciam et promisit Rudolfus sepedictus coram nobis, quod si dictam curiam aliquis impetat hominum, census aliquos requirendo ab ipsa, ipse Rudolfus et sui heredes debent eam defendere suis laboribus et expensis. Si vero census aliquis emptus fuerit ab illa, censum illum domus illa dicta ad Durrengibel, que sita est in foro, solvet et omnem defectum supplebit, quam eciam supranotatus Rudolfus ad hoc deputavit et coram nobis supranotatis Cristano et Godeschalko obligavit. In cuius rei memoriam et sempiternum munimen sepenotati emptores presentem cartam conscribi fecerunt et tam sigillis nostris quam sigillo nobilis viri domini Philippi de Valkenstein senioris, imperialis aule camerarii, una cum sepedicto Rudolfo sibi pecierunt communiri. Et nos Philippus a partibus rogati sigillum nostrum apposuimus. Datum et actum Frankenfort, supra domum communitatis anno Domini 1264., 8. kalendas Octobris.

137 (140). *Zuschreibung eines Hauses im Wege gerichtlicher Vollstreckung. Eheliche Errungenschaftsgemeinschaft.* 1271, Juli.

Kölner Schreinsbucheintrag, Ennen Qu. zur Gesch. der Stadt Köln III 41 Nr. 54. Vgl. von Meibom PfandR. 102 ff.; Schröder GüterR. II 2 S. 5; Redlich Privaturkunden 193.

Notum sit tam futuris quam presentibus, quod Hermannus dictus Hircelin comparens in figura iudicii et conquerens de Wilhelmo de Huntzgass super quibusdam dampnis sibi ab eodem illatis et quia idem Wilhelmus non secutus est precepta a iustitia sibi facta, ut deberet, nec aliquis ex parte sua, predictus Hermannus Hircelin per sententiam scabinorum missus fuit in possessionem domus et aree, que quondam fuit mansio Ottonis et Irmengardis, site in opposito domus, que quondam fuit mansio Gerhardi probatoris [1]): tali conditione, ut, si nullus infra annum et diem se opponat predicte immissioni domus et aree prescripte, predictus Hermannus in carta officialium scribi deberet. Et per Gerhardum Overstoltz vicecomitem et ... scabinos [2]) mandatum est a scabinis Coloniensibus officialibus parrochie sancti Albani, quod predictus Hermannus in carta ipsorum scriberetur. Et sic scriptus fuit idem Hermannus et uxor sua Engilradis in carta officialium, ita quod iure et sine contradictione dictam domum obtinebit. Actum anno Domini 1271., mense septimo.

138 (141). *Freilassung eines Ministerialen unter gleichzeitiger Veräusserung seines Sohnes.* 1271, Dezember 24.

Lacomblet UB. für die Gesch. des Niederrheins II 366 Nr. 622. Vgl. von Fürth Die Ministerialen 468-472, 100 ff., 436-456; Aloys Schulte Der Adel und die deutsche Kirche im MA. (= Kirchenrechtl. Abhandlungen hersg. v. Stutz, 63. u. 64. Heft) S. 305 ff., bes. S. 309 Nr. 16, S. 310.

---

1) *Prüfer für Metalle.* — 2) *die Namen der Schöffen fehlen.*

Megtildis nobilis matrona de Holthe et Johannes burgravius de Arberg, filius eius, presentibus et futuris hoc scriptum intuentibus innotescimus, quod nos Gerhardum, filium Gerardi dicti de Reno, nostrum ministerialem, propter petitionem et dilectionem liberum fecimus et ab omni iure seu servicio ministeriali quitum dimisimus et solutum, dicti Gerardi filium in ministerialem Asnidensi ecclesie [1]) conferentes. Datum anno Domini 1271., in vigilia nativitatis Domini.

139 (142). *Schuldverschreibung einer Stadtgemeinde mit Pfändungsklausel.* 1274, September 29.

Ennen Qu. zur Gesch. der Stadt Köln III 65 Nr. 91. Vgl. von Meibom PfandR. 220; Schröder RG.^{5} 733.

Nos iudices, scabini, consilium et cives universi Colonienses universis per presentes notum facimus, quod tenemur Ade militi de Růdinc ex parte nobilis viri Dieterici comitis de Katzenelenbogen in quadraginta marcis Coloniensium denariorum legalium et bonorum, quas ipsi infra sacros dies nativitatis Domini nunc instantes solvere promisimus et promittimus per presentes. Quod si adimplere neglexerimus, dictus Adam nostra et nostrorum concivium pignora capere poterit sine qualibet nostra contradictione vel offensa. Que pignora idem Adam, si requisitus fuerit, nobis et nostris concivibus extracredet ad certum terminum, recepta fideiussoria cautione; si autem requisitus non fuerit, memorata nostra pignora vendere poterit licite sub testimonio proborum virorum, et receptam ab huiusmodi pignoribus pecuniam nobis debet in solutionem debiti, quo tenemur eidem, computare. Super hoc in testimonium atque fidem sigillum commune civitatis nostre presentibus duximus apponendum. Datum anno Domini 1274., in die beati Michaelis archangeli.

140 (143). *Verpachtung zu Halbbau mit verschiedenen Nebenabreden. Teilviehvertrag.* 1277, Februar 22.

Ennen a. O. III 136 Nr. 165. Vgl. Lamprecht Beiträge (Zitat zu Nr. 106) 62 ff.; Schröder im Rechtslexikon v. F. von Holtzendorff^{3} III 1144 (Viehverstellung); Seckel Quellenfunde zum lombardischen Lehenrecht (in Bd. I der Festgabe der Berliner jurist. Fakultät für Otto Gierke zum Doktorjubiläum, 1910) 167.

Theodericus dictus Decanus recepit curtem de Lagheim ad semiculturam ad sex annos incipientes in cathedra sancti Petri anno Domini 1277., ita quod domini sancti Gereonis dabunt dicto colono singulis annis predictis ad semen 15 maldra siliginis et 18 maldra avene et 11 solidos ad incidendum segetes et metendum. Preterea dicti domini dederunt ipsi colono quatuor marcas, quas deserviet infra tres annos proximos, mergelando quemlibet iurnalem pro tribus solidis; et si plus mergelaverit, dabuntur ei modo predicto de quolibet iurnali tres solidi. Item domini et colonus habebunt equalem

---

[1]) *Reichsabtei Essen.*

et parem numerum boum, porcorum, ovium et aliorum pecorum in curte, et colonus nichil animalium habebit solus, exceptis pullis et anseribus; et quando necesse fuerit tempore hiemali, illis [1]) et aliis pecudibus paribus expensis dominorum et coloni emetur pastus. Item poma, nuces et alios fructus curtis domini et colonus equaliter divident. Item colonus singulis annis sibi soli seminare poterit duos iurnales in *brâgvelt*[2]), et quicquid ultra seminaverit in *brâgvelt*, divident domini et colonus. Item colonus laboribus suis et expensis ducet[3]) dominis annonam eorum, quam ipse seminaverit, ante granarium eorum Coloniam. Item domini nichil dabunt nec facient aliquas expensas ad custodiam ovium, boum, porcorum aut pecorum aliorum. Acta sunt hec anno et die predicto, presentibus ex parte dominorum domino Heriberto thesaurario, Hugone de Buren et Wilhelmo de Hemersbag. Ex parte vero dicti coloni interfuerunt: Waleramus de Westubbe, Hermannus de Neyle braxator, Hermannus dictus Hagene de Neyle et Ditlews opilio.

141 (144). *Lichtrecht und Wasserablauf, als Gebäudeservitut ins Stadtbuch eingetragen. Eingetragenes Zubehör.* 1277, September.

Kölner Schreinsbucheintrag, Ennen a. O. III 132 Nr. 159. Vgl. Gierke PrivR. II 634; Kohler in Rheinische Ztschr. f. Zivil- und ProzessR. 3, 422.

Notum sit etc., quod domus vocata Swanenberg, sita prope domum vocatam Esch versus capellam sancti Stephani, optinebit omnia lumina sua, ita quod nullo edificio obstrui debent. Similiter item optinebit medietatem stabuli contiguam eidem domui et retro eandem domum cum fluxu aque, sicut nunc vadit sive cadit, et hoc contradictione qualibet non obstante. Actum anno Domini 1277., mense Septembri.

142 (145). *Freiwillige Ergebung in die Ministerialität.* 1278, April 12.

Ennen a. O. III 138 Nr. 168. Vgl. von Fürth Die Ministerialen 140.

Nos Cono de Molenarken et Reinerus dictus Hoyngin, fratres, et sorores eorundem notum facimus universis presens scriptum visuris et audituris et publice profitemur, quod, cum essemus libere conditionis et nulli domino attineremus, ob spem promotionis et protectionis, quam nobis et heredibus nostris impendere poterit ecclesia Coloniensis, nos, prehabita deliberatione cum consanguineis et amicis nostris, convocatis prioribus ecclesie Coloniensis in maiori ecclesia Coloniensi missa solempniter in honore beati Petri celebrata, anno Domini 1278., feria tertia post dominicam Palmarum, ante altare beati Petri nos, liberos nostros et heredes tradidimus et ministeriales fecimus pure et simpliciter ecclesie Coloniensis, ita quod omni iure et

---

[1]) *die Vorlage hat* quibus. — [2]) = *brâchvelt.* — [3]) *die Vorlage hat* ducit.

libertate gaudere et perfrui debeamus, quibus alii ministeriales ecclesie Coloniensis gaudere et perfrui dinoscuntur, nosque, liberi nostri et heredes in castris et munitionibus ipsius ecclesie, quotienscumque opus habuerimus, recipiemur[1]) et ab ipsa ecclesia in omnibus nostris necessitatibus tamquam ministeriales ipsius protegi tenebimur et defendi. In cuius rei testimonium nos Cono et Reinerus dictus Hoyngin, fratres, pro nobis et sororibus nostris, liberis et heredibus predictis sigilla nostra presentibus duximus apponenda. Actum et datum anno et die supradictis. Preterea memorandum, quod predicti fratres, eorum liberi et heredes habent super premissis litteras domini Sifridi archiepiscopi et ecclesie Coloniensis, quod videlicet eos receperunt in suos et ecclesie Coloniensis ministeriales, prout superius est expressum.

143*. *Auflassung von Erbleihegut durch die Hand des Leiheherrn. Ungültigkeit der Vertretung durch einen privatschriftlich Bevollmächtigten. Entgegennahme der Auflassung und Vornahme der Verleihung durch gerichtliche Bevollmächtigte.* 1278, Sept. 13.

C. Beyer UB. der Stadt Erfurt I 191 Nr. 298. Vgl. Rehme Das Lübecker Ober-Stadtbuch 113, vor § 26.

In nomine Domini amen. Nos Hugo Longus et Albertus Vicedominus magistri consulum, Conradus Hottirmannus, Gotscalcus de Smitdestete, Rudolfus de Northusen, Conradus de Saxa, Thimo Legatus, Ludewicus de Bilterslebin ceterique consules civitatis Erphordensis recognoscimus et presentibus protestamur, quod constitutus in presentia nostri Henricus filius Bertoldi de Musbach asseruit se habere mandatum a patre, renunciavit libere et expresse omni iuri, contradictioni, fictioni, deceptioni, simulationi, que sibi et patri suo competere videbantur in area quadam sita apud fratres heremitas ordinis sancti Augustini in Erphordia, et tam pro se quam pro patre idem ius et eandem curiam ad manus domini Theoderici de Smitdestete manualiter resignavit, a quo ipsi hereditarium ius habuisse noscuntur in curia memorata. Et quia littere ab eodem Henrico exhibite super hoc negotio minus sufficere videbantur[2]), dictus Th. de Smitdestete constitutus coram nobis domino Henrico de Curin et Conrado de Belina iuratis civitatis Melnicensis commisit in huiusmodi vices suas, ut ipsi auctoritate sua freti vice et nomine suo a patre predicti Henrici et ab ipso H. reciperent manualem resignationem et renunciationem totius iuris, quod ipsis conpetere posset in curia supradicta; recepta renunciatione concederent vice et nomine eiusdem Th. de Smitdestete curiam iam predictam fratri L. priori et fratribus heremitis ordinis sancti Augustini, qui presentes sunt ibidem, perpetuo possidendam. In perhennem huius facti memoriam presentes litteras conscribi fecimus et sigillo civitatis nostre muniri, rogantes,

---

[1]) *die Vorlage hat* recipiemus. — [2]) *gemeint ist jedenfalls die bei Beyer a. O. I 190 unter Nr. 296 abgedruckte Urkunde.*

ut ad maiorem huius rei certitudinem sigillum capituli ecclesie sancti Petri in Melnic presentibus etiam appendatur. Datum Erphordie anno Domini 1278., idus Septembris. Nos Henricus et Conradus iurati opidi Melnicensis presentibus recognoscimus, quod auctoritate nobis a domino Th. de Smitdestete transmissa recepimus a Bertoldo et a filio suo Henrico de Musbach resignationem cuiusdam curie site in Erphordia apud fratres heremitas ordinis sancti Augustini et renunciationem totius iuris, quod ipsis quacunque de causa conpetere poterat in eadem, et nomine et vice eiusdem Th., qui est dominus fundi illius curie, prout nobis iniunctum fuerat, concessimus ipsam curiam L. priori et fratribus in Melnic, nomine et vice prioris et fratrum memorati ordinis in Erphordia perpetuo possidendam. In huius rei testimonium sigillum capituli ecclesie sancti Petri apud nos apponi obtinuimus huic scripto.

144 (146). *Erbliche Verleihung einer Nona und eines Grundstückes gegen Getreidezins und Naturallieferung. Zinsleihe als Majorat. Grundstücksverpfändung mit Verfallklausel. Kauf bricht die Leihe nicht.* 1278, Oktober 16.

Böhmer-Lau UB. der Reichsstadt Frankfurt I 196 Nr. 406. Vgl. Gierke PrivR II 816[40]. Schröder RG.[5] 741, 746, 771.

Nos Hermannus, decanus, totumque capitulum ecclesie Frankenvordensis. Recognoscimus et notum facimus universis, ad quos pervenerit presens scriptum, quod nos, pari consensu et voluntate unanimi, nonam ecclesie nostre in Triburio et in Stede, quam habemus ab inperio (!), cum iugero agri quondam Marquardi concessimus Adelheidi, antique advocate de Triburio, et suis heredibus universis, iure hereditario in perpetuum obtinenda: videlicet sub hac forma, quod ipsa Adelheidis singulis annis quamdiu vixerit, et post ipsius obitum senior inter ipsos suos heredes, in festo omnium sanctorum 18 octalia tritici Frankenvordensis mensure et 27 mattas in omnem eventum nobis et ecclesie nostre solvant et sub suis laboribus, periculis et expensis nobis in Frankenvord assignabunt. Que quidem Adelheidis et heredes ipsius, ut de premissa pensione nostra habundanciorem cautelam et certitudinem haberemus, nobis quemdam mansum situm in Triburio, dictum Selhube, sub interpositione pignoris obligarunt. De quo manso, si in predicto termino fuerit a premisse pensionis solucione cessatum, iuxta sententiam scabinorum Triburiensium intromittere nos debemus, pensione neglecta tunc nichilominus nobis salva. Si vero dicti pensionarii occasione ecclesie nostre ipsa pensione fuerint spoliati, hoc non in eorum, sed in nostrum dampnum penitus redundabit. Preterea si nos vendere contigerit ipsam pensionem, ius hereditarium apud dictos pensionarios remanebit et erit per omnia eis salvum, vendicione huiusmodi non obstante. Testes autem, qui interfuerunt, sunt: Giso advocatus, C. scultetus, H. dictus Paris, Wernherus dictus Grebere, Wernherus Gegere, Hartmannus dictus Galle, Hertericus, Ekehardus, Wernherus dictus Minzelere, scabini; et alii quam plures de villa Triburiensi. In cuius rei evidenciam et debitam firmitatem presens scriptum sigillo ecclesie nostre fecimus communiri. Actum et datum anno Domini 1278., in die beati Galli.

145 (147). *Anweisung.* 1279, April 26.

Ennen Qu. zur Gesch. der Stadt Köln III 149 Nr. 184. Vgl. Georg Cohn Zur Gesch. des Checks, in Ztschr. f. vergleichende Rechtswissenschaft I 126[4].

Walleramus dictus de Iuliaco viris prudentibus et amicis suis carissimis, iudicibus, scabinis, magistris civium et universis civibus Coloniensibus quicquid potest dilectionis et honoris. Significo vobis presentibus, quod ratum et gratum habeo, quod vos detis et assignetis centum marcas, quas michi solvere tenemini in festo beati Martini hiemalis nunc futuro Friderico dicto Schechtere civi Coloniensi, et vos clamo per presentes quitos et absolutos de solutione dictarum centum marcarum in dicto termino facienda. In cuius rei testimonium sigillum meum duxi presentibus apponendum. Datum Colonie 6. kalendas Maii, anno Domini 1279.

146 (148). *Verfangenschaft. Nutzniessung des überlebenden Elternteils. Vergabung von Eheleuten mit gesamter Hand. Gerichtliche Auflassung nach fränkischem Recht. Urteil über die Rechtskraft der Vergabung.* 1279, Juli 22.

Loersch Aachener Urkunden aus dem 13., 14. und 15. Jahrhdt., in Ztschr. des Aachener Geschichtsvereins I 142 Nr. 6. Vgl. Nr. 121, 150, 162; Schröder GüterR. II 2 S. 186 f.; derselbe RG.[5] 737; Sohm in ZRG. 14, 38[52]; Gierke PrivR. II 275.

Notum sit omnibus tam presentibus quam futuris, ad quos pervenerit presens scriptum, quod Harparus, civis Aquensis, in secundo sedens matrimonio, una cum . . uxore sua, quam nunc habet secundam, ex una parte et cum Godefrido filio suo clerico, quem de prima uxore sua genuerat, eo tempore quo id bene et de iure fieri potuit et validum extitit quod fiebat, comparuit coram iudicibus, scabinis et aliis civibus Aquensibus, ad id testibus et dencmannis[1]) rogatis utriusque et vocatis. Et ob singularem dilectionem, quam ad ipsum filium suum gessit, omnia bona hereditaria, in quibus ipse Harparus non habuit nisi usufructum et que post eius obitum super predictum G. filium suum de iure debebant cadere vel devolvi, presente nunc uxore sua et consentiente expresse, predicto contulit Godefrido. Ad opus cuius et usus quoad predicta bona mortuum sese fecit, renunctians predictis bonis cum calamo ad opus et usus sui filii supradicti, ita quod de hiis bonis posset suam libere facere voluntatem. Quod cum predicto Godefrido sic factum esset, ipse fecit experiri in sententia, si predicta bona sibi taliter data essent, quod de eis suam bene posset facere voluntatem. Et lata est iusta sententia per con-

[1]) *Dingmänner; vgl. S. 107 Z. 21/22 und Nr. 177.*

sensum, quod predicta bona eidem Godefrido tam rite ac legaliter data essent, quod de hiis suam posset facere libere voluntatem, dare quoque posset ea cui vellet, et cui eadem daret illi deberent rata et stabilia permanere. Quo facto predictus Godefridus, salubri ductus consilio, dum id bene et de iure facere potuit, in seculari habitu constitutus, supradicta bona cum omni iure ei in hiis acquisito fratri Heinrico de Campis, nomine . . abbatis et conventus de Campis, ad opus et usus eorundem, contulit liberaliter [1]), renuncians ad opus et usus ipsorum predictis bonis et se exuens ipsos de dictis bonis protinus investivit. Quibus rite ac legitime sic peractis, prenotatus frater Heinricus pro se et . . abbate et conventu suo petiit in sentencia experiri, si eis supradicta bona taliter essent data, quod eis hec deberent firma merito permanere. Et est reddita iusta sentencia per consensum, quod sepedicta bona ipsi fratri Heinrico, et per eum . . abbati et conventui de Campis, tam rite ac racionabiliter donata essent, quod eis debent rata et firma inviolabiliter permanere. Acta sunt hec in presentia et sub testimonio Willelmi de Geheut militis gerentis vicem advocati et Martini villici, qui iudices sunt Aquenses, et sub testimonio Heriberti de Steinbrucgen, Godefridi de Ponte, Wilhelmi dicti Malebranke, Ludowici de Sleida et Willelmi de Hasselhoutz, qui scabini sunt Aquenses. Preterea testes, qui Aquis dencmanni vulgariter nuncupantur, a partibus rogati et vocati hiis interfuerunt hii: videlicet Bertolphus frater supradicti Harpari, Heinricus de Hoyngen, Gerardus dictus Blapaffe, Heinricus filius Bertolphi supradicti, Hubertus filius Heriberti supradicti et alii cives Aquenses quamplurimi fidedigni. In cuius rei testimonium atque robur supradictus Harparus, . . nunc uxor sua et Godefridus eiusdem Harpari [2]) filius ex una parte, et ipse frater Heinricus pro se et . . abbate et conventu suo ex altera parte, petiverunt presentem litteram conscribi et sigillo regalis sedis Aquensis firmiter communiri. Actum et datum in die beate Marie Magdalene, anno Domini 1279.

147 (149). *Pachtvertrag mit Nebenabreden über Remission. Auflösung des Pachtvertrages, Baulast des Pächters.* 1281, Februar 9.

Baur Hessische Urkunden I 172 Nr. 235.

Iudices sancte Maguntinensis sedis notum facimus universis, quod Heinricus advocatus, miles de Erlebach, confessus est coram nobis anno Domini 1281., se conduxisse mansos 14 terre arabilis cum suis pertinenciis apud villam Lichen a decano et capitulo ecclesie sancte Marie ad gradus Maguntinensis ad tempus 12 annorum pro certa pensione, videlicet quod idem Heinricus in proximis sex annis inchoantibus anno Domini supradicto solvet annuatim 138 maldra siliginis ac 30 maldra tritici claustralis mensure, in reliquis vero sex annis immediate sequentibus 146 maldra siliginis ac 50 maldra

[1]) *das Original fügt hier noch hinzu:* dicta bona. — [2]) *das Original hat* Hapari.

tritici claustralis mensure solvet annuatim, ita quod tam maldra siliginis quam tritici singulis annis infra festa assumptionis et nativitatis beate Marie [1]) sub periculo suo et expensis, grandinis et exercitus casu duntaxat excepto, ad ripam Reni Maguntiam assignabit. Idem quoque Heinricus fidem prestitit corporalem in manus predicti decani, se non debere ante terminum 12 annorum a conventione huiusmodi resilire, nisi ad talem vergeret inopiam, propter quam ad culturam bonorum huiusmodi minus sufficiens videretur. Est eciam adiectum, quod edificia iam extantia in villa predicta non solum prefatus Heinricus conservabit in omni bonitate, sed eciam emendabit, et post lapsum 12 annorum taliter emendata ad ecclesiam supradictam proprietatis iure libere pertinebunt, eo quod dicti decanus et capitulum pensionem de messibus presentis anni eis debitam, videlicet 46 maldra siliginis et tritici totidemque de messibus anni preteriti pro edificiis factis et faciendis per ipsum Heinricum in recompensationem penitus relaxarunt, ita quod nec ipse nec sui liberi nec heredes sepedictis decano et capitulo super edificiis predictis movere debebunt de cetero questionem. Actum Maguntie, anno Domini prenotato, 5. idus Februarii.

148 (150). *Beweis dreissigjährigen Besitzes. Erbeslegitimation. Einsetzung des Erben in den Besitz. Eintragung seines Eigentums in das Stadtbuch auf Grund gerichtlichen Urteils.* 1284, September.

Kölner Schreinsbucheintrag, Ennen Qu. zur Gesch. der Stadt Köln III 210 Nr. 243. Vgl. daselbst I 508 Nr. 46 (v. J. 1134); III 137 Nr. 166 (v. J. 1277), 204 Nr. 235 (v. J. 1283), 521 Nr. 547 (um 1307). Siehe auch Nr. 137, 153; Schröder RG.[5] 743[82].

Notum sit tam futuris quam presentibus, quod Margareta, relicta Arnoldi militis de Steinbuggele, comparens in figura iudicii et per sententiam scabinorum optinuit, quod Henricus pater eius et Cristina mater eius et Johannes frater eius dictus de Birbome et Henricus filius suus triginta annis et amplius tenuerint seu possederint hereditates infrascriptas: videlicet domum cum area vocatam Birbom, ante et retro, subtus et superius, prout ibidem iacet; item duas domos pistoreas sitas in Nova Platea ex opposito coquine domini archiepiscopi Coloniensis; item domum pistoream sitam in media platea Twergassen, retro hereditatem Johannis Schechtere versus sanctum Martinum magnum; item tertiam partem domus [2]) et aree site supra forum piscium, in qua moratur relicta Gerardi Henxt; item medietatem domus et aree contigue eidem domui versus sanctum Martinum magnum; item medietatem domus et aree site ex opposito eiusdem domus et aree prope domum Mathie piscatoris; item duo cellaria et quatuor mensas sitas ex opposito bancarum salmonum [3]);

---

[1]) *zwischen August 15. und September 8.* — [2]) *vgl. S. 90*[1]. — [3]) *die Vorlage hat* salmorum.

item finalem mansionem de quatuor mansionibus sitis sub uno tecto in Vrissengassen, retro domum vocatam Cussine versus Renum. Et dicta Margareta missa fuit in possessionem dicte hereditatis, id est *wart geweldigit*, de morte dicti Henrici, filii fratris sui. Et Richolfus et Henricus opposuerunt se ei, id est fecerunt *verstentinisse*; et quia eadem Margareta secuta est, id est *nâvolgede*, et dicti Richolfus et Henricus non, et per hoc *nidervellic wurden gedeilt*[1]) per sententiam scabinorum, dictavit sententia scabinorum, quod dicta Margareta prescriptas hereditates iure et sine contradictione optinebit, et quod asscribi deberent eidem. Actum anno Domini 1284., mense Septembre.

149*. *Einigung zwischen Nachbarn über den Bau einer Mauer, die Eigentumsverhältnisse daran und den Wasserablauf.* (um 1285.)

Rehme Das Lübecker Ober-Stadtbuch 277 Nr. 26. Vgl. ebenda 83 bei Anm. 4; 298 Nr. 116, 299 Nr. 119.

Notum sit, quod Hinricus Kolnere et Hinricus Greve concordaverunt in hunc modum, videlicet quod Hinricus Colnere construet murum super terram alterius Hinrici de expensis sui solius, et sic murus est ipsius Hinrici Kolnere dimidius, quando constructus est. Cum autem Hinricus Greve superedificare voluerit, ponet canale supra sua tigna, non supra murum, ita quod aqua de granario Kolneri descendens defluat per illud canale; et sic perpetuo successores utrorumque edificabunt, quod semper aqua de granario Hinrici Kolneri descendens defluat per canale, quod iacet non in muro, sed in tignis Hinrici Comitis memorati. Ordinatum coram consulibus[2]).

150 (151). *Ideelle Anteile der Miterben. Erbgüter des einen Ehegatten werden durch den Tod des andern den Kindern verfangen, d. h. gehen in deren Eigentum über.* (1286.)

Kölner Schreinsbucheintrag, Ennen Qu. zur Gesch. der Stadt Köln III 241 Nr. 277. Vgl. Nr. 121, 146, 162; Schröder GüterR. II 2 S. 84; derselbe RG.[5] 741 f.

Notum sit universis, tam futuris quam presentibus, quod Ludolpho, Elizabet, Guderadi et Payno, pueris quondam Payni aurifabri et Elizabet, ex morte parentum suorum predictorum cuilibet ipsorum puerorum accidit quarta pars domus[3]) et aree dicte domus quondam Schinken, site ex opposito vinee Melag, et que nunc dicitur ad Circulum, ante et retro, subtus et superius, prout ibi iacet, ita quod quilibet eorum suam pro indiviso optinebit et divertere poterit. Item

---

[1]) *die Vorlage hat* gedeil. — [2]) *wegen dieser Formel vgl.* Rehme *a. O. 114 ff., 183 ff., 206 ff., 213. Da sie hier nicht datiert ist, bleibt fraglich, wann die Verhandlung stattgefunden hat, deren* Eintragung *im Ober-Stadtbuche unter dem Katharinentage 1285 zu finden ist.* — [3]) *vgl. S. 90*[1].

notum sit, quod Payno, Simoni, Johanni, Gerardo, Katerine et Rigmůdi ex morte Gertrudis, matris eorum, uxoris dicti Ludolphi, accidit sexta pars proprietatis quarte partis domus et aree predicte[1]), ita quod iure optinebunt.

151 (152). *Schuldverschreibung mit alternativer Inhaberklausel.* (1287-1288.)

Fabricius Das älteste Stralsundische Stadtbuch 67 Nr. 526. Vgl. Stobbe in ZHR. 11, 410 ff.

Ludekinus de Fonte dabit in festo beati Michaelis[2]) vel Gerardo dicto Repere vel suo nuncio cuicunque, dummodo apportaverit literam creditivam, 10 marcas.

152*. *Verkauf zu Lehnrecht. Gesamtbelehnung.* 1288, Januar 1.

C. Beyer UB. der Stadt Erfurt I 247 Nr. 374.

Ego Rudolfus pincerna de Dorenburg recognosco et omnibus literam hanc visuris cupio fore notum, quod Tyloni de Sachsa, Conrado de Lacu et heredibus eorundem vendidi pratum continens triginta agros situm in Walisleiben[3]) in loco dicto Gewald pro duodecim marcis usualis argenti michi plenarie persolutis, et idem pratum, triginta scilicet agros, contuli Tyloni et Conrado memoratis civibus Erfordensibus a me iure feudali pacifice possidendum, promittens ipsos de eodem prato iustitialiter warandare et ab omni impetitione salvos reddere et indempnes. Testes huius venditionis et collationis sunt: Albertus et Bertholdus de Salzungen fratres, Fridericus Holderzen et Bruningus et quamplures alii fide digni. In eiusdem etiam rei fidem, memoriam et incorruptibilem firmitatem dedi Tyloni et Conrado sepedictis hanc chartam meo sigillo fideliter roboratam anno Domini 1288., kalendis Ianuarii.

153 (153). *Dreissigjähriger Besitz und unvordenkliche Zeit. Der Kölner Judenbischof als Treuhänder seiner Gemeinde. Errichtung einer wiederkäuflichen Rente. Verfall des Grundstücks bei Nichtzahlung der Rente. Folgen des Annahmeverzuges.* 1288, September 21.

Ennen Qu. zur Gesch. der Stadt Köln III 278 Nr. 305. Vgl. Nr. 148; Stobbe Die Juden in Deutschland 95; Hegel Die Chroniken der niederrhein. Städte, Köln III p. 87 ff.; Ennen in Hansische Geschichtsblätter Jahrg. 1876, 237 ff.; Hegel ebenda 1877, 120 ff.; Gobbers in ZRG. 17, 195 f., 201 f.; Lau Entwicklung der ... Verfassung u. Verwaltung der Stadt Köln usw. 176 ff.; Gierke PrivR.

---

1) *das dem Ludolf von seinen Eltern angefallene Viertel.* — 2) *September 29.* — 3) *Dorf Walschleben nördlich von Erfurt.*

II 759, 761; Schröder RG.[5] 747; Heuer Der Annahmeverzug im ältern deutschen Privatrecht (Deutschrechtliche Beiträge hersg. von Beyerle 6, 2) 80 f. (wo aber aus der vorliegenden Urkunde verschentlich zwei gemacht werden, deren eine auf 1588 datiert wird).

Notum sit etc., quod universitatis Iudeorum Coloniensium per magistratum et consilium eorum, tam vivo testimonio quam litteris nobis officialibus certificaverunt, quod domum universitatis eorum, que dicitur *speilhûs*[1]), per triginta annos et ultra tempus, quod exstat memoria, possederunt libere et absolute, ita quod eandem divertere poterunt in quascunque manus voluerint. Item notum sit, quod predicti magistratus, consilium et universitatis Iudeorum perscriptam domum, que *speilhûs* dicitur, de consilio et consensu omnium et singulorum Iudeorum tradiderunt et resignaverunt in manus episcopi eorum, ut ille episcopus, qui pro tempore fuerit, dictam domum nomine eorum divertere poterit quocumque voluerit. Notum sit, quod predictus episcopus Iudeorum nomine omnium Iudeorum tradidit et remisit decem marcas denariorum Coloniensium bonorum et legalium hereditarii census, solvendas singulis annis de domo, que dicitur *speilhûs*, antedicta in festo beati Remigii vel infra quatuor septimanas sine captione sequentes, Johanni de Merzenich et uxori eius Elisabeth: tali conditione, quod, si predicte decem marce aliquo anno ipsis Johanni et uxori eius Elisabeth solute non fuerint termino prenotato, quod dicta domus, que *speilhûs* dicitur, sepedictis Johanni et uxori eius Elisabeth cedit libere et absolute, ante et retro, subtus et superius, prout ibi iacet. Si autem ipse vel uxor eius vel heredes eorum ipsas decem marcas aliquo anno suo termino recipere nolunt, tunc Iudei decem marcas in scrinium officialium reponent et per hoc a captione erunt absoluti. Hoc adiecto, quod episcopus Iudeorum prescriptam domum, que *speilhûs* dicitur, reemere poterit cum censu illius anni pro centum marcis denariorum Coloniensium, percussis in moneta Coloniensi, erga Johannem et Elisabeth uxorem suam et heredes eorundem; si autem dictus Johannes vel uxor eius vel aliquis heredum ipsorum aliquam contradictionem in reemptione dicte domus episcopo facerent, quod ipse episcopus centum marcas per omnia, sicut prescriptum est, nobis officialibus sancti Laurentii assignabit et in scrinium nostrum reponet, et tunc ipsum episcopum nomine omnium Iudeorum ad dictam domum rescribamus. Actum anno Domini 1288., in vigilia sanctorum Maurorum.

154 (154). *Partielle Schichtung mit Erbverzicht.* (1288.)

Lübecker Stadtbucheintrag, Pauli Abhandlungen aus dem Lübischen Rechte III 115. Vgl. Schröder GüterR. II 3 S. 159, 175; derselbe RG.[5] 774 f.; Beseler Erbverträge II 2 S. 309 ff.; Rehme Das Lübecker Ober-Stadtbuch 57 ff.

Notum sit, quod Johannes Vromolt dolifex exseparavit et cum pecunia deposuit Johannem filium suum ab omni hereditate, que

[1]) spilhûs, *nicht nur 'Spielhaus', sondern auch 'Gemeindehaus'*.

ipsum contingere posset ex obitu matris sue, ita quod, mortuo dicto patre suo, a fratribus suis et sororibus tam de hereditate patris sui quam etiam matris sue nichil poterit extorquere. Dimisit eciam dictum patrem suum et pueros de hereditate matris liberos coram consulibus et solutos. Non renunciavit tamen porcioni, que in eum cadere poterit ex obitu fratrum suorum vel sororum.

155 (155). *Vererbpachtung von Kaufläden an Mehrere zu geteiltem Rechte mit Nebenabreden, besonders über das Tragen der Gefahr.* 1290, Februar 19.

Böhmer-Lau UB. der Reichsstadt Frankfurt I 275 Nr. 570. Vgl. Nr. 132; Arnold Eigentum 45 ff.. 171, 185-192; Schröder RG.[5] 741; Dietz Frankfurter Handelsgeschichte I 135-138, 142, 146, 241.

Nos Elia scultetus, scabini ceterique cives de Frankenvort. Tenore presentium recognoscimus et constare cupimus universis has litteras visuris, quod Volkwinus dictus de Wetflaria et Gertrudis uxor eius legitima, nostri concives, in nostra presentia constituti recognoverunt publice, se locasse seu concessisse communicata manu domum suam dictam Zum Langhusse et apothecas [1]) factas in eadem . . . [2]) dicto Ruchern, Wigando dicto Zigelern, Volkwino Iuveni, Henrico de Stirstad, Cunrado de Schwalbach, Ulrico Weinshrodern, Henrico de Babenberg, Gyploni de Gurner, Thome de Aquis, Henrico dicto Eissenman, Rudolpho de Sekbach, Rudolpho de Grunenberg, Herburto in Horreo, Conrado Monetario, Wernero in Curia, Henrico Institori, Rufo, Brunoni de Colonia, Goswino de Eschbach, Emerico de Rossenbusch et magistro Eppelein sartori, civibus Frankenfurtensibus, ac heredibus eorundem iuste et rationabiliter iure hereditario perpetuo possidendam: ea videlicet conditione, quod iidem cives aut eorundem heredes dictis Volkwino vel suis heredibus, si decesserint, dabunt et dare tenentur singulis annis in nativitate beate virginis Marie, quilibet de sua apotheca, quam conduxit, septem solidos denariorum Coloniensium, nomine census annualis. Adiectum est etiam, quod prefatus Volkwinus una cum suis filiis cum predictis civibus stabit et stare tenetur in ipsa domo in apothecis [3]), et nusquam alibi, ipsis deputatis, ac in eisdem vendere suos pannos. E converso prelibati cives etiam in eadem domo vendere debent suos pannos et stare tenebuntur. Dictum est etiam, quod prefati Volcwinus et sui heredes in iam dicta domo debeant habere et gaudere stupa [4]) versus domum Wobelini, et patere debet ipsis introitus de domo Wolkenburg ad eandem. Idem etiam Volkwinus in ipsa domo Zum Langenhuss nulla vina debet propinare, nisi de suorum fiat voluntate inquilinorum. Si etiam predicta domus aut apothece in eadem, aliquo casu contingente, per incendium aut ruinam destruitur, ad reedificationem ipsius prenominatus Volcwinus una cum suis inquilinis reedificare tenetur, et quilibet suam portionem ipsum contingentem, quod vulgariter dicitur

---

1) *Kaufläden.* — 2) *der Vorname fehlt im Original.* — 3) *die Vorlage hat* apotheca. — 4) *Stube.*

margzal[1]), persolvere debet. Si vero cellarium ipsius domus destruitur aut ruinam minatur, ad reedificandum illud solus Volcwinus aut sui heredes, suis laboribus et expensis, per omnia tenebuntur. Factum est etiam et promissum, quod apothecam Anchoram[2]) contiguam domui Veteris Monete nullus aurifaber aut quicunque alter fruens igne inhabitare debet eandem. Testes huius tractatus et locationis sunt viri honesti: Elia scultetus prenominatus, Volradus olim scultetus, Ioannes Goltstein, Volmarus de Ovenbach, Cunradus Wobelin, Wernerus de Wanebach, Gipelo de Holzhusen, Wernerus de Flanstat, Wikerus in Ponte, Petrus de Eschbach, Hertwicus de Alta Domo, Arnoldus de Glauburg, scabini, et quam plures alii cives Frankenfurtenses fide digni. In cuius rei testimonium et roboris firmitatem . . nos scultetus et scabini supradicti ad rogatum partium supra scriptorum (!) sigillum universitatis Frankenfurtensis presentibus duximus apponendum. Actum anno Domini 1290., in dominica, qua cantabatur 'Invocavit'.

156 (156). *Hausverkauf mit Zustimmung des Zinsherrn. Ausschliessung eines Erwerbsstückes von der ehelichen Errungenschaftsgemeinschaft. Erweiterung der Verfügungsrechte des Mannes durch Ehevertrag. Erbeinsetzungsvertrag zu Gunsten der Kinder erster Ehe.* 1290, November 3.

Böhmer-Lau UB. der Reichsstadt Frankfurt I 284 Nr. 586. Vgl. Arnold Eigentum 13 f.; Schröder GüterR. II 2 S. 254 f.; Beseler Erbverträge II 1 S. 131 ff.; Rabel Die Haftung des Verkäufers I 183², 201.

Noverint universi presencium inspectores, quod ego Wigmannus dictus Ferwere et Engilradis, uxor mea legittima, cives Frankinvordenses, accedente benivolo consensu Heinrici de Kaldebach et Hermanni necnon Bernheide, privignorum suorum, qui magistri et rectores sunt census mansionis nostre sive domus in Novo Vico apud estuarium[3]) site, vendidimus ipsam mansionem et domum, quam inhabitabamus, honesto viro Heinrico dicto de Hachenberg, civi Frankenvordensi, accedente benivolo consensu et bona voluntate Cristine, uxoris sue legittime, iuste et racionabiliter iure hereditario perpetuo possidendam, renunciantes et resignantes omni iuri, quod nobis in dicta domo et curia competebat seu competere videbatur; promittentes nichilominus ipsi Heinrico de huiusmodi domo et curia secundum consuetudinem civitatis Frankinvordensis facere warandiam iustam, debitam et consuetam. Adiectum est eciam, quod idem Heinricus de Hachinberg cum predicta domo et curia in sua vita potest et licitum erit ei disponere et ordinare quidquid eius placuerit

---

[1]) marczal: *Zahl nach dem Verhältnis.* — [2]) *Lau will hier die Vorlage in* anteriorem *verbessern, Böhmer in* antedictam; *allein man kann an ein Verkaufslokal unter dem Zeichen des Ankers denken.* — [3]) *Badestube; vgl. Brinckmeier Glossarium diplomaticum I 736.*

voluntati, contradictione cuiuslibet non obstante. Postquam autem memoratus Heinricus de Hachenberg ab hac luce migraverit, Hellenburgis, Hedewigis et Elizabeth, filie pretacti Heinrici de Hachenberg, dicte curie et domui tamquam viri et legittimi heredes succedere debebunt. Et nil auctoritatis, iuris ac potestatis ulli heredes dicte Cristine, noverce dictorum puerorum, et ipsa Cristina in ipsis bonis habebunt, et ab omni iure dicte domus et curie supradicti heredes Cristine ac ipsa Cristina penitus excludentur. Ego vero Cristina predicta, legittima uxor Heinrici de Hachenberg predicti, publice profiteor et expresse, omnia singulaque supraposita ex meo benivolo consensu et bona voluntate taliter esse acta, prout superius sunt expressa. Testes huius tractatus sunt: Johannes Goltstein, Volmarus de Ovenbach, Cunradus Wobelin, Wernherus de Wanebach, Gipelo de Hůlthusin, Gernodus de Flanstat, Hertwicus de Alta Domo, Petrus de Esscebach, scabini; Hertwicus de Vite, Guntherus Sensensmit, Philippus frater suus, Ercmarus et quam plures alii cives Frankinvordenses fidedigni. In cuius rei testimonium et debitam firmitatem nos Elias scultetus et . . scabini Frankinvordenses supradicti ad peticionem parcium supradictarum sigillum universitatis Frankinvordensis appendi fecimus huic scripto. Actum anno Domini 1290., 3. nonas Novembris, indictione 3., concurrente 6., epacta 18.

157 (157). *Schuldenhaftung der Ehegatten bei kinderloser Ehe nach lübischem Rechte.* (1292.)

Rostocker Stadtbucheintrag, Meklenburgisches UB. III 464 Nr. 2173. Vgl. Schröder GüterR. II 3 S. 283.

Notum sit, quod amici domine Margarete, relicte Wasmodi, coram sede consulum iuramento firmaverunt, quod eadem domina nichil de rebus quondam mariti sui Wasmodi haberet. Et consules communiter eidem domine indulserunt, quod nullus horum, quorum maritus suus debitor fuerat, ipsam in posterum inpetere debeat, si res ope amicorum suorum aliquas vel propriis laboribus contraxerit. Thidericus Friso, Ludolfus Pes tabule presidebant.

158 (158). *Veräusserung eines ideellen Grundstücksteiles mit Vorbehalt einer Rente für einen Dritten. Stiftung zu milden Zwecken.* (1293.)

Kölner Schreinsbucheintrag, Ennen Qu. zur Gesch. der Stadt Köln III 354 Nr. 394. Vgl. Gareis Verträge zu Gunsten Dritter 232 f.; Gierke PrivR. II 760[36]; Schröder RG.[5] 743[82], 747.

Notum sit, quod Hermannus Rufus et Gertrudis uxor sua tradiderunt et remiserunt Iacobo dicto de Dusburg et Aleidi, uxori sue, quartam partem domus et aree [1]) site in Foro Butiri contigue domui

---

[1]) *vgl. S. 90[1].*

Halverocke versus Marcmansgassen pro novem solidis Coloniensium denariorum legalium et bonorum hereditarii census, solvendis singulis annis in festo nativitatis Domini vel infra quatuor septimanas postea ad longius. De quibus novem solidis dabuntur et solventur in dicto termino sex solidi Coloniensium denariorum predictorum parrochie sancti Mauritii ad candelam unam [1]), que tenebitur in missa in elevatione corporis Iesu Christi; et tres solidi dictorum novem solidorum dabuntur et solventur sex inclusis [2]), videlicet incluse sancti Iohannis, item incluse Seinensi, item incluse sancti Severini, item incluse sancti Reinolfi, item incluse sancti Apri et incluse sancti Andree. Et requiret inclusa sancti Iohannis, que pro tempore fuerit, ex parte omnium aliarum inclusarum, et dabit ulterius unicuique incluse partem suam. Tali conditione apposita, quod, si predictum censum solvere neglexerint termino supradicto, predicta quarta pars domus et aree predicte ad parrochiam predictam et ad omnes inclusas predictas devolvetur libere et absolute, salvo unicuique iure suo et censu suo in hereditate predicta. Actum anno Domini 1293.

159 (159). *Rentenkauf, mit Vorbehalt des beiderseitigen Kündigungsrechtes auf eine bestimmte Zeit und Einräumung des Näherrechtes an den Rentengläubiger für den Fall des Verkaufes des pflichtigen Grundstücks. Alternative Inhaberklausel.* 1295, Februar 13.

Ehmck und von Bippen Bremisches UB. I 539 Nr. 505. Vgl. Mann in ZRG. 20, 116-118; Rehme Stadtrechtsforschungen I (= Über das älteste bremische Grundbuch usw.) 35 ff., bes. 37[1]; Gierke PrivR. II 757, 762; Schröder RG.[5] 747 f.

Universis hanc literam visuris consules civitatis Bremensis salutem in Domino. Noverint universi, quod constituti coram nobis Hermannus dictus Bleke, concivis noster, Gertrudis uxor sua, Windelburgis mater uxoris sue, dominus Heinricus et Borchardus, predicti Hermanni filii, ceterique heredes ipsorum recognoverunt publice, quod vendiderunt Radolfo de Ruten, concivi nostro, in domo sua et area sitis extra muros nostros, et ipsarum pertinentiis, pro 15 marcis Bremensis argenti et ponderis unius marce et dimidie redditus, quos dabunt predicto Radolfo vel alicui de concivibus nostris, qui presentem literam presentaverit coram nobis, annis singulis, scilicet medietatem in assumptione beate Marie virginis et medietatem in cathedra sancti Petri [3]), nomine pensionis. Ea tamen conditione, quod reemendi facultatem habebunt liberam pro eadem summa pecunie infra quatuor annos continuos a cathedra sancti Petri nunc proxima, cum propria ipsorum pecunia et non alterius, dummodo terminum reemptionis prefatum Radolfum vel eum, qui hanc literam habuerit, prescire fecerint ad sex menses. Id ipsum fiet, si

---

[1]) *eine sog. Sanktuskerze.* — [2]) *einzeln wohnende, einem Orden nicht angehörige Klausnerinnen.* — [3]) *August 15. und Februar 22.*

memoratus Radolfus suam pecuniam duxerit repetendam. Elapsis vero predictis quatuor annis, si reemere neglexerint, perpetuus erit census. Venit eciam in conditionem, quod, si memoratus Hermannus vel heredes sui domum et aream predictas medio tempore vendere voluerint, tunc ipsas prenominato Radolfo aut ei, qui hac litera munitus fuerit, primo et principaliter exhibebunt. In quorum omnium testimonium nos . . .[1]), tunc temporis consules civitatis Bremensis, sigillo nostro roboravimus presens scriptum. Datum Breme in dominica Esto michi, anno Domini 1295.

160 (160). *Veräusserung von Mündelgütern durch den Vormund. Vorbehalt der Zustimmung des Mündels. Pfandsatzung am ganzen Vermögen.* 1295, März 8.

J. N. Weis Urkunden des Cistercienser-Stiftes Heiligenkreuz I (= Fontes rerum Austriacarum, Diplomataria 11) 281 Nr. 314. Vgl. Kraut Vormundschaft II 4 ff.; Gierke PrivR. II 824; Rabel Die Haftung des Verkäufers I 194; Schröder RG.[5] 732 f.

Ego Ulricus dictus Matzo confiteor per presentes, me a religiosis viris dominis Bertholdo abbate et conventu monasterii Sancte Crucis[2]) cuiusdam puelle Gisele nomine, cuius mihi curam assumpsi, in solucionem cuiusdam domus in Paden, quam ab ipsis iure civili[3]) possederat, 18 talenta denariorum Wiennensium integraliter accepisse in utilitatem iam dicte puellule convertenda. Et quia in contractu vendicionis domus prefate dicta Gisela nondum annos legitime etatis attigerat, pro firmitate contractus huiusmodi promisi et sub ypoteca omnium bonorum meorum promitto, prefatos abbatem et conventum ab omni impeticione dicte puelle defendere et tueri ac tam diu servare indempnes, quousque eadem ad annos plene et a iure indulte etatis[4]) perveniens dictum contractum ratificet omnique actioni renunciet atque iuri, si quid sibi in predicta domo competeret aut competere videretur. Qua renunciacione peracta, ab obligacione, quam feci abbati et conventui memoratis, ex tunc in antea liber ero, et presens scriptum mihi restituetur integrum atque salvum. In cuius obligacionis mee legitime testimonium et cautelam presens scriptum meo ac avunculi mei, domini Ottonis de Haslaw, nec non Ottonis de Paden sigillis volui et pecii comuniri. Datum in Paden anno Domini 1295., 8. idus Marcii.

161 (161). *Schuldschein dreier Stadtgemeinden als Präsentationspapier mit Pfändungsklausel.* 1295, März 28.

Van den Bergh Oorkondenboek van Holland en Zeeland II 412 Nr. 901.

Wi scepenen alghemêenlike ende die ghemêente van drîen steden, namelike van Dordrecht, van Zirixe ende van Middelburch,

---

[1]) *es folgen 14 Namen.* — [2]) *Heiligenkreuz im Wiener Walde.* — [3]) *zu Burgrecht, d. h. gegen Zins; vgl. Arnold Eigentum 142.* — [4]) *in der Vorlage wird hier* annos *wiederholt.*

dôen te wetene allen den ghenen die dese lettre sullen sîen ochte hôren lesen, dat wi sculdech sîn onsen lieven vrient Ghêrâert Bâerde, portre[1]) in Brugge, twêe hondert pont ende dertech pont gôeder nûwer Inghelscher peninghen, die welke hi ons gelêent hevet ter orbâren ende ter nutscapen der ghemêenten en ten vorseiden drîen steden, dâer af dat wi ons wel ghepait houden. Ende dese vorseide peninghe, die wi hem sculdech sîn, sô gheloven wi hem ende elc overal te gheldene desen vorseiden Ghêrâerde, joft den ghenen die dese lettren bringhen sal, te sente Andries messe[2]), die êerste die comen sal. Wâre ôec dat sake, dat wi des niet ne dâden, ende dese vorseide Ghêrâert Bâert, oft die houdere es van deser lettren, cost of scade hadde bi fauten van onsen paiemente, wi scepenen ende die ghemêente vorseide willen ghehouden sîn te gheldene dien cost ende die scade[3]) ter vore nomeden scult[4]) op sîns selfs simpel segghen jof des ghêenes die houdere es van deser lettren, sonder ênighen êet jof ander prôeve[5]) te dôen. Ende in desen sticken sô binden wi ons ende al onse gôet dat wi hebben joft hebben sullen: in dirre manieren, dat dese vorseide Ghêrâert, jof die houdere es van deser lettren, mach dôen rastêren[6]), ende houden te sînen vrîen eighendôme, met sowat gherechten dat hi wille, in sowat steden dat ment vonde, bî wâtre jof bî lande. Vort dôen wi ons bûten alle exceptien van der lêeker wet ende van der clerke wet[7]), alle previlegien ende alle bescermenisse van crûcen[8]) die ghenôemen sîn jof noch te nemene sîn, ende al dat ons te hulpen joft te scaden mochte stâen, in sowat manieren het wesen mochte, te segghene jof te dôene jeghen dese lettren, in orkonde scepenen van desen sticken. Ende omme dat wi willen, dat si vast ende ghestâde blîven sonder malengien[9]), so hebben wi vorseide scepenen ende ghemêente dese lettren in kennissen gheseghelt mit drîen seghelen ûthanghende van der vorseiden drîen steden, namelike van Dordrecht, van Zirixe ende van Middelburch. Dese lettren wâren ghemâecht int jâer ons Hêeren dat men screêf dûsent twêe hondert nêghentich ende viere, 's mâendaghes nâer palmesondaghe in April.

162 (162). *Verkauf verfangener Güter. Nichtberechtigung der Kinder zweiter Ehe an denselben.* 1295, März.

Böhmer-Lau UB. der Reichsstadt Frankfurt I 332 Nr. 670. Vgl. Schröder GüterR. II 131[29,30].

Nos Volradus scultetus, . . scabini ceterique cives de Frankenvort tenore presencium recognoscimus, quod Irmengardis apud fratres

---

[1]) *vgl. S. 96*[3]. — [2]) *November 30.* — [3]) *in der Vorlage wird hier ohne Grund eine Lücke angenommen. R.* — [4]) *so statt* tervoremscult *der Vorlage. R.* — [5]) *Beweis.* — [6]) *arrestieren.* — [7]) *weltliches (Laien-)Recht und kanonisches (Kleriker-)Recht.* — [8]) *Abzeichen der Kreuzfahrer, zu deren Gunsten vielfach Moratorien bewilligt wurden.* — [9]) *Arglist, aus franz.* mal engin; *Verwijs en Verdam IV 1063.*

Minores, nostra concivis, in nostri presencia constituta, mole sue inopie et paupertatis, accedente consensu suorum liberorum: Hannemanni, Katherine et Adelheidis, quos ex primo suo marito legittimo procreaverat, vendidit domum suam ex opposito Minorum fratrum Frankenvort sitam iuste et racionabiliter Ludewico sutori et Ude, uxori eius legittime, nostris concivibus, iure proprietario perpetuo possidendam, resignans et renuncians eadem Irmengardis una cum dictis suis liberis in figura nostri iudicii omni iuri, quod ipsi in prefata domo competebat; promittens nichilominus predictis Ludewico et sue coniugi de ipsa domo facere warandiam iuxta consuetudinem civitatis Frankenvordensis debitam et consuetam. Empcione premissa coram nobis sic legittime facta, Nicolaus, Culemannus et Philippus, secundi pueri sive liberi per ipsam Irmengardim a secundo marito suo, quem superduxit, procreati, comparentes coram nobis, impetendo et in causam trahendo prefatos Ludewicum et eius coniugem super empcione ipsius domus ipsis per ipsam Irmengardim factam (!), pretendentes et allegantes, quod huiusmodi empcio domus minus esset valida, et optulerunt se probaturos, quod ipsi cum primis pueris prelibate Irmengardis essent legittime eciam de ipsa domo hereditati. Et cum hoc probare deberent, in sua probatione penitus defecerunt. Nos vero . . scultetus et . . scabini supradicti, omnibus premissis auditis plenius et intellectis, maturo consilio habito, sentenciando pronunciavimus et in hiis scriptis pronunciamus, secundos pueros ipsius Irmengardis, videlicet Nicolaum, Culemannum et Philippum, in sepedicta domo nil iuris habere, adiudicantes eandem Ludewico et eius coniugi ac eorum heredibus per sentenciam memoratis. Testes huius sunt: Volradus scultetus, Wernherus de Wanebach, Gipelo de Holzhusen, Hertwicus de Alta Domo, Arnoldus de Glauburg, Cunradus Burneflecka, Cunradus de Spira, Sifridus de Gisenheim, Rudegerus de Holzhusen, scabini, et quam plures alii fidedigni. In cuius rei testimonium nos . . scultetus et . . scabini supradicti sepedictis Ludewico et eius heredibus presentes litteras sigillo universitatis Frankenvordensis tradimus communitas. Actum anno Domini 1295., mense Marcii.

163 (163). *Gemeinsame Verfügung kinderloser Ehegatten in Einkindschaftsweise über ihre Errungenschaft zu Gunsten der beiderseitigen Vorkinder. Kinderzeugen bricht Ehestiftung.* 1296, September 15.

Böhmer-Lau UB. der Reichsstadt Frankfurt I 346 Nr. 701. Vgl. Beseler Erbverträge I 8; Schröder GüterR. II 2 S. 182[53], 264 f.; Behrend Anefang und Erbengewere 49.

Nos Henricus de Hazichstein, miles, et Agnes, relicta quondam Sifridi militis de Husinstaim, coniuges, tenore presencium recognoscimus et ad universorum noticiam cupimus pervenire, quod communicata manu, unanimi consensu et libera voluntate omnia bona nostra mobilia et immobilia, que a tempore quo matrimonium contraximus usque ad presens tempus comparavimus et adepti sumus, et que comparare et adipisci possumus in futurum [1]), liberis nostris quos ipso tempore contractus matrimonii habuimus, videlicet mei Henrici quatuor liberis et mee Agnetis tribus pueris, tradimus, donamus et assignamus, ut ipsa bona omnia et singula post mortem nostram equaliter dividant et possideant tamquam veri fratres et sorores et legittimi coheredes, nisi alios pueros, Deo volente, procreaverimus, qui maiori et pociore iure ipsis bonis succedent, quibus nolumus aliquod preiudicium generari. Promisimus etiam et promittimus, fide prestita manuali loco iuramenti, et eligimus, quod, quicunque nostrum ex permissione divina primo emigraverit ab hac vita, superstes ad alias nupcias nullatenus evolabit; quod si secus fecerit, quod absit, omnia bona mobilia et immobilia una cum bonis omnibus, que possidet et quibus successit ex morte progenitorum suorum predecessorum et qualicunque modo ad eum sint devoluta, tamquam ex morte ipsius dinoscerentur vacare, et libere ad prefatos liberos nostros libere (!) devolventur. Sed si superstes permanet sine contractu aliarum nupciarum, huiusmodi bona omnia et singula ad tempora vite sue quiete et pacifice possidebit, et deinde post obitum ipsius superstitis ad predictos nostros liberos devolventur et ab eisdem, ut est predictum, equaliter dividantur; hoc tamen salvo permanente, quod bona, quibus quilibet nostrum ex morte suorum progenitorum predecessorum successit vel qualiter ad eum sint devoluta, post mortem uniuscuiusque nostrum ad suos heredes, ut iustum et consuetum fuerit, revertentur [2]). Testes huius sunt: Volradus scultetus Frankenvordensis, Cunradus Svevus de Sassinhusin, Sifridus, Gerhardus et Cunradus de Husinstaim, Thilmannus Cappellarius, Henricus quondam scultetus Frankenvordensis, Hermannus Schelmo de Bergin, Theodericus de Bomirsheim, Wintherus de Bruningisheim, milites; Arnoldus de Glouburg, Sifridus de Gisinheim, Ruthegerus et Ludewicus de Holzhusin, Johannes Golstein, scabini, et quam plures alii cives Frankenvordenses fidedigni. In cuius rei evidenciam et firmitatem pleniorem presentes litteras sigillo universitatis Frankenvordensis rogavimus communiri. Et nos Volradus scultetus et . . scabini Frankenvordenses ad rogatum Henrici militis et Agnetis, coniugum prefatarum (!), sigillum universitatis nostre presentibus appendimus in testimonium omnium premissorum. Actum et datum anno Domini 1296., sabbato proximo post exaltationem sancte crucis.

164 (164). *Rentenkauf. Bedingte Investitur zur Sicherstellung der Rente (Proprietätspfand) unter Rückübertragung des Besitzes an den Rentenschuldner.* 1297, Januar 19.

Mone in ZGO. 20, 311 Nr. 48. Vgl. Gierke PrivR. II 762; Schröder RG.[5] 747 und in ZRG. 29, 264.

---

1) *ausgeschlossen blieben die verfangenen Güter; charakteristischer Unterschied gegenüber den Einkindschaftsverträgen im engeren Sinne.* — 2) *der besondere Erwerb jedes Ehegatten durch Erbschaft oder Schenkung wurde also von der Vergabung ausgeschlossen und sollte seinen Vorkindern vorbehalten bleiben.*

Nos Cuno, miles de Kirwilre, et Kunigundis, eius legitima, recognoscimus publice per presentes et universis presencium inspectoribus volumus esse notum, nos iusto vendicionis titulo unanimi consensu vendidisse Heinrico de Nidecke, civi Spirensi, et Gertrudi, eius legitime, 20 modios siliginis boni et dativi super 60 iugeribus campestribus et 13 iugeribus pratorum, sitorum in terminis ville Vischelingen, ad nos pertinentibus, perpetuo dandos et presentandos per nos et nostros heredes dicto Heinrico et Gertrudi, eius legitime, et eorum heredibus in civitatem Spirensem cum mensura Spirensis civitatis, nostris expensis, periculo, laboribus et vecturis, ante quamcumque domum voluerint, in nativitate sancte Marie annuatim. Alioquin, si in hoc erimus negligentes, ipsi coniuges et sui heredes sine contradictione ad se tollent et trahent dicta bona. Que bona pro bonis liberis ipsis coniugibus coram strenuo viro domino Erphone, milite de Wingarten, domino et advocato dicte ville Vischelingen, et Berhtramo sculteto suo et iuratis decem ville resignavimus et nos resignasse publice profitemur ac in subpignus, quod dicitur *underpfant*, ipsis bona eadem constituisse et tradidisse et tandem ab eis recepisse pro dicta pensione solvenda perpetua annuatim, ut est dictum, nos et nostros heredes ad observandum omnia predicta presentibus litteris obligantes fideliter, fraude et dolo penitus circumscriptis. Super quibus omnibus dictus Erpfo miles et Berhtrammus eius scultetus ex debito sui officii dedit hos in testes: Cunradum dictum Cenner plebanum dicte ville, et Anshelmum plebanum de maiori Vischelingen, Heinricum dictum Kruselman armigerum, et iuratos dicte ville, scilicet Swiggerum, Heinricum dictum Kuninc, Berhtoldum, Johannem et Johannem dictum Slupfeloch preconem, Berwelfum filium Berhtoldi, Nebelungum filium Johannis, Hertelinum de Siebeldingen, Alradum de Kirwilre et alios quam plures fidedignos vocatos et rogatos pro testibus ad premissa. Recognoscimus eciam nos pro dicta pensione a dictis coniugibus Heinrico et Gertrudi recepisse 86 libras Hallenses pecunie numerate, tradite et solute. In quorum omnium evidenciam damus dictis coniugibus has patentes litteras, meo Kunonis et Erphonis militis predicti, iudicis dicte ville, sigillis fideliter conmunitas, et promittimus, quando ambo venerimus Spiram, quod coram iudicibus Spirensibus recognoscemus predicta omnia esse vera. Datum anno Domini 1297., in crastino Prisce virginis.

165 (165). *Hausleihe. Handänderungsgebühr (Ehrschatz). Vorkaufsrecht des Grundherrn. Eheliche Errungenschaftsgemeinschaft in Strassburg. Schenkungen unter Ehegatten.* 1299, März 23.

Mone in ZGO. 5, 391. Ein Bruchstück der Urkunde findet sich auch bei Aloys Schulte UB. der Stadt Strassburg III 127 Nr. 402. Vgl. Nr. 132; Schröder GüterR. II 2 S. 50, 174 f., 261; derselbe RG.^{5} 741; Hermann Arnold Das eheliche GüterR. der Stadt Strassburg i/E. (Breslauer Diss. 1904); Otto Schreiber Die Gesch. der Erbleihe in . . . Strassburg (Deutschrechtl. Beiträge hersg. v. Beyerle 3, 3); Gierke PrivR. II 797.

Wir, Ruelîn Riplîn der meister und der rât von Strâzburg, tuont kunt allen den, die disen brief gesehent und gehœrent lesen, daz her Niclawes Tüschman, unser burgere, und vrô Engele, sîne würtin, hânt verlûhen mit gesamenter hant für sich und alle ir erben zuo eime rehten erbe ir hovestat zwischent brucken, zwischent Bischoves hûs des oleimannes einsîte, und andersîte stât daz hûs zuo dem Huote, dâ Ludewîges hûs von Wasselnheim uffe stât, dem selben Ludewîge und Metzen, sîner wirtin, und allen irn erben und nâchkommen umb ein pfunt zinses genger und gêber Strâzburgere, âne hôher steigen. Den zins sol men halben geben alle jâr zuo sunnigehten [1], und den andern halben zuo wîhenahten. Der selbe Ludewîg und Metze, sîn würtin, gênt dekeinen êrschatz; swer ez aber nâch in zwein enphâhet, der gît êrschatz, aber von der hoveherren wandelungen gît men dekeinen êrschatz. Wellent ouch die hovesêzen ir reht an der hovestette und an dem hûse duffe [2]) verkoufen, sie süllent ez den hoveherren von êrst bieten; wellent die nüt drumbe geben als vil als ander lüte, sie süllent ez verkoufen anderen lüten; unde wer ez danne koufet, der gît êrschatz; und dâ nâch, als dicke sô sie verendert wirt, sô gît men êrschatz; und sol mens ouch den setzen mit dirre selben gedinge. Wirt ouch die hovestat von der hoveherren wegen verkouft, enweg gegeben, oder swie sie verendert wirt: an swen si gevellet, der sol den hovesêzen dise gedinge stête lân. Sô sol men ouch wizzen, daz der vorgenant Ludewîg Metzen sîner wirtin het gegeben sîne zwei teil des hûses und die zwei teil sînes rehtes an der hovestete zuo eime rehten widemen, und het ir daz vür uns gevertiget als reht ist, alsô daz sie die selben zwei teil habe und niezze in widemes wîs und nâch widemes rehte. Sô het ouch die selbe Metze Ludewîge, iren würt, ir dritte teil an dem hûs und an der hovestette gewidemet, und het ez im gevertiget als reht ist. Daz diz wâr und stête sî, dar umbe ist unserre stette ingesigele an disen brief gehenket zuo eime urkünde; der wart gegeben an dem mêntage ante Lêtâre, dô von Gots gebürte wârent zwelf hundert jâr und nün und nünzig jâr. Herane wâren wir Ruelîn Riplîn, her Niclawes Otte Friderîch, her Burkart der Pfîler und her Niclawes der junge Zorn, die vier meistere; her Heinrîch von Wolfgangesheim, . . . [3]), der rât.

166 (166). *Verkauf einer Rente durch einen Minderjährigen, unter Zuziehung eines selbstgewählten Vormundes als Salmannes. Spuren des römischen Rechtes.* 1300, Dezember 5.

Dambacher in ZGO. 11, 246. Vgl. Kraut Vormundschaft I 148, 150 ff.; Stobbe in ZRG. 7, 429.

Ich Heinrîch, hern Uolrîches sêligen sun von Rapoltstein [4]), mit willen und gehellunge grâven Cuonrâdes von Frîburg, mîns salmans, den ich zuo salman nam, wonde ich under mînen jâren was, mit ur-

[1]) = in solstitio, *Juni 24.* — [2]) *zusammengezogen aus* da uffe. — [3]) *es folgen noch 18 Namen von Herren.* — [4]) *Ober-Elsass.*

teilt[1]) vor geriht ze Kenzingen, tuon kund allen den, die disen brief ansehent oder hœrent lesen, daz ich hân verkouft und gegeben ze koufenne dem abbet und dem convent von Thennibach drîe march geltes, die ich hatte ûf dem nidern hof ze Langenbogen, der mich mîn œhein sêlig, her Heinrîch von Geroltseke gewerot solt hân, umb drîssig march lœtiges silbers Frîburger gewêges, und vergihe, daz mir daz silber gar worden ist und in mînen nutze gekêrt. Ich verzîhe mich ouch der vorgeschribenen drîer march geltes für mich und alle mîn erben âne alle gevêrde, und verzîhe mich ouch aller reht, die ich hân möht an den vorgeschriben drîer march geltes, daz ich üt gesprechen möhte, daz ich under fünf und zwenzig jâren wære oder betrogen über daz halbteil an dem kouf, oder daz mîn wîp dekein reht an dem selben guot hette, und gemeinlich alles rehtes und vorderunge, dâ mit ich oder mîn erben beholfen möhtin werden wider disen vorgeschribenen kouf. Ich globe auch, swenne ich zuo mînen jâren kume, daz ich sü dis koufes wern und vertigon sol, alse billich und reht ist. Ich hân ouch ûf den heiligen gesworn, allez daz stête ze hânne, daz hie vor geschriben stât, und daz diz wâr sî und stête belîbe, sô hân ich min ingesigel an disen brief gehenket und besigelt. Wir, grâve Cuonrât von Frîburg und her Ruodolf von Üsenberg, vergehen und geloben dem abbet und dem convent von Thennibach wer ze sînne, swaz hie vor geschriben stât, daz daz von dem vorgeschriben Heinrîch vou Rapoltstein und allen sînen erben ganze und stête belîbt. Wir, grâve Cuonrât von Frîburg, her Hesso und her Ruodolf von Üsenberg, und wir, der schultheize und der rât von Kenzingen, hent ünserü ingesigel an disen brief gehenket dur des vorgenanten Heinrîches von Rapoltstein bette zuo eim oufen urkünde. Har an, dô diz geschach, wâren die hie nâch geschriben stânt: her Uolrîch, ein ritter, geheizen der Zolern von Kenzingen, Cuonrât geheizen der Rouber, schultheize, Wernher Milenbach und sîn sun Albreht, Hûgo von Maltertingen und Hûg sîn sun, Heinrîch Hûnolt, Berhtolt Stêhelli, Cuonrât der krâmer und Albreht sîn bruoder, burger von Kenzingen, und ander biderbe liute genuoge. Diz geschah ze Kenzingen under der rihtloubun, und wart dirre brief gegeben, dô man zalte von Gottes gebürte drüzehenhundert jâr, an sante Nicolaus âbent.

167 (167). *Frauentestamente in Lübeck der Zustimmung des Ehemannes und der nächsten Erben bedürftig. Statutarische Portion bei kinderloser Ehe.* (um 1300.)

Lübecker Oberhofsentscheidung für Elbing, Stobbe Beiträge zur Gesch. des deutschen Rechts 164. Vgl. Pauli Abhandlungen aus dem Lübischen Rechte III 387 ff.; Schröder GüterR. II 3 S. 25 f., 229; derselbe RG.[5] 775.

Scripsit nobis discrecio vestra, quandam feminam, vestram concivem, in extremis iacentem in presencia fratrum suorum et sororum

[1]) = urteilde: *Urteil.*

et duorum consulum[1]) rogasse maritum suum, eam licere denarios aliquos et suum vestitum egentibus amicis et pauperibus distribuere propter Deum, adhibueritque maritus consensum, fratres autem et sorores, qui simul aderant, tacuerint nec contra dixerint. Unde merito satis et de iure donacio pusilla, quam hiis ita se habentibus eam fecisse scribitis, debet stabilis permanere. Continebat insuper littera vestra, dictam feminam retulisse, quod cetera bona singula, quecumque essent, maritus eius deberet sibimet integraliter reservare, et quod unus dictorum consulum ad illa responderit sic dicendo: 'Ita secundum iusticiam civitatis'; et quod hoc prolato tacuerint omnes, nec ad ea quisquam ex eis quicquam sit locutus. Unde nostram scire desideratis iusticiam super eo. Scire vos cupimus, quod nulla femina bona dotalicia sive bona que produxit ad suum maritum, sive talia bona sint mobilia vel immobilia, dare, legare vel alienare poterit absque proximorum heredum consensu, ad quos devolvi debent huiusmodi bona post alicuius obitum mulieris. Quare, cum, ut nobis insinuastis, fratres et sorores ipsius domine consensum non adhibuerint ad premissa et dictus consul protestacionem fecerit coram assedentibus sic dicendo: 'Ita secundum iusticiam civitatis', heredes proximi dicte femine tollent medietatem quorumlibet bonorum que produxit ad maritum suum hec femina, et reliquam medietatem maritus eius secundum nostre civitatis iusticiam retinebit.

168 (168). *Verkauf einer Getreiderente aus einem verfangenen Grundstück, das zugleich als Pfand gesetzt wird. Bürgenstellung für die Gewähr seitens der Verkäufer.* 1301, Januar 14.

Böhmer-Lau UB. der Reichsstadt Frankfurt I 389 Nr. 776. Vgl. Schröder GüterR. II 2 S. 125; derselbe RG.[5] 747; von Meibom PfandR. 402-443; Ludwig Brink Bestellung der dingl. Rechte an fremden Immobilien im MA. (Breslauer Diss. 1887) 27 f.; Gierke PrivR. II 760[36], 762; derselbe Schuld und Haftung 88.

Nos Heinricus scultetus, .. scabini et .. consules de Frankinvord tenore presencium recognoscimus publice profitendo, quod Gerlacus de Rorbach miles, noster concivis, una cum Eberwino, Theoderico et Gerlaco, filiis suis, quos quondam a domina Jutta de Cronenberg, uxore eius legittima, procreaverat, communicata manu parique consensu vendidit iusto vendicionis titulo Wicgero de Ariete et Katherine, uxori eius legittime, nostris concivibus, eorumque heredibus super uno manso proprietario in terminis superioris ville Dorvelden sito, quem quidem mansum dictus Gerlacus cum dicta uxore sua Jutta emerat et conparaverat apud Wolframum campanarium ibidem, octo octalia siliginis, Frankinvordensis mensure, annue et perpetue pensionis. Que vero octo octalia siliginis prefatis Wicgero suisque heredibus singulis annis infra duo festa assumpcionis et nativitatis

---

[1]) *über die zwei Ratmänner, deren Zuziehung in Lübeck zur Testamentsform gehörte, vgl.* Pauli *a. O. III 202 ff.*

beate Marie virginis[1]) debent porrigi Frankinvord et amministrari; resignans et renuncians idem Gerlacus una cum dictis suis filiis omni iuri quod eisdem in predictis octo octalibus siliginis conpetebat, promittens nichilominus prelibatis Wicgero suisque heredibus de eadem pensione siliginis facere warandiam iustam, debitam et consuetam. Et super ipsa warandia facienda Heinricum de Hatzichenstein et Volradum, quondam scultetum Frankinvordensem, milites, memoratis Wicgero et eius heredibus constituit fideiussores. Condictum est eciam, quod quocumque casu contingente sepedicti Wicgerus vel sui heredes in predicta pensione siliginis inpedimenta paterentur, ipsi se de predicto manso, unde ipsa pensio siliginis derivatur, intromittere debebunt et ipsum mansum locare tamdiu, quousque ipsi suam pensionem siliginis neglectam penitus consequantur. Testes huius rei sunt: Arnoldus de Glauburg, Hertwicus de Alta Domo, Sifridus de Gisinheim, Cunradus de Spira, Cunradus Burneflecke, Markolfus de Lintheim, Rudegerus et Ludewicus de Holtzhusen, Johannes Goltstein, scabini, et quam plures alii fidedigni. In cuius rei testimonium et debitam firmitatem nos . . scultetus et . . scabini antedicti ad rogatum parcium predictarum sigillum universitatis Frankinvordensis presentibus duximus appendendum. Actum anno Domini 1301., in crastino octave epiphanie Domini.

169 (169). *Auflassung mit Vorbehalt einer Rente. Das Grundstück haftet als Verfallpfand zur Sicherung des Zinses und der Wiederherstellung des Hauses im Falle der Zerstörung desselben. Hinterlegung von Münzproben bei Gericht.* 1301, Juni 5.

Lacomblet UB. für die Gesch. des Niederrheins III 8 Nr. 11. Vgl. Nr. 132, bes. Arnold a. O. 190; Gobbers in ZRG. 17, 151 f., 156 f.; von Schwind a. O. (Zitat zu Nr. 71) 46[2]; Immerwahr Die Verschweigung (Gierkes Untersuchungen 48) 30; Brie (Zitat zu Nr. 126) I 215[14]; Gierke PrivR. II 762, 824; Schröder RG.[5] 747.

Notum sit tam presentibus quam futuris, quod providus vir Franco dictus de Cornu, miles, de Colonia, pro se et heredibus suis vendidit, locavit et resignavit perpetue et hereditarie nobili viro domino Theoderico comiti Clivensi, qui sibi et nobili domine Margarete comitisse, uxori sue legitime, et liberis suis procreatis ab eadem emit et acquisivit erga ipsum domum suam et curtim sitas Nederich ex opposito capelle sancti Servatii, inter curtim que vocatur ad Portam et ecclesiam hospitalis sancti Johannis Baptiste Coloniensis, ante et retro, subtus et supra, prout iacent, cum suis areis et attinentiis, et sicut idem Franco eas habuit in sua proprietate: tali conditione, quod iidem dominus . . comes, domina . . comitissa vel eorum liberi dabunt et persolvent eidem Franconi vel suis heredibus sedecim marcas bonorum antiquorum Brabantinorum denariorum vel unum

[1]) *zwischen August 15. und September 8.*

bonum grossum Thuronensem regis de Francia, legalem in pondere et valore pro quatuor denariis, dandum et pagandum singulis annis in festo nativitatis Domini sine protractione. Et si dictus census non solveretur infra mensem post terminum memoratum, extunc prefati dominus . . comes, . . comitissa vel eorum liberi cadent in penam sex marcarum denariorum predictorum persolvendam cum censu supradicto. Si vero per secundum, tertium, quartum, quintum et sextum menses census huiusmodi non daretur cum penis, scilicet de quolibet mense sex marcis, extunc prefate domus et curtis cum earum attinentiis, melioratione et edificiis cedent et devolventur libere et solute in manus Franconis vel heredum suorum predictorum. Ne autem in posterum, si grossi Thuronenses vel Brabantini denarii legales non possent inveniri nec haberi sine dolo, super pagamento pro censu predicto dando dissensio oriatur, dominus . . comes predictus poni fecit novem grossos Thuronenses regis examinatos in pondere et valore pro idea, que *stale* dicitur [1]), in scrineum scabinorum de Nederich, ut secundum pondus et valorem grossorum Thuronensium predictorum census detur et pagetur, ne in ipsa hereditate perdenda valeat circumveniri. Preterea dominus . . comes Clevensis comparabit denariis suis in civitate Coloniensi sex marcas hereditarii census, quem connectet et obligabit ad hereditatem memoratam, tali modo, si predicte domus et curtis incendio, quod absit, consumarentur vel ex vetustate vel ex negligentia refectionis, ubi necesse foret, casum paterentur et ruinam, et dominus . . comes, domina . . comitissa aut eorum liberi predicti a tempore huiusmodi incendii, casus vel ruine non inciperent nec perficerent infra duos annos continuos reedificari et consumari, nec solverent ipsum censum sedecim marcarum suo termino, sicut est premissum, extunc sex mensibus elapsis, extunc dicta area cum censu sex marcarum predicto cedet et devolvetur libere et solute Franconi et heredibus suis antedictis, ita quod de hiis disponere poterunt quod eis visum fuerit expedire, sine domini . . comitis, domine . . comitisse et suorum liberorum contradictione qualibet et offensa. Condictum est etiam, quod idem Franco omnem iustam allocutionem deponet a quocunque et warandiam prestabit domino . . comiti, domine . . comitisse et eorum liberis per annum et diem secundum ius et consuetudinem civitatis Coloniensis in hereditate memorata. Et si aliquis in posterum huiusmodi hereditatem propter aliquam causam occasione domini . . comitis, domine . . comitisse vel liberorum suorum predictorum impeteret, alloqueretur vel arrestaret, in hoc predicti Franco et successores sui in eadem se opponent, fundum suum et hereditatem defendendo, quod *vurstân* vocatur, fraude et dolo cessantibus in premissis. Actum et datum anno Domini 1301., in die beati Bonifacii.

---

1) *hier: Vorbild, Muster zur Vergleichung, auch vorgeschriebenes Mass des Einkaufsgeldes in einer Zunft; franz.* étalon.

170 (170). *Gerichtliche Ermächtigung der Ehefrau zu einem Rentenverkauf in Abwesenheit des Mannes.* 1310, Juni.

Böhmer-Lau UB. der Reichsstadt Frankfurt I 481 Nr. 931. Vgl. Schröder GüterR. II 2 S. 40.

Nos Volradus miles, scultetus, et . . scabini de Frankinford recognoscimus per presentes, quod Metza dicta zu dem Butschue, nostra concivis, coram nobis in figura nostri iudicii constituta, proponens, quod, cum domus sua dicta Zu dem Butschue esset per concremationem et incendium ignis consumpta penitus et destructa, nec ad edificandum et construendum aliam domum et ad solvendum unam marcam denariorum usualium annui census, quam annis singulis solvere consuevit et solvit ecclesie sancti Bartholomei Frankinfordensi, eidem proprie non suppetent facultates, petivit cum instantia per nos . . scabinos sentenciam sibi dari: si super aream ipsius domus Zu dem Butschue et edificia eius ante et retro posset vendere annuum censum pro edificatione alterius domus et solucione marce census predicti, . . liberorum suorum et Volgwini, mariti sui legitimi, per multa tempora absentis et profugi, contradictione qualibet non obstante. Hiis itaque propositis et per nos . . scabinos plenius intellectis, quia nobis constabat premissa omnia esse vera, nos per diffinitivam nostram sentenciam pronunciavimus et presentibus pronunciamus: predictam Metzam pro edificatione alterius domus et solutione marce census annualis posse et debere licite vendere et alienare super dictis area et edificiis aliquem censum annuum, contradictione . . liberorum, . . mariti et aliorum quorumlibet non obstante. Sententia vero huiusmodi sic per nos lata, antedicta Metza zu dem Butschue coram nobis constituta vendidit iusto vendicionis titulo Hermanno dicto de Ovenbach, genero quondam Cunradi dicti Clobelouch, et Methildi, uxori eius legitime, nostris concivibus, eorumque heredibus super predictis area et domibus, videlicet anteriori domui (!) Zu dem Butschue et posteriori domui (!), que se extendit in die Bendirgassin, quindecim solidos denariorum Coloniensium usualium, singulis annis nomine annui census in festo beati Martini de premissis area et domibus tollendas (!) et percipiendas (!); resignans et renuncians eadem Metza omni iuri, quod ipsi vel suis heredibus in supradictis quindecim solidis Coloniensium denariorum annui census competebat, de plano et precise. Testes huius sunt: Hertwicus de Alta Domo, Cunradus de Spira, Sifridus de Gisinheim, Johannes Goltstein, Markolfus de Lintheim, Drutwinus Schrenke, Hertwicus de Vite, Wiglo de Wanebach, Wiglo Rana, Adolfus Clobelouch, scabini, et quam plures alii cives Frankinfordenses fidedigni. Et nos . . scabini antedicti recognoscimus, ad requisitionem supradictarum partium nos sigillum universitatis nostre in Frankinford presentibus appendisse in testimonium omnium premissorum. Actum et datum anno Domini 1310., mense Junii.

171*. *Einkaufskommission.* (um 1310.)

Anton Hagedorn Hamburgisches UB. II 144 Nr. 225.

Wolbero de Traiecto dandum.

Honesto viro ac dilecto amico suo Wolbero de Traiecto civi Lubicensi Gherardus de Colonia dictus civis Hamburgensis obsequii quantum potest. Amiciciam vestram duxi diligencius exorandam, quatinus mihi mittatis, ut prius potestis, 3 *scippunt* [1]) cere supra proximum festum pasce vel carnisprivium [2]) persolvendum, pro quibus mei nomine [3]) spondeatis, vos enim de eo eximam sine dampno. Valete.

172 (171). *Verkauf einer Getreiderente. Übertragbarkeit des Rechtes der Kinder an verfangenen Gütern in Frankfurt a. M.* 1312, Mai 8.

Böhmer-Lau UB. der Reichsstadt Frankfurt I 493 Nr. 952. Vgl. Nr. 134.

Scultetus, scabini ac consules Franckfurdenses. Cunctos Christi fideles scire volumus per presentes, quod constitutus coram nobis Culmannus, filius Jutte dicte Melpoden, noster concivis, Guda et Jutta, sororibus suis legittimis, presentibus ac expresse consencientibus, vendidit et se vendidisse recognovit redditus sex octalium pure siliginis, sibi pro sua portione virili ex successione hereditaria post mortem Jutte, matris sue prescripte, cedentes, sitos in villa Harheim, Hermanno dicto Wincken, fratri suo, et Cuse, uxori sue legittime, eorumque veris et legittimis heredibus possidendos perpetim et tenendos, pro quindecim marcis Coloniensium denariorum bonorum ac legalium, tribus hallensibus pro denario conputatis, quas quindecim marcas plene numeratas, traditas et assignatas ab eodem Hermanno emptore se recognovit recepisse et in suos usus necessarios convertisse. Insuper Guda et Jutta, sorores Culmanni ac Hermanni, fratrum predictorum, sponte elegerunt, quodsi Culmannus venditor, frater eorum, ante mortem matris sue decederet, ipsam emptionem ratam habere atque firmam et contra ipsam nunquam venire verbo, opere neque facto. Testes huius rei sunt: dominus Volradus scultetus, miles, Conradus de Spira, Markolfus de Lintheim, Siffridus de Gisenheim, Johannes dictus Goltstein, Culmannus de Ovenbach, Wigelo de Wanbach, Adolffus dictus Knobelauch, scabini Franckfurdenses, et quam plures alii fidedigni. In huius rei stabilem permanenciam et perpetui roboris firmitatem ad preces parcium prescriptarum damus presentes litteras, maiori sigillo civitatis Franckfurdensis fideliter communitas. Datum et actum anno Domini 1312., 8. idus Maii.

---

[1]) *über die Bedeutung des Schiffspfundes vgl. Hermann Hildebrand Das Rigische Schuldbuch p. 56 f.* — [2]) carnisprivium *bezeichnet im allgemeinen den Dienstag vor Aschermittwoch; vgl. Grotefend Zeitrechnung I 21.* — [3]) mei nomine *hier wohl nur = 'auf meine Rechnung'; vgl. Entscheidungen des Reichs-Oberhandelsgerichts Bd. 22 S. 25 ff.*

173 (172). *Ermächtigung zum Verkaufe einer Rente aus einem verfangenen Gute. Das Recht des überlebenden Elternteils verwirkt durch schlechte Wirtschaft. Rechtliche Natur der Verfangenschaft.* 1315, Juli 21.

Böhmer-Lau UB. der Reichsstadt Frankfurt II 17 Nr. 27. Vgl. Arnold Eigentum 225-248; Schröder GüterR. II 2 S. 128, 134.

Nos . . scultetus et . . scabini Frankenvordenses tenore presentium publice recognoscimus et ad universorum noticiam cupimus pervenire, quod Thilemannus dictus Rendelere in iudicio constitutus coram nobis recognovit, se iusto vendicionis titulo vendidisse discreto viro magistro Johanni medico et suis heredibus dimidiam marcam denariorum Coloniensium, tribus hallensibus pro quolibet denario computatis, annui census, singulis annis persolvendam [1]) perpetuo futuris temporibus in festo beati Martini episcopi hiemalis, de domo sita in der Snargassen [2]) prope domum dicti Sleht-Beckere pistoris, pro octo marcis et uno fertone predictorum denariorum [3]), quas ipse predictus Rendelere recognovit, se ab eodem magistro Johanne recepisse ac sibi datas, traditas et numeratas. Quem vendicionis contractum de consensu propinquorum pueri dicti Rendelere sic admisimus, ut prefatus Rendelere deinceps nichil de bonis vel rebus predicti pueri sui vendat, distrahat aut casu aliquo alienet, quodque ad taxillos non ludat vel alia faciat, per que predictus minor in bonis et rebus predictis detrimentum incidat vel iacturam. Quodsi secus per dictum Rendeleren actum fuerit, extunc cadat ab omni usufructu et commodo, quem et quod habere dinoscitur in bonis premissis, et contractum si quem fecerit, non valeat ipso facto. In cuius rei testimonium et evidentiam pleniorem sigillum maius nostri opidi Frankenvordensis presentibus duximus appendendum. Datum anno Domini 1315., in vigilia beate Marie Magdalene.

174 (173). *Gesetzliche Leibzucht des kinderlosen überlebenden Ehegatten am Immobilarnachlasse des Verstorbenen. Veräusserungsrecht des Leibzüchters in Notfällen.* (1316.)

Kölner Schreinsbucheintrag, Ennen Qu. zur Gesch. der Stadt Köln IV 31 Nr. 33. Vgl. Schröder GüterR. II 2 S. 71, 187 f. und in ZRG. 10, 443[15].

Notum sit, quod scabini testificati sunt nobis, quod Metildis, uxor quondam Henrici Rubeatoris [4]), comparavit in iudicio et optinuit per sententiam scabinorum, quod pre necessitate corporis sui et debitorum suorum non posset optinere duas mansiones sitas in Putzhove, que *ansedil* fuerunt Henrici Rubeatoris; et dederunt sententiam scabinorum, quod bene vendere poterit, et demandaverunt nobis, quod scriberemus, ut [5]) scripsimus, et quod ei pecunia daretur.

---

[1]) *die Vorlage hat* persolvenda. — [2]) *Schnurgasse.* — [3]) *für* $^1/_2$ *Mark Rente werden also* $8^1/_4$ *Mark Kapital gegeben. Zinsfuss:* $6^2/_{33}\,\%$. — [4]) *Röter (Rotfärber).* — [5]) *die Vorlage hat* et.

175 (174). *Gerichtliche Überweisung eines Hauses an die Rentengläubiger wegen versessenen Zinses. Rangordnung der Rentengläubiger. Weigerung der Erben des abwesenden Beliehenen, Besserung*[1]) *und Schuld zu übernehmen.* 1320, März 5.

Böhmer-Lau UB. der Reichsstadt Frankfurt II 111 Nr. 133. Vgl. Arnold Eigentum 172-180; Schröder RG.[5] 747.

Wir Volrât ritter, schultheize, und die scheffin von Frankenvord bekennen offenlîche an diseme geinwortigeme brieve allen den, die in gesehen oder gehôren lesen, daz vor uns quâmen an gerihte die êrsamen lûde . . de commendûr von sante Jôhanne des hûses zû Frankenvord, von sîns convents wegen, her Arnold der senger, her Jôhan Zurchere und her Wîgant von Frideberg von sante Georgen, von irer und irs capittels wegen, her Heinrîch von Wolkemburg, ver[2]) Viderûn und ver Gîsle zûm Swartzen Hermanne, und bâden in ein gemein urteil werden, wô sie irs versezzen zinses zû solden warten, den Albreht von Ovembach hette versezzen in dem hûse, daz dâ etswanne was hern Lutzen des crêmers, allernêhest gelegen an dem hûse, daz dâ heizet Brûsele, gein dem hûse zûm Holderbaume uber, und wô sie vorwert ires zinses solden warten? Des wart in gedeilet: sie solden iz ûf dem selben hûse warten und alle zît wartende sîn. Uber daz sô verbote[3]) man Albrehten den vorgenanten mit willen der vorgenanten clegere und mahte ime einen kuntlichen dag an gerihte, daz er quême und daz verantworte, ob er wolde, umb den versezzenen zins. Des enquam er oder verantworte iz ouch niht. Dô bôt man die bezzerunge des hûses sînen erben, ob ir kein dabî wolde blîben und gulde den versezzen zins. Dâ enwolde ir kein bî die bezzerunge des vorgenanten hûses. Dô holten die vorgenanten clegere ir hûs ûf[4]) mit urteil an gerihte, und lûhen iz Hannemanne, vern Vriderûne sune, dem crêmer, und Berlen, sîner êlichen wirtin, und iren erben zû rehteme erbe êweclich zû besitzene umb sô getânen zins, als hernâch stêt geschrieben: von êrst vern Gîslen zûm Swartzen Hermanne zwô mark ûf sante Mertîns dage, und ist der êrste zins, und vern Vriderûnen ûf den selben dag zwô mark, und hern Heinrîche von Wolkemburg ouch ûf den selben dag eine mark, und den herren von sante Jôhanne drî mark ûf unser Vrauwen dag der lesten, als sie geborn wart, sôdanne den herren von sante Georgen funfzehen schillinge Kolscher ûf unser Vrauwen dag, als man die kertzen wîhet[5]). Zû orkunde und vester stêdekeit aller dirre dinge hân wir unser stete grôz ingesiegel an disen brief gehangen. Und wart gegeben nâch Gotes geburte drûzehenhundert jâr in dem zwentzegesteme jâre, an der mittewochen in der mittelvaste.

---

[1]) *d. h. den die Rentenschuld übersteigenden Wert des Grundstücks.* — [2]) *vor Namen stehen die verkürzten Formen* her *und* ver (vor, vro) *für* hêrre *und* vrouwe. — [3]) verboten = *durch mündliche Botschaft wissen lassen, laden.* — [4]) *liessen sich (durch Urteil) zusprechen.* — [5]) *Zahlungstage also November 11., September 8., Februar 2.*

176 (175). *Vererbpachtung einer Nona mit sukzessivem Erbrechte.* 1321, Februar 20.

Böhmer-Lau UB. der Reichsstadt Frankfurt II 128 Nr. 162. Vgl. Nr. 144; Mone in ZGO. 19, 176 Nr. 9 (1271, Februar 4.); Schröder RG.[5] 771[216] und in ZRG. 29, 264.

Hartmůdus de Indagine[1]) et Katherina, eius uxor legitima. Recognoscimus publice per presentes, quod honorabiles viri . . domini decanus et . . capitulum ecclesie sancti Bartholomei Frankenfordensis nonam suam, quam ipsi et ecclesia eorum in Triburio et terminis eius ex legatione divorum patrum imperatorum et regum Romanorum tenuerunt et possederunt a tempore cuius memoria non existit, nobis et Conrado filio nostro, si nos supervixerit, locaverunt et concesserunt iure emphitheotico sive hereditario cum omnibus suis pertinenciis perpetuo possidendam: ita quod, nobis tribus personis defunctis, unus tantum heredum nostrorum dictam nonam cum suis pertinenciis universis teneat et possideat, ita quod ipsa nona apud unum tantum heredem remaneat perpetuo indivisa, et si secus fieret, quod nos vel heres successivus a nostro iure cadamus mox ipso facto. Et nos, quoad vixerimus, et heres noster successivus, qui pro tempore fuerit, dictis . . decano et . . capitulo ac eorum ecclesie annis singulis in omnem eventum nomine annue pensionis in festo beati Michaelis archangeli viginti octalia tritici, mensure Frankenfordensis, super granarium eorum, et in festo omnium sanctorum mattas, videlicet unam latam ante altare, duas longas pro scolaribus, et pro sedibus choralibus quotquot sunt necessarie choro eorum, Frankenford porrigemus et persolvemus[2]) nostris periculis, laboribus et expensis. Et si nos vel aliquis nostrorum heredum, qui pro tempore successerit, aliquo termino in solucione predictorum, postquam monitus fuerit, per mensem negligens existimus vel remissi, ipso facto a nostro iure cademus, omni iudiciorum canonici et civilis strepitu quiescente et contradictione qualibet non obstante. In testimonium omnium premissorum presentes litteras supradictis . . decano et . . capitulo sigillo nobilis viri domini Philippi iunioris de Falkenstein, domini in Mincenberg, tradidimus sigillatas. Quod nos Philippus dominus predictus recognoscimus ad rogatum Hartmůdi et Katherine prefatorum hiis litteris appendisse pro testimonio omnium premissorum. Datum anno Domini 1321., 10. kalendas Marcii.

177 (176). *Hausleihe. Gewährschaftspflicht des Leiheherrn. Pfandsatzung an Grundzinsen um bekannte Schuld. Gerichtliche Übereignung des Pfandes.* 1321, April 27.

Loersch Aachener Rechtsdenkmäler 173 Nr. 2. Hier jedoch nach dem wieder aufgefundenen Original im Archiv des Königl. Landgerichts zu Aachen. Vgl. Arnold Eigentum 126-134; von Meibom PfandR. 37[62, 63], 402-443; Gierke PrivR. II 824.

---

[1]) *vom Hagen.* — [2]) *man beachte das Steigen der am 29. September und 1. November zu entrichtenden Abgabe seit 1278, Oktober 16. (Nr. 144).*

Universis presentes literas visuris et audituris . . iudex et . . scabini regalis sedis Aquensis infrascripti agnicionem veritatis cum salute. Notum esse cupimus, quod — cum Lambertus de platea sancti Jacobi, pistor Aquensis, quandam domum sitam in dicta platea, quam Cristianus pistor inhabitare consuevit, ab Alberto dicto Martmeister, cive Aquensi, sibi eam concedenti pro viginti uno solidis Aquensis pagamenti annui census hereditarie recepisset, idemque Albertus ipsum Lambertum de dicta domo warandizare eique satisfacere promisisset — accessit et venit Katerina, filia Cristiani pistoris predicti, et eundem Lambertum coram nobis in iudicio devicit et per sentenciam . . scabinorum dictum Lambertum de dicta domo eici procuravit. Quo facto idem Lambertus fecit dictum Albertum ad regale iudicium Aquense predictum evocari ipsumque Albertum impeciit super promissione supradicta, adducens bonos testes et digmannos[1]), per quos in dicto iudicio dictam promissionem sibi factam fuisse sufficienter probavit. Extunc monstratum fuit per sentenciam . . scabinorum subscriptorum, quod prefatus Albertus dicto Lamberto de dicta domo satisfacere teneretur et deberet. Tunc prefatus Albertus dicto Lamberto decem et novem solidos Aquensis pagamenti, census fundi, quos in dicta domo habebat annuatim, sub pignore[2]) obligavit: in hunc modum videlicet, quod, si ipse Albertus sepedicto Lamberto infra annum et diem de dicta domo satisfacere non posset nec satisfaceret, quod extunc dicti decem et novem solidi census ad sepedictum Lambertum essent libere devoluti. Post hec autem, anno et die huiusmodi revolutis, idem Lambertus venit ad iudicium Aquense predictum et sibi advocatum seu prolocutorem dari petivit; quo concesso, idem advocatus nomine predicti Lamberti proposuit et petiit experiri per sentenciam scabinorum, ex quo annus et dies essent elapsi et predictus Albertus prefato Lamberto de dicta domo non satisfecisset, ut promiserat: utrum prefatus Lambertus ad predictum subpignus suum accedere posset, illud vendere et alienare ac de eodem suam facere voluntatem? Super quo scabini moniti sentenciaverunt et monstraverunt: quod prefatus Lambertus dictum subpignus suum vendere et alienare posset et de eodem suam facere voluntatem, et si alicui ipsum subpignus venderet, quod talis vendicio illi qui emeret utilis esset atque firma; et extunc ipsum Lambertum in possessionem dicti subpignoris induxerunt et heredaverunt . . iudex et . . scabini infrascripti, predictum Albertum ab eodem subpignore penitus ammovendo, et hoc monstrante sentencia . . scabinorum Aquensium subscriptorum. Acta sunt hec in presencia et sub testimonio Wilhelmi de Surse locum iudicis tenentis, Arnoldi dicti Parvi, villici et advocati, et Gerardi de Lughen, militum, Arnoldi de Linge, Conradi de Punt, Werneri dicti Anelant, Wilhelmi dicti Cutzelere et Henrici de Herle, scabinorum regalis sedis Aquensis, in placito generalis advocacie[3]), feria secunda post octavas pasche, anno Domini 1321. Ita tamen si dictus Albertus

---

[1]) *statt* dingmannos: *Dingleute, Geschäftszeugen; vgl. S. 136 Z. 16.* — [2]) *das Original hat* ypignore; *der Schreiber hat wohl ursprünglich* ypotheca *setzen wollen und dann vergessen das* y *zu löschen.* — [3]) *im Vogtgeding.*

dictos decem et novem solidos cum Katherina uxore sua secunda acquisiverit [1]). Datum ut supra.

178 (177). *Verleihung eines Bauerlehens auf Lebenszeit an einen fremder Herrschaft angehörigen Eigenmann.* 1322, Januar 6.

Dambacher in ZGO. 20, 115. Vgl. Schröder in ZRG. 29, 264; Bric (Zitat zu Nr. 126) I 220[37], 227[13].

Ich Bertholt Kegel, des Dreschers sæligen sun von Altingen, vergih und tuon kunt an disem gegenwertigen brief allen den, die in sehent alder hôrent lesen, daz ich von den êrbêran gaislichen lûten, dem abt und dem convent des clôsters ze Bebinhûsen, enphangen hân ze lêhen daz guot daz man nemmet des Emervelders guot und gelegen ist ze Altingen, zuo mîner ainigun hende; und swenne ich enbin, sô hât kain mîn erbe kain reht zuo dem lêhen, noch sol es nummer angesprechen, weder an gaislichem geriht noch an weltlichem. Und sol in dâvon gên [2]) alliu jâr daz halptail winterfruht und daz drittail sumerfruht, und alle die dienst dâvon tuon, als von alter sit und gewonlich ist, und sol ûf die hofstat, diu zuo dem selben guot hôret, inwendig phiunf jârn ain hûs und ain besluzzet hofraiti hân gebûwen und den zins dâvon gên, den mîn vatter sælig [3]) gelobt an sînen brieven ze gênde, die die vorgenanten gaislichen lûte, mîn lêhenherren, von im hettan umme daz lêhen; und swaz mit korn stât, es sîgen wisan gewesen von alter oder nit, dâvon sol ich die lantgarbun [4]) gên, als dâ vor gesriben ist. Ich sol ouch daz guot in rehtem bû hân, als sit und gewonlich ist ze Altingen, mit aggergange [5]), mit zûnen und mit dungen, alsô daz ich kainen mist, der ûs dem strôwe alder ûs dem vôter gemachat wirt, anderswar sol fuoren, won ûf daz guot. Ich sol ouch, waz egerdan [6]) in das guot hôrent, in rehten bû bringen, und sol numer kain fuoter ûf den äggern snîden noch haisen snîden. Ich sol ouch den vorgenantan mînan lêhenherren ir tail vor hain fuoren des kornes in die schiurun, ê den mînen. Sie sun [7]) ouch gewaltig der schiurun sîn, bis sie gedreschent, und sol ich sie daran nüzenit irren, und sol nummer snîden in den nüwen [8]) ân ir wort. Und swâ ich dirre kains ubergân, die hie vor gesriben stânt, alder briche, sô sol ich ins bes[s]ern, als zimelich und gefuog ist. Hie bî wâren herre Burchart der kirchherre von Altingen, herre Heinrîch der ph(e)leger ze Alting von Bebinhûsen, Hûg von Halvingen, Cuonrât Hesivelt, Friderîch von Altingen, Bertholt Visi und ander(r)e êrbêra lût genuog. Und daz diz alles sament mînan diggenemtan [9]) lêhenherren ganz und stêt belîbe, sô hân ich in disen brief gegeben mit mîner aigenan herran, herre Jôhannes des kirchherren von Halvingen

---

[1]) *wegen der Verfangenschaft des erst-ehelichen Vermögens.* — [2]) gên, ze gênde = geben, ze gebende. — [3]) *der Stiefvater des Berthold Kegel.* — [4]) *Zinsgarbe.* — [5]) *Ackerbau.* — [6]) *Brachland; vgl. G. L. von Maurer Gesch. der Dorfverfassung I 250.* — [7]) = sulen. — [8]) *Neubruch.* — [9]) dicke genemten.

und Hûges, sîn bruoders, insigeln besigelt, die siu durch mîner bet willen an disen brief hânt gelait. Wir die vorgenanten Jôhans und Hûg verjehen, daz wir durch unsers aigenmannes willen bet, Bertholtz des Kegels, der vor genemmet ist, unseriu insigel an disen brief haben gelait. Der wart gegeben, dô von Gottes geburt wâren driuzehen hundert jâr und darnâch in den zuwain und zuwaizosten jâr, an dem oberosten tag.

179 (178). *Fortgesetzte Gütergemeinschaft in zweiter Ehe, nach lübischem Rechte. Westfälische Einkindschaft.* (1324, November 11.-22.)

Wismarer Stadtbucheintrag, Meklenburgisches UB. VII 224 Nr. 4573. Vgl. Schröder GüterR. II 2 S. 162, 384; derselbe RG.[5] 774.

Arnoldus penesticus[1]), habens unicum puerum Kineken, contraxit matrimonium cum Hanna, sorore Krachtes, habente eciam unicam filiam Hilleken, ita quod omnia bona eorum debent esse unum ex gracia consulum. Sic idem pueri in possessione omnium dictorum bonorum cum dictis legitimatis residebunt super lucro atque dampno, quia utrimque dixerunt, se bona non habere.

180 (179). *Satzung an Zinsgütern um bekannte Schuld. Übereignung des Pfandes im Wege der Exekution.* 1326, Januar 10.[2])

Quix Beiträge zur Gesch. der Stadt Aachen II 165 Nr. 6. Hier nach dem Original im Aachener Stadtarchiv. Vgl. Nr. 177, 181; von Meibom PfandR. 402-443, 102-147.

Notum sit universis tam presentibus quam futuris, ad quos presentes literas contingerit pervenire, quod — cum Wilhelmus dictus de Weivelheim et Bela eius uxor legitima, cives Aquenses, tenerentur et essent obligati Wernero dicto de Ereisheym et Sophie eius uxori legitime, civibus Aquensibus, in decem et novem marcis et sex solidis ex iusto et vero debito, certo termino ad hoc statuto et dudum elapso persolvendis, et propter hoc ipsi Wilhelmus et eius uxor obligassent titulo pignoris et ypothece eisdem coniugibus quinque iurnales terre arabilis sitos in campis apud Vetschowe, in quibus se dicti coniuges recuperare possent et deberent, et tandem termino huiusmodi elapso et de dicta pecunie summa non satisfacto — iidem coniuges accesserunt ad iudicem Aquensem et, postulato advocato, petierunt sibi consuli, qualiter ipsi debitum suum predictum in dictis bonis recuperare possent. Et ipsi scabini prehabito consilio responderunt, quod ipsi coniuges de dictis quinque iurnalibus deberent facere fieri per illum annum tres proclamationes in tribus placitis generalis advocacie[3]) per iudicem Aquensem, quibus factis ipsi de-

---

[1]) *Viktualienhändler; vgl. P. Nolte Der Kaufmann in der deutschen Sprache . . . des MA. (Göttinger philos. Diss. 1909) 84 f.* — [2]) *über den in Aachen gebräuchlichen Jahresanfang vgl. Loersch Achener Rechtsdenkmäler 243 ff.* — [3]) *vgl. S. 131*[3].

berent redire ad ipsum iudicem Aquensem et tunc ipsi deberent ad dictos quinque iurnales deduci et eciam heredari, si tamen nemo medio tempore veniret, qui de iure posset aut deberet, et eis satisfaceret de pecunia sua supradicta. Tandem anno revoluto et factis tribus proclamacionibus in tribus placitis generalis advocacie predicte, cum nemo venisset, qui de iure debuisset aut potuisset, et eis de pecunie summa predicta satisfecisset aut eciam premissa contradixisset, ipsi Wernerus et Sophia ad dictos quinque iurnales terre arabilis per iudicem Aquensem legitime sunt deducti et eciam heredati, sentencia scabinorum Aquensium hoc monstrante, ita quod nemo natus aut nasciturus in patria aut extra patriam existens dictos quinque iurnales terre arabilis a dictis coniugibus evincere poterit seu redimere quoquo modo, salvo iure dominorum census et fundi quinque iurnalium predictorum. Acta sunt hec in presencia et sub testimonio Cononis de Moirke locum . . iudicis tenentis et cui dominus Arnoldus dictus Parvus miles, villicus et advocatus Aquensis, commisit vices suas, dominorum Arnoldi predicti, Gerardi de Lugene militis, Conradi de Punt, Werneri dicti Ainlant, Wilhelmi dicti Kuzellere, Ivellonis dicti Selgere, Godfridi dicti Hoin, Arnoldi dicti Ivels, Johannis de Lewenberg, Ricolphi de Rodenborg et Alexandri de Punt, scabinorum Aquensium. In quorum omnium testimonium, fidem atque robur petiverunt predicti Wernerus et Sophia presentes literas conscribi et sigillo regalis sedis Aquensis fideliter communiri. Et lata est sentencia, scabinorum consensu predictorum ad id accedente, quod, quia premissa vera sunt atque certa, presens litera merito dari debeat super eo. Datum anno Domini 1325., feria quinta post epiphaniam Domini, in placito generalis advocacie.

181 (180). *Verkauf und Auflassung durch den Richter als Vertreter des Schuldners. Gewährschaft des Pfandgläubigers, insbesondere wegen der Renten. Ewiggeld. Bürge als Selbstschuldner. Fränkische Selbstbürgschaft.* 1326, August 4.

Quix Gesch. des (Aachener) Karmeliten-Klosters 191 Nr. 52 (bzw. 51; vgl. p. 5). Hier nach dem Original im Provinzialarchive zu Düsseldorf. Vgl. Nr. 180; von Meibom PfandR. 102-147; Brunner in ZHR. 22, 513; Brie (Zitat zu Nr. 126) I 215[14]; Schröder RG.[5] 304 f., 737, 749; Gierke Schuld und Haftung 60, 88.

Notum sit universis tam presentibus quam futuris, ad quos presentes litteras contigerit pervenire, quod — cum Berta relicta Frankonis dicti Horlanth, Johannes et Petrus, fratres, filii legitimi coniugum eorundem, cives Aquenses, tenerentur et essent obligati ex iusto et vero debito Cilemanno dicto Ainlanth et Nese relicte quondam Gerardi dicte de Monte scabini Aquensis, civibus Aquensibus, in certa pecunie summa et non soluta — ipsi Cilmannus et Nesa venerunt ad iudicium Aquense et, postulato advocato, petierunt sibi consuli, qualiter ipsi debitum suum predictum consequi possent; et demonstraverunt . . iudici Aquensi duos iurnales et unum dimidium quartale terre arabilis in duabus peciis[1]) sitos supra fossatum inter portam Punt et portam Regis infra duos muros civitatis Aquensis, in quibus se aliqualiter recuperare possent. Et, habita deliberacione, scabini responderunt, quod ipsi procedere possent in iudicio super hac re contra prefatam Bertam, Johannem et Petrum fratres, filios eiusdem predictos. Qua responsione facta, et vocatis dictis Berta, Johanne et Petro ad iudicium Aquense, prout ius et moris est, dicti Cilemannus et Nesa in tantum processerunt in iudicio predicto, quod dicti iurnales terre arabilis cum dimidio quartali eis fuerunt adiudicati per sententiam scabinorum predictorum. Quibus peractis, Cilemannus et Nesa predicti pecierunt a iudice predicto, quod cum huiusmodi bona eis essent adiudicata et ipsi bene haberent emptorem eorundem, quod ipse illa bona vendere vellet. Et ex hoc ipse iudex eadem bona cum consensu et bona voluntate Berte, Johannis et Petri predictorum ibidem presencium vendidit et dedit iusto emptionis et vendicionis titulo, tamquam bona in iudicio Aquensi per placitum evicta et adiudicata, ac supraportavit cum calamo eadem bona . . viro religioso fratri Thome dicto de Aquis, ordinis fratrum sancte Marie domus Theutonice, ad opus et ad usus capelle sancti Egidii fratrum et ordinis predictorum, site ante portam Punt infra muros Aquenses pro certa pecunie summa, videlicet quemlibet iurnalem proporcionabiliter pro triginta marcis Aquensis pagamenti. De qua pecunie summa dictus iudex, Cilemannus et Nesa predicti recognoverunt sibi integraliter et bene esse satisfactum ex parte fratris Thome predicti. Et exuens se dictus iudex una cum Berta, Johanne, Petro predictis bonis supradictis, prefatum fratrem Thomam nomine ordinis sui predicti protinus investivit de eisdem cum pleno iure. Et renunciavit similiter eisdem bonis cum calamo ad opus et ad usus eiusdem fratris Thome et ordinis sui supradicti. Et promiserunt dicti Cilemannus et Nesa, prefatum fratrem Thomam et ordinem suum warandizare per annum et diem, et omnem iustam requisicionem deponere in bonis predictis, secundum ius et consuetudinem civitatis Aquensis. Et ad hoc faciendum dictus Cilemannus se ipsum constituit principalem et fideiussorem, dictaque Nesa constituit Johannem Volmeri, civem Aquensem, fratrem suum, fideiussorem, et eorum quemlibet in solidum; eciam tali adiecta condicione, quod, quia dicta bona sive iurnales hereditarie solvunt singulis annis domino . . Arnoldo dicto Parvo militi, villico Aquensi, decem et octo solidos et tres capones[2]), item fratribus domus hospitalis sancti Johannis supra Ripam quartam partem caponis, item domino de Valkenburg decem denarios et obulum de *hoiflein*, item et Henrico de Banth, civi Aquensi, tres solidos dicti pagamenti, et pro huius census[3]) qualibet marca semper defalcabuntur[4]) in solucione pecunie supradicte quindecem marce, et

[1]) petia = *Stück; vgl.* *Diez 243 unter* pezza. — [2]) *vgl. über diese, dem Hofrecht entstammende, nun aber einen Bestandteil des Grundzinses bildende Abgabe Arnold Eigentum 35 ff.* — [3]) *das Original hat* cuius censu. — [4]) *abziehen, abrechnen; vgl. Diez 132 unter* falcare, *Schirmer WB. der deutschen Kaufmannssprache 1 unter* abbrechen; *hier im Sinne von berechnen.*

pro quolibet capone proporcionabiliter in censu duodecem denariorum defalcabuntur quindecem solidi pagamenti predicti; et si plus de censu dictorum bonorum sive iurnalium compertum fuerit in posterum, quam ut predicitur, hoc dicti principales et fideiussores tenebuntur et debent cum effectu et sine aliqua protractione ipsis fratri Thome et ordini suo resarcire, et semper pro quolibet denario census quindecem denarii pagamenti defalcabuntur, bona fide, omnique dolo et fraude penitus exclusis in premissis. Acta sunt hec in presencia et sub testimonio Cononis de Moirke locum iudicis tenentis, dominorum Arnoldi dicti Parvi villici et advocati, Gerardi de Lugene, militum, Arnoldi de Linge, Conradi de Punt, Werneri dicti Ainlanth, Wilhelmi dicti Kutzelere, Ivelonis dicti Selgere, Godefridi dicti Hoin, Arnoldi dicti Ivels, Johannis de Lewenberg, Henrici dicti de Herle, Ricolphi de Rodenburg et Alexandri de Punt, scabinorum regalis sedis Aquensis. Premissis eciam condicionibus interfuerunt testes et digmanni [1]) a partibus predictis hinc et inde vocati et rogati, videlicet: Gerardus de Tilia, Johannes et Franko fratres dicti de Rode, Wernerus de Gurcenigh, Johannes Volmeri in Punt, Reimarus et Cilemannus fratres dicti Ainlanth, Lodewicus de Roide, Arnoldus Wilde, Nicolaus de Berge, Cristianus Emps, Heidenricus Horlanth et Henricus dictus Sphintschere carnifex, cives Aquenses, et quamplures alii probi et fidedigni testes et digmanni ad premissa a partibus predictis hinc et inde vocati specialiter et rogati. In quorum omnium testimonium, fidem atque robur petiverunt partes predicte hinc et inde presentes litteras conscribi et sigillo regalis sedis Aquensis fideliter communiri. Et lata est sententia scabinorum predictorum, quod, quia premissa vera sunt atque certa, presens littera merito dari debeat super eo. Datum anno Domini 1326., feria secunda proxima post festum beati Petri ad vincula.

182 (181). *Verpachtung einer Mühle. Pachtkaution durch Bürgen und Sicherstellung der letzteren durch Verpfändung des ganzen Vermögens des Pächters.* (1329, Mai 1.)

Wismarer Stadtbucheintrag, Meklenburgisches UB. VIII 46 Nr. 5051. Vgl. Nr. 200; Gierke PrivR. II 824; derselbe Schuld und Haftung 59; Schröder RG.[5] 732 f., 750.

Provisores domus sancti Spiritus locaverunt Frisoni molendinum dicte domus a die confectionis presencium, scilicet die Walburgis, ultra ad quatuor annos, quemlibet annum pro 25 marcis Lubicensium denariorum, quatuor temporibus anni dandas 6 marcas et 4 solidos quolibet tempore, ultra ipsum molendinum tenendum [2]), sicut ius molendini querit. Pro dicto Frisone promittunt manu iuncta, quod satisfaciat, Vornholt pistor, Thideke Mönik, Nicolaus Grevesmölen, Johannes Bögenhaghen. Dictus Friso et eius uxor Hille inpignoraverunt dictis eorum fideiussoribus currum eorum et equos et omnia eorum bona existencia in ipso molendino et extra et alias ubicumque ad cautelam, quod in dicta fideiussione indempnes maneant custoditi.

[1]) *vgl. Nr. 146, 177.* — [2]) *d. h. auf die Dauer seiner Besitzzeit.*

183 (182). *Legitimation durch Reskript des Königs.* 1329, Oktober 23.

Böhmer Acta imperii selecta 499 Nr. 730. Vgl. Schröder RG.[5] 766; Gierke PrivR. I 424 f.

Ludowicus Dei gracia Romanorum imperator semper augustus. Nobili viro Chuonrado, filio nobilis viri Bertholdi comitis de Graispach et Marsteten dicti [1]) de Neiffen, secretarii nostri, fideli suo dilecto, graciam suam et omne bonum. Licet primevus tue nativitatis ortus, qui non es de legittimo matrimonio procreatus, sed ex patre tuo predicto Bertholdo et Angnete matre tua, ambobus solutis existentibus, genitus sis, te ab omnibus actibus legittimis et civilibus ac dignitatibus excludat, tamen, quia bone conversacionis habes testimonium et virtutis, quibus redimire diceris et poteris quod ortus tue nativitatis predicte tibi contulit et donavit, ad instantem peticionem patris tui predicti ex benivolencia nostra speciali gracioso abolucionis(!) remedio tibi auctoritate nostra imperiali providemus et presentibus duximus providendum, et te legittimamus, habilitamus ac restituimus in integrum ad omnes et singulos actus legittimos et civiles, dignitates et honores, tollentes et auferentes a te quamlibet illegittimitatis maculam atque notam, tecumque in hiis et omnibus aliis super dicto tuo deffectu natalium ex certa sciencia dispensantes. Ita quod in bonis paternis, in quantum tibi pater tuus predictus de ipsis disposuerit vel legaverit, succedere valeas et heres ex testamento vel ab intestato existere parentibus tuis agnatis vel cognatis aut quibuscumque aliis, seu alio quocumque relicti titulo recipere vel habere, et omnia alia exercere et ad ea assumi ut legittimus, que in te cadere possent, ac si ab origine fuisses legittime procreatus, non obstante aliqua lege, iure vel statuto, et specialiter illa lege, que spurios nisi ex certa sciencia legittimari prohibet, et quibuscumque aliis quorum in premissis fieri deberet mencio specialis, omnique excepcione et obieccione prolis legittime erga te quiescente. Nulli ergo hominum liceat hanc nostre legittimationis gratiam infringere vel ei ausu temerario contraire, sicut indignacionem nostram et penam mille librarum auri [2]), cuius pene medietatem camere nostre, aliam vero medietatem ipsi passo applicandam voluerint studiosius evitare. In quorum omnium testimonium presentes conscribi et sigillo nostre maiestatis iussimus communiri. Datum in Cremona, proxima feria secunda ante festum beatorum Simonis et Jude, anno Domini 1329., regni nostri anno 15., imperii vero 2.

184 (183). *Gegenseitige Vergabung des ganzen Vermögens von Todes wegen unter Ehegatten, nach lübischem Rechte.* (1329.)

Rostocker Stadtbucheintrag, Meklenburgisches UB. VIII 60 Nr. 5067.

---

[1]) *die Vorlage hat* dicto, *die mit der vorliegenden fast gleichlautende Urkunde Nr. 731 bei* Böhmer *a. O. hat richtig* dicti. — [2]) *über Ungnade und Geldstrafe vgl.* Poetsch *Die Reichsacht* (*Gierkes Untersuchungen 105*) 5.

Mastrant peregre proficiscens resignavit uxori sue, domine Grethen, omnia bona sua mobilia et inmobilia, si morte preventus fuerit, et sic ipsa domina resignavit dicto viro suo omnia bona sua post obitum suum, quia ambo eorum bona nudis manibus acquisiverunt[1]).

185 (184). *Vergleich eines Ehemannes mit seinen Gläubigern, ihre Befriedigung aus dem Vermögen seiner von ihm entwichenen Frau betreffend.* (1330.)

Lübecker Stadtbucheintrag, Pauli Abhandlungen aus dem Lübischen Rechte II 104. Vgl. Schröder GüterR. II 3 S. 269 f.

Notum sit, quod creditores Thidekonis de Alen, scilicet Gotscalcus de Warendorpe, . .[2]), concordaverunt cum dicto Thidecone de Alen, ut, si uxorem suam ad cohabitandum sibi recuperare valeat, quecunque bona, sive mobilia sive immobilia, ad eum cum dicta sua uxore pervenerint, sive in vita matris uxoris ipsius sive ea defuncta, talia eidem uxori sue et pueris, si quos apud eam habuerit[3]), remanere debeant absque omni impetitione creditorum omnium, nec in hiis ipse et uxor et pueri debent a quoquam impediri[4]). Si autem ipse Thidericus cum eisdem bonis vel aliis sibi concessis ultra summam capitalem[5]) conquirere poterit aliquid, illud pro posse suo creditoribus nunc existentibus applicabit et solvet. Et si aliqui hospites vel extranei creditores contra dictum Thideconem agere vellent super debitis ante presens tempus contractis, parcere sibi debent et facere sicut fecerunt nostri concives[6]).

186 (185). *Zinsbares Darlehn auf bestimmte Zeit, mit Kündigungsrecht des Schuldners. Bürgen als Selbstschuldner.* (1331, Januar 25.-Februar 2.)

Wismarer Stadtbucheintrag, Meklenburgisches UB. VIII 182 Nr. 5211. Vgl. daselbst Nr. 5311; Schröder RG.[5] 750.

Henningus et Gozschalcus fratres dicti Preen de Rederank, capitanei[7]), Hinricus et Gozschalcus fratres dicti Pre[e]n de[8]) Stenhus, dominus Thidericus Klawe et Böidwinus de Kartlowe tenentur Bernardo de Warendorp 100 marcas Lubicensium denariorum a proximo Martini[9]) ultra quatuor annos solvendas, iuncta manu. Medio vero tempore dabunt annis singulis quolibet festo sancti Martini semper

---

[1]) *bei Erbgütern hätten die Erben zugezogen werden müssen.* — [2]) *es folgen im Original noch 18 Namen, die bei* Pauli *ausgelassen sind.* — [3]) *die Ehe war also zur Zeit noch kinderlos.* — [4]) *die Gläubiger verzichteten demnach der Frau gegenüber auf ihr Sequestrationsrecht im Falle der kinderlosen, auf ihr Exekutionsrecht im Falle der beerbten Ehe.* — [5]) *über den Grundstock des fraulichen Vermögens.* — [6]) *also Zwangsvergleich.* — [7]) *Hauptschuldner.* — [8]) *fehlt in der Vorlage.* — [9]) *der Martinstag ist der 11. November.*

proximo ipsi Bernardo et heredibus suis duas lestas [1]) duri frumenti, et similiter ultimo sancti Martini pagabunt dictas 100 marcas cum pensione iam nominata et distincta. Si vero prius solvere voluerint in festo aliquo sancti Martini sub dicto tempore, hec predicent Bernardo aut suis heredibus festo nativitatis sancti Johannis Baptiste [2]), et tunc tempore solucionis solvent pecuniam cum pensione prenotata. Ex parte huiusmodi nullo ducatu debent uti. Dicti capitanei et eorum heredes eripient indempnes alios eorum compromissores.

187 (186). *Verkauf von Getreide mit Stundung des Kaufpreises und Steigerung desselben im Falle einer Erhöhung des Marktpreises. Spekulationskauf.* (1331, Oktober 28.-November 11.)

Wismarer Stadtbucheintrag, Meklenburgisches UB. VIII 246 Nr. 5285. Vgl. Gareis in ZHR. 21, 353 f.

Dominus Hinricus Kadowe tenetur Lüdero Moltekowen 30 marcas Lubicenses pro duabus lestis [1]) ordei et pro una lesta avene, quarum solvet proximo Johannis [2]) 10 marcas, Jacobi [3]) 10 marcas et in nativitate beate Marie [4]) 10 marcas. Si vero in hiis terminis preciosius emitur, tunc magis sibi solvet.

188 (187). *Gesellschaftsvertrag.* (1331.)

Rostocker Stadtbucheintrag, Meklenburgisches UB. VIII 207 Nr. 5237. Vgl. Nr. 212, 276, 290, 296.

Venerunt ad presentiam camerariorum Everardus et Marquardus socii, dicti Nachtraven, fatebantur uno ore dicentes, quod omnia bona ipsorum in hereditatibus, in redditibus et debitis et bonis paratis, foris et intus, ubicunque locorum existencia, ipsis ambobus pertinent equaliter possidendo, excepta una hereditate in platea Piscatorum sita, que Everardo soli pertinet.

189 (188). *Vertrag unter kinderlosen Ehegatten zur Beschränkung der Rechte des Mannes. Nach lübischem Rechte.* (1332, Januar 20.-25.)

Wismarer Stadtbucheintrag, Meklenburgisches UB. VIII 260 Nr. 5304. Vgl. Schröder GüterR. II 3 S. 230 f., 254, 268 ff.

Nicolaus Böge, vector, constitutus coram consulibus, uxore sua presente, arbitratus est, se ratam et gratam perpetue habiturum scripturam ex parte sui scriptam anno Domini 1323., Simonis [5]), et super hoc arbitratus est, quod debeat et velit ei curialiter commanere, et in nullo offendere verberibus aut verbis eam. Si super hoc

---

[1]) *Last.* — [2]) *Juni 24.* — [3]) *Juli 25.* — [4]) *September 8.* — [5]) *Oktober 28.*

eam offenderet verberibus non eius demeritis, quod notum esset vicinis suis certum cum commorantibus viris aut mulieribus[1]), vadiabit civitati 3 marcas argenti et Hinrico Körneken 3 marcas argenti, et extunc sola potest esse ubi vult. Eciam, si ipsa fuerit cum eo vel non, ipse non consumet ipsius *wîbe* bona nec exponet, nec quod minimum[2]) est attinget quidquam, quod *wîbe* pertineat[3]). Ipsa eciam non solvet quidquam de suis debitis iam factis et adhuc per ipsum faciendis[4]).

190 (189). *Erbverzicht gegen eine Leibrente.*

G. Simon Die Gesch. des reichständischen Hauses Ysenburg und Büdingen III 112, aus Nr. 113. Vgl. H. Reimer Hessisches UB. Abt. II (Publ. a. d Preuss. Staatsarchiven Bd. 51) 365 Nr. 383; Beseler Erbverträge II 2 S. 259 ff.; Gierke PrivR. II 756; Schröder RG.[5] 748, 774 f. und in ZRG. 29, 264 f.

Ich Philips, hern Luthers sun, des herrin von Îsinburg, bekennen uffinlîche an disme brîfe und dûn kunt allen den, di in sehint oder hôrint lesin, daz ich mit gûden willen, mit berâdenen mûde und mit râde mînre bestin mâge und frunde und durch daz, daz di hêrschaft mîns bûlen[5]) von Îsinburg nâch sîme tôde unvirteilit blibe, unbetwungin und ungetwangin und in der zît, daz ich zû mînen jârin was kumen, daz ich wiste, waz ich tûn und lâzin sulde, hân virzigin und virzîhin lûterliche an disme brîfe ûf alles daz gût, iz sî eigin oder erbe oder lêhin, daz ûf mich irsterbin mohte nâch mîns vorgenanten bûlen tôde, den God lange gefriste, daz he îtzunt hât oder noch gewinnen mach, wî iz genant sî, âne alle argelist, di man oder wîp irdenkin mach, mit alsolichem underscheide als hernâch geschribin stêd: Wêr iz sache, daz Heinrîch mîn brûder mit Alheide mîner suster, dochter des edeln mannes hern Ulrîches herrin zû Hanowe, di he[6]) globit hât zû nemene zû eime êlichin wîbe, nit lêhins erbin gewonne und abeginge âne lêhens erbin, sô sulde di hêrschaf mîns bûlen mîn sîn, in alre der wîs als si Heinrîches mîns brûders ist, nâch mîns bûle tôde. Wêr auch, daz Heinrîch mîn brûder abginge âne lêhens erbin und dochtere mit Alheide mîner suster gewonne, sô sol si blîben sitzende mit Filmere[7]) halbene stad und burg und waz darzû gehôrit, alsô lange, biz daz ich oder mîn erbin daz umme si gelôsin mit funf und zwenczich hundert phunden hellern, genge und gêbir weren, unvirzigin ires rechtin. Wanne auch ich oder mîn erbin daz

[1]) *die Vorlage hat* melioribus. — [2]) *die Vorlage hat* minimus. — [3]) *dieses Versprechen konnte sich nur auf die Fahrnis beziehen, da der Mann über das Immobiliarvermögen seiner Frau keine einseitige Verfügung hatte.* — [4]) *bei beerbter Ehe wäre, wegen der Gläubiger, eine derartige Bestimmung unzulässig gewesen. Bei kinderloser Ehe konnte dieselbe, da die Frau hier den Gläubigern des Mannes ohnehin nicht haftete, nur den Sinn haben, dass der Mann selbst zur Bezahlung seiner Schulden das Vermögen seiner Frau nicht angreifen sollte.* — [5]) *Buhle ist ein naher Verwandter, hier der Vater.* — [6]) *fehlt in der Vorlage.* — [7]) *Vilmar, Städtchen an der Lahn.*

gelôsin, sô sal man daz gelt an gût legin und sal daz gût ligin zû wedemen rechte. Ich bekennen mich mê, daz ich ûf mîns bûlen hêrschaf alsô virzigen hân, daz man mir sal bewîsen hundert marg geldes gûder weronge, drî haller ie vur den phennich gezalt, ûf mins bûlen gûden, dô si sicher und wol gelegin sint, di sullent mir alle jâr nuczlîche gefallin, als lange als ich gelebin, âne allerleie widerrede. Alle dise vorgeschribenen sache globen ich stêde und feste zû haldene in gûden trûwin an eides stad und nummer darwider zû tûne, ich oder nîman von mîner wegin, mit wortin noch mit werkin, an geistlichen noch an werntlichen gerichte. Zû gezûchnisse und fester stêdekeit aller dirre vorgeschreben dinge sô hân ich disen brîf besigelt mit mîme ingesigle und bid[d]en die edeln lûde hern Gerlachin grêbin zû Nassowe und Wilhelmen herren zû Brûnsberg, mîne mâge, daz si ir ingesigle bî mînez an disin brîf hânt gehangen; und wir Gerlach grêbe zû Nassowe und wir Wilhelm herre zû Brûnsberg, die vorgenantin, bekennen uns, daz wir durch bede Philips von Îsinburg, unsers nebin, unser ingesigle bî sînez an disin brîf hân gehangin, der gegebin wart, dâ man zalte nâch Christes geburt drûzênhundert jâr, in dem zweiunddrîzegistem jâre, an der nêstin mittewochin nâch sente Jâcobs tage des aposteln.

191 (190). *Wasserablaufsgerechtigkeit. Unvordenkliche Zeit.* (1332.)

Bremer Ratsurteil, G. Oelrichs Volstaendige Sammlung alter und und neuer Gesez-Bücher der ... freien Stadt Bremen 178 Nr. 32. Vgl. Laband Die vermögensrechtl. Klagen 201 ff.

En scele [1]) was twischen Loduwîke van Suolghen unde twischen Lûdolfe Monickemeyer umme êne waterlôsinge [2]), de gân scolde dor Monickemeyer erve. Dat scêdede wi Gherart van der Sîden, Rôdolf Muntmêster, Nanno de eldere, Thîderîch van Rûten, Nicolaus Cornepaghe de eldere unde Bernart Clôt alsô: mach Lodowîch van Suolghen des vullencomen mit tûghen, dat he hebbe de olderen were unde dat de waterlôsinge dor Monickemeyers erve oldinges [3]) hebbe gân unde dat de waterlôsinge van rechte dar dore scole gân, scal de waterlôsinge dor dat erve gân unde blîven sô se oldinges heft ghewesen.

192 (191). *Veräusserung eines Satzungsrechtes unter Zustimmung des Verpfänders. Verfangenschaftsrecht beim fränkischen Adel. Bürgschaft. Einlager. Bewilligung vertragsmässigen Pfändungsrechtes befreit von der 'Leistung'.* 1333, März 12.

Böhmer-Lau UB. der Reichsstadt Frankfurt II 344 Nr. 453. Vgl. Nr. 115, 136; von Meibom PfandR. 347 ff.; Stobbe Zur Gesch. des deutschen Vertragsrechts 115-206; Schröder RG.[5] 733; Gierke Schuld und Haftung 88, 254.

Wir Godefret von Eppinstein der junge unde Lucart, unser êliche vrouwe, etswanne [4]) dochter hern Eberhartes von Brûberg, be-

[1]) *Streit.* — [2]) *Wasserlöse, Abzugsgraben.* — [3]) *von Alters her.* — [4]) *vormals.*

kennen uffinlîche an disem briefe allin den, die nû sint adir ummer hernôch koment, die in sehent adir hôrent lesen, daz der bescheidin man Jâcob Kloblouch und Drûde, sîn êliche wirten, burgere zu Frankenvord, von uns hânt gelôst unse teil des Sales[1]) zû Frankenvord, daz uns gefallen ist mit dem lôzse, und daz dorf und daz gerichte zû Abir-Rade bî dem Moun mit allen den rechtin, daz darzû gehôret, virsûcht und unvirsûcht, umme nûnhundert phunt haller und funf und siebentzig phunt haller genger und gêbir, der wir an gereidem gelde gentzlîche sîn bezalt und gewert von ime und Drûden, sîner wirten. Und ist die lôzsunge geschehin mit gûdem willen und gehangnisse und von heizse des hôchgelopten fursten, unsers herren, keiser Ludewîges Rômischen keisers, und ouch durch unser bede willen. Ouch erkennen wir uns, daz der vorgenante Jâcob und Drûde, sîn êliche wirten, die vorgenanten, sich hânt irkant, daz sie durch liebe und durch fruntschaf Herman von Ovinbach geheizsen Kloblouch und Gudlen, sîner êlichen wirten, hânt lâzsen lôzsen mit unserm gûden willen und gehangnisse daz vorgenante dorf und gerichte zû Abir-Rade in derselbin lôzsunge umme sechtzig phunt haller und zweihundert phunt haller, die in dise vorgenanten summen der nûnhundert phunt haller und funfundsiebintzig phunt haller gehôrent. Und wond nu Cunrâd von Wînsberg, mîn der vorgenanten Lucarte sun, noch under sînen jâren ist, daz he nicht mag virzîhen, wiewol he doch mit diesen vorgenanten gûden nicht zu tûne inhabe und kein ansprâche von rechtes wegin darzû habin sal, wand daz vorgenante gût von mîner mûter sêligen, vrouwen Metzen von Brûberg, ûf mich ist irstorben sieder sînes vader sêligen tôte, hern Cunrâtz von Wînsberg; sâ setzin wir Godefret und Lucart, die vorgenanten, den vorgenanten Jâcobe, Drûden, sîner wirten, Herman Kloblouch und Gudlen, sîner wirten, und irn erbin doch zû mêrer sicherheit vor virzieg des vorgenanten kindes zû burgen die êrsamen man, die her stênt geschrebin: den edlen man schenken Cunrâten von Erpach und sînen sun Cunrâden, hern Fredrîch von Karbin, ritter, scholtheizen zû Frankenvord, Herman Duborn, Rûdolfen von Berkstat, der sîne phant irloubet hât, edelknechte, und Gêrnôt Irremût scholtheizen zû Wertheim, alsô bescheidinlîche, wanne daz kint zû sînen jâren kommet, daz he virziegbêr ist, sâ sal he virzîhen alz wol alz wir hân getân. Und wanne he dan virziegin hât, sâ sal he in adir irn erbin des virziegnisses zû eime urkunde sînen uffin brief gebin, sâ sollint dannoch unser burgen behaft sîn jâr und tag vor rechte werschaf, alz gewonlich ist in dem lande. Quêm ez abir darzû, daz daz kint nicht virziegen inwolde adir virziege, wanne he zû sînen tagen qwême, als wir hân getân: sâ sollint die vorgenantin unser burgen, wanne sie gemant werdin, zû Frankenvord in eine kuntliche herborge farn, und sollint

---

[1]) *dies ist der Saalhof, die von Ludwig dem Frommen erbaute Pfalz,* aula regia; *sie war mit anderen Reichsgütern dem Grossvater der Lucart vom Reiche verpfändet worden, wie aus einer Urkunde Ludwigs IV. von 1338, Juli 29. (Böhmer-Lau a. O. 481 Nr. 638) hervorgeht. Vgl. Kriegk Gesch. von Frankfurt a. M. 55 ff.*

da inne leistin alz gûde burgen, alz gewonlich ist zû Frankenvord, als lange biz daz he virzîhet alz wol alz wir allir dirre vorschrebin gûde. Wîrs ouch, daz unser burgen diekeiner nicht selber mochte geleisten, daz iz ime benême êhafte nôt, sâ sal der burge einen knecht und ein pherd senden zû Frankenvord und sal dâmiede leisten vor sich mit anders unsirn burgen in einer kuntlichen herborge, alz vorschrebin ist, âne Rûdolfen von Berkstat, der vor sich sîne phant hât irloubet. Gienge ouch unser burgen einer abe von dôdes wegin, des Got nicht inwolle, hie intzwischin, ê daz kind rechten virz[i]eg getêde und rechte werschaf vor sich: sâ sollin wir binnen eime mânde, wanne wir gemant werdin, einen alsô gûdin burgen an des virfarn stat setzen, und globin daz zû tûne alz dicke alz nôt geschicht. Wîrs alsô, daz wir des nicht indêden, sâ soldin die andern unse burgen, die dâ lebinde wêren, wanne sie gemant wordin, leisten in allir der wîz, alz vor stêt geschrebin, alsô lange biz daz wir einen alsô gûden burgen adir mê, ob iz nôt geschehe, an der virfarn stat gesesten. Unde wann sich ein pherd virleistet[1]), sâ sal der burge, des daz pherd ist, ein ander alsô gût pherd an des virleisten p[h]erdes stat setzen, und sal daz sîn alz dicke alz nôt geschicht. Ouch globin wir Cunrât und Cunrât, Fredrîch, Herman, Rûdolf und Irremût, die vorgenanten, Jâcôbe, Drûden, Herman und Gudlen und allin ir erbin gûde burgin zû sîne, als vor stêt geschrebin. Ouch globin wir, Godefret und Lucart, alle unser burgin, die wir versast hân[2]), zû lôzsen ân eit und ân allin schadin[3]). Zû urkunde und vester stêdekeit allir dirre vorschrebin dinge, sâ hân wir Godefret obgenant und Lucart, unse êliche vrouwe, unser ingesigel an diesen brief gehangin und hân gebedin schenken Cunrâdin von Erpach, Fredrîchen von Karbin und scholtheizsin Irmût von Wertheim, unser vorgenanten burgin, daz sie durch unser bede willen ir ingesigele bî unser ingesigele vor sich und ir miedeburgin, die sie ouch dârum gebedin hânt, an disin brief gehangin, der gegebin wart, dâ man zalte nâch Cristes geburte drûzhênhundert jâr, darnâch in dem drûunddrîzsigisten jâre, an sente Gregôrien tage.

193 (192). *Löschung eines eingetragenen Pfandrechts auf Grund gerichtlicher Entscheidung.* 1335, April oder Mai.

Rostocker Stadtbucheintrag, Meklenburgisches UB. VIII 507 Nr. 5586.

Notandum, quod ille 40 marce, quas filii Walravesschen et soror ipsorum habuerunt in hereditate Gherardi Querinenberc, in platea Laghe sita, per iustas sentencias ex libro civitatis nostre rationabiliter sunt delete et exscripte, ad quod Scherf, tutor eiusdem

---

1) *im Einlager verbraucht wird.* — 2) *ähnliche Belege für* versetzen *bei Meissner in Grimms WB. XII 1292 Nr. 16.* — 3) *ähnliche Wendungen in Urk. Nr. 454 bei Böhmer-Lau II:* globen wir . . . zû ledigen und zû lôsen âne allen schaden unsern . . vater; *Nr. 455:* und globin, sie der burgeschaf zû lôzsene ân eit und ân allen schadin.

puelle Lutgardis, sororis dictorum filiorum Walravesschen, assensum prebebat. Hermannus de Theterowe et Ludolfus de Godlandia tabule presidebant. Anno Domini 1335., circa festum Walburgis. Iudices tunc temporis: Hin. Quast, Her. Lize, Thi. Hollogher.

194 (193). *Ein Fischteich als Zubehör einer Mühle.* 1335, Juli 31.

Meklenburgisches UB. VIII 544 Nr. 5614. Vgl. Schröder RG.[5] 549.

Nos Johannes Dei gracia domicellus de Werle presentibus protestamur aperte, quod animo deliberato piscinam nostro molendino Scolentin adiacentem apponimus, annectimus et conbinamus perpetuis temporibus cum omni fructu et utilitate predicto molendino adiacendam et inseparabiliter conmanendam, ita ut quicunque succedente tempore habuerit molendinum, habeat et piscinam, videlicet ut residens in tali molendino participet predicte piscine fructus universos. Nolumus eciam hec predicta ab aliquo nostrum impediri, sed pocius firmiter observari. In cuius evidenciam pleniorem secretum nostrum presentibus est appensum. Datum in castro nostro Goltberch, anno Domini 1335., feria secunda post festum Jacobi apostoli.

195 (194). *Entgeltliche Einräumung eines Fensterrechtes, auf Kündigung.* (1335, Juli.)

Rostocker Stadtbucheintrag, Meklenburgisches UB. VIII 530 Nr. 5607.

Hermannus de Godlandia fatebatur ac recognovit, se annuisse ac favisse Hinrico Obulo frangere unam fenestram intra murum in curiam suam, pro qua dabit sibi singulis annis quolibet festo pasce 8 solidos pro redditibus, quamdiu ipsis ambobus conveniens fuerit et placuerit. Sed quando unus alteri predixerit, extunc fenestra cum lateribus construatur.

196 (195). *Miteigentum zu ideellen Teilen. Statutarische Portion in Lübeck. Ein rentenpflichtiges Erbgut durch Ablösung der Rente bis zum Betrage der Ablösungssumme in Kaufgut verwandelt ('res succedit in locum pretii') und insoweit von der Erblosung befreit.* (1336.)

Lübecker Stadtbucheintrag, Pauli Abhandlungen aus dem Lübischen Rechte I 86. Vgl. Rehme Das Lübecker Oberstadt-Buch 41, 47, 49, 54, 85, 135 ff.; Saarbrücker Landrecht 1, 10, 13 (Kremer Gesch. des alten Ardennischen Geschlechts, Cod. dipl., App. 8); Schröder RG.[5] 743[82], 747; Gierke PrivR. II 758.

Notum sit, quod Meino auriga libertavit[1]) in sua medietate domus accepte per eum in dotalicio cum sua uxore[2]), in platea Mo-

---

[1]) *abgelöst hat.* — [2]) *offenbar war das ganze Haus Brautschatz der Frau gewesen; nach ihrem (kinderlosen) Tode war die Hälfte als statutarische Portion an den Mann gefallen; vgl. Schröder GüterR. II 3 S. 26-32.*

lendinorum site, 24 solidos denariorum *wicbeldes* annuatim [1]) pro 30 marcis denariorum a domino Hermanno Mornewech. Propter quod potestatem habebit in dicta medietate domus dandi, vendendi vel quocunque modo decreverit ordinandi, usque ad predicte pecunie summam, sicut mercatoriis vel mobilibus suis bonis. Actum coram consulibus cum consensu proximorum quorum intererat.

197 (196). *Hanseatische Nach-Sicht-Tratte mit Bezeichnung des Präsentanten.* (1341) April 5.

UB. der Stadt Lübeck IV 136 Nr. 140, 1; auch bei Grünhut WechselR. (1897) I 43[1]. Vgl. Pauli Lübeckische Zustände im MA. II 98 ff.; Max Neumann Gesch. des Wechsels im Hansagebiete (Beilageheft zu Bd. 7 der ZHR.); Gareis in ZHR. 21, 355, 368; Brunner in ZHR. 22, 95 ff.

Viris discretis dominis Hermanno et Thidemanno de Warendorp, consulibus Lubicensibus, Hinricus de Lon necnon Johannes Pape salutem in omni bono. Comparavimus et emimus de Hinrico Longo, fratre Johannis Longi, 10 libras grossorum. Promittimus sibi solvere pro quilibet librum [2]) 9 marcas et 12 denarios in 14. die post visionem presentis. Petimus, ut dictam pecuniam solvatis nomine predicti Hinrici Johanni fratri suo. Valete semper. Datum in cena Domini. Petimus, ut hiis et aliis bene persolvatur.

198 (197). *Hanseatischer domizilierter Eigenwechsel an Order. Gesamtschuld. Wechselbürgschaft.* (1343, August 1.)

UB. der Stadt Lübeck III 424[1]. Vgl. die Zitate zu Nr. 197; Brunner in W. Endemanns Handbuch des deutschen Handels-, See- und Wechselrechts II 186; Grünhut WechselR. (1897) I 42[1]; Schröder RG.[5] 750.

Echardus Saxo, Sifridus Oldenborch, Hermannus Warschow, Wiggerus Dartsow, Hinricus Laurencii, Conradus Sledorn et Bernardus Pepersak tenentur communi manu domino Hermanno Blumenrod 500 marcas Rigenses, marca quelibet pro 36 solidis Lubicensibus computanda, in Flandria Brugis in florenos parvos [3]) Flamensis ponderis, quemlibet florenum pro 9 solidis et 9 denariis, quatuor septimanas post pascha nunc futurum Brugis, ut premittitur, solvendas ad usum domini Borchardi, magistri Livonie, quos [4]) nominaverit et voluerit dictus dominus Hermannus. Dicti quinque eximent Sifridum Oldenborch et Hinricum Laurencii [5]).

199 (198). *Verfügungsrechte des Ehemannes und vorbehaltenes Frauengut in Bremen.* (1343).

Bremer Ratsurteil, G. Oelrichs Volstaendige Sammlung alter und

[1]) *Jahresrenten.* — [2]) *so das Original statt:* qualibet libra. — [3]) *so das Original statt:* florenis parvis. — [4]) *dem kaufmännischen Stile entsprechend fehlt* eis. — [5]) *diese beiden waren also bloss Bürgen.*

neuer Gesez-Bücher der . . . freien Stadt Bremen 240 Nr. 182. Vgl. Schröder GüterR. II 3 S. 239 f., 370; Gierke Schuld und Haftung 86[21].

Ein scel[1]) was under den râtmannen umme Willeken van Harpenstede unne Wommelen, Jôhannes wîf van dem Hûs, dat Willeken clagede, dat Jôhan van dem Hûs, ere echte unde rechte man, hadde eme vorcôft ên erve, dar se inne sint, unde hadde't eme bewîset vor ênen rechten côp, alsô he des vullencomen mach. Hîr antworde de vrouwe to unde sprac alsô: dat dat erve ere echtlich êgen sî, unde hebbe't (dat) beseten jâr unde dach âne rechte bîsprâke, unde hebbe't in hebbender were unt in nut unt in gelde. Dat scêde wi sovene . . .[2]) alsô: mach Willeken des vullenkomen mit sînen tûgen, dat Jôhan van den(!) Hûs hebbe eme dat erve vorcôft, alsô hîr vorescreven steit, dat scal he eme dar vore dôn, alsô unse statbôk sprik. Och, mach de vrowe des vullenkomen, dat se dat erve beseten hebbe, alsô hîr vorescreven steit, sô is se dat erve nêgere[3]) tô beholdende, denne't er jeman untwinnende[4]).

200 (199). *Gerichtliches Schuldbekenntnis. Bürgschaft. Verpfändung des ganzen Vermögens zur Sicherstellung des Bürgen.* (1344, Mai 28.)

Thomas Der Oberhof zu Frankfurt am Main 301 Nr. 9. Vgl. Nr. 182; von Meibom PfandR. 47 ff., 404, 413 f.; Hallein Mainzer Civilrecht im 14. u. 15. Jh. 35 ff. u. dort angeführte Mainzer Gerichtsformeln, hrsg. v. demselben; Schröder RG.[5] 732 f., 750; Gierke Schuld und Haftung 59[41]; Kohler Zum fränk. Recht des 15. Jh., in Festschr. f. F. von Martitz, 1911, S. 118 Nr. 27.

Item Heinrîch Gîsenheimer von Frideberg hât gestanden an gerichte und hât bekant Heintzin Wîzin sibendehalb phund und seßig phund haller gûdir werunge, und sol iem die halp gebin nû bis sante Martîns dag allir nêhist kummit, und dan daz andir teil des geldis biz faßnach allir nêhist dar nâch. Und hât ieme dar vore gesast zû burgen Jungen den wessiller, den alden, alsô bescheidenlîche: wêrs daz her daz gelt nich ingêbe ûf in die zît, alse vor geschrebin stêd, sô sol der vorgenant Junge invaren in eine uffen hirburge zû leistene; und wan her einen mânt geleistet hât, sô sol der vorgenant Heinrîch Wîze sîn gelt undir den juden nemen ûf des vorgenant Heinrîch Gîsenheimers schaden[5]), alsô her sich bekand hât, daz her ien gedûn sulle, und sal dan der vorgenant Junge alse lange vorwert leisten, bis daz dem vorgenant Heinrîch Wîzin heibitgelt und schade genzlîche une (!) gar virgulden wirt. Und dar vore hât der vorgenant Heinrîch Gîsenheimer zû undirpfande gesast dem vorgenanten Jungen vor die burgeschaft sîn deil des hûsis zû dem Swarzin Hirmann, und alliz sîn gût, daz her hî hât zû Frankinfurd, daz daz sîn undirphand sol sîn,

[1]) *vgl. S. 141*[1]. — [2]) *es folgen 7 Namen.* — [3]) nêgere sîn: *näheren Anspruch haben (in Bezug auf die Beweisführung).* — [4]) untwinnen: *abgewinnen.* — [5]) *vgl. Stobbe Die Juden in Deutschland 114 f.; Böhmer Acta imperii selecta Nr. 667, 669; Werminghoff in ZGO., neue Folge Bd. 13, 72-75.*

alsô lange biz her ien ledig und lôs gemachit von dem vorgenanten burgeschaft, ân eit und ân allin schaden[1]).

201 (200). *Stellvertretungsbefugnisse der Ehefrau in Abwesenheit des Ehemannes. Auflassung.* 1348, Januar 29.

Ennen Qu. zur Gesch. der Stadt Köln IV 310 Nr. 297. Vgl. Hansisches UB. X Nr. 540; Schröder GüterR. II 2 S. 39 ff.

It sî kont, dat Gerart Nase lange zît clagen gienck van Gobelen vanme Tulhûis, as umb gelt, dat hee ieme schuldig was van wîne ind dat hee ieme bekant hadde vur des râitz richteren up der burger hûiss; binnen wilcher clagen de vurschreven Gobel reit in dat besess des cöniges[2]) van Encgelant vur Calis; alsô dat de vurgenant Gerart Götgin, Gobels wîf, vur dat gelt ansprach vurme râide, ind der râit si darzô heilte, dat si dat gelt bezâlen môiste. Ind want si in gereitschaf des niet enhatte, sô verkôichte si darumb hêren Heinrîch Quattermart in der Strâisburgassen ind vrauwe Blitzen, sîme wîve, ire hôifstat, de geleigen is achter deme hûise zôme Quattermarte, untgâen[3]) deme durweige in Strâisburgassen, umb nuinzich marke Cöltz paimentz; wilch gelt der râit van iren weigen upbôerde in des vurgenanten Gerartz behôif, ind van sînen weigen vort dêde geiven deme swarzen Welter; up wilche hôifstat vurschreven de vurgenante Gobels wîf ind her Rutger vanme Tolhûse, Gobels brôider, ind Blitza, sîn wîf, hâint verzegen ind der ûssgegangen in behôif hêren Heinrîchs ind vrau Blitzen vurschreven. Ind want Gobel binnen lantz niet enwas, sô hâit der râit geloift hêren Heinrîch ind vrauwe Blitzen vurschreven, dat hee of der râit, de zer zît sitzt, den vurgenanten Gobelen darzôi halden soillen, dat îerste dat hee binnen landtz kompt, dat hee up de vurschreven hôifstat verzîe ind der ûssgê entligen sonder vertrecken binnen eime mâende, gelich as sîn wîf, sîn brôider ind sîn swêgeren vurschreven gedâen hâent. Ind wêre sache, dat de vurschreven Gobel, sîn wîf of ire erven hêren Heinrîch ind vrauwe Blitzen vurgenant of iren erven einiche anzâle[4]), krûdt of hindernisse dôin weulden nâmâils van der vurschreven hôifstat, sô sall der râit, der zer zît sitzt, si darzôi halden, dat si danne aflâissen soillen sonder argelist. Datum feria quarta ante festum purificationis beate Marie virginis anno Domini 1348.

202 (201). *Verkauf im Gantverfahren. Auflassung durch den Rat.* 1349, Februar 25.

Ennen Qu. zur Gesch. der Stadt Köln IV 319 Nr. 310. Vgl. daselbst 400 Nr. 362 (1354, Juli 12.); Gierke Schuld und Haftung 88.

Wir der râit, de nû in engme râide der steede von Cölne sitzent, dôin kunt allen lûden, die desen brîef sîen soilen und hôeren leesen,

[1]) *vgl. S. 143*[3]. — [2]) *Vorlage:* Coenyse. — [3]) *vgl. S. 148*[3]. — [4]) anzâle = ansprâche; *vgl. Verwijs en Verdam I 160.*

dat — want vurmâils över alle rêede, die vur ind nâ in engme râide der vurschreven stat van Cölne gesessen hâent, genzligen ind eindrechtligen överdragen is ind zô der gemeinre morgensprâichen up der burger hûis gekundiget, dat sowilch burger of burgersse van Cölne rûimpden ûsser der vurschreven stat, die mit schulden beladen ind beswêert wêren, dat man des burgers of der burgerssen gût, id wêre erve of varende have, sowâ dat geleigen of vunden wêre binnen der vurschreven stat, van des râitz wegen, der zer zît sitzt, umb ein bescheiden gelt sall verkoufen, sô man beste mach, ind dat gelt sall der râit, der zer zît sitzt, in bezâlinge des burgers of der burgerssen schoilt kêren ind wenden nâ marzâlen[1]), as verre as't reickt; ind want Arnolt vanme Rôdenschilde, ein burger van Cölne, vur etzligen zîden gerûimpt is ûsser der vurschreven stat ind mancherleie schoilt schuldich bleven is bei de lûden van binnen Cölne ind dar enbûissen, dâvan der râit, de zer zît gesessen hâit ind sitzt, manchveldige clage gehôirt ind gehat hâent —: sô hâin wir der râit, de nû in engme râide der vurschreven stat sitzent, mit allen rêden, die vur ind nâ in engme râide gesessen hâent, verkôicht ind verkoufen övermitz diesen brîef rechligen ind reidligen, êwigen ind erfligen den êrsamen persônen Jôhanne vanme Rôdenschilde, brôider des vurschreven Arnoltz, ind Fîen sîme êligen wîve, unsen samenburgeren, die vur sich ind ire erfnâmen weder uns rechligen ind reideligen, erfligen ind êweligen vergolden hâent des vurschreven Arnoltz vanme Rôdenschilde, sîns brôiders ind irs swâgers, erve ind gût, die hernâ beschreven steit, als: halfscheit des hûis zome Rôdenschilde under Rintsûiteren in sent Laurentius kirspel zô Cölne; vort halfscheit drîer deile van zîen deilen[2]) vanme hûise genant zô Verken alrenîest dem vurschreven hûise zome Rôdenschilde geleigen; vort eine halve marcke gûetz geltz vam nîesten hûise zome Verken, dat wannê hîes zô Boparden, geleigen zô den Helmsleigern wart; vort halfscheit zweier hûise geleigen zôrichts unghâene[3]) hûise zome Rôdenschilde vurgenant, die achter reickende sint up dat ende vanme Schainzavel in sent Brigiden kirspel zô Cölne; vort halfscheit eicht marcke erflichs geltz Cölz paiementz, als in der zît genge ind gêve is, van dem hûise dat geleigen is upme Knitmarte up der sôe[4]), dat dride hûis van der Meilôensgassen zô der Marckmansgassen wert, in sent Mertîns kirspel zô Cölne; vort zwêne schillinge erflichs zins gûder Cölzer penninge van dem nîesten hûise zome Holender in Klockergassen zome Rîne wart geleigen, dat man wannê hîes des kruppels hûis; vort ein dirdeil van vier hûisen geleigen upme Kriechmarte in sente Peters kirspel zô Cölne, der ein genant is hêren Clâes porzen, ind die andere drû sint alrenîest dabî geleigen in der Engergassen, — umb eine sicher summe geltz, der uns wâil genôecht, die sie uns an gereiden gelde gezalt, gelevert, gehantreickt ind wâil bezâilt hâent, ind der râit nû zer zît in bezâlingen des vurschreven Arnoltz schoilt gekêert ind gewant hâent nâ marzâlen[1]), sowie wir

[1]) *vgl. S. 113¹.* — [2]) *vgl. S. 90¹.* — [3]) zurichts = *gerade*; un[t]gâne = *entgegen, gegenüber.* — [4]) *Gosse.*

dat trûwelichen dôin moichten, van wilcher summen geltz wir die vurschreven Jôhanne ind Fîen êlûde ind ire erfnâmen quît, lôs ind leidich ind wâil bezâilt schelden övermitz diesen brîef. Wilche vurgenante erven ind gûde wir den vurgenanten Jôhanne ind Fîen ind ire erfnâmen updragen ind darup verzîen alenclichen ind claclôis, gelîcherwîs of de vurgenante Arnolt in dat selver upgedragen ind darup verzegen hedde, alsô dat si ind ire erfnâmen dat mit rechte behalden ind besitzen soilen êweligen ind erfligen ind iren nutzen ind urber in alle iren willen dâmit dôin sunder argelist. Ind umb dat id dem vurschreven Jôhanne ind Fîen ind iren erfnâmen van dem vurschreven erve ind gûde die [1]) sicherre sî, sô hâin wir vur uns ind unse nâcömelinge in geloift in gûden trûwen ind geloiven övermitz desen brîef, wêer't dat in up dat vurschreven erve ind gûet. einche ânsprâiche, hindernisse, krûdt of môetnisse geschîege van iemanne hernâmâils, of in einchen schaden danne af quêmen, sowilche zît dat dat geschiege, umb wilchs die [1]) min [2]) si ind ire erfnâmen dat vurschreven erve ind gût haven, halden ind besitsen (!) möchten gerast ind gerôet, erflichen ind êweligen: dat wir ind unse nâcömelinge die vurschreven êlûde ind ire erfnâmen under unsen ind der steede van Cölne vurschreven schaden, cost ind arbeit danaf untheiven soilen ind beschirmen ind halden soilen in besitzunge des vurschreven erfs ind gûetz gerast ind gerûwet, ind alle âinsprâiche, krûde ind hindernisse afdôin mit alle unsen macht in gûden trûwen, ind si ouch ind ire erfnâmen an dat vurschreven erve ind gût brengen ind dôin schrîven ind geweldigen nâ rechte ind gewôenden der steede van Cölne, alsô as't in dem rechte vaste ind stêde sî sunder argelist. Ind diesen dinge zô eime urkunde ind mêerre stêdicheit, sô hâin wir unser steede meiste [3]) siegel an diesen brîef dôin hangen, de gegheven is des nîesten dages nâ sent Mathîs dage des heiligen apostels, in dem jâire unss herren 1349.

203 (202). *Fortgesetzte Gütergemeinschaft und Schichtung nach Höxterer (Dortmunder) Recht.* 1349, April 15.

Wigand Archiv für Gesch. und Alterthumskunde Westphalens 1, Heft 3, 92. Vgl. Schröder GüterR. II 3 S. 129 ff., 148 f.; Frensdorff Dortmunder Statuten (= Hansische GeschichtsQu. Bd. 3) 338 unter 'Schichten'; Rübel Dortmunder UB., Ergänzungsband I 171 Nr. 423.

Nos Conradus Widoldi, Thidericus Monetarii, Arnd de Sualenberghe, Conradus Cremere, Henricus Rodolfi, Henricus Antonii, Arnoldus Godberti, Hermannus Reinemanni, Johannes Palborne, Thidericus Bocholt, Bruno necnon Henricus Vinke, consules civitatis Huxarie [4]), universis et singulis, quibus presens scriptum exhibitum fuerit, notum fore cupimus publice protestantes, quod constitutus

---

[1]) *desto.* — [2]) *minder, weniger.* — [3]) *grösstes.* — [4]) *wegen der Namen vgl.* Dürre *Consules civitatis Huxariensis, in Ztschr. für vaterländ. Gesch.* (*Westfalen*) *Bd. 35 Heft 2, 178.*

coram nobis Henricus Godfridi, concivis noster, sane mentis et corporis ac bene sui compos, cupiens futuris controversiis et discordiis, que post mortem suam inter pueros suos pro bonis ipsius possent oriri, precavere, proprio motu et libero arbitrio statuit et ordinavit istam divisionem et separacionem inter eos: videlicet, quod omnia bona sua, que ipse Henricus post mortem suam ipsis pueris dereliquerit, mobilia et immobilia, hereditaria sive titulo pignoris sibi obligata, nec non bona nomine dotalitii, quod vulgariter *brûdscat* dicitur, cum Lutrude, ultima coniuge sua, sibi obligata, ac etiam domum suam lapideam in curia sancti Kiliani sitam cum suis pertinentiis, nec non bona quecunque municipalia et mobilia, que proprie *varende have* dicuntur, equaliter dividere debebunt in hunc modum, quod Thidericus filius suus, quem Mechtildis, filia quondam dicte der Corveieschen, peperit per ipsum, dimidietatem omnium bonorum illorum pro sua portione recipere debebit, nec non Godfridus et Elisabet, quos Lutrudis supradicta, filia quondam Lamberti Bertrami, per ipsum peperit, alteram dimidietatem dictorum bonorum pro sua recipient portione. Et per istum modum debent prefati pueri ab invicem esse divisi totaliter et separati. In premissorum testimonium sigillum nostre civitatis apposuimus huic scripto. Datum anno Domini 1349., in crastino beatorum Thiburcii et Valeriani.

204 (203). *Entlastung der Vormünder durch den volljährig gewordenen Mündel.* (1349).

Eintrag im Lübecker Nieder-Stadtbuch, Pauli Abhandlungen aus dem Lübischen Rechte III 335[311]. Vgl. Kraut Vormundschaft II 91 f.

Notum sit, quod Hennekinus, filius Johannis Luneborch, cum suis provisoribus, domino Godescalco de Warendorpe, Nicolao Visch et Johanne Gruten, coram consilio constitutus et in annis discretionis existens recognovit, predictum dominum Godscalcum [1]) in presencia predictorum aliorum suorum provisorum sibi de omnibus suis bonis computacionem racionabilem fecisse, et presentasse sibi omnia et singula, que de iure sibi presentare debuit, dimittens cum consensu dictorum suorum provisorum eundem dominum Godscalcum nec non et eosdem suos provisores similiter quitos penitus et solutos.

205 (204). *Ersatzanspruch des Satzungsnehmers für Verbesserungen.* 1350, Februar 27.

G. Simon Die Geschichte der Dynasten und Grafen zu Erbach, UB. 56 Nr. 52. Vgl. von Meibom PfandR. 365 f., 382.

Wir Cûne von Falkenstein, dûmprobst und vormunder [2]) des

---

[1]) *wohl der verwaltende Vormund.* — [2]) *Kuno von Falkenstein war Verwalter (Vormund) des Erzstifts Mainz und Koadjutor des Erzbischofs Heinrich von Virneburg. In dem langjährigen Streite, der sich nach*

stiftes zû Menze, bekennen offenlîchen an disem briefe und tûnt kunt allen lûten, daz wir mit willen, wizzende und verhengnisse des êrwirdigen in Gotde vatters und herren, unsirs herren, hern Heinrîch erzbischofis zû Menze, den edeln mannen, Cunrâde deme Schenken von Erpach dem alten, Cunrâd und Eberhart Schenken, sînen sönen, gegunnet hân und verhenget und auch mit in geret hân, daz sie an dem hûse Furstenowe zwei hundert phund heller kuntlich verbûwen sollen und mogen. Die selben zwei hundert phund heller hân wir in geslogen ûf daz selbe hûs Furstenow, und ist beret: wanne wir, oder wer den stift von Menze zû zîten inne hât, daz vorgenante hûs Furstenow und waz darzû hôret, lôsin wolte, sô sollen wir den vorgenanten Schenken oder iren erben die vorgeschriben zwei hundert phund heller weren und bezaln an solicher werunge, als dan zû Frankenfurt geng und gêbe ist, und ouch daz gelt, als daz selbe hûs Furstenow den selben Schenken versetzet ist, als ire briefe sprechent, die si daruber hânt, âne allerlei hindernisse und geverde. Des zû urkund hân wir unser ingesigel gehenket an disen brief. Und wir Heinrîch erzbischof vorgenant bekennen, daz dise vorgeschriben ding mit unserm gûten willen, wißend und verhengnisse geschehen sint, und hân des ouch zû urkund unser ingesigel bî Cônen (!) von Falkenstein, unsers vormunders, ingesigel gehenket an disen brief. Auch ist der funfen vormunder gemeine vormuntschaft ingesigel zû mêrer sicherheit dirre vorgeschriben dinge gehenket an disen brief, der geben ist zû Aschaffenburg an dem samßtage vor Oculi, von Crists geburte drûzehn hundert und funfzig jâr.

206 (205). *Gesetzliche Erbfolgeordnung. Schuldenhaftung des Erben. Umwandlung von Erbgut in Kaufgut.* (1351.)

Eintrag im Lübecker Ober-Stadtbuch, Pauli Abhandlungen aus dem Lübischen Rechte III 147. Vgl. Nr. 196; Schröder RG.[5] 747, 773[220].

Notum sit, quod ad Johannem et Nicolaum Rehorst fratres . . . devoluta est hereditarie domus quedam Johannis Pramman quondam, eo quod dictus Johannes Pramman dictorum fratrum sororem legitimam habuit in uxorem, ex qua pueros genuit; uno puero et patre mortuo, ad ipsam eorum sororem et alium puerum fuit domus hec devoluta, et deinceps, puero illo mortuo, soli matri pertinuit dicta domus. Tandem vero matre mortua, dictorum fratrum sorore, ad ipsos fratres devoluta est ista domus, quam ipsis consilium iussit propriam sic asscribi. Nichilominus tamen dicti fratres ex dicta domo postmodum libertaverunt 12 marcas reddituum . . . et quamdam aliam pecuniam in solucionem debitorum dicte sororis eorum defuncte, sicut per probos viros coram consilio probaverunt, quod plus exsol-

---

Heinrichs Absetzung zwischen diesem und dem statt seiner ernannten Gerlach von Nassau entspann (1346-1353), wurden für das Erzstift besondere Pfleger ('Vormünder': siehe den Schluss der Urkunde) bestellt. Vgl. Allgemeine Deutsche Biographie 11, 540 f.

vissent, omnibus computatis, quam dicta domus se extenderet in valorem; et ideo [1]) ad extensionem huius premissam in iure dicta domus ipsis pertinet sicut mercatoria bona sua.

207*. *Wechselseitige Generalvollmacht zweier Brüder für den Abwesenheitsfall.* 1353, März 27.

Rehme Das Lübecker Ober-Stadtbuch 323 Nr. 200. Vgl. ebenda 34, 127, 238.

Notum sit, quod Gherardus et Marquardus de Dale fratres, domini Marquardi de Dale quondam consularis filii, coram consilio constituti inter se taliter concordarunt, quod quilibet eorum, qui presens hic in civitate fuerit, reliquo absente poterit omnia eorum bona quoad partem ipsos tangencia, redditus videlicet et hereditates et quacunque alia bona, vendendi, alienandi, permutandi et generaliter cum eisdem faciendi et dimittendi, prout sibi visum fuerit expedire, plenam et liberam habere potestatem, ita quod quidquid per unum eorum, scilicet per presentem, factum fuerit vel obmissum, hoc et alter gratum debet conservare atque ratum. Testes sunt dominus Johannes Wesseler et Jacobus Plescowe consules, qui has inde memoriales litteras ad se ex iussu consilii acceperunt. Actum coram consilio anno Domini 1353. feria quarta post sacros dies pasche.

208 (206). *Verschwenderkuratel. Rechte des Ehemannes am Frauengute.* 1353, Dezember 4.

Volger UB. der Stadt Lüneburg bis zum Jahre 1369 (= UB. des historischen Vereins für Niedersachsen Heft 8) 299 Nr. 485. Vgl. Schröder GüterR. II 3 S. 222; derselbe RG.[5] 732, 766[190]; Gierke PrivR. I 393.

We râtmanne der stat Luneborg bekennet unde betûghet openbâre in desseme brêve, dat Albert Thôde, ûse borgher, heft vor uns wesen unde heft sik vorwilkored mit gûden willen desser stucke, de hîr nâ screven stât. Tô dem êrsten mâle, dat he tein [2]) jâr umme wil wesen in vromeden landen, van wînachten, dat nû êrst kumpt, an tô rekende. He heft ôk ghekoren voremunden sik unde sînem wîve Lûtgarden hern Dîderîk Bromese, ûsen cappelân, unde hern Jôhanne Beven to ênem overmanne, und heft se sed in de were sînes ghûdes unde in de were der medeghift sînes wîves vorenomed, dese is twê hêrscop uppe der sulten Luneborg [3]), tein jâr umme van wînachten, dat nû nêghest tôkumpt, an tô rekende, alsô dat he des gûdes nicht woldich wesen enscal unde wel de tîd umme, men de voremunde.

---

[1]) *die Vorlage hat* ideo quam, *letzteres wohl irrtümlich aus der vorhergehenden Zeile wiederholt.* — [2]) *fehlt in der Vorlage.* — [3]) *zwei Anteile an der Salzsiederei; über die wirtschaftliche Bedeutung derselben vgl.* Zeumer *Die deutschen Städtesteuern (Staats- und socialwissenschaftliche Forschungen, hersg. v. Schmoller 1, 2) 89 f.*

Sîn wîf Lûtgard, de scal hebben alle jâr desse tîd umme der tein jâr de rente êner hêrscop van erer medegift, und mede[1]) den renten der anderen hêrscop der medegift scolen de voremunde wederkôpen unde lôsen dat gûth, dat van sînes wîves Lûtgardis morghenghave wêre[2]) ûtezêed unde vorkôft, unde de sculde darnâ mede enledighen[3]) unde ghelden van Albertes wegene, alsô se beste moghet. Men scal ôk Alberten gheven achte mark lôdeghes sulvers van dem ghûde gewelkes jâres der teige[4]) jâr, de he bûten landes is, tô sîner nôdtroft. Vortmêr sô wan de tein jâr umme komen sint, is dat alsô, dat sik Albert redeliken holt unde tered, sô scolen de vormundere ome weder lâten sîn gûth, dat se hebben, unde de medegift sînes wîves, dese vorscreven steit, in sîne were. Wêre over, dat he sik nicht redeliken hêlde, sô scal he unde wil vorbunden wesen, alsô he was vore binnen den tein jâren. Alle desser stucke heft sik de sulve Albert verwillekoret vor us. Unde tô êner openbâren bethûginge disser dingh dor Alberten vorescreven unde sîner vrowen vronde bede willen hebbe we dessen brêf beseghelet nâ Goddes bort dritteinhundert jâr, in dem drêundevefteghesten jâre, in sunte Barberen daghe.

209 (207). *Bestellung einer Lichtservitut unter Eintragung ins Stadtbuch.* (1354.)

Wilhelm Reinecke Lüneburgs ältestes Stadtbuch (= Qu. und Darstellungen zur Gesch. Niedersachsens Bd. 8) 149; vordem im UB. des hist. Vereins für Niedersachsen Heft 8, 305 Nr. 495. Vgl. Gierke PrivR. II 634.

Item protestantur[5]), quod Nicolaus de Toppenstede et Ludolfus de Vintlo coram eis testati sunt, quod Make de Rode in latere domus sue ad curiam Johannis Gordelslegere fenestram debet habere vitream et ferratam, ita quod de ea ad curiam dicti Johannis non possit videri et perspici; et Johannes non debet per edificium sibi dictam fenestram et lumen eius impedire. Id sunt arbitrati mutuo.

210 (208). *Altenteils- und Leibrentenvertrag mit einem bereits abgeschichteten Sohne.* (1357.)

Eintrag im Lübecker Ober-Stadtbuch, Pauli Abhandlungen aus dem Lübischen Rechte II 203. Vgl. daselbst III 182, 396; Stobbe Beiträge zur Gesch. des deutschen Rechts 25 f.; Rehme Das Lübecker Ober-Stadtbuch 57 ff., 74, 108 ff., 135 ff.

Notum sit, quod domino Bernardo Drughenhorn presbytero, filio suo, quem alias pridem anno 51. . . .[6]) a se exseparaverat . . ., nunc in

---

[1]) *fehlt in der Vorlage.* — [2]) *die Vorlage hat* wert. — [3]) *die Vorlage hat* enledighet. — [4]) teige (= tein) *statt* twîger (= twier, *zwei*) *der Vorlage. R.* — [5]) *nämlich die* consules *von Lüneburg.* — [6]) *hier und an den beiden anderen mit Punkten bezeichneten Stellen sind auch bei Pauli Satzteile ausgelassen.*

possessionem bonorum suorum recolligens, pater Lubbertus Drughenhorn omnia bona sua mobilia et immobilia, hereditates, domos et propria, quecunque habet et sicut ei asscripta sunt in libro superius[1]) ubicunque, coram consilio liberaliter resignavit, ut eis ante et post obitum patris sui ipse dominus Bernardus libere uti possit sicut mobilibus et mercatoriis bonis suis et iure ac titulo empcionis . . . ., in quibus quidem bonis sui redditus 30 marcarum, sibi anno 51., Elizabeth[2]), annotati, includuntur et reputantur tamquam aboliti et quitati. Debet insuper de premissis bonis relictam fratris sui Lubberti expedire et pagare de omni eo quo adhuc extitit non pagata, et preterea omnia alia debita patris sui ex eisdem persolvenda sibi assumpsit, ut ea finaliter solvere teneatur. Debet eciam dictus dominus Bernhardus patrem suum, sicut bene decet, secum in expensis, in domo et quomodo honorifice procurare et in necessariis suis cunctis toto tempore vite sue. Si vero, quod absit, hoc minus faceret, ita quod provisoribus ipsius patris displiceret, aut forte non possent invicem concordare, tunc dominus Bernardus dabit annuatim eidem patri suo 40 marcas denariorum *lîfghedinges* expedite toto tempore vite patris.

211 (209). *Errichtung einer ablösbaren Rente durch Schenkung unter Lebenden.* 1360, April 23.

Olmützer Stadtbucheintrag, Bischoff Das älteste Olmützer Stadtbuch (Sitzungsberichte der phil.-hist. Klasse der Wiener Akademie 85, 281 ff.) 332 Nr. 72. Vgl. Schröder RG.[5] 747, 775.

Honesta matrona Duchna, relicta Ade braseatoris, nobis concivis, legavit et testata est monasterio sancte Clare in preurbio civitatis nostre 20 marcas grossorum denariorum Pragensium super omnia sua bona, de quibus ipsa et sui successores vel heredes, quamdiu dictam pecuniam legatam circa se retinuerint, duas marcas Moraviensis pagamenti predictorum denariorum annis singulis censuabunt. Actum die sancti Georgii martyris, anno Domini 1360.

212 (210). *Gesellschaftsvertrag.* 1360, Mai 1.

Loersch Achener Rechtsdenkmäler 178 Nr. 5. Hier jedoch nach dem wieder aufgefundenen Original im Archiv des Königl. Landgerichtes zu Aachen. Vgl. Nr. 188.

Kunt sî allen lûden, die dissen brîf âin sîn of hôren lesen, dat Werneir Dorcant in[3]) Kolîn Bûc in Jôhan Heifstrît, burger van Achen, sich verdragen hâin einre geselschaf mit vôegen asse her nâe geschreven steit. Dat is zû wessen, dat die vorschreven Wer-

---

[1]) *das sogenannte Ober-Stadtbuch in Lübeck, im Gegensatze zum Nieder-Stadtbuch; Rehme a. O. 11 f.* — [2]) *am 19. November 1351.* — [3]) in = inde (unde).

neir in Kolîn Bûc solen inlegen in die geselschaf 600 swôir golden, in Jôhan Heifstrît sal inlegen 200 swâir golden in die geselschaf, in vort sal Jôhan Heifstrît sînen kelre inlegen in die geselschaf, lôs in ledich, âin widersprôche. Vort sal Kolîn Bûc den kelre zû Kleve inlegen vor 50 golden des jôirs, in dat gelt sal man ûs heven ûsser unser geselschaf. Vort sô insal dit gelt nirgen âin gelact werden, dan âin wîn in unser geselschaf. Vort gelôif ich Jôhan Heifstrît egein ander koumenschaf mit wîn ze drîven dan in disser geselschaf vorschreven; in disse geselschaf sal stâin van nû sint Remeis [1]) dagh over ein jôir nâe datum dis brîfs. Vor weir't saghe, dat dat gevîel, dat Werneir in Kolîn leinden in die geselschaf einich gelt mê dan die vorschreven summe, dat solen si widder ûs heven wanne dat si willen âin widersprôch Jôhans. Vort sô insal Wernêr noch Kolîn noch Jôhan Heifstrît egênre kunne gelt ûsser disser geselschaf nemen, dan asse unse jôir ûs sint. Ume steitgeit der wâreit, in alle dis brîfs punten fast, stêde in unvorbrûglich ze halden, sô hâin wer Werneir, Kolîn in Jôhan Heifstrît unse ingesigel âin dissen brîf gehanen. Geschreven dû man schreif van Gôits geborde 1360 jôir, up sint Walburg dagh.

213 (211). *Vertragsmässige Ausschliessung der Gütergemeinschaft. 'Res succedit in locum pretii'. Gerade. Erbverzicht. Exceptio rei iudicatae auf Grund eines Schiedsspruches. Geltung des Sachsenspiegels in Minden.* (um 1360.)

Wigand Archiv für Gesch. und Alterthumskunde Westphalens 7, 52. Vgl. Schröder GüterR. II 3 S. 11, 28, 179, 385 ff.; siehe auch ebenda 38, 125, 315 und desselben RG.[5] 775.

Dit is de ûthscrif der sake, de Albert Stuve unde de Vleghere hebbet under eren ingheseghelen bescreven gheven. Stuven sake lûdet aldus. Dit is dat recht, des ik Albert Stuve, borgher thô Verden, thô ju gan bin . ., edele hêre her Gêrhart van Scowenborch, dômkostere thô Minden, unde hêre her Stâcius von Monichûsen: Vrederîk de Vleghere, borghere tô Minden, nam Bêken, mîne susteren, thô einer echten vrowen mit benomden penninghe unde mit beschêdenen gûde: des behêlt er jewelik [2]) mit wisscop erer brûtlachtes lûden sunderlik ervegût unde varende have, bûthen erer beider brûtscath. Dô se jâr unde dach thôsamende wesen hadden, dô legheden se ere sundergût thôsamende, alse vele alse se êndraftich worden, unde kôften darmede ses mark gheldes en unde eren rechten erven, de de rât van Minden mit eres stades ingheseghele beseghelet heft in eren openen brêve. Ok kôften se af beide Lûdolphese [3]), Vrederîkes sone vornompt, mit erer beider sunderlikes gelde, dô he monich werden wolde thô den Hillighen Berghe, sînen anval al sînes vaderliken erves unde gûdes, de eme boren mochten mit allem rechte, dat ôk de rât

---

[1]) *Remigius, Oktober 1.* — [2]) *ihrer jeglicher.* — [3]) *ein Sohn des Friedrich Vleger aus erster Ehe, Bruder der beiden Beklagten.*

van Minden en unde eren erven beseghelet heft in eren openen brêve[1]). Des heft mit Bêke, mîn suster, eren dêl, beide des êrsten kôpes unde des anderen, ghegheven, vortmêr eren dêl in alme kôpe, den se sammend kôfthen, dar se de brêve up hebbet; vortmêr sô heft mi mîn suster ghegheven inghedôme unde hûsrâde, alse it ere van rechte boren mochte in dere were, dar de vorbenomde Vrederîk inne starf, unde ik dat êschet hebbe nâ hêthe unde nâ anwîse des râdes thô Minden. Dat is mi untholden aldus langhe mit wolt[2]) unde mit unrechte. Vortmêr sô wart mi mîner suster ein kô afgherôvet up dem velde van der herde, de se mi over heft ghegheven. Al desser giftinghen der is mi mîn suster gichtich unde wol bekand, alse it hîr vor bescreven is. Wer men nû mik der brêve unde der voruntholdenen rente icht[3]) wederdôn scolde? desses rechtes bin ich thô ju vorbenomden hêren gheghan unde will es bî ju blîven. Des Vleghers sake lûdet aldus. Edele hêre, her dômkostere unde her Stâcius van Monichûsen, wi Clawes unde Hinrîcus, brôdere[4]), ghehêten Vleghere, spreket aldus. Ûse stêfmôder, vor[5]) Bêke, schuldighe us vor deme râde thô Minden, dar se borgersche is unde wi borghere, umme tins, des wi uns underwunden, unde opene brêve, de dar up spreket unde de rât besegelt hadde. Dar antworde wi up vor dem râde unde lêthen de brêve dar lesen, dar an unde over was Albert Stuve, brôder, unde se unde wi ginghen rechtes thô dem râde umme[6]) desse sake; de hebbet us mit rechte schêden[7]), alse wi des an se têt, unde gât nû rechtes thô ju, ofte wi umme desse vorschêdene sake ere ofte jemande van erer weghende[8]) vordere[9]) wes plichtich sîn? Tô dessen vorscrevenen saken antworde wi her Gherd van Scowenborch, dômkostere und meine vormunde[10]) des stichtes thô Minden, unde her Stâcius van Monichûsen aldus unde spreket: Moghen de Vleghere dat bewîsen, alsô recht is, dat de vrowe, vor Bêke, sî ghekomen an gherichte mit erem rechten vormunden[11]) unde hebbe sik dar lâten schêden mit rechte, mit vulborde ores rechten vormunden, sô enwethe wi anders nicht mêr umme alle stucke, der se dar mit rechte schêden is, dat ensî ein schêd unde môte ein schêd blîven. Moghen se aver des nicht bewîsen, heft denne de vrowe penninghe ûthghegheven, dat se bewîsen mach, unde opene brêve up sin: wat ore den de brêve thowîset, dat schal man ore lâten volghen. Ok al gherâde hôrd den vrowen bî des mannes lîve alsô bî dôde, wen't Sassen recht[12]) upwîset: 'Wiert ein wîf mit rechte van oren manne geschêden, se be-

---

1) *offenbar handelte es sich um den Anteil des Ludolf aus dem Samtgute erster Ehe.* — 2) = walt (gewalt). — 3) icht *statt* ich *der Vorlage. R.* — 4) *gleich dem oben erwähnten Ludolf Söhne des Friedrich Vleger aus seiner ersten Ehe.* — 5) *vgl. S. 129*[2]. — 6) *fehlt in der Vorlage.* — 7) *wahrscheinlich hatte Friedrich Vleger mit seinen Kindern erster Ehe nicht geschichtet und eben aus diesem Grunde in zweiter Ehe die Gütergemeinschaft ausgeschlossen. Nach seinem Tode hatte dann, nach der Behauptung der Beklagten, die Auseinandersetzung der Witwe mit ihren Stiefkindern vor dem Mindener Stadtrate stattgefunden.* — 8) *von ihretwegen.* — 9) *fürder.* — 10) meine = gemeine; *dieselbe Stellung wie die S. 150*[2] *erwähnte.* — 11) *ihrem Bruder Albert Stuve.* — 12) *Sachsenspiegel III 74.*

holt ore râde . . .' Hîr umme schalme ore râde volghen lâthen, it ensî dat se de râde enkere[1]) sunderliken vorwillekoret hebbe unde men dat irthûgen moghe, alsô recht is. Dit schêde[2]) wi vor ein recht, unde wetet des nicht betere.

214 (213). *Amortisation eines verloren gegangenen Schuldbriefes.* 1361, Juli 27.

J. N. Weis Urkunden des Cistercienser-Stiftes Heiligenkreuz (= Fontes rerum Austriacarum, Diplomataria 16) 410 Nr. 10.

Wir Rûdolf von Gottes gnâden herzog ze Osterreich, ze Steir und ze Kernden etc. bechennen und tûn kunt offenlich mit disem brief umb den brief, den die Zitzlîn, unser judin von Wien, und ir erben von den êrbêrn und geistlichen fraun . ., der abtessin und dem convent ze sand Niclâ ze Wien, umb 200 ℔ und 24 ℔ Wienner phenning gehabt habent, und den dieselb judin von der prunst wegen, die nû ze Wien geschehen ist, verlorn hât, als wir vernomen haben, daz wir wellen: ob derselb brief, der verprunnen sol sein, als die obgenante judin uns hât ze wizzen getân, fürpracht[3]) wurde, daz der tôd und ab sei und fürbaz chain chraft hab, und ouch den êgenanten chlosterfraun ze dhainem schaden nicht chome in dhainem weg. Mit urchund ditz briefs, geben ze Wien an eritag[4]) nâch sand Jâcobs tag; nâch Christs gepurd dreuzehen hundert jâr, darnâch in dem ain und sechzigistem jâr.

215 (212). *Eheberedung zu Aachen. Erbvertrag über das Eintrittsrecht der Enkelkinder.* (1361 oder 1364.)

Nach dem Original im Aachener Stadtarchiv; jetzt auch bei Loersch Aachener Urkunden (Zitat zu Nr. 146) 158 Nr. 13. Vgl. Schröder RG.[5] 773[234].

In dem name Gôits, amen. Kunt sî allen lûden, dat hêr Kirstiôn Lewe[5]), der burgermeister, gegeven hâit Stînen, sîne dôigter, hêren Mertîne Munt zû einen witligen wîve, inde hâit geloift ze geven mit der selver dôigter hêren Mertîne 900 marc Eisch peiments, as hû ze dage geit. Inde dei 900 marc sal man an erf legen, wannêe hêr Mertîn erf vint, dat hêren Kirstiône inde hêren Jôhanne Chôrus inde Sanderse van Sursen dunket, dat dat gelig sî inde dat un bevalle. Mit vurwerden, dat hêr Mertîn dat selve erf, of Stîne, sîn wîf, bûsen den eirsten jâre aflîfig wirt sunder geburt, sîne lîfdage halden inde besitzen sal gerâist inde gerûit: inde as he dan dôit is, sô sal dat selve erf weder vallen up hêren Kirstiône ind up sîne

---

[1]) *zu lesen* enkede = *bestimmt? Oder* enkele = *einzeln*(e)*?* — [2]) *die Vorlage hat* scheghe. — [3]) *statt* fûrsprach *der Vorlage.* — [4]) = erchtag: *Dienstag; vgl. Lexer Mittelhochdeutsches Handwörterbuch I 680; Kluge Etymologisches WB. der deutschen Sprache[7] 119 unter* Ertag. — [5]) *Christian Lewe war Bürgermeister 1361 und 1364; vgl. Loersch Achener Rechtsdenkmäler 285* (*Regesten Nr. 23 und 25*).

geerfen. Vort mê wêr't, dat Stîne binnen den eirsten jâre sturfe sunder geburt van den selven Mertîn, sô sal de selve hêr Mertîn an horen gûide haven vur sîne kost 200 marc, inde sowat die vursproggen Stîne dar brâit hâit of van horen wegen dar komen is, dat de selve hêr Mertîn weder geven deme vursproggene hêren Kirstiôn of sînen geerven. Wêr't ôig sagge, dat de vursproggen hêr Mertîn binnen den eirsten jâre aflîfig wurde sunder geburt, sô sal die selve Stîne alsulg gûit, as de vursproggen hêr Mertîn leist inde van sînen wegen dar komen is, wedergeven, inde man sal hore 400 marc geven vur horen mâigdûm [1]). Vort sô geloven wir Jôhan Chôrus [2]) inde hêr Mertîn, of dat sagge wêre, dat unser wîve einge aflîfig wurde, dat unse kint in hore môder stat stôin solen gelig as of [3]) di môder lefde [4]).

216 (214). *Verfolgung des Pfandrechtes bei Pfandsatzung an Grundstücken (Exekutionspfand). Satzung um Schuld hebt die Forderung nicht auf. Das Pfand steht auf Gefahr des Schuldners.* 1362, Juni 27.

J. N. Weis Urkunden des Cistercienser-Stiftes Heiligenkreuz (= Fontes rerum Austriacarum, Diplomataria 16) 269 Nr. 247. Vgl. von Meibom PfandR. 419, 421, 424, 426; Schröder in ZRG. 29, 264.

Ich Fridreich der Rûschel, ze den zeiten statrichter ze Wienne, vergich offenlich an dem brief, daz für mich cham in die purgerschrann ze Wien, dô ich saz an offem gericht, Ludweig der Chleberger, ze den zeiten der êrbêrn geistlichen herren diener dâ z[e] dem Heilichenchrauz, und chlagt mit vorsprechen an derselben seiner herren stat, die im die chlag heten aufgeben ze vlust und ze gebin [5]), hinz Hainreichen dem Schemerauglein umb 16 ℔ Wienner phenning, die er seinen herren dâ z[e] dem Heiligenchreuz gelten solt, und dâfür er denselben seinen herren ze phande gesatzt hiet sein haus, daz nû ein prantstat wêr, gelegen vor Werdertor under den vischern ze Wien, auf der Tûnau, ze nâst Ekkcharts haus des Verstinchleiben; nû wêrn die obgenante sein herren des êgenanten irs gelts alles noch ungericht und ungewert, als ir brief sagt, den sie darumb hieten; und chlagt darumb als verre, unz daz im geviel mit vrâg und mit urteil: er solt mir mein recht geben [6]). Daz hât er getân. Und solt ich den convent gemein dâ z[e] dem Heiligenchräuz der êgenanten prantstat gewaltig machen und an di gewer setzen. Daz hân ich auch getân, alsô daz sie die sullen verchaufen, versetzen, als verre unz daz seu irs gelts alles gar und ganz dâvon verricht und gewert werden. Wêr aber, daz seu irs gelts nicht genzlîchen dâvon bechomen mochten, swô

---

[1]) *Morgengabe; vgl.* Schröder *GüterR. II 1 S. 25 f., 38; II 2 S. 242 ff.* — [2]) *offenbar mit einer Schwester der Braut verheiratet.* — [3]) *das Original hat* of as. — [4]) *vgl.* Schröder *GüterR. II 3 S. 150 f.* — [5]) *zu Verlust und Gewinn. Verbreitete Formel bei Prozessvollmachten.* — [6]) *Kläger sollte die Gerichtskosten erlegen.*

seu denn furbaz auf den êgenanten Heinreichen den Scheinauglein (!) oder auf sein gût gezaigen mochten, dâ solt man in mit dem wandel [1]) als verre zûnocken [2]) und solt seu desselben seins gûts als vil gewaltig machen und an die gewer setzen, sô verre unz daz seu irs gelts alles gar und ganz dâvon ve[r]richt und gewert werden, als ir brief sagt, und solt ich in des mein urchund geben. Und des ze urchund sô gib ich in den brief versigelt mit meinem insigil. Der brief ist geben ze Wien nâch Christi gepurde dreuzehen hundert jâr, darnâch in dem zwei und sechzigistem jâr, des nâhsten mântags vor sand Pauls tag.

217 (215). *Pfandsatzung zu Kistenpfandrecht.* (1363.)

Hannoverscher Stadtbucheintrag, Grupen De uxore theotisca 132 Nr. 5. Vgl. von Meibom PfandR. 423; Gierke PrivR. II 821[67].

Meneke Scherer, de bekande vor dem râde, dat he vorsad hebbe sîn hûs twê [3]) bî dem Hilgen Geiste Olrîk Lüteken vor ein recht kistenpant, de he ome nû tô dessen nêsten wînachten van ome ledigen scal vor de 8 punt âne vortoch. Endêde he des nicht, sô mochte Olrîk Lüteken sîne penninge dar ane sôken, wôr he kunde. Vorkôfte ôk Meyneke (!) de hûs êr der tît, sô scolde he Olrîk Lüteken de êrsten penninge gheven, de ome dar af worden, dat he ôk berêd worde [4]).

218 (216). *Neuere Satzung an einem Schiffe.* 1364, Februar 18.

Eintrag im Lübecker Nieder-Stadtbuch, Pauli Lübeckische Zustände im MA. III 116 Nr. 23; Gierke PrivR. II 962[33]; Pappenheim Handbuch des Seerechts II 128; Schröder RG.[5] 732.

Notum sit, quod Andreas van der Borch, civis in Gripeswold, tenetur Everhardo Tolner 63 marcas denariorum Lubecensium, pro quibus sibi coram consulibus impignoravit unam navem dictam *holk* [5]), festo pentecostes persolvendas. Et arbitratus est coram consulibus: si predictam pecuniam in prefato festo non persolverit, quod tunc navis ad Everhardum tamquam empta emptione iusta debet pertinere [6]).

---

[1]) = *Erstattung; vgl. von Bahder in Grimms WB. XIII 1550 Nr. 2.* — [2]) *wohl = 'zunötigen'. Der Sinn ist: man sollte ihn, den Schuldner, mit der Nachbesserung soweit nötigen (oder pfänden), bis die Schuld ganz bezahlt wäre.* — [3]) *seine zwei Häuser.* — [4]) berêden = *bezahlen (nämlich mit* rêdem, *d. i. bereitem, barem Gelde versehen).* — [5]) *ein grosses Schiff; vgl. Schiller und Lübben II 288; Verwijs en Verdam III 735.* — [6]) *in einem Eintrage von 1360 (a. O. Nr. 22) heisst es von einer ähnlichen Verpfändung:* nec potest nec debet dictam navem alicui vendere nec aliter obligare, nisi fuerit de licencia et voluntate predicti sui creditoris, aut dictam pecuniam sibi persolverit expedite.

219 (217). *Trassiert-eigener Wechsel als Messwechsel, mit Wechselbürgschaft.* (1364) Februar 23.

Eintrag im Lübecker Nieder-Stadtbuch, Pauli Lübeckische Zustände im MA. II 129 Nr. 16; auch bei Grünhut WechselR. (1897) I 42[1].

Notum sit[1]), quod Johannes van der Osten vendidit Johanni Steen in strata Piscium 25 libras grossorum Flamensis pagamenti, sibi ab eodem Johanne Steen persolutas, quas quidem 25 libras grossorum idem Johannes van der Osten persolvere debet in Brugis post festum pasche proximum in nundinis Brugensibus expedite. Pro quo Bertoldus Dovel et Henneke Biscoping coniuncta manu promiserunt. Actum feria sexta ante dominicam Oculi.

220 (218). *Seetestament. Testamentsvollstrecker.* (1365.)

Eintrag im Lübecker Nieder-Stadtbuch, Pauli Abhandlungen aus dem Lübischen Rechte III 219[148]; auch bei L. Perels Testamente auf See, in Marine-Rundschau v. 1900 S. 1002. Vgl. ausser den dortigen Angaben Wagner Handbuch des Seerechts I 320[7]; Schröder RG.[5] 775.

Sciendum, quod Radeke Rone nauclerus, Johannis van Esse, Hinricus Kropelin, Bartholomeus van Rostock, fructuarii[2]), coram consilio lucide recognoverunt et testificabantur, quod, cum Everhardus de Rene, felicis recordacionis, cum ipsis in mari in nave dicti Radeke Rone naucleri moriturus esset, ipsis presentibus et audientibus, ordinavit suum testamentum in hunc modum: quod ipse dedit hospiti suo in Lubeke cistam suam et 2 lectos, item hospiti suo ibidem dedit 1 tunnam carnium et dimidiam tunnam allecium[3]) et 1 *lôp*[4]) butiri, et Hintze Baren 1 par ocrearum[5]), et Johanni Holt 3 marcas, item Petro Witte 2 marcas, item Ghereken famulo suo 3 marcas, item domino Johanni Bextehovet 2 marcas, item Everhardo Kannengeter 3 marcas; et quod omnia bona sua residua, solutis debitis suis, per provisores suos, videlicet . . .[6]), dari debeant in salutem anime sue propter Deum, prout eis magis videtur expediri.

221 (219). *Eheliche Errungenschaftsgemeinschaft nach österreichischem Landrechte.* 1372, November 18.

Hauswirth Urkunden der Benedictiner-Abtei U. L. Frau zu den Schotten in Wien (= Fontes rerum Austriacarum, Diplomataria 18) 344 Nr. 296. Vgl. Urkunde von 1375 bei Schuster Wiener Stadtrechtsbuch 142; Schröder GüterR. II 1 S. 206 ff., II 2 S. 66, 174[17], 254, ferner in Historische Ztschr. 31, 205[2] und in ZRG. 29, 264.

Ich Eberhard von Enzesdorf, di zeit amptman der Schotten guet ze Wien, vergich offenlich an dem brief, daz für mich cham,

---

[1]) *der Stadtbucheintrag bildete die Grundlage des daraufhin ausgefertigten Wechselbriefes.* — [2]) *Befrachter. Vgl. Du Cange III 618:* fructuarius *Nr. 3; Schiller und Lübben V 544:* vruchtman. — [3]) *Heringe.* — [4]) *ein Hohlmass. Vgl. Schiller und Lübben II 720; Verwijs en Verdam IV 791:* lope. — [5]) *Beinharnisch.* — [6]) *auch bei Pauli sind die Namen der Testamentsvollstrecker ausgelassen.*

dô ich sas an offem gericht, Rueger der Grabner, und vodert mit vorsprechen ein gewer eines hofs, und swas darzû gehœrat ze veld und ze dorf, gelegen ze Inzesdorf under dem Wiennerperg, zenâst Charleins hof, den sein prueder Peter der Grabner sêlig gechauft hiet im und seinen erben. Als verre daz vrou Ann, weilnt des êgenanten Petreins hausvrou des Grabner, auch cham für mich und für offens gericht, und jach mit vorsprechen, daz si und derselb ir wirt Peter sêlig denselben hof, und swas darzû gehœrt, mit einander baide mit gesampter hant umb ir baider wol gebunnens gût gechauft hieten, als ir chaufprief sagt, der darumb vor offen gericht gelesen und verhœrt ward, der es alsô sagt, daz sie baide denselben hof, und swas darzû gehœrt, mit einander mit gesampter hant gechauft hieten. Und darnâch ward gevrâgt, waz recht wêr? Dô geviel mit vrâg und mit urtail: es solt die obgenant frou Ann denselben chaufbrief und den êgenanten hof, und swas darzû gehœret, fürbas unverchumert und ungergert inn haben, als leibgedings recht wêr, unz an irn tôd; und dann nâch irn tôd sô solt derselbig hof, und swas darzû gehœret, geleich halber erben und gevallen auf des êgenanten Petreins des Grabner nâsten erben, und halber auf derselben vroun Annen nâsten erben, nâch des lanndes recht ze Oesterreich. Und solt ich des dem êgenanten Ruegern dem Grabner mein urchund geben, und solt er mir darumb mein recht geben. Daz hât er getân. Und wann ich selb nicht aigens insigels hân, daruber sô gib ich im den prief ze einem offen urchund der sach versigelt mit meins herren insigel, des êrbirdigen geistlîchen herren abpt Donâts ze den Schotten ze Wienn. Der prief ist geben ze Wienn nâch Christi gepurd dreuzehenhundert jâr, darnâch in dem zwai und sibenzigsten jâr, des næsten phintztages[1]) nâch sand Merteins tag.

222 (220). *Lebenslängliches Benutzungsrecht an einem Hause.* 1374, September 8.

Eintrag im Lübecker Nieder-Stadtbuch, Pauli Lübeckische Zustände im MA. III 126 Nr. 39. Vgl. Pauli ebenda 20, 22.

Johannes de Nachthele emit ad tempora sue vite et ad vitam uxoris Hezeken a Thiderico Vorrad proprietatem domus sue site in platea carnificum ....[2]). Ista domo utetur ipse et uxor sua, quilibet ad vitam suam. Sed ipsis ambobus tandem defunctis dicta domus et eius proprietas ad dictum Thidericum et suos heredes revertetur. Predictam domum dictus emens emendabit et non peiorabit, nisi igne, quod absit, destrueretur: tunc in hoc fiet secundum exigenciam iuris Lubecensis[3]). In ista domo dictus Thidericus Vorrad obtinet redditus 6 marcarum denariorum, quem censum dabit pasche et Michael.

---

[1]) *Donnerstag. Vgl.* Grotefend *Zeitrechnung I 115, 210[1]; H.* Fischer *Schwäbisches WB. I 1049; F.* Thudichum *in seinen Tübinger Studien I 1 S 73.* — [2]) *Lücke in der Vorlage.* — [3]) *vgl.* Hach *Das alte lübische Recht, Cod. 1 c. 34; 2 c. 118.*

223 (221). *Zession.* 1376, April 17.

Monumenta Boica 26, 192 Nr. 217.

Ich Hans der Dürner ze Drobelstorf, mein hausfraw und alle unser erben wechennen [1]) offenbar mit dem brief umme die vodrunc [2]) und ansprâch, die wir haben hinz Hainrîch dem Döfringer ze Döfrinch und hinz seinen erben umme fünf pfunt Regenspurger pfening, die sie uns iezunt wezalen süllen auf den næchsten sand Jâcobs tag, dar umme er uns erbær læut ze porgen gesetzt hât, ob sie uns auf die êgenanten zeit unsers êgenanten geltz nicht wezalt, so süllen sie uns ze hant dar umme laisten: in sölcher weschaiden, daz Fridreich der Chagrær ze Egelstorf und sein erben unser êgenante selbscholn [3]) und pürgen darumme vollen gewalt ze manen und ze vodern habent, und wir niht, und auch unser vodrunc gein in dar umme von des geltz wegen chain chraft hat, als verr unz sie von uns gezogen werdent hauptgûtz und schadens gar und ganz, ez sei gein Juden oder Christen. Wenn sie in dar umme haltent und laisten, sô sind sie von uns dar umme ledich und lôs. Es sol auch dâ wider chain reht gesprochen werden, gaistleichs noch werltleichs. Ez s(ch)ol auch der êgenant Chagrær dez geltz einnemer sein; wi wir mit in dar um[m]e ze chrieg wurden, daz s(ch)üllen sie wehabt haben und wir verlorn. Sie süllen auch irs êgenanten geltz gewert und wezalt sein vor allen læuten. Wær auch, ob uns unser selbscholn und pürgen uns êgenanten Dürner und unsern erben hielten und laisten [4]), und nicht dem Chagrær und seinen erben: sô wæren sie von uns niht ledich noch lôs, wann unser einne(n)munc [2]) und manunc [2]) gein unser pürgen und selbscholn chain chraft wider den brif gehaben mag. Er hât auch unsern selbscholn und pürgen ze der êgenanten vrist ze manen, wenn er und sein erben wellent. Ob wir des alles niht tæten, so süllen wir sie lösen ân als verzîhen und widerred und ân allen iren schaden, ez sei gein Juden oder Christen. Zu einer sicherheit geben wir in disen brif versigelt mit unserm anhangentem insigel und mit des êrsam mans insigel Doberhes des Murahers, an der zeit richter ze Swarzenberch, der daz durch unser willigen pet dar an gehangen hât, im ân schaden. Dar under wir uns verpinten mit ganzen treun, alles daz stæt ze haben ân alles gevær, daz oben der brif sagt. Daz geschach dô man zalt von Christ gepurt dreuzehen hundert jâr und in dem sechs und sibenzisten jâr, des pfinztags [5]) in der ôsterwochen.

---

[1]) w *für anlautendes* b *steht in dieser bayerischen Urkunde hier sowie nachher in* wezalen, weschaiden *usw.* — [2]) *die Vorlage hat* vodrum *hier und unten Z. 13; so auch nachher Z. 25* manum *und* einnenmem. — [3]) êgenante selbscholn *statt* êgenanter selbschol *der Vorlage. R.* — [4]) = laisteten. — [5]) *vgl. Anm. 1 auf der vorigen Seite.*

224 (222). *Pachtvertrag auf unbestimmte Zeit und für die Erben des Pächters. Pachtkaution durch Pfandsatzung (Verfallpfand). Ersatz für Verbesserungen bei Auflösung des Verhältnisses seitens des Verpächters.* 1379, September 29.

G. Simon Die Geschichte der Dynasten und Grafen zu Erbach, UB. 100 Nr. 100. Vgl. Schröder RG.[5] 744.

Ich Henne Hoffmann, bürger zû dem Werde[1]), bekennen mich uffenlichen an dissem brife und dûn kund allen lûden, die en sehen oder hôrent lesen, daz ich bestanden hân mir und mîn erben umme den êrbêrn man hern Erwold, pastôr zû Burfelden und capelân sant Niclâs elter in der burg zû Erpach, und wer darnâch quême, der sie zû lîhen hette, ses morgen ackers, gelegen ûf dem mitteln gewende undewendig[2]) dem Nîpestal, alle jâre umme zwei molter korns, jêrlichen ûf sante Bortholomêus dag[3]) zû geben und zû reichen dem vorgenanten hern Erwolde ader eime andern cappelân, der dan den vorgenanten elter inne hette und besinget. Darzû hât er mir gelûhen ein morgen wîngarts, gelegen in dem rechten Nîpestal, umme daz dritgeteil waz dar inne gewissit[4]), daz auch an den vorgenanten elter gehœrit, und sal alle jâre in denselben wîngarten schicken und dûn zû dem minsten ses fûder mistes, und sal den acker und den wîngarten in alsô ridelichen bûwe halten, daz ime und eime îklichen cappelân sîne gulte und sîn deil volleklichen werde. Darumme hân ich dem vorgenanten hern Erwolde und dem elter zû underphande ingeseczet drittenhalben morgen ackers, gelegen vor dem Leimen, die mîn swêher Heintze Riese umme Wolffelîn kaufte, und stœßet ûf den Aesgraben: alsô bescheidenlichen, wêr iz daz, daz ich und mîn erben den vorgenanten acker und wîngarten mit miste und mit anderm bûwe alsô ridelichen nit enhîlte, als ich bilche solte, und daz kuntlich bewîsit und besagit wirde, und die vorgenante gulde und auch daz deil von dem wîngarten nit gefîl ader gefallen mochte, als vor geschriben ist, âne gevêrde: sô mochte der obgenante her Erwold, oder wer ein cappelân wêre, dez vorgeschriben underphant mit dem vorgenanten acker und wîngarten und waz darûf gewassen wêre ûfholen und innemen, glîcher wîs als ir eigen gût. Waz auch zinses von dem vorgenanten acker und wîngarten geburte(n), den sal ich richten âne widerride. Wêr iz, daz ein ander cappelân mich ader mîn erben abe wolte drîben und nit wolde halten diz vorgeschriben ding und iz lîchte beßer machen wolde, der solde mir mîne beßerunge und bûwe abelegen, als zîtlichen wêre und êrbêr lûde sprêchen und rechte wêre. Daz dit stêde und veste sîe, sô hân ich gebeden die êrbêrn lûde burgermeister und den rât gemeinlichen zû dem Werde, daz sie der sted ingesigel hân gehenkit an dissen brîf zû gezûgnisse dire vorgeschriben dinge. Datum anno Domini 1379., in festo sancti Michâhêl archangeli.

---

1) *Städtchen Wörth am Main.* — 2) *unterhalb.* — 3) *August 24.* — 4) *wächst.*

225 (223). *Einkindschaft mit Voraus für die Vorkinder, verbunden mit einem Erbeinsetzungsvertrage.* 1379.

Mone in Anzeiger für Kunde der teutschen Vorzeit 7, 468. Vgl. Beseler Erbverträge II 1 S. 172 ff., II 2 S. 150 ff.; Loersch Der Ingelheimer Oberhof 551 unter 'Einkindschaft'; Herbert Meyer Die Einkindschaft (Breslauer Diss. 1900) 21², 24³, 26⁴, 39¹·⁶, 89²; Schröder RG.⁵ 774; Kohler Zum fränk. Recht (Zitat zu Nr. 200) 83-96.

Wir schultheißin und scheffin zû Ingilnheim bekennen und verjehin offinlich an diesem brieve, daz vor uns kommen ist vor gerihte Clâs Rômer und Hebele, sîn êliche wirten, und hân eine kinde gemacht mit den îrsten kinden, die er hât von Hennen Rôdichins dochter, und mit sînen andern kinden, die er hât von Heinzin Hosebechirs dochter: alsô daz die zweierleie kinde sollint glîch eine kinde sîn; ûzgenomen, wêr es sache, daz der vorgenante Clâs Rômer und Hebele, des obgenanten Heinzin Hosebechirs dochter, abegingen, sô sollint die vorgenanten îrsten kinde, Henne Rôdiches enkiln, vorûß nemen ein zweiteil wîngarts an deme Appinheimer wege; und waz anders gûdes die zwei êlichen lûde lâßint, das sal eines kindes als vil sîn als des andern. Und hât Heinze Hosebechir, Grêde, sîn êliche wirtin, bekant und geborget [1]) vor gerihte: wêr es sache, daz die vorgenante Hebele, ir dochter, abeginge von dôdes wegen, sô sollint sie des vorgenanten Clâs kinder, die von beiden sîten sint, erbin glîch eime als vil als deme andern, an ire dochter stat. Mit urkunde dises brieves etc., 1379.

226 (224). *Errichtung einer Rente als Reallast, mit Pfändungsklausel und mit Festsetzungen über Ablösbarkeit und Unablösbarkeit. Rentenbrief mit Orderklausel.* 1380, Dezember 26.

Urkunde aus einer Prozessrelation, Tomaschek Der Oberhof Iglau 217 Nr. 308. Vgl. Gierke PrivR. II 757, 759, 761; Schröder RG.⁵ 747.

Wir Andrês richter, Jekil van Wislawicz purgermaister, Niklôs Geyer, Jôhannes von Busicz, Albertus Hossel, Peczman Kolner, Tyrman vom Sak, Hensil Pek und di andern schepfen gemainkleich der stat zûm Czasslaws bekennen mit dem brief allen leuten di in sehen ader hôren lesen, das der êrsam man vur uns komen ist in ainen vollen rât, dâ alle sachen und handlunge kraft haben und macht, Hensil Schike, unser mitpurger, und hât bekant mit willen und vorjehen, wî daz er vorkauft hât von seinentwegen, von seiner erbtwegen recht und redleich auf sein hof, der gelegen ist fur Greczer thor, mit funf hûben akkers und anfallen nucz, der zû dem êgenanten hof gehôrt [2]), zehen schok groschen Prager pfennig jêriges und freies zinses dem beschaiden manne Niclôs Alder, aim purger auf dem perge zû den Kutten, und sein erben, umb hundert schok der êgenanten

---

[1]) *durch Bürgen sichergestellt.* — [2]) *gemeint ist wohl das Nutzungsrecht (Echtwort) an der gemeinen Mark.*

munz, die der êgenante Hensil Schik von dem êgenanten Niclâsen Alder gar und genzleich enphangen hôt; den selben zins der vorgenante Schik geben schol, ader sein erben, dem vorgenanten Niklôs Adler ader seinen erben sechs jâr[1]), als diser brief geben ist wurden, nôch[2]) einander allezeit halb an sant Jôhannes tage des taufers unsers Herren und an sant Stephanstag zû weinachten, di nêchsten dornôch, halb und unvorzogenleich der vorgenanten phennige. Und zû welchen zinstag, di êgenant sein, daz vorsaumet wirt, wî daz geschicht, al zû hant sô mag der êgenante Alder und sein erben und auch nôchkumlinge phenden in dem êgenanten erben und dorauf mit hulf unsers gerichtes, und mugen die selben phant treiben, tragen ader fûren, wô si hin wellen, und mugen di vorkoufen ader vorsetzen[3]) ân aufgepot aller gerichten, und ires vorsessen zinses dâvon (si) bekumen, wî si kunnen, wî si mugen. Und wenn sechs jâr, als vorgesprochen ist, vorgange(i)n sein nôch einander, sô mag der êgenante Schik ader seine nôchkumlinge di êgenanten zehen schok zinses wider aplôsen mit hundert schok grosschen Prager munz und geben den vorsessen zins dâmit, ân widerrede aller leute. Wô des nicht geschit, wô sich daz saumet, sô bleibt der oftgenante zins auf dem êgenanten erb, und gepurt sich dâvon zû geben auf die vorgenanten zinstage allen besiczern, die das oftgenante erb besiczen in aller weisse und mainu[n]ge, als vorgeschreben stêt, êwicleichen. Und wer disen brief inne hât mit willen des oftgenanten Niklâsen Alder, der hât alle recht, di dôrinne geschriben stên. Zû gezeuknuss aller vorschriben sachen haben wir bestetigt disen prief mit dem grôssern ingesigil unser stat der vorgenanten. Das ist geschêen nôch Cristi gepurt unsers herren dreizehenhundert jâr, dornâch an dem achzigisten jâre, an sant Stephanstag zû weinachten.

227 (225). *Einkindschaftsvertrag in zweiter Ehe. Abschliessung im forum rei sitae.* 1381, Mai 9.

Mone in ZGO. 5, 398. Vgl. Loersch Der Ingelheimer Oberhof 551 unter 'Einkindschaft'; H. Meyer (Zitat zu Nr. 225) 21[2], 23, 24[4], 25 f., 28[13], 35[6], 86[1]; Schröder RG.[5] 774; Kohler a. O. (Zitat zu Nr. 200) 89 ff.

Wir schultheißin und scheffin zû Ingilnheim bekennen und verjehen offinlichen an disem brieve, daz vor uns komen ist vor gerichte Jôhan Fulschußel und jungfrouwe Cristîne, sîne êliche wirten, und hânt eine kinde gemacht mit Amêlis, sîme îrsten sone, den der obgenante Jôhan hatte mit juncfrauwen Hebeln, sîner îrsten êlichen wirten, und mit den andern kinden, die die vorgenanten zwei êliche lûde îczunt mit ein hânt oder hernâch gewinnent, an allen den gûden, die sie in des rîches gerichte hânt, und in allen andern gerichten, wô sie die gûde hân oder in waz gerichten die gelegen sint, und sollin glîch eine kinde sîn, eime als vil als deme andern. Auch ist

1) jâr *fehlt in der Vorlage.* — 2) *die Vorlage wiederholt vor diesem Worte noch einmal* geben schol. — 3) *über Pfandverpfändungsrechte vgl. Kohler Pfandrechtliche Forschungen 6 ff., 30 ff.*

komen vor gerichte Amêliz, des vorgenanten Jôhans son, und hât bekant und verjehin, daz die satzunge sîn gût wille und verhengniße sîe, und hât daz geborget stêde und veste zû halden. Auch ist geredet, daz die vorgenanten zwei êliche lûde sollin rîden in alle andere gerichte, wô sie gût und erbe inne hân, und sollin eine kinde machen in alle der môße als vorgeschrebin stât. Mit urkunde etc. 1381, of den dunrstag nâch des heiligen crûcis tag als iz vonden ward.

228 (226). *Rentenkauf. Verzicht der Ehefrau auf ihre Rechte aus Heimsteuer und Morgengabe an dem belasteten Hause zu Gunsten des Rentenkäufers. Geschlechtsvormundschaft.* 1381, November 9.

Schauberg Ztschr. für noch ungedruckte schweizerische RechtsQu. II 104 nr. 2. Vgl. Schröder GüterR. II 1 S. 125 f., II 2 S. 28; derselbe RG.[5] 747; Brink Bestellung der dingl. Rechte an fremden Immobilien im MA. (Breslauer Diss. 1887) 36 ff.; Brie (Zitat zu Nr. 126) I 222[43]; Gierke PrivR. II 760[36].

Allen den, die diesen brief ansehent oder hœrent lesen, kunden und vergechen wir der schulthaiß und der râth der statt ze Diessenhoven, das für uns an offen gericht kâment ûf den tag als dirre brief geben ist Hainrîch Nünwîler und Margareth sîn êlche wirtine zû ainem tail, und Hermann Lœrî zûm andern tail, unser burger, und sprâchen die êgenanten Hainrîch und Margareth, das si mit zîtlich vorbetrachtung, mit gûtem willen und gunst aller die darzû nôthdürftig wâren, vrkouft und ze koufent geben hetten dem obgenanten Hermann Lœrî und sînen erben, ob er'r¹) erwürbe, ainen halben mutt kerngeltes, gûtz genêmes kernen, Diessenhofer messes, jærlichs stêtes und êwigs zinß und gelts, jærliche ûf sant Martîs tag âne genâde ab irem hûs und hofreiti, ze Diessenhofen gelegen vor des Spîsers hof über mit aller zûgehœrde, stôßet hinterwärt an der Zirlerînen und an der frîgen von Stamhaim hüser, denselbn kernon jærlich demselben Hermann Lœrîn ze wenden vorab und vor menglichem. Sunderlich entzêch sich die êgenant Margareth der rechten, sô si hât ûß dem vorbenempten hûs, als ir brief darumb wol wîset, von ir hainstür und morgengab, alsô das die sachen, sô daran geschriben sind, dem obgenanten Hermann Lœrîn an den dingen, die in disem brief beschriben, unschedlich und unbegrîfenlich sîn sond. Und die êgenant Margareth was mit urtail bevogtet mit des êgenanten Hainrîchs Nünwîlers, irs êlichen mannes, willn und gunst mit Hainrîchn von Stain, ôch unsrm burger, mit dem sie vrfürsprecht als recht was, daz si dise ding gern und unbetwungentlich tûn wölte. Dô diß vollgieng als recht was, dô stunden dieselben Hainrîch Nünwîler und Margaret sîn êlich hûsfrow mit irem vogt Hainrîchen von Stain vor offnem gericht, vertgeten und vrgâben dem obgenanten Herman Lœrîn den vorgeschriebenen halben mutt kernengeltz ab

¹) *die Vorlage hat* er; er'r = er ir = *nhd.* er derer.

dem vorbenempten hûs und hofraiti in alle wîse als hievor und hienâch an disem brief geschriben stât, als urtail gab. Wêr ôch, ob die êgenant Hainrîch und Margareth alsô sümmig, oder ir erben, daß si dasselb kerngelt jærlichs nit richten, wenn denn zween zinß den dritten erloufent ungewert, sô soll das vorgeschriben hûs und hofraiti mit aller zûgehœrd demselben Hermann und sînen erben ledeklich zinßvellig haißen und ôch sîn. Diß alles ze wârem urkund haben wir, die vorgenanten der schulthaiß und der rât ze Diessenhoven, unser statt gemain insiegel mit urtail offentlich gehenkt an disen brief. Ich der êgenant Hainrîch von Stain, vogt in disen sachen, hân ôch zergicht dirre ding mîn insigel gehenkt an disen brief. Gebn nâch Christi geburt drüzehenhundert ainem und achzig jâren an sant Martîs âbend.

229 (227). *Errichtung einer Rente unter Pfandsatzung in Form eines Scheinprozesses.* 1382, April 30.

Schirrmacher UB. der Stadt Liegnitz 207 Nr. 319. Vgl. von Meibom PfandR. 404, 406; Gierke PrivR. II 762.

Ich Bernhard Gôr, richter zû Legnicz von der stat wegen, und wir scheppen dô selbist, Jorge Brockontindorff, Nicolaus Crôdin, Niclôs Tammendorff, Niclôs Kolbil, Petir Hezeler, Hannos Quentîn und Pawil Schônebîr, bekennen, daz vor uns in gehegetem dinge di hernôchbeschrebenn leute bekanten, daz si schuldig wêren Elisabethen, di Ticzen Kursenêris êliche housfrauwe gewest ist, und iren geerben rechtis erbzinses ûf iren garten und erben, di si haben vor dem Hainawischen tore gelegen, îczlicher als vil als hernôch stêet beschreben, ûf sante Mertîns tag alle jâr zû geben: Neckel Higer eine halbe mark, Nickel Sôrau in sîner vormundschaft von Maneth Scheferinne, sîner swester, kinder wegen ein schok und vîr groschin, Hentschil Hoveman sechzehen scot[1]) groschin, Mertîn Witan ein schok und einen groschin, Hannos Bertold ein halb schok groschin, Time 6 groschin, Michel Monstirberg zwenzigistehalbis scot groschin, Nitsche Pfîfer eine halbe mark groschin, Petir Heger vierzehen scot groschin. Dô nôch bat Elisabeth die vorgenante mit Nicolao Crôdin dem obgenanten zû vrâgen: ab ir di vorgenanten leute den êgenanten zins ûf den vorbeschrebenn tag nicht gêben, ab man ir icht pfandis dôvor helfen sulde, adir waz recht wêre? Dô vrâgete der richter di leute, ob si icht dôwedir wolden? Dô sprâchen si, daz si nicht dôwedir wolden. Dô gab orteil und recht: wenne si ir den zins ûf den vorbeschrebenen tag nicht gêben, daz man ir pfandis dôvor helfen sulde von rechtis wegen. Dez zû bekentnisse haben wir desin brîf gegebin dôrobir vorsigilt mit unsern ingesigeln. Das ist geschêen in dem dinge an sante Walpurgen ôbande, nôch Gotis geburd tousund drîhundirt jôre in dem zweiundachtzegisten jôre.

---

[1]) *1 Schott* = $^1/_{24}$ *Mark. Vgl. Schirrmacher a. O. 539; Grimms WB. IX 1609.*

230 (228). *Schichtung zu Basel.* 1386, September 25.

Baseler Ratsurteil, RechtsQu. von Basel I 43 Nr. 40. Vgl. Schröder GüterR. II 1 S. 180[42], 185[62]; II 2 S. 201, 203[158].

Als meister Uolrîchs sêligen frouw von Louffen, des holzmans, wîlent unsers burgers, vor uns, meister und râte der stat Basel, bat, ze wîsen Heintzman, des selben meister Uolrîchs sun, daz er si ûsrichte alles des guotes und erbes, sô der selb ir man sêlig verlâssen hette und ir zûm dritten teil zuo gehôrte nâch unser stat recht und gewonheit; dâ wider aber von des êgenanten Heintzmans wegen geantwurt wart, das er ir allewegen gehôrsam wêre, ze teillen und ze geben iren drittenteil alles des guotes, sô sîn vatter sêlig verlâssen hette, in den si recht hette nâch unser stette gewonheit und recht, ûsgenomen sîner muoter sêligen erbe, daz ime ouch vorûs volgen solte und werden von rechts wegen, des aber si im nüt gönnen wölte, noch dar an gehôrsam sîn; dâ wider die êgenant frouwe ûszôch und sprach, si hette iren man sêligen in gewer der selben gütern ungesûmet funden, und sî ouch in der selben gewer vervaren, dar umb si zuo den gütern recht hette, und dem êgenanten Heintzman nützit von sîner muoter sêligen wegen vorûs werden sölte.

Und nâch vil rede wart von nüwen und alten rêten einhelleclich erkennet, in dem jâre, dâ man zalte von Gots geburte thûsent drühundert achtzig und sechs jâre, an dem nêchsten zinstage [1]) vor sant Michels tag, under her Heinrîch Rîchen burgermeister: das dem êgenanten Heintzman sîner muoter erbe billich vorûs volgen solte und werden, und der êgenanten frowen irn dritteteil in dem übrigen guote, dâ zuo si recht hette, nâch unser stette recht und gewonheit teillen und geben, und daz man hinnanthin dis ouch alsô, wâ es ze schulden kommet in unser stat und in sölicher mâsse, ez sî von vatter oder muoter erbe, von menglichem halten sol, wand es ouch vormâles von der Gebhartin und ir kinden wegen ouch alsô erkennet wart.

231 (229). *Einkindschaft und Verfangenschaft.* (1399, Juli 9.)

Thomas Der Oberhof zu Frankfurt am Main 466 Nr. 40. Vgl. Schröder GüterR. II 2 S. 124 f., 131 ff., 268, 270; derselbe RG.[5] 774; Euler Güter- und ErbR. der Ehegatten in Frankfurt 49, 63 f.; Sandhaas Fränkisches eheliches GüterR. 403; H. Meyer (Zitat zu Nr. 225) 22[5], 28[20], 32[5], 34[2], 87[1]; Kohler Zum fränk. Recht (Zitat zu Nr. 200), bes. S. 91.

Unser herren hân mit urteil gewîset zuschen Hennen, Heinzen Ingebrands son, und Elen, des vorgenant Heinzen sêlgen êliche hûsfraue, des selben knaben stîfmûter, als von zweitracht wegen, als sie under einander hatten umb teilunge des gûdes, als Heinz vorgenant gelâssen hât, darumb sie von beiden parthîen irkanten alsô: als ir îglichs zû dem andern ein kind bracht hette, daz dâ beredt wêre, daz die selbe kinde ein kindt gemacht und sîn sulde zû glîcher tei-

[1]) *Dienstag; vgl. Martin und Lienhart WB. der elsässischen Mundarten II 667.*

lunge irs gûds, und doch darnâch die vorgenante êlichen lûde beide ein kint mit einander gehabt haben, darumb Ele vorgenant meint, daz daz selbe kint auch zû glîcher teilunge stên solde; und Henne, der vorgenant knabe, mit vursprechen vur sich saste: waz eigins und erbes sîn vater gelâßen habe, daz daz vor im von sîner mûter zû einer hant irstorben sî.

Und nâch ansprâche und antwurt beider parthîen sô ist mit urteil gewîset: waz eigens und erbes Heinz vorgenant zû Elen vorgenant bracht habe, daz der obgenant sîn son des nit plichtig sî zû teilen mit den andern kindern, die wîle im daz zû einer hant vor[1] irstorben was, iz wêre dan, daz der selbe knabe ûf die zît verzigbâr gewest wêre, und daz solich wilkür und furredde mit sîme willen und wissen geschêen wêre, darûf verzigen hette; sô umb ander eigen und erbe, daz sie gekauft hân mit einander, und umb varnde habe, dâ nemit man hie mide nîmans sîns rechten.

232 (230). *Deliktsschulden von Ehefrauen.* (1399, September 6.)

Thomas Der Oberhof zu Frankfurt am Main 371 Nr. 5. Vgl. Schröder GüterR. II 2 S. 161.

Unser herren hân mit urteil gewîset zuschen herre Rûdolf von Sassenhûsen, ritter, schultheiß, und Hennen vom Berge, als der schultheiß vorgenant im zûsprach und an einen scheffen bat stellen: obe Henne vorgenant icht billich und durch recht vur sîn wîp bûssen solde, die wîle er sie verantworte von der geschichte wegen als sie Keder Mynkelen von einer kûwe wegen geschuldigt hatte, als auch vor[1] vor gerichte soliche sache sich virhandelt hât. Und Henne vorgenant darzû antwort, er hofte, daz im sîn wîp icht virliesen solle; sie solle im gewinnen; und hoffe auch, obe sîn wîp lûgen gesagit habe und bûsfellig wêre, daz er oder sîn gût darvur im rechten nit verhaft solle sîn.

Ist mit urteil gewîset nâch ansprâch und antwort beider partheien vorgenant alsô: daz Henne(n) obgenant dem schultheiß umb die vorgenant sîn ansprâche im rechten nicht schuldig sî.

233 (231). *Erbfolgeordnung.* (1399, Oktober 3.)

Thomas Der Oberhof zu Frankfurt am Main 467 Nr. 42.

Unser herren hân mit urteil gewîset zuschen Wolfram von Bergen und Jungemann von Birgel, als Wolfram vor sich saste von 4 gebrüder wegin, die alle von tôdes wegen abgangen sîn, und der leste âne lîbeserben abgegangen sî, und die andern drî îglicher kinde gelâßen habe, einer 3, der ander zwei, der dritte eins, und bat im an einen scheffen stellen, obe icht billich und durch recht

[1] *zuvor.*

îglichs brûders kint ein stam sîn solle? und Jungemann vorgenant ûf die andern sîeten vur sich saste, daz îglichs der vorgenanten kinde ein stam sîn solle, und einem als vil werden solle als dem andern, und bat ime daz auch an einen scheffen stellen.

Und nâch ansprâche und antwort beider partheien vorgenant ist mit urteil gewîset alsô: daz îglichs der vorgenanten brûders kinde ein stam sîn solle und eim billich und durch recht als vil werden solle als dem andern.

234 (232). *Kollision der Rechte. Anfang. Gewährschaftspflicht des Verkäufers.* 14. Jahrhundert, 1. Hälfte.

Brünner Oberhofsentscheidung für Kremsier im Brünner Schöffenbuch c. 105, Rössler Deutsche Rechtsdenkmäler aus Böhmen und Mähren II 55. Vgl. Schröder in Picks Monatsschrift für die Gesch. Westdeutschlands 6, 469[1]; derselbe RG.[5] 728 f.; Rauch Spurfolge und Anefang 17[2].

Cives de Chremsir scripserunt sic: Unus de nostris cuidam advenae equum vendidit, qui paulo post in oppido dicto Potenstat est occupatus [1]). Veniens ergo advena ad nos, nostrum concivem monuit, quod in Potenstat veniret et equum arrestatum disbrigaret [2]). Quod facere recusans dixit, quia ius Chremsirense haberet, quod equus in domum suam praesentandus esset. Cui advena respondit, quia nequaquam hoc facere posset, ex eo quod oppidum Potenstat uteretur iure Magdburgensium, in quo servaretur, quod equus in loco, ubi arrestatur, tam diu servandus est, donec causa arrestationis finaliter fuerit decisa [3]). Modo, quia emtor, qui venditorem statuere non potest, equum perdidit, quaeritur, in cuius damnum eadem debeat perditio redundare?

Super quo diffinitum est, quod in venditores: cum enim ille in Potenstat, ubi viget ius Magdburgense et non Chremsirense, venire noluerit, emtori ad solutionem valoris equi et ad interesse rationabiliter obligatur [4]). . . .

235 (235). *Das Pfändungsrecht des Zinsherrn ist nur an der auf dem Leihegut und dessen Zubehör befindlichen Fahrnis des Zinsmannes auszuüben.* 14. Jahrhundert, 1. Hälfte.

Brünner Schöffenbuch c. 120, Rössler a. O. II 62. Vgl. von Meibom PfandR. 204-209; von Schwind a. O. (Zitat zu Nr. 71) 56.

---

1) occupare *und* arrestare *sind hier für* anefangen *gebraucht.* — 2) *= freien, Gewährschaft leisten; vgl.* Rabel *Die Haftung des Verkäufers I 177-180, 194[2], 297[3]; Franz* Jelinek *Mittelhochdeutsches WB. . . . Böhmens usw. 891.* — 3) *nicht das Magdeburger Recht, sondern die durch Verordnung vom Jahre 1326 (vgl. F.* Bischoff *Die Österreichischen Stadtrechte 108) für die mährischen Städte eingeführte Modifikation des Magdeburger Rechts.* — 4) *es folgen dann noch doktrinäre Ausführungen des Brünner Stadtschreibers Johannes. Dabei bedarf übrigens die* Rösslersche *Interpunktion dringend der Verbesserung.*

Cum Albertus, abbas de Zahars, Nicolaum[1]) Enlendi, civem Brunnensem, pro marca census, quam de quodam molendino annuatim suo monasterio solvere debebat, in domo et in aliis bonis suis impignorare voluisset, sententiatum fuit in consilio, quod tantum in molendino et in bonis ad molendinum spectantibus ipsum[2]) impignorare secundum iustitiam teneretur. Non[3]) est enim iustum, si homo plures habens hereditates distinctas de una earum tantum censuat, quod pro censu huiusmodi non soluto in aliis, quas censuales non fecit, impignorationes aliqualiter patiatur.[4])

236 (236). *Bestellung einer ablösbaren Rente zu Distraktionspfand, unter Haftung des Pfandschuldners für den Ausfall.* 14. Jahrhundert, 1. Hälfte.

Brünner Schöffenbuch c. 128, Rössler a. O. II 65. Vgl. von Meibom PfandR. 338-340; Schröder in ZRG. 19, 201 f. und RG.[5] 733, 744, 747; Gierke PrivR. II 761, 817.

Hendlinus Leonis obligavit Petro Schmetzlino duas marcas census pro 11 marcis, sub ista conditione: si in termino ad solutionem statuto eas non redimeret, Petrus ipsas venderet sicut posset; et si in venditione de 11 marcis aliquid deficeret, hoc sibi refundere vellet. Adveniente itaque termino, cum Hendlinus dictas 2 marcas census non redimeret, Petrus ipsas tantum pro 9 marcis vendidit, promittens emtori, quod ipsum secundum ius civitatis de eis pagare vellet, videlicet quod quamlibet marcam pro 6 marcis ad redimendum dare deberet. Modo quaerit Hendlinus primo, utrum emtor dictum censum, quem pro 9 marcis emit, non teneatur sibi iterum revendere pro 9 marcis? et secundo, utrum promissum quod Petrus emtori fecit, cum sibi sit praeiudiciale, non debeat irritum revocari? Petrus vero econtra quaerit, cum Hendlinus in obligatione dederit sibi potestatem vendendi censum, prout posset, utrum et venditio, quam fecit, et promissum suum non debeat vigorem habere? et insuper, utrum Hendlinus residuas duas marcas, quas de 11 principalis debiti ex venditione census nondum perceperit, sibi non teneatur adhuc superaddere pleno iure?

Super quibus sententiatum fuit, quod ex prima conditione, quam Hendlinus in obligatione interposuit, omnia praescripta quaesita sunt soluta. Ex ea namque tam venditio quam promissum per Petrum facta rata stabunt, et Hendlinus adhuc in duabus marcis, quae de venditione census non cesserunt, sibi satisfacere tenetur, nec emtor remissius quam pro 12 marcis, nisi benevole voluerit, ad redimendum censum Hendlino dabit.[5])

---

1) *in der Vorlage* Nicolao. — 2) *in der Vorlage* ipsam. — 3) *wahrscheinlich Zusatz des Stadtschreibers Johannes.* — 4) *vgl. andererseits die Urkunde v. 15. Februar 1410 bei* **Bretholz** *Cod. dipl. Moraviae 14, 114 Nr. 124.* — 5) *es folgt eine doktrinäre Ausführung des Johannes*

237 (237). *Ältere Satzung. Fruchtgenuss des Satzungsnehmers. Ausschluss des Ersatzes für Besserung.* **14.** Jahrhundert, 1. Hälfte.

Brünner Schöffenbuch c. 334, Rössler a. O. II 153. Vgl. von Meibom PfandR. 341 ff., 380, 382; Kapras Das PfandR. im böhmisch-mährischen Stadt- und Bergrechte (Gierkes Untersuchungen 83) 56, 59.

Martinus de Bisencz obligavit Petro agros cultos quosdam et quosdam incultos pro 30 marcis usque ad certum annorum numerum per ipsum tenendos; quibus nondum praeteritis Martinus pecuniam Petro offerens agros sibi restitui petit ab eodem. Petrus vero ultra sortem concessam requirit a Martino pensionem debitam, quam[1]) ex eo, quod laboribus gravibus agros incultos aravit et fructiferos reddidit, se asserit meruisse, et infra. Super quo diffinitum fuit, quod, allegatione Petri non obstante, sortem concessionis a Martino recipere et agros sibi debet liberos resignare, quia pro laboribus et expensis, quos et quas in culturis agrorum, quos fecit arabiles, se dicit expendisse, fructus per annos obligationis per ipsum percepti sibi satisfecisse rationabiliter iudicantur.

238 (238). *Pfandsatzung an fahrender Habe in Konkurrenz mit gerichtlicher Pfändung.* **14.** Jahrhundert, 1. Hälfte.

Brünner Oberhofsentscheidung für Hainrichs (heute Bitesch) im Brünner Schöffenbuch c. 571, Rössler a. O. II 264. Vgl. von Meibom PfandR. 415, 456; Schröder RG.[5] 732[28] (wo es statt „283" heissen muss „238"); Kapras (Zitat zur vorigen Nr.) 16, 50 f.; J. Planitz Das Wesen des kaufmännischen Zurückbehaltungsrechts (Leipziger Diss. 1906) 45[13].

Quidam in Hainrichs obtinuit coram iudicio in debitorem suum 7 florenos. Et cum iudex ab eo quaereret, si sciret aliquas res debitoris, in quibus sibi de pignore provideret, respondet, quia in braxatorio[2]) sciret cerevisiam coctam et doliis infusam, et etiam braseum[3]) de quo cerevisia braxanda esset. Et cum alter civis de Hainrichs haec audiret verba, dixit iudici, quia illa cerevisia et braseum essent sua pignora, adiiciens quod promptam pecuniam, pro qua et primum braseum in cerevisiam iam conversum et secundum adhuc crudum empta sunt, coram iuratis[4]) debitori mutuaverit isto modo, quod de propina[5]) cerevisiae de suo debito ante creditores alios pagaretur. Quaeritur ergo, quid iuris sit in hoc casu?

Super quo diffinitum fuit: si iurati pro secundo, quod de sua pecunia comparata sunt brasea testantur, ipse suum debitum prius quam alter de venditione cerevisiae consequitur. Residuum autem, si quid fuerit, ad creditorem alium pertinebit.

---

[1]) *so statt* ex eo, quam *der Vorlage.* — [2]) *Brauerei.* — [3]) *Maische.* — [4]) *die Schöffen.* — [5]) *Ausschank.*

239 (240). *Haftung des Frachtführers. Anwendung des Satzes 'Hand muss Hand wahren' bei der Beschlagnahme von Sachen, die dem Schuldner nicht gehören.* 14. Jahrhundert, 1. Hälfte.

Brünner Schöffenbuch c. 155, Rössler a. O. II 81. Vgl. Laband Die vermögensrechtlichen Klagen 85 f., 71; Gareis in ZHR. 21, 354; Schröder RG.^{5} 728 f.

Cum civis de Posonio [1]) duo vasa vini, quae Brunnam duxerit (!), vendere non posset, vectorem cum duobus curribus pro eisdem Pragam ducendis vasis convenit, qui vasis ipsis in curribus impositis de loco primo currus ducens et statim unum pervertens vinum effudit. Dominus ergo vini amborum curruum equos occupans, quaesivit pro se iustitialiter sententiari: utrum de equorum talium valore et rerum aliarum vectoris, quem pro vinis suis Pragam ducendis convenerat, non debeat sibi vas vini perversum et effusum persolvi? Quidam autem villanus de Gurein, quem dictus civis de Pozonio pro vectore non convenerat, de equis currus modo perversi se intromittens ipsosque cum curru suos esse asserens, petivit pro se sententiam iuris dictari: utrum equos eosdem cum curru, quos tantum illi, qui pro vectore conventus fuerat, concessisset, non posset suo iuramento et fide digno vicinorum suorum testimonio obtinere?

Super quo diffinitum fuit, quod civis praedictus equos amborum curruum, quibus vector quem convenerat vina sua superposuit, secundum iustitiam occupavit, eundem tamen vectorem villanus de Gurein pro equis et curru sibi concessis debet impetere forma iuris. Advertendum [2]) vero est, si rusticus de Gurein dixisset, per vectorem conventum currum et equos sibi fuisse subtractos, tunc secundum hoc iurati [3]) deliberasse mature pro diffinitiva ferenda sententia debuissent.

240 (242). *Erblosung in Brünn ausgeschlossen.* 14. Jahrhundert, 1. Hälfte.

Brünner Oberhofsentscheidung für Auspitz [4]) im Brünner Schöffenbuch c. 363, Rössler a. O. II 165. Vgl. Schröder RG.^{5} 742; Brie (Zitat zu Nr. 126) I 230^{22}.

De Auspicz iurati [3]) scripserunt sic: Frater Rottlini, vectoris de Brunna, noster concivis, domum quam in Auspicz habuit vendidit cuidam extraneo, apud nos nolens de cetero habere residentiam corporalem. Et cum idem emtor die sibi praefixo praetium emtionis venditori coram iuratis exhiberet, ipsum accipere recusans fratrem suum Rottlinum statuit asserentem, quod ad domum fratri(bu)s sui(s)

---

[1]) *Pressburg.* — [2]) *von hier an Zusatz des Stadtschreibers Johannes.* — [3]) *vgl. S.* 172^{4}. — [4]) *Auspitz, das bis dahin in Mönitz Recht gesucht hatte, wurde erst 1350 an Brünn als seinen Oberhof verwiesen. Vgl. F. Bischoff Die Österreichischen Stadtrechte 19.*

pinguius ius sibi competeret quam extraneo; unde petivit pro se sententiari, utrum eo iure, quod vulgariter dicitur *abschutten*[1]), non debeat domum fratris sui potius quam alius quispiam obtinere? Rogamus ergo edoceri, cum hucusque ea sumus usi consuetudine, quod contractus venditionis et emtionis rite celebratus rescindi non possit, quid fieri debeat in casu praescripto?

Super quo diffinitum fuit, quod venditio vel emtio, postquam legitime completa fuerint, irritari non debent. In iuribus enim originalibus civitatis continetur sic: 'Sic decrevimus etiam, ut in civitate proprietates habens possit easdem vendere absque impedimento cuiuslibet personae, necessitate cogente'[2]).

[3]) Et idem sententiatum est ad villas diversas, quamvis in civitatibus quandoque fiat ex consuetudine, quod propinquus venditoris emtorem modo, qui dicitur *abschutten*, repellat ab emto.

241 (243). *Morgengabe in Brünn.* 14. Jahrhundert, 1. Hälfte.

Brünner Oberhofsentscheidung für Budwitz im Brünner Schöffenbuch c. 201, Rössler a. O. II 98. Vgl. Schröder GüterR. II 1 S. 60-63, 65, 220; II 3 S. 99 f., 341; Brie (Zitat zu Nr. 126) I 216[15], 230[22,24], 232[30].

Vir quidam in Budespicz res habens et heredes, viduam heredibus carentem, agrum ad 20 marcas taxatum nomine dotis sibi promittens, duxit in uxorem. Eo itaque mortuo intestato, mulier petit tertiam partem bonorum per ipsum relictorum. Privigni autem sui quaerunt, cum pater eorum ex noverca ipsorum pueros non genuerit, utrum in sola dote sibi promissa non debeat contentari? Item iurati[4]) de Budespicz petiverunt informari, utrum dos mariti maior esse debeat quam uxoris, vel econverso?

Super quorum primo responsum fuit, quod allegatio privignorum rationabilis et iusta est: unde mulier in dotalitio sibi promisso, quod in generatione filiorum non est extinctum, debet esse contenta. Ad secundum vero dictum fuit, quod promissio dotalitii est arbitraria, secundum voluntatem promittentis possibiliter minui vel augeri; consuevit tamen frequenter maritus in parte tertia plus uxori pro dote promittere quam econtra solet: et secundum istam consuetudinem quasi communiter approbatam, quando dos unius coniugum nominatim est expressa, debet dos alterius, si est dubia, moderari.[5])

---

[1]) *vgl. F. Jelinek a. O. (S. 170[2]) 5.* — [2]) *gemeint ist das Brünner Stadtrecht von 1243, c. 24[b], Rössler a. O. 352.* — [3]) *das Folgende ist Zusatz des Stadtschreibers Johannes.* — [4]) *vgl. S. 172[4].* — [5]) *über analoge Fälle gewohnheitsrechtlicher Niederschläge aus Eheverträgen vgl. Schröder in ZRG. 10, 442 und GüterR. II 2 S. 48, 173 f., 176, 192 f., 207; II 3 S. 235.*

242 (244). *Ausschliessung der Gütergemeinschaft in Brünn durch Morgengabevertrag während der Ehe.* 14. Jahrhundert, 1. Hälfte.

Brünner Schöffenbuch c. 197, Rössler a. O. II 96. Vgl. Schröder GüterR. II 1 S. 62-64, 66, 155, 229, 231; II 3 S. 341.

Matussius de Tisschnowicz, civis Brunnensis, cum distortam et inordinatam aliquanto tempore, ludis taxillorum, commessationibus et ebrietatibus die noctuque insistens, vitam duxisset, ad conscientiam reversus non coactus coram iudicio resignavit libere uxori suae domum suam, per ipsam ratione dotalitii hereditarie possidendam. Et quia ante resignationem talem pueros cum eadem uxore habuit et post resignationem apud diversos creditores debita multiplicia contraxit, creditores ipsi pro se sententiari petiverunt, cum Matussius cum uxore de bonis eorum, quae ipsis mutuaverint, de victu et amictu sibi providerint, ipseque Matussius praedictus domui tamquam hospes et dominus in solvendis collectis et sufferendis oneribus civitatis praefuerit: utrum de venditione domus, non obstante resignatione, non debeant de suis debitis expediri? Uxor vero Matussii petivit simpliciter se circa ius dotalitii conservari.

Super quo sententiatum fuit, quod uxor Matussii domum sibi pro dotalitio resignatam, quamvis pueros cum Matussio habuerit, quamvis etiam debita, quibus vir praefatus impulsabatur, cum ipso expenderit, hereditarie debeat possidere, nec Matussii seu mariti praefati, nec heredum suorum ante vel post resignationem habitorum contradictio ipsam in dictae domus possessione, nisi ei voluntarie renunciaverit, aliqualiter poterit secundum iustitiam impedire. Matussius enim iuri, quod super domum quantum ad dominium habuit, per resignationem cessit.

243 (245). *Vorbehaltenes Frauengut in Brünn.* 14. Jahrhundert, 1. Hälfte.

Brünner Oberhofsentscheidung für Stichowitz im Brünner Schöffenbuch c. 509, Rössler a. O. II 233. Vgl. Schröder GüterR. II 1 S. 102, 105, 220; II 3 S. 370; derselbe RG.[5] 775.

In Stikowicz vidua, laneum[1]) habens, filiam suam, cui nomine dotis medium tradidit, viro matrimonialiter copulavit. Cui postquam aliquot annis cohabitasset ex eiusque semine pueros procreasset, mater ipsius aliam lanei medietatem in articulo mortis posita sibi specialiter, excluso marito, deputavit. Eadem autem filia, cursum huius vitae finire debens, dictam medietatem lanei sibi per matrem legatam avunculo suo disposuit. Quod maritus contradicens pro se sententiari petivit: utrum uxor sua poterit aliquid eo reluctante disponere vel legare? Ad cuius petitionem iurati[2]) de Stikowicz sententiaverunt, quod uxor invito viro in bonis quibuslibet tantum

---

[1]) *Grundstück.* — [2]) *vgl. S. 172*[4].

de tribus obulis potest condere testamentum. A qua sententia tamquam iniqua pars adversa ad iuratorum Brunnensium consilium appellavit, et infra.

Super quo diffinitum fuit, bene esse appellatum et male sententiatum. [1]) Ex quo mater exceptive medium laneum filiae legavit, constat, quod maritus nullum ius ad ipsum habuit; unde non de bonis suis, de quibus fortassis, sicut dicta sententia dicit, tantum ad tres obulos legare potuit, sed de bonis propriis avunculo suo, prout de iure potuit, supradictum laneum medium deputavit. Et insuper, si dicta filia sine prole intestata decessisset, hereditas praenotata potius fortassis ad propinquos matris, a qua filiae data fuit, quam ad maritum hereditarie transivisset.

244 (246). *Erbrecht kinderloser Ehegatten in Brünn.* 14. Jahrhundert, 1. Hälfte.

Brünner Oberhofsentscheidung für Kremsier im Brünner Schöffenbuch c. 354, Rössler a. O. II 161. Vgl. Schröder GüterR. II 1 S. 220 f.

Tempore pestilentiae iurati [2]) de Chremisir scripserunt sic: Quidam ex nostris concivibus sine haeredibus obiit intestatus. Uxor autem eius, cum se de bonis intromisisset, ea possidens vocavit patrem et matrem, dicens ad eos: 'Sentio me vivere non posse. Bona per maritum meum mihi dimissa vobis do, petens ut animae meae memoriam habeatis'. Qua defuncta, sacerdos quidam, frater carnalis mariti praemortui, allegat bona praescripta ea de causa, quod frater suus et uxor eiusdem decesserint absque haeredibus, ad eum esse devoluta. Pater vero relictae mortuae sententiari petivit, utrum bona per filiam suam, ad quam transiverunt iusto successionis titulo, et quae sacerdos, ea vivente rationisque compote existente, non impetivit, sibi et uxori suae donata, possint sibi per quempiam decertari? Qua sententia ad consilium iuratorum delata, cum ea pendente pater vita functus sit, mater adhuc superstes querit, utrum bona per eius filiam sibi data non potius ad eam quam ad sacerdotem praedictum debeant pertinere, et infra.

Quibus sententiatum fuit, quod secundum privatum ius et locale civitatis Brunnensis mater relictae et non sacerdos, frater mariti, dicta bona possidebit. In [3]) iuribus enim originalibus civitatis scribitur sic: 'Si autem is, qui moritur, non habuit uxorem vel liberos, et sine testamento et ordinatione rerum suarum decedit, bona, quae reliquit, proximo haeredi suo cedant' [4]). Ergo per contrarium, si uxorem habuerit vel liberos, illis tamquam haeredi proximo bona cedant. Et sicut maritus res legare potuit cum vixit, sic uxor, cum dominium rerum ad eam transivit, res disponere potuit ut decrevit.

---

[1]) *das Folgende vom Stadtschreiber Johannes.* — [2]) *vgl. S. 172*[4]. — [3]) *die Urteilsgründe sind wohl von Johannes hinzugefügt.* — [4]) *Brünner Stadtrecht von 1243 c. 30, Rössler a. O. 353.*

245 (247). *Eheliche Verwaltungsgemeinschaft bei kinderloser Ehe in Brünn.* 14. Jahrhundert, 1. Hälfte.

Brünner Oberhofsentscheidung für Budwitz im Brünner Schöffenbuch c. 360, Rössler a. O. II 163. Vgl. daselbst c. 359 und c. 504; ferner Nr. 244; Schröder GüterR. II 3 S. 316; derselbe RG.[5] 757[141].

Iurati[1]) de Budespicz proposuerunt hunc casum. In villa quadam nostro iuri subiecta quidam viduus, propria bona habens, quandam duxit viduam, etiam propria bona habentem. Qui, transactis aliquot annis, postquam matrimonialiter simul vixissent, accidit, quod eodem die[2]) in pestilentia ambo sine pueris intestati decesserunt. Querunt ergo consanguinei mariti, utrum bona per eosdem relicta ad ipsos tamquam ad haeredes propinquiores non debeant iustitialiter pertinere? Consanguinei vero mulieris ex alia querunt parte, cum eorum cognata, antequam maritum suum duceret et tempore, quo sibi commansit, quaedam possederit bona, quae a propria sua parentela sibi pervenerunt et nunquam ad antecessores mariti spectaverunt: utrum saltem bona talia non sint ad ipsos ex morte dictae cognatae suae ex successione haereditaria devoluta?

Super quo diffinitum fuit, quod, non obstante consanguineorum mariti allegatione, quae tamen multum est ponderosa, si consanguinei mulieris fide digno testimonio demonstraverint, quod bona, quae petunt, a progenie mulieris ad eam transiverunt, bona talia debent ad eos sicut ad haeredes veros similiter pertinere.

246 (248). *Familienfideikommiss als Seniorat. Auflassung nur im forum rei sitae. Bedeutung des Urkundsgeldes.* 14. Jahrhundert, 1. Hälfte.

Brünner Oberhofsentscheidung für Borkowan im Brünner Schöffenbuch c. 341, Rössler a. O. II 156. Vgl. Nr. 100, 129; Schröder RG.[5] 771, 775.

Casus est talis. Heinricus condidit testamentum et sic disposuit, quod quidam ager situs in campis villae Purkwan hereditarie et successive per lineam masculinam a descendentibus ab eo possideri deberet, ita quod, filiis eius mortuis, proximus consanguineus et senior eundem agrum possideret, quo sublato de medio, alius consanguineus senior, et postea iterum senior, in infinitum. Accidit ergo, quod senior filius successit in agro et uxorem duxit, cui vice dotis istum agrum donavit coram iudice et scabinis in Klobuk, et uxor ipsa coram eisdem iudice et scabinis donationem huiusmodi est protestata,

---

[1]) *vgl. S. 172[4].* — [2]) *darin liegt der Unterschied gegenüber dem Falle in Nr. 244, was bei Schröder GüterR. II 1 S. 221 übersehen ist. Nur bei gleichzeitigem Tode der Ehegatten konnte die sonst durch das Alleinerbrecht des Überlebenden verdeckte eheliche Verwaltungsgemeinschaft zu vollem Ausdrucke kommen.*

dans denarios iudiciales, nihil sciens de testamento supradicto. Modo viro mulieris mortuo in pestilentia sine herede, venerunt consanguinei testatoris volentes ipsam privare per iustitiam agro illo. Et scabini de Purkwan sententiaverunt pro ipsis et pro parte testatoris ac descendentium ab eo. Pars vero mulieris provocavit ad scabinos in Klobuk, qui, auditis partibus et protestatione mulieris, qua dicit, quod maritus eius, quando iturus esset Aquisgranum, coram consanguineis suis, quos invitaverat, praedictam donationem nullo contradicente innovaverit, de quo cum secundario protestata fuerit, pro muliere sententiam tulerunt. A qua consanguinei testatoris ad consiliarios Brunnenses appellaverunt. Quaeritur ergo primo, quae praedictarum sententiarum plus iustitiae sit conformis? Et secundo, dato quod filii testatoris, qui sunt tres, ordinarie in agro succedunt et, tandem ipsis defunctis, quilibet eorum heredes relinquat, cuius filii heredes ante alios praescriptum agrum debeant possidere? Et tertio, quam vim habeant in iure denarii iudiciales, qui *urkund* vulgariter nominantur?

Super primo istorum diffinitum fuit, quod sententia iuratorum[1]) de Purkwan efficax est et iusta, cum enim maritus dedit uxori agrum pro dote in alio iudicio quam in quo ager situs est; est enim situs in limitibus iudicii de Purkwan, est autem pro dote datus in Klobuk; cum etiam, quod plus ad rem facit, maritus donationem uxori factam non coram iudicio solemniato in Purkwan, sed tantum in concivio[2]) innovaverit, quamvis consanguinei praesentes sub silentio hoc transiverunt et uxor protestata hoc fuerit, tamen adhuc testamentum primo dispositum in suo robore permanebit. Insuper, si dictae donationis innovatio coram actuato iudicio facta fuisset, adhuc tantum illis consanguineis, qui praesentes eam non reclamassent, et non aliis absentibus praeiudicium generasse(n)t. Ad secundum autem dictum fuit, quod, mortuo ultimo filio, non eius filii, nisi seniores fuerint, statim succedunt in agro, sed potius filius senior, a quocunque primorum filiorum fuerit generatus. Unde, sicut testator disposuit, quod semper senior filius agrum possideret, eodem modo in tali possessione filiorum filii, scilicet qui seniores fuerint, sibi succedunt. Sed ad tertium dictum est, quod denarii iudiciales absolute ius non generant, nisi super iure obtinendo aliqualiter attestentur.

247 (249). *Eintritt gesetzlicher Erbfolge nach Aufhebung des Fideikommisses durch den Wegfall aller vom Stifter berufenen Anwärter.* 14. Jahrhundert, 1. Hälfte.

Brünner Oberhofsentscheidung für Klobuk im Brünner Schöffenbuch c. 342, Rössler a. O. II 157. Vgl. Schröder RG.[5] 771, 775.

Iurati[1]) de Klobuk proposuerunt sic: Quidam de nostris legavit domum suam omnibus successive a filiis suis descendentibus per lineam

---

[1]) *vgl. S. 172*[4]*.* — [2]) *Bürgersprache, Morgensprache. Vgl. S. 185 Z. 36; Du Cange II 481; F. Jelinek a. O. (S. 170*[2]*) 516.*

masculinam. Mortuis itaque talibus omnibus masculis in pestilentia, muliebribus vero aliquibus superviventibus, quaeritur, utrum ad ipsas dicta domus, quae per testatorem eis legata non fuit, sit hereditarie devoluta?

Super quo diffinitum fuit, quod, licet non ex ordinatione testatoris, tamen ex iure successionis hereditarie dicta domus ad mulieres superstites dinoscitur pertinere. Cum [1]) enim dispositio testamenti in hoc casu, morte interveniente, ulterius procedere non posset, conveniens est, quod ius hereditarium ipsum testamentum ordine debito consequatur.

248 (250). *Wegfall des Erbenwarterechtes bei Veräusserungen in Leibesnotdurft.* 14. Jahrhundert (vor 1359).

Mühlhäuser Oberhofsentscheidung für Nordhausen, E. G. Förstemann bei K. Ed. Förstemann, Neue Mittheilungen aus dem Gebiete historisch-antiquarischer Forschungen 1, Heft 3, 24 § 6. Vgl. ältestes Mühlhäuser Stadtrecht bei Herquet UB. der Reichsstadt Mühlhausen (= GeschichtsQu. der Provinz Sachsen Bd. 3) 625 f.

Casus sextus. Lieben frunde! Wir begern ûch wizzen, daz met uns sint eine lûte [2]) unse meteburgere, die haben nicht kindre, die wolden ir erbe vorkoufe und wolden irs lîbes nôt bewîse. Nû sin ir nêhesten, die sprechen, daz sie ir erbe nicht vorkoufe sullen. Bete wir ûch met grôzem flîze, daz ir uns underwîset ûwer stat recht, wie eine lûte ire ê[h]aftigen nôt sullen bewîse, daz sie ir erbe vorkoufe mugen âne irer erben willen.

Die von Mulhûsen, die schriben uns alsô wider. Lieben frunde! Als ir uns geschriben habt, daz wir ûch underwîsen unser stad recht, wie eine lûte, die nicht kindre hettin, ere lîbes nôt bewîse sullen, er gût zû vorkoufene, daz on ere nêhesten nicht gewere mugen: als wissent, daz unser stad recht darum ist, daz ein îxlich zû sînes lîbes nôtdorft sîn gûd wol vorkoufin mag, daz ime sîn erben nicht gewere mugin, alsô daz her iz swere zû den heiligen, daz iz sînes lîbes nôtdorft sîe, und durch dicheinerlei ander sache nicht vorkoufen danne um sînes lîbes nôtdorft. Wêr aber, daz her varnde habe hette, die selde er ie von êrst angrîfe, und wann der nummer wêre, sô mag her sîn erbe anegrîfe und daz vorkoufen, als vore geschreben stêhet, zû sînes lîbes nôtdorft, als viel als her des darzû bedarf [3]).

---

[1]) *von hier an wohl vom Stadtschreiber Johannes.* — [2]) *Eheleute.* — [3]) *die Nordhäuser Schöffen hatten dieselbe Rechtsfrage in Goslar gestellt und verzeichneten folgende Antwort von dort* (*Förstemann a. O.* 27)*:* Super casum sextum scripserunt Goslaricenses per hunc modum, ut sequitur. Lieben frunde! Um die sache, als ir uns nû geschriben habt, ist ditte unser stat recht: dichein erve mag man bekumern edir vorkoufe ân erben willen, man enwelle daz erwere ûf den heiligen, daz ez ime lîves nôt tû, sô vorkoufet he iz edir bekumertz wol; wel aber die erbe ime sîne lîves nôtdorft geben und sîne schult gelde, die beheldet daz erve.

249 (251). *Der Satz 'Hand muss Hand wahren' findet bei Pfändung wegen Mietzinses keine Anwendung.* 14. Jahrhundert, 2. Hälfte.

Nordhäuser Oberhofsentscheidung für Frankenhausen, Förstemann a. O. 59 § 3. Vgl. Schröder RG.[5] 728 f., 733; Planitz a. O. (Zitat zu Nr. 238) 60.

Casus tertius. Ein smed leit dem andern zû hulfe sîne balge umsus. Under des entran die, der die balge [bî] (p)hende hatte. Des quam der hûswert, und wolde die balge phende vor sînen hûscins. Umme daz quâmen sie beider sît vor unse herren, die onschîden sie alsô.

Responsio. Die burgere wollen haben vor ein recht: Lîet ein dem andern durch fruntschaf des sînen ettewaz, und wert daz gephand dorch des willen, deme es gelegen ist, sô mag die, des daz ding ist, daz sîne wol ûz zîen ûffe den heiligen [1]).

250 (252). *Eintritt der Mündigkeit bei beiden Geschlechtern. Verlobung einer Unmündigen als negotium claudicans. Recht des Vormundes zur Ehebewilligung.* 14. Jahrhundert, 2. Hälfte.

Nordhäuser Oberhofsentscheidung für Greussen, Förstemann a. O. 60 § 5.

Casus quintus. Die burgere zû Grûzen santen unsen herren ein brief, des lût stêt alsô. Unse meteburgere Conrâd und sîn frowe sint vorscheiden. Vordes hatten sie ire tochtere zwô gemannet, und nach sint der kinder drîe dâ heime, und der sint zwêne sone. Nû hât der eldeste son, der ist vierzehen jâr alt, mit râte sîner vettern und vormunden und mit andern sînen vrunden sîne swester vorlabet, die ist beneden zwelf jârn, eim unser meteburgere; und widersprechenz die gemanden tochtere und ouch sîne swêgere, sie onwelns nicht, sie onsîn darum nicht gerâthvrâget; alsô zweien sie sich hîr um. Sô bete wir, daz ir uns die sache sendet beschriben nâch ûwer stat rechte, daz wol wir vordîne [2]). Ouch ab die gemanneden swestere irme brûdre sîne swestre vorehalden wider sînen willen und sîner frunde, waz rechtes die stat dar ane hette?

Responsio. Wizzet, daz die vorlabate, die der jungfrowen rechte vormunden mit der jungfrowen wizzen und willen getân haben, nâch unser stad rechte macht hât, die wîle die jungfrowe ist beneden iren jâren. Aber wanne sie wirt zwelf jâr alt, zû weme sie danne iren willen kêret, daz bestêt. Um daz vorbehalden und bûze der stat wizzet, daz der jungfrowen, die wîle sie beneden iren jârn ist, nîmand alse bilche gewaldig ist, alse ire rechten vormunden. Ouch, enist dâ von den burgern nichein gebot geschên, sô volget dâ nichein bûze.

---

[1]) *umgekehrt ging ein in einem analogen Falle von dem Goslarer Oberhofe für Nordhausen erteiltes Urteil dahin* (*Förstemann a. O. 30*): ab ein dem andern varnde habe lêge, und sie dem abe gephant wirde, spreche wie vor recht, daz die, die sie vorlegen hât, an nîmande dicheine vorderunge getûn mag, den an deme, dem he sie gelegen hât. — [2]) *das wollen wir verdienen, d. h. auf unsere Kosten.*

251 (253). *Kinderzeugen bricht Ehestiftung. Allgemeine Gütergemeinschaft. Schichtung. Bedeutung gegenseitiger Vergabungen unter Ehegatten nach thüringischem Rechte.* 14. Jahrhundert, 2. Hälfte.

Nordhäuser Oberhofsentscheidung für Frankenhausen, Förstemann a. O. 65 § 11. Vgl. Schröder GüterR. II 3 S. 203, 354[23].

Casus Frankenhûsen. Wir haben mit uns einen meteburger, der nam eine wertin und dingete der, und gab or an irem brûtstûle alles, daz her hatte edir ummer gewunne. Der man ist gestorben âne erbin. Darnâch hât di frowe einen andern genomen, der dingete er und gab or ouch alles, daz her hatte edir ummer gewunne. Bî dem manne di frowe hât kindere gewunnen. Des ist der man ouch gestorben. Nû hât die frowe ire kindere von ir geteilet mit dem gûte, daz ir der andere man, der der kindere vater was, gelâsen hât, und hât den kindern nicht mitegeteilt daz gût, daz ir der êrste wert, der âne erben starb, dingete und gab an irem brûtstûle, und hât darnâch abir einen wert genomen. Nû sprechen die kindere ore mûter zû, su solle on daz gût, daz ir or êrste wert dingete und gab, der âne erben starb, meteteile, und meinen, su wollen des gebrûche zû solchem rechte, als ez ir mûter hât. Sô spricht or mûter, ez sî or gedinget, und meinet, su wollez alleine behalde. Waz hîrumme ûwer stat recht ist, beten wir ûch, uns daz weder schrîbe.

Responsio. Als ir begert, ûch zû underwîsen unser stat recht umme die zwei stucke, dâ ir uns umme geschrebin hât, als wiszet: Umme daz êrste stucke, als ir schrîbet von der frowen wegen, stêt unser stat recht alsus. Hât ir der êrste wert gedinget und gegeben alles daz her hatte adir ummer gewunne, und su ome weder, sô dunket uns nâch unser stat rechte: ist nû daz gût, dâ or die kindere umme zûsprechen, varnde habe, daz di frowe mit den kindern bilche teile, alsô, daz su zwei teil neme und io daz kind ein teil; ist iz abir erbe, waz dâ vane nucz gevellet, des sollen di kindere gebrûche mit irre mûter, di wîle, daz di selbe ir mûter lebet, alsô daz di mûter zwei teil neme und io daz kind ein teil.[1])

252 (254). *Fortsetzung einer Handelsgesellschaft mit den Erben eines verstorbenen Gesellschafters auf Gewinn und Verlust.* Ende des 14. Jahrhunderts.

Magdeburger Urteil, c. 176 des Schöffenrechtes der Dresdener Handschrift, Wasserschleben Sammlung deutscher RechtsQu. I 443.

Von gesellschaft koufmanschacz wegen. Ewir frôge ist alsô: Drei man habin gesellschaft mittenandir gehabt in koufmanschacz

---

[1]) *der hier weggelassene Schluss der Entscheidung bezieht sich, wie der Eingang andeutet, auf eine zweite Anfrage, welche jedoch nicht vorliegt.*

ûf gewin und vorlust. Des ist ir einer gestorbin und hât gelôssen ein weip und kinder und zwêne geborne brûder. Des ist das gelt beiden vorgenanten gesellen blebin alsô lange bis des tôden weip einen andern man hât genomen. Nû vordirn de frawe und ir man und des tôden eldiste brûdir von der frawen und von der kinder wegin das gelt, das der tôde zû hant nôch seinem tôde hât gelân, sprechinde: Sintdemâle das die geselschaft des tôden [gelt] bei ir gehaldin hât und [1]) umbefrôgit und âne geheisze der kinder recht vormunde und ouch des tôdin mannes weip das selbe gelt [nicht] geantwert hât, ab si nû icht den kindern ir gût und gelt, das der tôde man zû hant gelôszin hât, nôch seinem tôde ganz und gar antworten sulle, adir was recht sei? Dôkegen antworten die gesellen alsô: Als das gût was in andern landen und ein teil ane schuld [2]), und des ist ein teil vorloren und genomen ûf der strâsze, das bei des mannes lebin awsgesant was, alsô das wir das gût nî zusammenfûgen mochten, das wir in das hetten gegeben, ab sie das îr [3]) hetten gefordirt und begert; und habin uns des vor nî gesait, und wir haben bei dem gûte gethân und gearbeit in trawen und[er] uns gleichirweis alz vor, und das neme wir ûf unser gewissen. Nû lâsset uns ein recht werden, ab sie nû icht sullen nemen an gelde, an gûte, an schult, an schaden, was en geboren mag?

Hîrûf spreche wir ein recht: Des tôden erbin und ouch sein weip, ab des mannes gût ûf se kompt, zullen gleich teil leiden an schadin und an gewin fromen nemen und[er] der geselschaft alz der tôde salde, ab her lebite; und daz die gesellen îr [3]) zû der rechinschaft adir zû teilunge nicht getwungen sein, das sal in [4]) keiner weisze zû schaden komen. Von rechtis wegen.

253 (255). *Das Tragen der Gefahr bei Kauf und Satzung um Schuld.* 14. Jahrhundert - 1401.

Behrend Die Magdeburger Fragen, Buch I, Kapitel 6, Distinktion 6. Vgl. von Meibom PfandR. 426, 289, 367 ff.; Stobbe Zur Gesch. des deutschen Vertragsrechts 251 ff., 277-285 und in KrVJSchr. 9, 298 ff.; Schröder RG.[5] 731.

Einer hette deme andirn ein hûs ûf gelttage [5]) vorkouft, und hât im des hûses wirdeschaft ein jâr ûzgedinget [6]). Daz hûs vorbrente. Sô sprêche her denne, das im jener daz hûs solde gelden, wenne her im das redelich hette vorkouft, unde nû die geldetage weg sîn, unde ân sîne vorwarlôsunge vorbrant sei. Sô spricht der koufer, das her im daz hûs antwerte als her is koufte; wenne her im das nicht vor der brunst vor gehegetem dinge vorreicht habe, unde in sîner wirdeschaft vorbrant sei. Ouch sô hette im jener [7])

---

[1]) *und zwar.* — [2]) *ein Teil bestand in Forderungen.* — [3]) *eher.* — [4]) *ihnen.* — [5]) *dem Käufer wurde ein späterer Zahlungstermin gewährt.* — [6]) *Verkäufer hatte sich den Besitz noch auf ein Jahr vorbehalten.* — [7]) *der Käufer.*

von des richters gebote ein pfant gesatzt vor sîne bekante schult, und deser kumpt bî rechter ziet, die im geboten ist, und wil sîn pfant lôsen. Sô spricht jener [1]), das phant sei ouch vorbrant adir vorloren: 'Wôromme gibist du mir nicht mîn gelt [2])? Vorwâr, ich sal des nicht schaden hân'. So spricht der ander: 'Dôrumb, das ich gereiten geldis nicht enhatte und ouch von dir lenger tag nicht habin enmochte, mûste ich dir mîn pfant setzen, unde wil daz nû lôsen, als mir geboten ist, unde ich sal des nicht schaden enhaben'. Welchir nû undir desin den schaden des vorbranten hûses und des vorsatzten pfandes haben unde lîden sulle von rechtis wegen?

Hîrûf sprechen wir scheppin zû Magdeburg recht: Nôchdemmôle das der man, der dem koufer das hûs vorkouft hatte, das dô vorbrant ist, dem koufer nicht ûfgereicht hât in gehegetem dinge, sô sal her den schadin habin, unde nicht der koufer. Von rechtis wegen. Ûf daz: 'Ouch sô hette im jenir von des richters gebote ein pfant gesatzt etc.' sal man wissen: tar der man, dem das pfant gesatzt ist, ûf den heiligen sweren, das das pfant âne sîne vorwarlôsunge vorbrant adir vorlorn sei, sô sal der schade irre beider schade sîn, alsô das her sîn gelt dôran vorloren hette unde jenir di besserunge des pfandes. Von rechtis wegen.

254 (256). *Rechnungspflicht des Vormundes. Recht des Ehemannes auf die Ausantwortung des Frauengutes.* 14. Jahrhundert - 1401.

Behrend Die Magdeburger Fragen, Buch I, Kapitel 8, Distinktion 3. Vgl. Schröder GüterR. II 3 S. 364 f.; Agricola Die Gewere zu rechter Vormundschaft 624 f.; von Martitz Das eheliche GüterR. des Sachsenspiegels 272.

Ein man lêsset ein erbe unde gût nôch sîme tôde, unde eine unmundige tochter. Der undirwindet sich ir rechtir vormunde mit irem gûte, und thût dô von nicht jêrlich rechenschaft, noch dorûf gezogen [3]). Der vorstêt das kint unde sîn gût, sô lange das das kint manbâr wirt, unde gibit si einem manne zû der êe mit irem willen, und antwort dem manne ir veterlich gût ganz unde gar âne ir jôwort. Dornôch starb der man. Di frauwe nam einen andern man. Ab der vormunde macht hatte, ir gût deme manne ân ir wissen zû antworten, adir ab her der frouwen das gût berechen unde bezalen sulle?

Hîrûf sprechen wir scheppin zû Magdeburg recht: Hât der vormunde der tochter noch irem erbnâmen nicht rechinschaft getân, sô sal her ir noch rechenschaft thûn; unde waz her ires gûtes deme manne zû der ê gab, das sal in di rechinschaft komen unde blîben, sintdemmôle daz si den man mit willen zû der ê hât genommen. Von rechtis wegen.

---

1) *der Verkäufer und Faustpfandgläubiger.* — 2) *der Sinn ist: warum gabst du mir damals nicht gleich das Geld.* — 3) *aufgefordert.*

255 (257). *Bindende Kraft des gerichtlichen Schuldbekenntnisses. Illiquide Einreden gegen dasselbe müssen im Separatverfahren geltend gemacht werden. Pfandsatzung tilgt die Schuld nicht.* 14. Jahrhundert - **1416.**

Iglauer Oberhofsentscheidung für Czaslau, Tomaschek Der Oberhof Iglau 258 Nr. 338. Vgl. Michelsen Der ehemalige Oberhof zu Lübeck 89 Nr. 6 von 1457; Schröder RG.[5] 750.

Unsern fruntlichen dînst bevor. Êrbêrn lîben frunde und gunner! Ez ist geschehen zû uns fur gehekter pank, das ein teil dar trat und claget zû dem andern teil und sprach: 'Lîben herren! Der ist meinem frunt gelt schuldig beliben, und des hât er bekant fur schepphen, und das selb gelt ist an mich kumen mit dem rechten. Dorum sô pit ich euch lîben herren, das ir in dorzû haldet mit dem rechten, das er mir mein gelt richt und bezale, alsô als er des fur schepfen bekant hât.' Dornâch trat dar das ander teil und antwort und sprach: 'Lîben herren! Ich pin des ân lauken, das ich seinem freunt gelt schuldig pin, aber ich hab im dorum gûte pfant gesaczt; wen man mir meine phant ûflegt, sô wil ich gern das selbe gelt richten und bezalen'. Dornôch trat der clager dar und sprach: 'Lîben herren! Ich weis um kain pfant nicht'. Dorum, lîben frunt und gunner, wîr piten ewere êrbêre weisheit, daz ir uns gerûcht mit dem rechten underweisen, ab der antworter das gelt dem clager geben sol, alsô als er des fur schepfen bekant hât, ader ab der clager di pfant êe ûflegen sol, doran er nicht gejehen hât, ader waz dorum ein recht ist etc.

Sentencia diffinitiva. Als wir clag, antwort und kegenred peider teil vernumen haben, sô teil wir zû eim rechten, das der antwurter die geltschult, die er vur den schepfen bekant hât, bezalen sol, und umb die pfant mag der clager komen zû seinem rechte.

256 (258). *Pflicht des Vormundes zur Rechnungslegung, ausgenommen wenn er zum Testamentsvollstrecker mit Generalvollmacht bestellt ist. Vormundsbestallung durch Gerichtsurteil.* 14. Jahrhundert - **1416.**

Iglauer Oberhofsentscheidung für Kuttenberg, Tomaschek Der Oberhof zu Iglau 171 Nr. 268. Vgl. Kraut Vormundschaft I 202 ff., II 48 ff.; Schröder RG.[5] 775.

Ez quâm vor uns in einen vollen rât, dô wir sâssen am rechten, einem îsleichen recht zû tûn, êrsame leute. Der eine was ein gast, und der ander was mit uns wonhaftik, und beweisten das mit eim vollen rechten, das si di nêhesten vreunt wêren Cristofori, eczwen des Nicolai Petri sun, der unser purger was, sô im Got gnâde, und clagten auf den Petir Wilman mit irem vorsprechen, nôch gepot unsers herren des kaisers und auch unsers hern des pischofs von der

Minne[1]), des obersten amptmannes, der gewaldik ist des ganzen landes zû Bêhem: wer weisen hette und ir gût, der scholde das mêrn und nicht minnern[2]), nâch der vreunde rât, und wer in aller nêste frunt und erb; und begerten durch Got und durch eines rechten willen, daz man in zû wissen têt, wî man des gnanten kindes gût gehandelt hette in dem eilften jâr, mêr oder minner, ab des mêr wêr worden adir minner, das man im daruber rechnunge hîld, wî man das di selben jâr hette kehandelt; und mûtten[3]) und begerten nicht des kindes noch seines gûtes zû haben, sunder allain das im sein gût wurde gemêrt mit rechte und mit Gote, und nicht geminnert. Dô antworte der Petir Wilman mit seim vorsprechen, und pat die scheppen durch Got und durch eines rechten willen, das man seine beweisung hôrte, di her hette uber des kindes vormundschaft, wanne her di gerne zeigen wolde nôch alle der beweisung, di her hette und zeigen mochte; dô scholden di scheppen ein recht umme sprechen, das wolde her leiden auf ein recht. Des hôrten di scheppen den prief und sein beweisung, der dô stêt von wort zû worten alsô:

Nos Nicolaus Pirkner, iudex, Petrus Hoppfo et Cunczmannus de Morspach, tunc temporis magistri iuratorum[4]), Petrus Beneschower, Tirmannus Leinwater, Frenczel Ruchardi, Cristanus Leinwater, Johannes de Pisk et Frenczel Kauczenpach, ceterique iurati montis Chutnensis recognoscimus coram universis presencium serie publice protestando, quod honorabilis vir Petrus Wilmanni, concivis noster, productis suis coram nobis testibus idoneis seu testamentatoribus, in quorum presencia Nicolaus Petri, felicis memorie, suum testamentum racionabiliter disposuit; quorum unus tunc temporis scabinus extitit, alter vero coram nobis legitime demonstravit, quod idem Nicolaus Petri in extremis suis, tamen adhuc bene racionis compos, de ipso Petro Wilmanni pre ceteris suis amicis plus presumens, ipsumque in sui testamenti executorem seu procuratorem ac puerorum suorum tutorem seu provisorem constituit, ipsos quoque pueros et omnia sua bona mobilia et immobilia ubique habita vel inventa, et in quibuscumque rebus consistant, fidelitati sue seu fidei specialiter et fideliter recommisit; super quo sentenciis coram nobis in nostro maniloquio[5]) montis Chutnensis hinc inde ventilatis, aut[6]) ad predictorum testium protestacionem processum, desuper lata est sentencia et diffinitive sentenciatum sentencialiter, prout iura dictant et sentencie iubent: quod prefatus Petrus Wilmanni ipsos pueros Nicolai Petri et omnia bona sua et singula premissa habere, regere et pertractare debeat ipsis pueris ad utilitatem, et eciam facere cum eisdem pueris et bonis omnibus, ut predicitur, iuxta sui honoris conservanciam et anime sue caritatem, prout

[1]) *Bischof Dietrich von Minden war unter Karl IV. erster Rat und oberster Kanzler des Königreichs Böhmen. Vgl. Tomaschek a. O. 376.* — [2]) *vgl. Reichshofgerichtsweistum von 1287 bei Franklin Sententiae curiae regiae 110 Nr. 296.* — [3]) *mhd.* muoten = *haben wollen, begehren, verlangen; vgl. F. Jelinek a. O. (S. 170[2]) 522.* — [4]) *Schöffenmeister.* — [5]) *Morgensprache, vgl. S. 178[1].* — [6]) *die Stelle ist gewiss verstümmelt.*

sibi melius videbitur expedire, omni iure civili et canonico de cetero non obstante. In cuius rei testimonium perpetuum presentes literas fieri et eas nostre communitatis sigillo fecimus communiri. Actum et datum etc.

Dô wir scheppen den prief vorhôrten, nôch der clage und nôch des priefes laut haben wir geteilt zû einem rechten und an eime rechten dem priefe volle kraft, in sulcher weis als in dem priefe geschriben stêt, das der Petir Wilman scholt der kinder gût handeln nôch irem nucz zû seinen trewen, zû seiner gewissen und wârheit seiner sêle, das her den nucz, den her hât den kindern zûgezogen, vor seinen freunden und vor scheppen schol vorrechen und beweisen; beweiste her der kinder nucz, als der prief laut, des wollen im di freunt gerne danken; wêre aber des nicht, sô wolden di scheppen aber dôrauf denken mit eime rechten, wî si peide teil paiderseit pei aim rechten behalden.

Doruber stalt Petir Wilman seinen vorsprechen, und strâfte das urteil auf sein recht und sprach, das her den freunden noch den scheppen noch nîmande pflichtik wêr zû rechen, noch rechung zû tûn, noch keinen nucz zû beweisen, sundern es stunde zû seinen trewen, zû tûn und zû lâssen nâch seiner gewissen. Und hât sich des an euch berûfen. Nû pit wir euch etc.

Sentencia diffinitiva: Als wir das urteil haben vornumen und des priefes laut, sô teilen wir euch zû einem rechten, das her das urteil pillich hât gestrâft.

257 (259). *Unbeschränkte Haftung des Erben nach eigenmächtiger Ergreifung des Nachlasses.* 14. Jahrhundert - 1416.

Iglauer Oberhofsentscheidung für Kuttenberg, Tomaschek Der Oberhof zu Iglau 210 Nr. 304. Vgl. Lewis Die Succession des Erben in die Obligationen des Erblassers; Schröder RG.[5] 773; Gierke Schuld und Haftung 92.

Ez ist vor zeiten unser mitpurger ainer ab tôt, und hât etwas gûter und hutwerk[1]) hinder im gelâssen, und ist êrbêr leuten dâvon schuldig bliben, sunderleich unsern mitpurgern. Nû hât sich desselben vater, der dô ab tôt ist, der gûter und des hutwerks mit aigener gewalt underwunden, ân wissen und ân willen des richters, der schepfen und des hofmeisters[2]), und hât das vil zeit und weile gehandelt, wî er wolde. Dô quômen vor in ainem vollen rât êrbêr leut, unser mitpurger, den man von den selben gûter ire schult bezalt schulde haben, und sprâchen den vater an, und sprâchen in irer clag: ‛Lîben hern! Alsô als er sich der gûter und des hutwerks seines sonnes mit al seiner zûgehôrunge underwunden hât, ân recht und wissen des richters, ewer genâden und des hofmeisters, und hât

[1]) *Hüttenwerk.* — [2]) *der Beamte des Bergherrn; vgl. F. Jelinek a. O. (S. 170[2]) 375.*

das gehandelt nôch seiner lust und willen, wî er wolde, und ân recht, und hât selber aus dem hutwerk zû hofe und in di munz gepracht, und hât gelt darumb genomen und enphangen, und hât uns dôvon unsers geldes nicht bezalt; sô beger wir, daz ir uns ain recht urtail lâsset widerfaren, ab nû der vater, der hie in antwort stêt, icht mit pessrem pilleichrem rechten uns di schult richten und bezalen schulle, wenn das er dawider reden schull ader mage, ader was darumb ain recht, wenn er sich der gûter und des hutwerks underwunden hât mit aigener gewalt und mit unrechte, als wir vor gesprochen haben'. Dâ trat dar der vater und sprach in seiner antwort: 'Lîben herren! Alsô als si mich ansprechen von meines sunnes gûter wegen, der hab ich mich nie underwunden, und trett der ab alhie vor eweren genâden, wenn ich schol' — und warf urtail an uns alsô: als her der gûter und des hutwerks gerne abtreten wolde, das man die schuldiger dâvon bezalt, als verre das gereichen mochte, ab man in dor-uber icht hôher treiben ader dringen muge, ader was darumb ain recht sei? Dâ sprâchen die schuldiger: 'Lîben herren! Das beseczen wir mit euch, das er nû abtreten wil der gûter und des hutwerks, nû er das peste daraus gewurcht und gezogen hât, und dômit getân hât, waz er gewolt hât, ân alles recht, im zû frummen und uns armen leuten zû grôssem schaden. Nû glaub wir ewern genâden wol, ir lâsset uns bleiben pei genâden und pei dem rechten'. Auch hât gesprochen der schaffer fur etleichen schepfen, di das furpas in den rât gepracht, der das hutwerk pei des sunes zeiten gehandelt und gearbait hât: 'Hett man mich mit dem hutwerk umbgêen lâssen, ich wolde Got getrawet haben, das di schult gar balde sein bezalt wurden'. Chutnenses scripserunt.

Sentencia diffinitiva. Als wir dâ vorn in ewerm prief vornomen haben, und als ir dô vorn geschriben habt, das sich der vater seines sunes gûter unde hutwerkes underwunden hât mit ai[gener] gewalt, âne wissen und willen des richters, der schepfen und des hofmaisters, und hât vil zeit das gehandelt, wî er wolde: sô taile wir das zû einem rechten, das der vatir den schuldigern pilleich ire schult gelden schol.

258 (260). *Retrakt des Zinsherrn und Gespilderecht (Hausgenossenrecht).* (1401, Februar 5.)

Thomas Der Oberhof zu Frankfurt am Main 316 Nr. 50. Vgl. Nr. 156; Weistum von Winhering § 12 bei Grimm Weisthümer VI 135; Schröder in ZRG. 9, 418 f.; derselbe RG.[5] 746 f.; Immerwahr Die Verschweigung (Gierkes Untersuchungen 48) 34-43; Rehme Das Lübecker Ober-Stadtbuch 145.

Alsô als Jôhann Prusse der alte von Hennebach zûgesprochen hât von zweier gaden[1]) wegen, under den nûwen gaden zû Frankfurt gelegen, Jôhann Schelmen, dieselbin gaden Jôhann Schelm vor-

[1]) *Kaufläden.*

genant gekauft habe, eins umb Adolf Wissen und eins umb Henne Leidman, und Jôhann Prusse fur sich stalte: die wîle er ein hûßgenôsse der obigen gaden sî, und auch zins ûf der gemeinen gaden habe, den er umb die herren ûf Unser Frauwen berge gekauft habe, und hoffte, daz er nêher erbe der vorgenanten zweier gaden, die zû lösen, sîn solle, dann Jôhann Schelm êgenant. Und Jôhann Schelm vorgenant dargein für sich saste und hoffte, nâch dem als Prusse vorgenant auch in kaufs und nit in erbeschafts wîse in die gaden kommen wêre, und nâch dem als er die obgenanten gaden rechtlich und redelich gekauft habe, daz solich kauf billich macht haben solte, das er hoffte.

Und nâch clage und antwurt beider parthîen vorgenant sô hân unsere herren mit urteil gewîset: Trit Jôhann Prusse der alte vorgenant dar und swert ûf den heiligen, daz er die obigen zwei gaden in der jârsfrist, als er des kaufs gewar sî worden, mit gerichte und mit rechte ansprechig gemacht habe, und gewîset dâ derselbe Jôhann, als recht ist, daz er den êrsten zins und eigensch[aft] [1]) ûf den vorgenanten zweien gaden habe, daz er dann nêher erbe derselbin gaden und kauf sî dann Jôhann Schelme vorgenant; iz wêre dann, daz Jôhann Schelm vorgenant gewîsen wolde, als recht ist, daz Jôhann Prusse vorgenant die jârsfrist uberbeitet hette und in nit ansprüchig mit gericht und rechte gemacht habe in der jâresfrist, als er des gewar sî worden. Praesentes Jôhann Frosch, Jâcob Weibe, Henne Wisse, Erwîn Hartrâd, Gêrbracht von Glauburg, Jâcob Herdan, Îdel Drûtmann, Jôhann von Hulzhûsen, Jôhann Wisse, Jâcob von Bommersheim, Hermann Burggrêve und Sîfrit von Spîer.

Jôhann Schelm vorgenant hât der gewîsung nit getân, als vorgeschriben stêt.

259 (261). *Distanzfracht im Landfrachtgeschäfte. Anspruch des Frachtführers auf ausserordentliche Entschädigung und auf die volle Fracht für den abgelieferten Teil der Ladung.* (1401, Februar 5.)

Thomas Der Oberhof zu Frankfurt am Main 318 Nr. 54. Vgl. Nr. 309; Deutsches Handelsgesetzbuch §§ 428, 634, Binnenschifffahrtsgesetz § 71; Gareis in ZHR. 21, 354; Rothenbücher (Zitat zu Nr. 110) 70 f.; Dietz Frankfurter Handelsgeschichte I 171, 219-221, 275 f.

In der sache zuschen Hennen von Ergersheim genant Ubilaker und Conze Rûdiger, eime fôrmann, und sîme gesellen, von fôrlôns wegen, als Conze und sîn geselle von ime genommen hatten, und ime gerit haben, sîn gût von Lubik her gein Frankfort zû fôrn und zû liebern, daz sie doch nit sollen ûf halben wege gefûrt haben, und hoffte, daz sie ime den ubrigen fôrlôn billiche kêren solden; und

[1]) *über den Ausdruck 'erster Zins und Eigenschaft' für das Obereigentum des Zinsherrn vgl. L. H. Euler RG. der Stadt Frankfurt am Main 34.*

Conze Rûdiger und sîn gesellin darzû antwurten, daz in dieselben habe mit irer habe genom[m]en und ûfgehalden sî worden, und haben darum mûwe und erbeit gehabt, biz daz in solichs gûts eins teils widder worden sî, daz sie auch widder hinder sich einen ferren weg gefûrt und nidder gelacht haben. Darzû Henne aber antwurte, daz sie zû der zît, als die ûfhaldunge geschên, widder hinder sich gein Lubik gefarn haben, und haben andir gût ûf geladen und daz her gein Frankinfurt gefûrt, und dâ abir einen follin fôrlôn virdînt und genommen haben. Darzû sie antwurten, daz sie Hennes gûts eins teils mit derselben habe gein Frankinfurd gefûrt haben, und auch nâch dem, als solich vorgeschriben ûfhaldunge ûzwendig irer fêhede geschehen sî, und sie auch darumb kost und erbeit gehabt haben, sô hofften sie, daz sie umb den vorgenanten fôrlôn ime nit plichtig wêren.

Und nâch clage und antwort beider parthîen vorgenant, und nâch dem als sie daz gût nit ubir halben weg gefûrt haben, und widder hinder sich gefarn und ander gût geladen hân, daran sie ein follen fôrlôn virdînet hân: sô hân unser herren mit urteil gewîset, daz die fôrlûde vorgenant Hennen von Ergersheim êgenant den uberigen fôrlôn nâch margzal [1]) des weges, als sie ime sîn gût gefûrt haben, billiche kêren sollen; hetten sie auch einche kost odir erbeit von des gûts wegen gehabt, oder ime desselben gûts darnâch eins teils geliebert, dô nimet man in hiemidde ires rechts nit.

260 (262). *Vermögensauseinandersetzung bei unbeerbter Ehe in Frankfurt am Main. Schenkungen unter Ehegatten.* (1401, März 8.)

Thomas Der Oberhof zu Frankfurt am Main 471 Nr. 48. Vgl. Schröder GüterR. II 2 S. 65 f., 74, 210, 214.

In der sache, als Jôhan Virnburg, Jôhann und Junge Ebir, gebrüder, zûgesprochen hân Cristînen zûm Ebir von gûds wegen, als sie meinten nâch irem tôde erben zû sîn von Gipels sêlgen wegen zûm Ebir, ir brûders und swâgers, nâch gewonheit des lands und auch nâch virschrîbunge, als Gibil und Cristîna undireinandir getân haben; darzû Cristîna vorgenant antwortet, sie hoffte, nâch dem falle als von irer dochter und irer dochter kinde wegen geschêen wêre, und auch von Gipeln sêlgen, irem êlichen hûßwirth, und auch nâch virschrîbunge, als vor irlûdt, daz sie dâ mit irm gûde tûn und lâßen moge âne hindernisse eins îglichen; und nâch ansprâche und antwort beider parthîen vorgenant, und auch nâch inhalde eines virschribenen brûtlaufsbriefs zuschen Ebirhard Îsenmenger und Gûtgen, Cristîna vorgenant dochter, begrîfend: sô hân disse nâchgeschrieben scheffen mit urteil gewîset:

Waz gûds von derselben Gûdchin und iren kindern hinder sich irstorben und virfallen ist, daz vormals von Gipeln und Cristîne an sie kommen und virschriben gewest ist, daz daz selbe gût after

---

1) *vgl. S. 113¹.*

Cristîne vorgenant tôde ûf Gipels sêlgen zûm Ebir und derselben Cristîne nêsten erben erstorben und virfallen sal sîn. Hette sie auch eincherlei eigen und erbe daz von Gipeln sêlgen zûm Ebir darkommen wêre, dâ sulde sie ir lebtage bî blîben sitzen nâch des landes gewonheit, und nâch irem tôde ûf desselben Gipiln sêlgen êrsten erben virfallen sîn, ez enwêre dann, daz Cristîna vorgenant erwîsen wulde, als recht ist, daz ir solich vorgeschriben gûde, als vor in beiden arten undirscheiden ist, eins teils odir zumâl virgiftiget und virgeben sîn, alsô daz der scheffen urkund, daz solich giftunge macht habe in rechten. Wêr es auch, daz Gipil und Cristîna vorgenant icht miteinander gekauft und gezûgit hetten, ist mit urtheil gewîsit, daz sie dâmide thûn und lâssen moge [1]) âne hinderniß eins îglichen.

261 (263). *Haftung für rückständigen Pachtzins.* (1401.)

Thomas Der Oberhof zu Frankfurt am Main 547 Nr. 106.

Alsô als Henne von Spîre Henne Schultheiß von Nîde zûgesprochen hât vur 10 achtel kornis paichts, und Henne Schultheiß vorgenant bekentlich ist gewest, daz er daz gûde inne habe, darûf der pacht gelegen sî, und nâch clage und antwurt beider parthîen vorgenant, sô hânt unsere herren mit urteil gewîset: daz Henne Schultheiß vorgenant Henne von Spîre êgenant den pacht hûwer [2]) von jâr und vurwerts billich reiche; waz aber virjêret wêre, daz Henne(n) von Spîr demjenen billich[er] [3]) zûsprêche, der die gûde vor inne gehabit hât, denn Schultheiß Henne êgenant.

262 (264). *Gewere des Erben.* 1402, September 25.

Rechtsquellen von Basel I 80 Nr. 74. Vgl. Schröder in ZRG. 7, 131 f.; 10, 292 f. und RG.[5] 736; Brie (Zitat zu Nr. 126) I 221[40].

Wond für üns, meister und ræte, nüwe und alte, ze Bâsel, nüwelingen mit klag fürbracht und geseit ist worden, wie daz kürzlingen ettelich êrbêr lüte von tôdes wegen in unser statt abgangen sîent, die in irem tôdbette oder dâ vor ettelichen geistlichen lüten âne ir nêchsten erben wißen und willen söllent ir guote vergeben und beschiket hân, und nâch der tôde die selben geistlichen lüte mit gewalte, unervolgot des rechten, in die hüser, in den dieselben abgangenen lüte seßhaft wârent, gangen sint, die kisten ûfgetân und waz si dâ fundent genomen und dannen getragen habent âne der erben wißen und willen, die doch von gemeinem rechten und nâch ünser stette recht, frîheit und gewonheit billich und vor allen dingen

---

1) *so statt* mogen *der Vorlage. Es handelt sich um das Eigentum der überlebenden Frau an der ganzen Errungenschaft.* — 2) *erweiterte Form von mhd.* hiure, *welches auch sonst gehäuft wird durch zugesetztes* jâr, *so:* in disem jâre hiure. *R.* — 3) *die Textverbesserung stammt von L. H. Euler, dem Herausgeber des Werkes von Thomas, S. 592 a. O.*

in gewalt und gewere des erbes werent und sint ze setzende, harumbe, wond sölich sachen ünser stette frîheit, recht und gewonheit, die wir harbracht hânt, anrürent sint und uns und den ünsern von frömden und heimschen lüten grôßen schaden und gebresten in künftigen zîten bringen möchtent, die ze wendende, sô sint wir meister und râte, in dem jâre dô man zalt nâch Cristus gebürt 1402 jâre, an dem nêchsten mêntag vor sant Michels tag des heiligen erzengels, under her Arnold von Berenvels ritter, burgermeister, ob der sache geseßen, und hânt üns der mit zîtelicher vorbetrachtung underrett[1]) und einhelleklichen überkomen und erkennet: Sider doch von gemeinem rechten ein ieklich erbe vor allen dingen in gewalt und gewere des erbes ze setzent ist, das ouch denne die geistlichen lüte oder ander, wer die sint, die dâ ûßgetragen habent âne der erben wissen und willen, das, sô si ûssgetragen habent und genomen unervolgot des rechten, fürderlichen wider in tragen söllent genzlichen, und das man die erben in gewalt und gewer nâch ünser stette frîheit, recht und gewonheit des erbes setzen sol und lâßen. Wenne das alsô beschicht, sô söllent si für ünsers schultheißen gerichte, dâ eigen und erbe ûzzetragen sint, die in ünser statt ze vall koment, gân und daz recht wider die erben umb ir zuosprüch suochen und nemen, das ouch inen fürderlichen beschechen sol dâselbs. Dâzuo ist erkennet von üns gemeinlichen und einhelleklichen: Wele persônen hinnenthin in ünser statt, si sîent frouwen oder man, wie si genant sint, in ir tôdbette koment, waz si denne guotes in ir tôdbette bracht hânt, si habent daz vormâles oder ûf die zîte iemanden, er sîe geistlich oder weltlich, ützit vergeben, geordenot oder beschicket, das sol nochdenne dâselbes belîben und von niemanden deheines weges ûßgetragen noch genomen werden, bis daz die rechten erben nâch ünser stette frîheit in gewalt und gewere des erbes gesetzet und gelâssen werdent. Und wenne ouch daz alsô beschichet und beschechen ist, hât denne iemanden, er sîe geistlich oder weltlich, an die erben oder daz erbe und guote ützit ze sprechende, der sol für ünsers schultheizen gerichte komen und daz recht von den erben dâselbs, und niergent anderswâ, suochen und nemen, das im ouch fürderlich und ungevârlich geschechen sol und getân werden.[2]) . . .

Und umb daz sölich ünser erkantnüße, wond die götlich und recht ist, êwenklich gehalten werde, die wir ouch menglichem in ünser stat gebietent ze haltende, sô haben wir die selben ünser erkantnüße in ünser stett buoche und ouch in des schulthessen gerichtes buoch ze einer êwiger gezügnüsse heissen und tuon schrîben.

263*. *Verleihung des Bergbaurechtes an eine Gewerkschaft mit Vorbehalt der landesherrlichen Rechte an Gold und Silber. Bergzehnt (Urbar).* 1405, April 1.

Chmel Regesta chronologico-diplomatica Ruperti regis Romanorum 213, Anhang III Nr. 20. Vgl. Schröder RG.[5] 551[115].

---

[1]) *unterredet.* — [2]) *es folgt dann die Wiedergabe einer Verordnung vom Jahre 1401.*

Wir Rûprecht etc. Bekennen und tûn kunt offenbâr mit diesem briefe allen den, die in sehen oder hôren lesen: daz wir Hartunge vom Egloffstein, ritter, dem jungen, unserm pfleger zû Waldecke, Reihard von Remchingen, unsers sons herczog Hansen hoffmeister, Conrad Castener, unserm lantschreiber zû Amberg, Herdegen Falczner, burger zû Nûremberg, Hansen und Jorgen, den kastenern, gebrûdern, und Friczen Castner, unsern burgern zû Amberg und lieben getrûwen, iren erben und iren gewercken, die mit in bûwen werden, verliehen haben und verlîhen mit crafft diss brieffs unser pergwerck, daz gelegen ist in unserm lande bî Culmen in dem ampte zu Waldecke, daz genannt ist der Swarczperg, daz lange zît ein vergangener und ein erdrunckener perg ist gewest und auch noch ist, und haben angesehen unser und unsers lands nucze, die davon wol kommen mochten in kunfftigen zîten; und haben sie gefrîet und frîunge geben dez zehencz, der genant ist urbar, von pfingsten die schierst kommen uber ein gancze iâre. Und geben in und erleuben in auch, daz sie in unsern welden zimerholcz und geschirreholcze und prennholcze hauwen und nemen mogen die vorgenant zîte, wô in daz allergelegenst ist, alz vil alz sie sîn bedurffen zû dem vorgenanten bergwercke âne geverde. Und wann daz die obgeschrieben zît vergangen ist, so sollen sie uns und unsern erben furbaz geben den zehent, der dô genant ist urbar, und waz sie dann holcze furbaz bedorffen zû zimern, zû geschirrholcze, zû prennen oder kolen, daz mogen sie keuffen und zû in bringen, wie in daz aller kumlichst ist, ez sî von uns oder von andern lûten, daran wir und die unsern sie und die iren weder hindern noch irren sollen, âne geuerde. Auch mogen sie pauwen hutten, hûser oder waz sie bedorffen zû dem obgenanten bergwercke und hutwerck, derselben arbeit nôtdurfft, wô in daz aller bekomlichst ist, doch alsô bescheidenlichen, daz sie den lûten ire eckere und hoffstet bezalen sollen, darûff sie bûwen, nâch dem als ez wert ist, âne geverde. Und haben in auch gefrîet und gegeben wege und stege uber daz unser und unser lûte darzû und von dem obgenanten pergwercke, hutwercke und der arbeit; doch alsô, obe sie ieman an wiesen, eckern oder andern dingen mit solichen wegen und stegen schaden tûn werden, daz sie dem daz nâch biderberlûte, die dann in demselben gericht dô daz geschicht am nêchsten gesessen sint, erkenntnisse abelegen und bezalen sollen. Und obe daz wêre, daz sich keinerlei sache oder stôsse oder kriege erhaben zwuschen uns und andern fürsten, herren oder stetten, dâmit sollen sie nichts zû schicken haben. Und dôrumbe sollen sie und ire erben und das perckwercke und waz sie darûff haben, kein pfant nicht fur uns sîn. Auch wollen wir in das obgenant perckwercke und die darûff wonen sîn, versprechen schuczen und schirmen und schûren, als dann gewonlichen und recht ist ôff andern perckwercken, âne allerlei geverde. Und ob das wêr, das pûwelût, arbeiter oder wer ûff demselben pergwerck wêr, ez wêr umbe schulde, scheltwort, frevel oder unrecht, die den hals nicht antreffen, zû schicken oder zû klagen hêtten oder gewonnen, dârumbe sollen sie, oder wer ôff dem bergwercke ist von iren wegen, zû recht stên nindert anders, dann vor dem perckmeister, den die vorgenant N. oder ir gewercken seczen werden. Und wann auch daz ist, daz ercze, welicherlei ercz ez ist, an den tag kumet, und das urbar dâvon kumet, als oben geschriben stêt, sô mogen sie dann iren teil verarbeiten, verkauffen oder verfûren nâch allem irem willen und nucze. Was auch ûss demselben ercz gemachet wirt, ez sî kuppfer oder welicherlei ercze ez ist oder wirt, ûssgenommen goltercze oder silberercze, daz selbe mogen sie auch verkauffen oder verfûren, wô sie wollen oder wem sie wollen oder sô sie hôhest mögen, und sollen uns noch den unsern dâvon nichts pflichtig sîn noch schuldig zû geben noch zû tûn. Wêr ez aber, das goltercze oder silberercz funden wurde, dâvon sollen sie uns oder unsern erben tûn und dâmit gefaren als man ûff andern bergwercken von goltercz oder silberercze tût von recht oder gewonheit, âne geverde. Auch wollen wir sie und die iren, und daz sie ûff demselben pergwercke haben, schuczen, schirmen und versprechen und zû recht pringen und bî recht behalten gên allermenglichen, alz offt dann dez nôt geschicht, und auch den unsern dasselbe zu tûn gebieten âne geverde. Und ob daz wêr, das sie das obgenant pergwercke von herren nôt oder von wasser oder von gots verhengnisse, wie dann das darkêm, dâ got vor sî, niht pûwen mochten noch wolten, oder daz sie oder ire erben düchte, daz ez in nicht mêr fûglichen wêr zû pûwen: sô mogen sie ez ligen lâssen und dâvon gên, und dasselbe perckwerck lâssen ledig stên ungehindert von allermenglichen âne geverde; und mogen auch iren zug pferde oder ander ir geschirr, was dann zû der grûben und perckwercke gehôret, hinweg fûren, verreichen, vergeben oder verkeuffen, und dômit tûn waz sie gût duncket. Und ob daz wêr, daz sie oder ir erben von dem obgenanten perckwercke gingen, und daz sie daz ledig liessen stên: sô sollen sie oder ir erben kein recht furbaz mêr zu demselben perckwercke haben, und sol der brieff keine crafft noch macht mêr haben.

Mit urkund diss briefs versigelt mit unser kuniglichen maiestât anhangendem ingesigel. — Geben zû Heidelberg, ûff den nêchsten mitwochen nâch dem sontag als man singet in der heiligen kirchen Lêtâre, in dem iâre alz man zalte nâch Christî geburte vierczehenhundert und funff iâre, unsers rîchs in dem funfften iâre.

Ad mandatum domini regis
Jôhannes Wînheim.

264 (265). *Verfangenschaft. Sukzession in die gesamte Hand. Gerichtlicher Protest.* (1406, Oktober 27.)

Thomas Der Oberhof zu Frankfurt am Main 474 Nr. 52. Vgl. Nr. 134, 172; Schröder GüterR. II 2 S. 128, 136 f.; Laband Die vermögensrechtl. Klagen 301 f.; Kohler Zum fränk. Recht (Zitat zu Nr. 200) 98 verbunden mit 104 Nr. 2.

Als Peter von Bockinheim ûf wiesen in dem Lindei vor Frankfurt gelegen von sîns kindes wegen gekommert hatte, die demselben sîme kinde zû einer hant ûferstorben wêren von sîme anherrn, und im zû wizzen getân was, daz Kathrîne Zerolde von Bockinheim, des kindes anfrau, die wiesen Nulden, irem son, ûfgeben hette, und wêre nû von desselben Nulden wegen gerichtet an den wiesen vor desselben Nulden schulden, und hoffte, daz solich ûfgift und richtunge nit macht sulde hân, die wîle dem êgenanten sîme kinde die zû sîme anzal zû einer hand ûferstorbin wêren. Und Kathrîne Zerolde vur sich stalte, sie meinte, daz ir daz wol geboren mochte, wenn sie wolde.

Und nâch clage und antwort beider parthîen vorgenant sô hân unser herren mit orteil gewîset: Nâch dem als Katherîne êgenant bekenntlich wêre, daz die wiesen dem kinde obgenant zû sîme teil zû einer hand erstorben wêren, daz sie dan die nit virkeufen, virsetzen oder virûssern mege während ir lebtage. Sonst nimmet man ir ir recht nit, obe daz kint êgenant êe von tôdes wegen abeginge(n) dan sie. Und daz Peter auch vurter von sîns kindes wegen die sache alle jâr vor des rîchs gericht zû Frankfurt offnen und ernûwen sulle.

265 (266). *Verbotene Eigenmacht.* 1407, Januar 4.

Bremer Ratsurteil bei Oelrichs Volstaendige Sammlung alter und neuer Gesez-Bücher der . . . freien Stadt Bremen 161.

Schêdinge up lêengûde mit den Groningen. Ein schele[1]) quam vor den râd twischen vor[2]) Alheide Groninges und Alheide, erer dochter, up eine sîd, und Clawese Groninge up de andern sîd, alsô dat vor Alheid und ere dochter vorscreven sik beklagenden, dat Clawes Groningh hedde en entfôred van den Nîenlande[3]) in nachttîden ere korn, dat se beklaged hadden vor dem râde; und hadde dat in nachttîden, alse de stad gesloten was, gevôret over de Wesser in unse stad, und eren knecht gehindert, dat he en des nicht witlik dôn enmochte, alsô he in dem êde sête und ein sworen râdman wêre; und bat dar rechtes richten[4]) over. Dar Clawes vorscreven tô antwordede, dat korn, dat he gevôret hedde, wêre sîn, und enstunde der Groningesche ofte erer dochter dar nicht an tô, wente id lêengûd wêre[5]), unde enbegerede dar nicht men rechtes umme, und hadde ôk eres knechtes nicht gehindert. Dar antworden de vrouwe und ere dochter tô und spreken, dat korn dat Clawes gevôret hadde, dat hadde se beklaget, und wêre ere, alsô se dat bewîsen wolden.

Dârup wi dô schêdeden vor rechte: Clawes scholde dat korn wedder bringen up de were, dar he dat van genomen hadde, und scholde dar blîven alsô lange, dat se mit rechte darumme geschêden wêren. Und nâ den dat Clawes dat beklagede korn in nachttîden gevôret hadde van der were und in nachttîden gevôret hadde in unse

[1]) *vgl. S.* 141[1]. — [2]) *vgl. S.* 129[2]. — [3]) *am linken Weserufer, jetzt z. T. bedeckt von der Bremer Neustadt.* — [4]) *so statt* richter *der Vorlage. R.* — [5]) *das Lehen, um dessen Früchte es sich handelte, wurde von dem Klaus Groning, einem Verwandten des verstorbenen Mannes der Klägerin, als Mannlehen in Anspruch genommen.*

stad, alse unse brugge und stad gesloten was, und he ein sworen râdman wêre, sô enmochte he dat sunder bôte und brôke nicht gedân hebben, und wolden dar vorder umme spreken. Sô segge wi Bernd Merk borgermeister, Dêtward van der Hûde, Hinrîc Duckel, Merten van der Lesmen, Clawes Zelslager, Freder Wigger und Hinrîk van der Trupe vor eine bôte, dat Clawes Groningh vorscreven nicht mêr enschal tô râde gân und den râd nicht mêr sweren, he ensî recht geworden in den vorscrevenen gûde, und wîset se darumme in beiden sîden vor den lêenhêren. Sub anno Domini 1407., feria tertia proxima post festum circumcisionis Domini.

266 (267). *Deszendentenerbfolge nach Stämmen. Gesetzliche Leibzucht des überlebenden Ehegatten bei kinderloser Ehe in Thüringen.* 1409, August 19.

Nordhäuser Oberhofsentscheidung für Frankenhausen, E. G. Förstemann bei K. Ed. Förstemann, Neue Mittheilungen aus dem Gebiete historisch-antiquarischer Forschungen 1, Heft 3, 72. Vgl. Schröder RG.[5] 769 f.

Casus in Frankenhûsen. Unsern fruntlichin dînst zûvor. Ersamen wîsen lûte, gûdin frunde! Wir tûn ûwir êrbarkeit wissin, das mit uns ist gewest vor gezîten ein frowe, die hâd zwên sone gehad, die hâd sie abe geteilet, und hâd sich verandert, und hâd mit dem manne d[i]cheine erbin gehad. Nû sind der frowen sone beide gestorbin, und sie hâd orer sone tôde manche zîd gelebet[1]). Nû ist die vrowe verstorbin, und der man hâd die gûter gehad zû sînem liebe. Nû habin ire sone gelâsin kinde, der eine ein kind, der ander vîre. Nû ist der man gestorbin, der dâ hâd die gûte gehad zû sînem liebe. Nû meind der ein sons kind, die gûter sollin em[2]) halb erstorbin sîe[n]. Nû meinen die andern sons kind, er solle mit en glîchin teil nemen. Bittin wir ûwer stad recht dorumb etc.

Responsio. Unser fruntlichen dînst. Ersamen wîsen lûte, gûten frunde! Als ir uns geschriben, wie das zwêne brûdere bî ûch verscheidin sind, die beidersît kindere gelâsin habin, einer ein kind und der andere vîre, und daz den kindin von irer beider vetere mûter was gûtere ûf erstorbin sin etc., und begerd dorumb unser stadrecht zû erfarnde, das habin wir wol vernomen und tûn ûch wissin, daz unse stadrecht umb sulche sache is, das dem einen kinde alsô vil von den gûtern gebord, die sîn elder mûter gelâsin hâd, alsô den andern vîren, wann îglich vater in sulchem angefelle, das von den eldern bekummet, sîne kindere nicht forder beerbin mag, dann als om selbist geborin mochte. Datum secunda post assumptionis, anno nono.

---

1) *überlebt.* — 2) *die Vorlage hat* ein.

267 (268). *Grundstücksverpfändung vom Schuldner vor Gericht zu erklären und mit seiner Bewilligung zu buchen. Verbindung der Satzung mit bedingter Übereignung. Kopfbedeckung als Übertragungssymbol. Weinkauf.* 1410, Mai 24.

Oppelner Oberhofsentscheidung für Ostrow, (Böhme) Diplomatische Beyträge zur Untersuchung der Schlesischen Rechte und Geschichte, Teil II (des 1. Bandes, 1771) 91. Vgl. von Meibom PfandR. 416-421; Rabel Die Haftung des Verkäufers I 194 ff., 296[8]; Gierke PrivR. II 816; derselbe Schuld und Haftung 87 f., 369; Schröder RG.[5] 749.

Ich Nicolaus Schônebecke, foit zû Ostrow, und wir scheppen dôselbst zûe Ostrow: . . .[1]) bekennen offenliche in desem briefe, daz vor uns komen ist vor gehegeter bang Peter Richter von Krokaw und geclait zû Peter Becken unsirn mitburger zû der Ostrow umb sein vetirlich erbe, das her sich undirwundin hôt, dô en hûre gewalt van getreben hette, und hât em das nocze gemacht und mir unnocze, und lôt em versûchen in deme rechte, ab ich mich nicht wedir sal halden zû meime erbe, adir waz ein recht wêre? Dô stunt Peter Becke kegenwortig und sprach: 'Her foit! Ich habe dir wedir zû reden. Ich wil mich zîen an zwêne bêdir manne, di noch leiben und leben, vor den eine rechte wilkore geschên ist, wî mir Peter Richter einen garten vorkauft hatte, gelegen undir der wedem[2]), des her mich nicht geweren mochte. Des habe ich denselben Peter Richter gemanit umb mein gelt, das her mir das wedirgêbe[3]), wenne her mich desselben garten nicht geweren mochte; dô sprach Peter Richter zû Peter Becken[4]): „Lîbir Peter! Ich habe daz gelt îczunt nicht. Stunde mir das gelt um sende Michils tag, der nêste komit, obir ein jôr. Ich wil dir seczen eine halbe hûbe erbis vor das selbe gelt; lôze ich is denne nicht um sende Michils tag, der nêste komit, obir ein jôre, umb das selbe gelt, sô sal denne di halbe hûbe erbe dein sein und deinir kinder, erblichen zû haben vorbaz mê, ân[5]) daz ich und di meinen vorbaz mê immir dorumb zû reden haben". Dorumb lôzit vorsûchen in deme rechte alsô als eine rechte wilkore geschên ist vor zwêen êrbêrn manne, di noch leiben und leben, an di ich mich zîe, und in der stat bûch geschreben ist, doran ich mich ouch zîe, ab ich nicht bilscher dôbei bleiben sulde, wenne das mich îmant doran gehindirn mochte?' Dô sprach Peter Richter: 'Her foit! Ich habe dir wedir zû reden. Lîbir foit! Hî stê ich und zî mich an keine zeuge und wil auch keine zeuge leiden, sundir ich zîe mich in ein gleich recht, alzô als ich mein erbe nî vorkouft habe keinen manne, noch nî vorricht habe, weder vor foite, weder voren rôte noch vor keinen (!) manne, und meins kogil nî abgezogen habe[6]), dômete ich îmande vorricht hette mein erbe, und ouch keinen leinkouf dorobir nî getrunken habe[7]), wenne ich nî derbei gewest ben

---

[1]) *es folgen sieben Namen.* — [2]) *Kirchen- oder Pfarrgut* — [3]) *der Kaufpreis war also bereits bezahlt.* — [4]) *der Beklagte spricht noch immer und setzt die Namen, statt zu sagen: er sprach zu mir.* — [5]) *so statt* und *der Vorlage. R.* — [6]) kogel, gugel, *Kapuze. Zur Sache vgl. Grimm Rechtsalterthümer 148 ff.* — [7]) *vgl. Grimm a. O. 191 f.*

und ouch meinen willen nî dorzû gegeben habe, das mans in der stat bûch geschreben habe. Dorumb lôsit versûchen im rechte, ab ich nicht bilscher und nêer dôbei bleiben sulde, wenne das mich îmant dorvon gezeugen und getreiben moge? Und dorobir, lîber foit, ab di êrbêrn leute, di scheppen, daz recht nicht bei en hetten noch vinden kunden, sô stê ich hî und dirwege mich meinis freuen geldis und wil mit em ein recht koufen[1]), und lôsit das holen an der stat, dô ers von rechte holen und kaufen sollit'. Des habe wir gesant ken Opol clage und entwert, als obene geschreben stêt, zu den êrbêrn leuten, di ein beschreben Mêdeburges recht haben. Dô habe wir daz recht lôsen holen und koufen. Des zû orkunde habe wir gebeten den hôchgeborn fursten herzog Bolken zû Opel, unsern genêdigen hirren, das her sein ingesegil an den gedrogit hôt, gegeben zû Ostrow am dinstage vor Urbani[2]), anno Domini 1410.

Of clage und entwort, alsô dô vorne geschreben stêt, wissit: Ist, daz Peter Richter komen ist vor einem gesessen rôt adir vor eine gehegete bang, und hôt gewillekorit ôf di sache, alzô dô vorne geschreben stêt, und mit seime willen, wissen und geheise das in der stat bûch adir in der scheppen bûch hôt lôsen schreiben, sô ist Peter Becke nêer[3]) bei der halben hûben zû bleiben, wen em (!) îmant dôvon gedrungen moge. Und daz vorkaufe wir scheppen zû Opol und sprechen euch vor ein recht. Gegeben zû Opul an sende Vincencii tag, nôch Gotis geburt fîrzênhundert jôre und in dem zênde jôre.

268 (270). *Ein Stadtbezirk als Eigentümer. Hausleihe im Übergangsstadium (Leihebrief mit Auflassungsformel). Leibrente. Rentenkauf. Hausmarken.* 1411, April 12.

Nach dem Original im Aachener Stadtarchiv. Jetzt auch bei Loersch Aachener Urkunden des 13., 14. und 15. Jahrhunderts (Zitat zu Nr. 146) 163 Nr. 17. Vgl. Arnold Eigentum 87-140, 286 ff.; Homeyer Die Haus- und Hofmarken.

Wir Jôhan van Echt, zer zît kerstovels der grâischaf[4]) vur Nûweporze, Gêrart van Wîlre, scheffen zô Âiche, Gödart Bertolf, Jôhan Engelîn, Clôis Garze, Jôhan Ghêne ind Volcwîn in Mölengass, alle samen wôinaftich in der selver grâischaf van Nûweporze, dôen kont allen lûden ind kennen mit desen brîeve, dat wir van wegen der grâischaf vurschreven erflich ind umbermê in erve gegeven hâint Nîs Schellensleger deme schôemecher ind sînen erven ein hûis ind

---

1) *das Wort 'kaufen' wird hier gebraucht mit Rücksicht auf die durch Einholung der Entscheidung entstehenden Kosten und Gebühren.* — 2) *Mai 20. Vier Tage später fällten die Schöffen von Oppeln schon ihr Urteil.* — 3) *vgl. S. 146*[3]. — 4) *die Stadt Aachen war in neun Bezirke eingeteilt, welche* comitiae, *Grafschaft, hiessen. Jede hatte ihre Vorsteher, die im 13. Jahrhundert* comes stabuli *hiessen; daraus ist* kastoivel, kerstovel *entstanden. Vgl. Loersch in Annalen des hist. Vereins für den Niederrhein 17, 265 ff.*

erve mit sînen zôbehôere gelegen binnen Nûweporze, tuschen der porzen ind Hans Banz hûise, ind vur zwein swôir Rînsche gulden erfzens, dei der selve Nîs ind sîne erven van nû vort alle jâre op dach datum dis briefs dâe van gelden soilen, ind vort vur zweilf swôir Rînsche gulden eins zô geven, die der vurgenant Nîs ons in behôef der grâischaf bezâilt hâit. Ind want Rôillant van Hôekirchen dit hûis ind erve sîne lêefdage van der grâischaf vurschreven hadde, sôe sîn wir mit eme overkomen, want he deme vurgenant Nîs ind sîne erven dat hûis overgegeven hâit, dat he sîne lêefdage lanc die zwein swôir gulden des jôirs an deme selven hûise opheven sal, ind darzô sal eme die grâischaf noch einen swôiren gulden sîne lêefdage lanc des jôirs gelden, darzô die zwelf gulden vurschreven gekeirt sint. Ind Nîs hâit noch drî Rînsche gulden darop geleint, sôe is gevurwert, dat Nîs die drî gulden Rôillant binnen drîn jôiren afslâin sal an den zwên gulden, die he eme van den hûise sîne lêefdage gilt. Ind vort sôe haven wir in die grâischaf einen rojaul [1]) erfzens gegolden an Gîsen des rôders [2]) hûis ind erve onder die Linde gelegen in Konningsporz grâischaf, dâe wir die vurgenanten vunfzîen gulden an gekeirt haven; dâe van sal die grâischaf einen gulden deme vurgenant Rôillant sîne lêefdage alle jôir geven, ind nâe sînen dôde sôe soilen de selve ein gulden ind ouch die zwêne gulden an Nîs hûise der grâischaf anervallen sîn zô êwigen dagen. Ind in deser mâizen verzîen wir [3]) van wegen der grâischaf vurschreven up dit vurgenant hûis ind erve zô êwigen dagen in behôef des vurgenanten Nîs Schellenslegers ind sînre erven, ind hâint dis zô kennisse der wôirheit wir Jôhan van Echt, Gêrart van Wîlre, Gödart Bertolf, Jôhan Engelîn, Clôis Garz, Jôhan Ghêne, ind Volcwîn in Mölengasse vurgenant onse segele, ind die eghein segele enhâint ire mirk [4]) an desen brîef gehangen, ind hâint vort gebeden den vurgenant Rôillant dat he zô konden der wôirheit deser sachen vurschreven sîn segel mit an desen brîef hâit gehangen, dat ich Rôillant vurgenant zer beden des kerstovels in nâeberschaf vurschreven kenne wôir sîn ind gerne gedâin hâin. Gegeven in't jôir ons Hêren dûsent vierhondert ind elf jôir, op den heiligen pôischdach.

---

[1]) *der Rojal ist im 14. Jahrhundert viel, im 15. etwas mehr wert als der Gulden; in diesem Wertverhältnisse liegt der Vorteil, den die Grafschaft durch das Geschäft erzielt.* — [2]) *vgl. S. 128*[4]. — [3]) *die sonst nur bei Übertragungen zu vollem Rechte gebräuchliche Auflassungsformel lässt erkennen, dass man die Hausleihe bereits als Eigentumsübertragung mit Vorbehalt einer Rente ansah; doch war die Umwandlung noch nicht so weit durchgedrungen, dass man statt des Leihebriefes die gerichtliche Auflassung für erforderlich erachtet hätte. Vgl.* S o h m *Auflassung (Zitat zu Nr. 19) 114 ff.* — [4]) *nur fünf teilweise erhaltene Siegel befinden sich noch am Original. Von diesen zeigen zwei die Marken des Bertolf und des Engelin. Sie stehen nicht in Schilden und haben keine Umschrift. Hiermit wird also die im Anzeiger für Kunde der deutschen Vorzeit, 1872, Sp. 317 von „F.-K.“ ausgesprochene Ansicht 'Siegel mit Hausmarken ohne Namen des Inhabers werden wol schwerlich vorkommen' widerlegt.*

269 (271). *Schichtung. Fortgesetzte Gütergemeinschaft in zweiter Ehe. Niftelgerade nach Magdeburger und nach Oppelner Recht.* 1412, Januar 15.

Oppelner Oberhofsentscheidung, (Böhme) Diplomatische Beyträge zur Untersuchung der Schlesischen Rechte und Geschichte, Teil II (des 1. Bandes, 1771) 93. Vgl. Schröder GüterR. II 3 S. 13 f., 145, 160 ff.

Unsern fruntlichen grûs zûvor. Lieben frunde! Dingzeit hôt sich vorloufen, das ein man, Zumpchin geheisin, der hotte eine frouwe, mit der hotte her zwei kinder, zwei knechtchin. Des starb der bêdir man Zumpchin. Dornôch nom di frouwe einen andirn man, Pauel geheisin. Des trot di frouwe dor vor uns mit den zwein kindin und mochte den kindern vatir erbe auz dem gûte, das ir ir man Zumpchin gelôssin hotte und ouch der frouwen andirstorben was von erem vatir. Dornôch hotte di frouwe mit dem manne Pauel zwei kinder, beide meidelîn. Des ist di frouwe tôt. Nô trot Pauel mit sînen zwein meidelîn dor, alsô als si meidelîn sin, und wil zûvor aus dem gûte mûtir cleidir und gebende haben. Dô sint di êrsten zwei knechtelîn dô wedir, alsô als is von erem vatir dorkumen ist. Bite wir euch, uns ein recht umb unsir gelt zû vorkeufin [1], werzû di êrsten kindir recht haben an cleidir und an erbe und an gûte, adir werzû di andir kinder recht haben an cleider und an erbe adir an gûte; das stêt uns umb euch zû verdînen [2]).

Of di soche als ir uns geschriben und gebethen habit, euch unser statrecht zwischin Zumpchins kinder an eime teile und zwischin Pauels kindir am andir teile zû vorkeufin, sullet ir wissin: Waz Zumpchin gehôrt hôt an erbe und an gûthe, und das nicht vorgeben noch vorricht hôt vor gehegetir bank vor dem foite und vor den scheppin in rechtir dingestat, das ist allis gestorbin an sîne kindir. Und hôt di frouwe nôch eres mannis tôde den kindern, di se mit Zumpchin gehot hôt, auz dem gûte, das ir von erem manne Zumpchin worden ist und ouch was er von erem vater angestorben ist, vater erbe gemacht und hôt das getân vor dem foite und vor den scheppen vor gehegetir bank an rechtir dingestat, sô fulgit is den zwein knechten, di se mit Zumpchin gehot hôt; adir hôt se das nicht getôn vor gehegetir bank an rechter dingestat, als vor geschrebin stêt, sô ist allis, das ir ir man Zumpchin gelôssen hât, was von rechte an se komen ist und ir von dem [andern] manne vorreicht ist und ir von erem vatir angestorben ist, halb an di kinder, di se mit Zumpchin gehot hôt, und halb an di kinder, di se mit dem andern manne gehot hôt, gestorben. Und um das gebende und mûtir cleider wisset: Nôch beschrebin Meideburgisch rechte wêren mûtir cleidir und gebende an di nêste spinne wîplichs geslechtes gestorben, das ist an di zwei meidelîn, Pauels kinder; adir dô unser hêre, der von Bissen, dem Got gnôde, unsern hirn herzog Bolcken und herzog Bernhardn und unsirs hirn des bischofs vormund was, dô wandilte her das recht mit alle unsir herrn stete wissen und willen in sulchir

[1]) *vgl. S. 197*[1]. — [2]) *vgl. S. 180*[2].

schicht: storbe ein frowe und lîse kinder und man, das di gerâde, aussgenomen schôfe, sulle sterben an eren man, alsô das hers den kindern nicht enfremde in keinem wîs, — und hôt uns das verbrieft mit sînen briefen und bestetigit mit sîme grêsten angehangen ingezegil, des auch [1]) alle unsir hirn stete, Glogaw, Crapicz, Falkenberg, Schorgost, Bostuwicz etc., ausschrift genomen habin. Und das selbe recht halde wir. Und dô di frouwe gestarb, dô storb gebende und mûtir cleidir halb an Paueln, der zwein meidelîn vatir, alsô das her das den kindirn nicht enfremden sulle in keinem weis, und di andir helft des gebendis und mûtir cleidir storb an di kinder, di se mit Zumpchin gehot hôt. Und das spreche wir scheppen zû Opol, ouch vorkoufen is euch vor unsir statrecht. Zû orkunde haben wir unsir scheppen ingezigel an den brief lôssin drucken, der gegebin ist zû Opol nôch Gotis gebort vîrzênhundert und in dem zwelften jôre, am nêste frîtage vor Agnêtis.

270 (272). *Verschreibung einer Schenkung unter Lebenden und von Todes wegen vor dem Stadtbuche. Erbeinsetzungsvertrag. Handelsgesellschaft.* (1413.)

Eintrag im Lübecker Nieder-Stadtbuch, Pauli Abhandlungen aus dem Lübischen Rechte III 190. Vgl. Rehme Das Lübecker Ober-Stadtbuch 62 ff.; Schröder RG.[5] 743[82]; K. Lehmann Lehrbuch des Handelsrechts[2] 285, 291-293.

Notandum, quod Wolterus Heize senior coram libro recognovit, quod, si Jacob Bod et Wolterus Heize iunior aut alter eorum post mortem suam supervixerit, extunc ipsis simul aut alteri eorum superviventi societatem mercatorialem, quam habet cum eis, penitus quitam remittet. Et cum hoc cuilibet eorum assignavit centum marcas denariorum Lubecensium de promptissimis suis bonis post mortem suam sublevandas. Insuper cuilibet terciam partem cuiusdam sue domus . . . [2]) post mortem suam mobiliter habendo [3]). Si aut ambo aut alter eorum predictorum in vita Wolteri senioris antedicti secundum suum consensum uxorem matrimonialem duxerit, extunc ipsi vel alter eorum prefata dona ipso vivente sine dolo consecunciet [4]).

Rursus predicti Jacobus Bod et Wolterus iunior recognoverunt, quod, si ipsi aut alter eorum sine legitimis pueris diem suum clauderent extremum, sepedicto Woltero seniori superviventi extunc omnia mobilia et immobilia bona defuncti aut defunctorum sine contradictione qualibet devolventur, ut cum eis libere disponat quicquid sue placuerit voluntati.

---

[1]) *die Vorlage hat* auch und. — [2]) *hier auch bei Pauli eine Lücke.* — [3]) *die Übertragung von Grundstücken als Fahrnis oder als Kaufgut, in Lübeck sehr gebräuchlich, bedeutete Ausschliessung des Erbenwarterechts; vgl. Rehme Das Lübecker Ober-Stadtbuch 101, 102, 135 ff., 164.* — [4]) = consequetur.

271 (273). *Bodmerei.* 1415, Mai 27.

Eintrag im Lübecker Nieder-Stadtbuch, Pauli Lübeckische Zustände im MA. III 247 Nr. 248. Vgl. Pauli ebenda 94 ff.; Matthiass Das foenus nauticum und die gesch. Entwicklung der Bodmerei (Würzburger Diss. 1881) 82 f., 85, 98 ff., 105; Gierke PrivR. II 962; Pappenheim Handbuch des Seerechts II 129.

Notandum: Ludekinus Stenhorst coram consulatu impetivit Wernerum Hoep racione 55 librarum grossorum Flamenti pagamenti, quas cuidam Martino Tarthoven, qui navem, cuius quarta pars eidem Wernero pertinet, regendo gubernat, mutuando concessit. Ad quod idem Wernerus respondens dixit, quod ipse dicto Ludekino in nullo promisisset nec sibi in aliquo teneretur obligatus. — Iuxta premissa consulatus pronunciando decrevit: Ex quo ipse Wernerus eidem Ludekino nullam pecuniam tradidit nec promisit, propterea idem Ludekinus predictam pecuniam ab ipso Martino Tarthowe et ab ista quarta parte navis, que Wernero prenominato pertinet, iuridice potest emonere. Postea quarto die idem Martinus Tarthowe coram consulatu recognovit, quod prenominatus Ludekinus Stenhorst sibi prefatam[1] summam pecunie super fundo predicte quarte partis navis ipsi Wernero[2] pertinente nomine *bodemgelt* sine spe lucri et usure prompte vere mutuasset.

Notandum. Ex quo Martinus Tarthow supra notatus ipsi Ludekino Stenhorst supradictas 55 libras grossorum, in quibus sibi racione quarte partis cuiusdam navis Wernero Hoep pertinente tenetur obligatus, minime solvere potest, nec ipse Wernerus persolvere vult iuxta superius annotata, consulatus interlocuciones pronunciando[3] decrevit: quod, si prenominatus Wernerus Hoep eidem Ludekino Stenhorst predictam summam pecunie ante proximum futurum festum nativitatis Marie non persolverit, extunc eadem quarta pars navis loco summe pecunie memorate ipsi Ludekino Stenhorst veraciter et iuste debebit appertinere.

272 (274). *Anfechtung eines Testamentes seitens der nächsten Erben.* (1415.)

Eintrag im Lübecker Nieder-Stadtbuch, Pauli Abhandlungen aus dem Lübischen Rechte III 253. Vgl. Rehme Das Lübecker Ober-Stadtbuch 165 ff.; Schröder RG.[5] 775.

Notandum, quod Tidericus de Alen in anno noviter preterito constitutus coram consilio impetivit provisores testamenti Pauli de Alen, sui patrui quondam, nitens hoc idem infringere testamentum ex eo, quod, licet ipse esset proximus heres dicti Pauli, tamen non esset in eiusdem testamento dotatus sive in aliquo condonatus.

---

[1]) *die Vorlage hat* prefatum. — [2]) *die Vorlage hat* ipso Werneri. — [3]) *die Vorlage hat* pronunciande.

273 (275). *Pfandbrief (ältere Satzung) mit Orderklausel. Willebrief.* 1421, September 5.

Monumenta Boica 34, 1 S. 278 Nr. 114. Vgl. Brunner in ZHR. 23, 253; Schröder in ZRG. 29, 264 f.

Ich Hanns von Nenningen, zû den zîten pfleger ze Füßen, bekenne mit dem offen briefe für mich und all mein erben und tûn kunt allermenklichen: Wann der hôchwirdig fürst, mein gnediger herr und leiplicher brûder, her Anshalm bischof zû Augspurg und ich die zît bisher nâch unsers vaters und unser mutter tôden, den Got gnedig sî, allez unser väterlichz und mütterlichs erbe nie von einander geteilt haben, und mir derselb mein gnediger herr und lieber brûder recht brüderlich trew gegönnt hât, solch unser väterlich und mütterlich erb auf pfantschaft ze legen und dieselben pfantschaft auf mich und mein erben zû verschrîben und die nutzung derselben pfantschaft inzenemen und ze nieszen, sunderlichen als ich von unser lieben frawen stift ze Augspurg lang zît mit unser beider väterlichen und mütterlichen erbe die vesten Kullintal mit aller zûgehörung verpfendt hân gehept und mir gütlichen dâvon ist beschehen, und darnâch der obgenant mein gnädiger herr und lieber brûder von Gots gnâden bischof desselben unser lieben frawen stifts ze Augspurg ist worden und mir ein ander nützlicher pfantschaft, mit namen die vogtî ze Uttenbûren und die gût ze Buchlûn und ze Tullishûsen, in mein hant aber mit unser beider väterlichen und mütterlichen erbe bracht und auf mich und mein erben verschrîben lâszen hât nâch ûzwîsung des pfantbriefs, den ich von im und seinem capitel darüber hân; und wann derselb pfantbrief mit einem besundern artikel ûzwîset, wer den brief mit meinem gûten willen innhab und des einen offen brief mit meinem und zweier oder drîer insigeln hab, daz der all die recht soll hân, die mir und meinen erben an dem obgenanten pfantbriefe sint verschriben: darumb hân ich mit wolbedachtem sinne und mûte und in rechter brüderlicher trew angesehen und betrachtet den merklichen nutz, der mir durch meinen obgenanten gnedigen herren und leiplichen brûder alsô mit unser beider väterlichen und mütterlichen erb bisher zûgegangen ist und êrst mit solicher newer nutzung, die er mir zûgefügt hât, ob Got wil, nützlicher zûgên mag in künftigen zîten, und hân im denselben newen pfantbrief uber die vogtî zû Uttenbûren und uber die gût zû Buchlûn und Tullishûsen mit rechter gewiszen[1]) zû den zîten, dô ich es wol getûn mocht, und als es billichen und von recht kraft und macht hât, ingegeben und geantwurtet, ingib und antwurt mit kraft diss offen briefs unbezwungenlichen, durch recht lieb und brüderlich trew und mit frîem gûtem willen, als ich im des ouch von rechts wegen schuldig bin ze tûn: alsô und mit der bescheidenheit, daz Got der allmechtig in und mich noch lang frist und leben lâsz; ob ich aber — als nichts gewisser denne der tôd und ungewisser

[1]) *etwa = mit rechtsgültiger Gewissheit; vgl.* Wunderlich *in Grimms WB. Bd. 4, Abt. 1, Teil 3, Sp. 6231 Nr. 1.*

denne die zît des tôds ist — vor im von tôde abgieng, daz er denne alle die recht an der obgenanten newen pfantschaft nâch inhalt des pfantschaftbriefs hab und haben sol, als mir und meinen erben daran ist verschriben, und im derselb pfantbrief mit allen worten, stücken, puncten und artikeln, die darinne sint begriffen, vor allen leuten und gerichten, geistlichen und wertlichen, und zû aller seiner nôtdorft und nâch allem seinem willen als kreftig und nüczlichen sîn sol, als ob er von wort zû worte mit namen auf sîn selbst persôn geschriben were, all geverd und argelist genzlich ûzgescheiden. Und des zû wârem urkund haun ich im disen offen wilbrief gegeben mit meinem eigen ‸anhangenden insigel versigelten und hân gebeten die êrbêrn vesten Ital von Westernach, zû den zîten vogt zû Dillingen, meinen lieben ôhem, Jâcôben von Althain und Frantzen vom Stein zû Diemenstein, daz sie ir insigel zû dem meinem (!) ouch an disen brief gehengt haben zû einer zeugnuss der vorgeschriben sach, in selber und iren erben ân schaden. Daz ist beschehen dô man zalt nâch Christi geburt vierzehenhundert tweinzig und ein jâr, an dem nehsten frîtage vor unser lieben frawen tage, als sie wart geboren.

274 (276). *Tausch. Ewiggeld und ablösbare Rente. Ein Grundzins als Zubehör eines Grundstückes.* 1422, Oktober 31.

Mone in ZGO. 20, 399. Vgl. Brie (Zitat zu Nr. 126) I 222[43]; Gierke PrivR. II 761; Schröder RG.[5] 747.

Ich Hans Rospach, ein scheffen zû Landauwe, bekenne mit diesem briefe, daz vor mich quam öffenlichen her Jôhans Culman, ein frühemesser zû Böchingen, und Cuntze Kaltenbecher, ein bürger zû Landauwe, und Kethergin, sîn êliche frauwe, und die verjâhen sich ôf bêde sîte in gerihtes wîse für sich und für alle ir erben, daz sie eins gütlichen wehsels gein einander mit einander überkommen sîn mit iren hûsern und hofereiden, als hienâch begriffen und geschriben stêt. Und ist alsô, daz her Jôhans Culman vorgenant für sich und sîn erben dem vorgeschriben Cunze Kaltenbecher und Kethergin, sînre êlichen frauwen, und irn erben hât geben sîn hûß unde hofereide mit allem bûwe, begriffe und zûgehörden, als daz etwann Lutschebechers sêligen was, in der Frûsche Auwe gelegen zuschen Claus Spîrer und Peter Herbort, und stœzet ôf Voltzen von Damheim; und daz zinset den herren von Ûßerstal ein ahtel korngeltes êwig, und den herren zûr Steigen 10 schillinge hellergeltes êwig, und Hans Liehtenstein dem jungen 3 phunt hellergeltes, die sint lösunge, und sante Jostes altar zû Oessingen 2 phunt heller, die sint auch lösunge, und der Lutschebechern 7 untze pfenninge, die sint lösunge mit 7 phünden pfenningen; und zû der vorgeschriben hofereiden gehörent 10 schillinge phenninggeltes dâ bî ôf der Rinnern hûse gelegen. Und dar gein sô hât Cuntz Kaltenbecher und Kethergin, sîne frauwe, für sich und ire erben dem êgenanten hern Jôhans Culman, dem frühemesser zû Böchingen, alsô geben ire hûß und höfel mit der zûgehörden in der grôßen Ringgassen, gelegen zuschen Hans Wöber und Langeheintzen, und stösset ôf Hans Frechen; und daz zinset den herren von Herde 15 gûter phenninge êwig, und der Kepsin 1 phunt heller, daz ist lösunge mit 6 phünden phenningen, und Margrêden zûr Crônen 12 schillinge phenninggeltes, die sint lösunge mit 12 phunden phenningen. Und wêr ez, daz ôf den vorgeschriben hofereiden iewider sîde id mê zinse stünden oder funden würden, den globent die êgenanten persôn ie ir eins dem andern abezûlegen âne alle widerrede. Die selben vorgeschriben persôn, her Jôhans Culman und Cuntze Kaltenbecher und Kethergin, sîne êliche frauwe, hânt auch iewider sîte globet für sich und für alle ir erben, dez wehsels und dirre dinge in eins rehten kaufs wîse zû wern nâch der stette zû Landauwe reht und gewonheit, âne alle geverde. Dez zû urkünde hân ich, der obgenant scheffen, durch ir bêder sîte betde willen mîn ingesigel gehenket an disen brief. Und ich Jôhans Culman obgenant erkennen mich der vorgeschribenen dinge und hân des mich und mîn erben zû ubersagen auch mîn ingesigel zû des obgenanten scheffes ingesigel gehenket an diesen brief, der geben ist ôf aller heiligen âbent, anno Domini 1422.

275 (277). *Näherrecht darf nur im eigenen Interesse des Berechtigten ausgeübt werden.* (1424.)

Feith Ordelboek van den etstoel van Drenthe (= Verhandelingen ter nasporing van de wetten en gesteldheid onzes vaderlands ... door een genootschap te Groningen, Pro excolendo iure patrio, deel 7, stuk 2) 31.

Tuschen Tîde Oesterholtinge ende Jôhan Engelbertsz to Kalchem is gewîst: Wil Tîde vorschreven holden met sînen êhede [1]), dat he den nâercôep als êen mombâer Lizebeth des kôpers berêedt heft, ende to Lizebeths behôef ende niet to sîns selves of anders iemandes benôef, so sal Lizebeth êen nâercôep beholden. Ende dôet he dat niet, sô sal Johan Engelbertsz de côep beholden. Ende dat sal Tîde dôen binnen drîe wêecken vor de schulte van Havelte.

276 (278). *Handelsgesellschaft mit Übertragung der Geschäftsführung auf den einen Gesellschafter.* 1426.

Hansische Geschichtsblätter 4 (Jahrgang 1874, erschienen 1875) 60 Nr. 1. Vgl. Nr. 188, 212; F. G. A. Schmidt Handelsgesellschaften in den deutschen StadtrechtsQu. des MA. (Gierkes Untersuchungen 15) 58, 63 f.; K. Lehmann (Zitat zu Nr. 270).

Wi Hinrîk van der Hûde unde Mauricius van Delmenhorst bekennen apenbâre in dessen certer [2]), dat wi zelschup [3]) to zamende ghemaket hebben under anderen in aller wîse alze hîr nâscreven

---

[1]) *Eid.* — [2]) *Vertragsurkunde.* — [3]) *Gesellschaft.*

steit: alsô dat Hinrîk van der Hûde heft ûth ghedâen viftich Bremer mark, dar Mauricius jheghen dâen heft 25 Bremer mark. Unde ik Mauricius vorbenompt hebbe dit vorscreven ghelt under handen uppe unser beider winninghe unde eventûre [1]). Wêre ôk, dat unser ein van dem anderen wolde unde de zelschup sliten, sô schal Hinrîk van der Hûde sîne viftich Bremer mark unde Mauricius sîne 25 Bremer mark tovoren afnemen, unde wes dar over is van winste, dat schole wi lîke dêlen. To êner orkunde zint desse zerter twê, de êne ûte den anderen sneden [2]). Anno Domini 1426.

277 (279). *Auflassung eines Leihegutes durch die Hand des Richters.* 1427, Mai 12.

Mone in ZGO. 20, 154 Nr. 21. Vgl. Nr. 12, 100, 126, 181; Gareis in ZHR. 21, 366; Schröder RG.⁵ 741; Gierke PrivR. II 275; von Amira Der Stab (Zitat zu Nr. 60) 84-96.

Ich Paul von Flims der junger, ze den zîten ammann ze Flims, tuon kond aller menklich mit urkünd diss briefs, daz ich von enpfelchnus des edlen wolbornen mîn gnædigen herren, grauf Hansen von Sax, und ôch von ain rechten wegen ze Flims [3]) offenlich ze gericht saz, ûf den tag und in der jârzal als diser brief geben ist, und dau für mich kam und für offen gericht kam der êrbêr Hans Bradel(!), iecz sesshaft ze Chûr, mit sînem erkornen vogt [4]) Hänfli Müller, burger ze Inlanz, und mit irm erlopten fürsprechen Hansen Paulen, und offneten dau ain versigletten brief, der sprach von etwaz huob wegen ze Flims gelegen, wie die dem vorgenanten Hansen Pradellen von Villa vormauls gelichen wærind nâch inhalt des selben briefs. Und dau man den selben brief vor offnem gericht verlas, dô sprach des vorgenant Hänfli Müllers fürsprech und des vorgenanten Hansen Pradellen: sî stöndin dau gegenwrtig gesunds lîb[s] und wol verdaucht, unbezwngenlich, und wæriud guots willen, ûf ze gebind Wecger Joppen und sînen erben, wenn er nit wær, ælli dü recht, sô Hansen Pradellen der selb brief wîsti; und waz der selb brief inn hett und im stünd geschriben, daz gæb er ûf mit mund und mit hand, nüt ûsgenomen, dem vorgenanten Wecger und sînen erben, und ze urkünd den selben brief dau mit, und enzig er sich des selben briefs und aller der recht, sô er zuo den gütern und huoben gehept hett nâch lût und sag des selben briefs. Und lies ir fürsprech an ain

[1]) *Gewinn und Gefahr.* — [2]) *vgl. Nr. 286 und 292 a. E., sowie Versuch eines bremisch-niedersächsischen Wörterbuchs V 310:* 'Zerter. *Mit diesem Namen wurden ehemals alle Verträge benennet: da man nämlich den Vertrag auf einen Bogen gegen einander zweymahl schrieb, und alsdan zwischen beiden ein Wort, welches die Parteien nach Willkür wähleten, mit grossen Buchstaben malete, und solches zackigt, oder schlangenförmig, durchschnitt: daher sie auch Indenturen,* chartae indentatae, *heissen', usw; ferner Schiller und Lübben IV 194* (serter), 275 (sniden); *Verwijs en Verdam I 1496* (chartre), *VII 45* (saerter), *1413 f.* (sniden); *Wattenbach Das Schriftwesen im MA.³ 192-195; Bresslau Handbuch der Urkundenlehre I (1889) 502-510.* — [3]) *Graubünden.* — [4]) *Hans Pradel war demnach noch minderjährig.*

recht: wie und in weller maus er daz ûfgæb, daz daz aller best nûn und hernâch kraft und macht het? Nâch mîner fraug ward erteilt ûf den aid: ich vorgenanter richter sölt si baid fraugen ze dem dritten maul, ob si des kôrsam wærint oder nit? Daz tet ich vorgenanter richter. Si sprauchend allweg des 'jau'. Dô gab recht nâch mîner fraug, si söltindz mit der hand ûfgeben mir an den stab und mit dem brief, und wenn sis dann alsô ûfgæbind, sô sölt ichz denn ûfgeben mit dem stab dem vorgenanten Wecger und sînen erben. Und alsô g(l)aubendz si mir ûf an den stab ainmütenklich. Dô stond der Wecger mit sînem fürsprechen Rüdin Schachler, und dem gab ichz ûf mit dem stab, alz recht und urtail geben hett. Dô lies des vorgenanten Wecgers fürsprech an recht: ob man im des nit bilich ain besigleten brief gæb, waz gericht und urtail geben hett? Nâch mîner fraug ward ertailt des 'jau', und gab recht: sîd ich vorgenanter richter aiges(!) insigels nit hett, daz denn den brief besiglen sölt der vorgenante mîn gnædiger herr von Sax, wan daz gericht sîn wær. Und alsô gib ich vorgenanter richter disen brief besiglet, der alsô mit gericht und urtail erkændt und ertailt ist. Des wir, wir vorgenanter herr, vergichtig sind, daz wir von bet wegen des vorgenanten unsers richters unser insigel gehænkt hând an disen brief, uns, unsren erben ân schaden, der geben ist an sant Brangeczis [1]) tag des jârs, dô man zalt von Cristus bürt fierzechen hundert und süben und zwainzig jâr.

278 (280). *Ahnenprobe.* 1427, Juni 7.

Friedrich Toepfer UB. der Vögte von Hunolstein II 185 Nr. 215.

Ich Niclâs voit und herre zû Honol[t]stein dûn kont allen den, die dissen brîf sehent oder hôrent lesen, daz mir wol kundig ist, daz Hûgellîns von Honoltstein vader von sîme vader hern Jôhane von Honoltstein geboren was, und was [2]) von sîner mûder geboren, von frauwe Iden vom Steine Kaldenfels. Und was des obegenanten Hûgels vater mûder von herren Jôhan Kemerer von Wurms geboren und von frauwe Elsen von Rôdenstein, alsô daz Hûgels von Honoltstein vier ainchen sint gewesen von sîns vader wegen: Honoltstein, Kaldenfels, Wurms und Rôdenstein. Und ist des êgenanten Hûgels vader wîp, sîn mûder, von irme vader geboren von herren Herman Bûben von Geisbisheim und von frauwe Getzen, herren Jôhans doc[h]ter von Baissenheim. Und ist des êgenanten Hûgels mûder von irer mûder geboren von herren Cônrâde von Merxesheim und von frauwe Katterînen von Sôtern, alsô daz Hûgels von Honol[t]stein ainchen von sîner mûder wegen sint gewesen Geisbisheim, Baissenheim, Merxesheim und Sôtern. [3]) Alsô daz Hûgels von Honoltstein vurgeschrieben

---

[1]) *Pancratius.* — [2]) *wir würden sagen: 'dieser war', d. h. der Vater.* — [3]) *es ergibt sich folgende Stammtafel:*

aicht ainchen sint gewesen Honoltstein, Kaldenfels, Wurms, Rôdenstein, Baissenheim, Geisbisheim, Merxesheim, Sôtern. Und sint des êgenanten Hûgels aicht ainchen zûm schilde und wappen geboren, wol und unvermenget bit einicher burgersart, und hânt auch alle zû der êe gesessen, und ist mir daz wol kundig und wisselichen, und begrîfen daz bî dem eide, den ich allen mînen herren gedân hân, und hân des zû urkonde mînen ingesiegel an disen brîf gehangen. Datum vigilia phendicostes, anno Domini 1427.

279 (281). *Verzicht des Landesherrn auf die Beerbung unehelicher Kinder (legitimatio minus plena).* 1427, November 16.

Lacomblet UB. für die Gesch. des Niederrheins IV 215 Nr. 183. Vgl. Nr. 183; Gierke PrivR. I 424 f.; Brie (Zitat zu Nr. 126) I 220[87], 227[13]; Schröder RG.[5] 766.

Wir Adolph, von Gotz gnâden hertzouge zô Guilge, zô dem Berge und grâve zô Râvensberge, dôen kunt, dat wir angesehen und bedacht haven manchveldige, getrûwe, dancknême dînste und willen, als uns Wilhem, zer zît unse kelner zô Angermont, in vurtzîden gedâin hâit, und noch in zôkomenden zîden dôin sall und mach, und haven darumbe van bede wegen desselven Wilhems sîne kinder, die Gêirdrûit Beckers dochter van Angermont van eme hâit, mit namen Anna und Grête, gevrîd und lôs und quît geschulden, und vrîen, lôs und quît schelden overmitz diesenselven unsen brief van alle alsulchen rechten und vervalle, als uns hernâmâils in eincher wîs van in ervallen und gebôeren mochte van dem, as si niet êlige kinder gebôeren ensint, nâ aldem herkomen und gewôenden uns lantz van dem Berge; sô dat dieselven Anna und Grête nâ irem dôide ire kinder und erven vortan erven mogen mit alle dem erven und gûde, dat si hetten und hinderlâissende wurden, glîchs und in alle dem rechten, als of si van vader ind môder rechte êlige kinder gebô[e]ren wêren. Datum Angermont, anno Domini 1427., dominica post Martini episcopi.

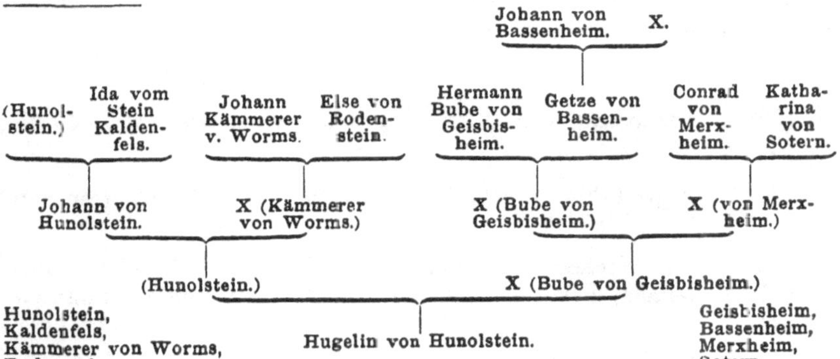

280 (282). *Vermögensauseinandersetzung bei unbeerbter Ehe in Frankfurt. Schenkungen unter Ehegatten. Auftrag zu Zinsrecht.* (1428, November 13.)

Thomas Der Oberhof zu Frankfurt am Main 482 Nr. 60. Vgl. Schröder GüterR. II 2 S. 35, 65 f.

In der gespenne und zweitracht zuschen herrn Gebel Flachen, vicarien zû sant Victor ûßwendig Menze, Clâs Flach, sînem brûder, etc. ûf ein und Herman und Bechtholde von Rückingen, genant Hantzeln, etc. ûf die andern sîten, als von des hûses und gesesses wegen bî sant Leonhart, dâinne Henne von Rückingen sêlger gewonet hât, und die vorgenanten Flachen furnâmen, nâchdem Kathrîne Flechen, ire swester sêlge, soliche hûß und gesezze zû Henne von Rückingen bracht hette, und iz alt erbe wêre, und dieselbe Kathrîne âne êliche lîbes erben abegegangen wêre, und der vorgenante Henne von Rückingen, der sîn lebetage sînen besesse dabî gehabt hette, darnâch auch verfaren wêre, daz sie dan hoffen, daz sie zû solichem hûße die nêsten wêren und iz wieder hinder sich ûf sie als ûf die nêsten erstorben wêre. Dargein die vorgenanten Hantzeln fur sich stalten, daz Henne von Rückingen, ir brûder, und die vorgenante Kathrîne, sîn hûsfrauwe sêlgen, solich hûß mit ein umb die Deutschen Herren geerbet hetten, des sie auch herren und weren hetten; und nâchdem Henne, ir brûder, zû leste abegegangen wêre, sô hofften sie, daz sie die nêsten darzû sîn sulten.

Und nâch furnemen, rede und widerrede beider parthîen hân unser herren die scheffen mit urteil gewîset: Nâchdem Kathrîne vorgenant daz êgenant hûß zû Hennen von Rückingen sêlgen bracht hât, und sie âne êliche lîbes erben abegegangen ist, und der êgenant Henne darnâch auch abegegangen ist, daz dan daz êgenante hûß der vorgenanten Kathrînen geswistern billich[er] werde und gefalle, dann Henne sêlgen geswisterden, — dieselben gewîseten dan, als recht ist, daz Henne von Rückingen und Kathrîne vorgenant sich des hûses gein den Dûtschen Herren geûßert haben, als recht ist, und dieselben herren daz auch zû iren handen genommen, und Henne und Kathrîne iz darnâch umb einen zins widerumb bestanden haben; oder daz die vorgenante Kathrîne dem selben Hennen sêlgen daz gegift und geben habe, als recht sî. Der gewîsunge sie nit getân hân.

281 (283). *Näherrecht des Miteigentümers (Ganerbenrecht).* 1429, April 18.

Schiedsrichterlicher Spruch, Fahne Die Herren und Freiherren von Hövel II 60 Nr. 60.

Wi Jôhan Wickede, Gêrwîn Cleppinck, Everd Berchoff und Reinold Dorstelman, gekorne schêdelûde, as tô Dorpmunde[1]) wontlich

---

[1]) *Dortmund.*

und recht is, tuschen Jôhann van Hovele und Jôhann Eyklinchove, und ich Dêthmâr Bersword van den schêdelûden als vor enen overman gebeden und gekorn, dôet kundich allen lûden: Alsô as dei beide partîen vorgenant twischelich wêren as ume dei helfte van deme garden und dîke mit eren tôbehôrincgen, gelegen up dem Conincgeshove, dei Elseke Lemberges mit vulbord und willen erer vormundere und nêsten erven Tîdemann und Jôhann gebrôderen van Hovele vercôft hadde, welcken côep Jôhan Eykelinchof vorgenant, nâ deme dat dei veirde dêel des vorgenanten gardens und dîke vor deme côpe sîne was und noch is, bebîspreket hadde deirvure, dat eme dei selve côep nicht geboden enwas as recht is: sô bekenne wi vorgenante persônen, dat wi Jôhann van Hovele und Jôhann Eykelinchoven vorgenant, nâ deme dat dei helfte des vorgenanten gardens und dîcke dar tô behôerich Jôhann van Hovele, dô hei mit sînen brôder deilde, tôgevallen was, vrêntlike und leiflike in disser mâten geschêden hebe, alsô dat Jôhann Eykelinchof vorgenant und zîne erven dei vorgenante helfte van dem garden und dîke mit eren tôbehôrincgen erflich hebe und behalden sold, und darvure sô hevet Jôhan Eykelinchof dem selven Jôhann van Hovele gegeven êen summe van gelde, dar wi ene mede besatht hadden. Und disses tô tûghe alle disser vorgenanten punte, sô hebbe wi Jôhann Wickede, Gêrwîn Cleppinck, Everd Berchoff, Reinold Dorstelman und Dêthmâr Bersword alle vorgenant sementliken unse ingesegele ume bede willen beider partîen vorgenant an dissen breif gehancgen, dei gegeven is in den jâren uns Hern dûsent veirhundert und nêgen und twintich, des nêsten mânedages nâ dem sundage Jûbilâte.

282 (284). *Klaglosigkeit einer Wette.* (1431.)

Feith Ordelboek van den etstoel van Drenthe (Zitat zu Nr. 275) 15. Vgl. Schröder RG.[5] 749[111]; Gierke Schuld und Haftung 328, 329.

Tuschen Albert Koningen an die êene zîdt ende Reiner Siberunck ahn die ander zîdt is gewîst: Want die êtten [1]) in vôertîden niet wîzen enwolden van der wedde tuschen Gêerdt Bezuede ende Jôhann Hoffmann, sô enwillen sie noch van die wedde niet wîzen, want die wedde niet stantaftich wesen sall.

283 (285). *Vergabung von Todes wegen an Fahrhabe. Erbenlaub (sächsisches Beispruchsrecht) bei Erbgütern nur dem nächsten Erben zustehend.* (1431-1436.)

Magdeburger Oberhofsentscheidung für Culm, Stobbe Beiträge zur Gesch. des deutschen Rechts 118 Nr. 48. Vgl. Friese und Liesegang Magdeburger Schöffensprüche I 771 ff.; Robert Müller Die Vergabung von Todes wegen im Gebiete des Magdeburger Stadtrechtes, in Thüringisch-sächsische Ztschr. f. Geschichte u. Kunst Bd. 1 S. 71 ff., bes. 86 f., 92, 202[2].

Wie man giftig gût und farende habe wol vorgeben moge vor gerichte âne erbe loub, adir nicht stêende eigen.

[1]) *die Mitglieder des Eidstuhls.*

Ir habet uns gefrôget umme recht in diesen worten: ab dreie brûder wêren ebinburtig von vater und von mûter; die czwêne wêren unvorschichtet unde ungescheiden, der dritte wêre czû môle von en gesundert, wie nû die czwêne ungeschichten brûder das mit rechte mochten bestellen und beleiten, ab ir einer storbe âne kindere, wi der andere sein gût mochte nemen mit rechte, alzô das der abegeschichte brûder dô kegen nicht reden mochte noch teil nemen mit rechte?

Hîrûf spreche wir scheffen czû Meideburg ein recht: Haben die unvorschichten brûder giftig gût und farnde habe und gereit gelt, das mag ir einer dem andern wol geben vor gerichte, alzô das der gesunderte brûder dorczû nicht komen moge nôch sîme tôde. Adir haben si stêende eigen, das en an erbet, das mag ir eine deme andern nicht geben ân des ûsgesunderten brûdir volbort; is sei denne das sie kindere haben, welcher die hette, der mochte mit volbort seiner kinder sein erbeigen wol vorgeben seime unvorschichten brûder, alzô das der gesunderte brûdir des nicht nemen mochte. Von rechtes wegen.

284 (286). *Gesamthand der Miterben. Wegfall der Erblosung bei durchgeführter Teilung. Vertragsmässiges Näherrecht.* (1432.)

Thomas Der Oberhof zu Frankfurt am Main 486 Nr. 64. Vgl. Schröder in ZRG. 9, 418 und RG.[5] 741 f.

Item als Peter Melins zûsprach Cristân von Arheiligen und Materne von Montebûr, sîm stîefson, nâchdem sie etzliche gûde verkauft hetten, die darkommen wêren von sîm vater und mûder sêlgen, daran er dan hoffte von erbeschaft wegen von den selben sîm vater und mûder nêher zû sîn und besser recht zû haben zû dem kaufe, dan ein anderer, und forderte an sie, in darzû lâssen zû komen; und Cristân und Materne vorgenant darzû antwurten, wie daz der selbe Peder, sie und andere ire mideerben mit einander geteilet, gelôsset und soliche gûde geslitzt hetten, und sie hofften, daz sie mit irem teil tûn und lâssen und daz verkeufen mochten, wem sie wolten.

Und nâch ansprâche und antworte beider parthîen hân unser herren mit urteil gewîset: Nâchdem Peder nit widerspricht, daz sie soliche gûde gelôst, geteil[t] und geslitzt haben, daz dan Cristân und Materne[1]) mit solichen iren teilen wole gethân mogen hân, wie in eben sî; Peder gewiß dan mit briefen oder ander kuntschaft, als recht ist, daz es anders beret oder betêdingt sî, oder warumb des im rechten nit sîn sulde.

Darûf er sich vermessen hât zû gewißen, daz beredt sî, welche under in ir teile verûßern oder verkeufen wulden, daz die daz den andern vor eim andern bieden und gonnen sullen, und hât zû gezûge genant die vorgenanten Cristân, Materne[1]) Melins[2]), Idel, Jost Kerzenmecher und sich selbs.

[1]) *die Vorlage hat* Martine. — [2]) *Redner ruft also die beiden Beklagten als Zeugen an.*

285*. *Gerichtsbrief über die Rechtshängigkeit einer Ansegelungssache.* 1434, März 18.

Nach dem Original (?) im Hamburgischen Staatsarchiv.

Wŷ burgermeystere, scepen ende râet der staed van Campen mâken kundich alle den ghenen, die dessen brêff zoelen sien of hôeren lesen, mit kennisse der wârheyt, dat vor uns int recht komen sîn Willem Mandemâker ende Ghêert Spâen, schyphêren van ênem êver [1]), Ghîsebert Kreyt ende Arent, Nennyngs soen, schiphêren van ênem boyerschepe [2]), tsamen onse borghere, ende hebben ons openbâir geseget claghende, dats nû ommetrynt alrehilgen misse nêest vorlêden êen jâr was, dat ze(e) in der zêe by nachte segelende quêmen voir den Vlye ende segelden malcanderen an, alsô dat dat boyerschip mitten guede in de grund ghynk ende vordarff. Ende des sŷn de schiphêren voirscreven an beyden tzijden ende de côepman, den dat guet tôebehôerde, alinge rechtes an uns ghebleven, ende dat recht hebben wŷ anghenomen sonder argelist, ende sij stâen noch up datum des bryefs in den recht, biddende al onse vrunde, dair dese breif an kumpt, sc[h]iphêren Willem ende Ghêert Spâen voirscreven in oeren rechten behulpen ende vorderlijk willen wesen, oft se om der sâke willen van yemande tôghesproken of belast woirden. Ende want redene gift ende recht eyschet, dat men der wâirheit ghetuuch gheve, sô hebben wŷ in kennisse onser stad segel bynnen in dessen breif dôn drucken. Gegeven int jâr onses Herrn dûsent veirhondert vierendedortich opten achtyenden dach der mâent van meerthe. [3])

286 (287). *Reederei. Bodmerei.* 1436, Januar 11.

Eintrag im Lübecker Nieder-Stadtbuch, UB. der Stadt Lübeck VII 648 Nr. 671 Abs. 2; vordem bei Pauli Lübeckische Zustände im MA. III 170 Nr. 108. Vgl. Pauli a. O. 87, 97.

Hans Bodendorp vor dem bôke heft bekant, dat he hebbe verkôfft Jôhanne Oldenberge êen vêrde part van deme koggen [4]), den he bûwen lêt bî deme Slîge [5]) in deme lande to Holsten, qwît unde vrî [6]), darup Jôhann Oldenberch eme gegeven hadde sestich Tornoldesche lakene [7]). Darup schole Hans Bodendorp dat sulve vêrde part schepes rêden ûte der Travene wente in Vlanderen, sunder jênigerleie kost Jôhans Oldenborges. Unde wan de kocge mit lêve [8]) in Vlanderen gekomen is, wat kost, teringe unde ungelt to rêdende nâ der

---

[1]) *ein flaches Schiff, zumal für den Fluss- und Wattenverkehr; vgl. J. H. van Dale in Bijdragen tot de oudheidkunde en geschiedenis, inzonderheid van Zeeuwsch-Vlaanderen V 17, 26, VI 327; Verwijs en Verdam II 755.* — [2]) boyer(schip) *ist ein kleines Kauffahrteischiff; vgl. Verwijs en Verdam I 1352.* — [3]) *zur Frage nach der Zeitrechnung vgl. Fockema Andreae in Handelingen en Mededeelingen van de Maatschappij der Nederlandsche Letterkunde te Leiden, over het jaar 1892-1893, 97 f.* — [4]) *breites, rundliches Schiff; vgl. Schiller und Lübben II 513; Verwijs en Verdam III 1677.* — [5]) *Schlei, Meerbusen bei Schleswig.* — [6]) *zu dieser Klausel vgl. Pappenheim Handbuch des Seerechts II 125; ferner unten S. 223 Z. 5.* — [7]) *Tücher von Turnhout (heute Thourout) in Flandern.* — [8]) *wohlbehalten.*

tîd uppe dat schipp komet, dat schal Jôhan Oldenborges vêrde part schepes denne so wol betalen alse der anderen vêrdepart, en lîk [1]) den anderen vêrdeparten. Hîr heft ane unde over wesen Albert Kint, Jôhan van der Hûven unde Bernd Nyendorpp [2]). Desser denkebrêve der sint vîve, de êne ûte deme anderen gesneden [3]), dar heft [4]) ênen Jôhan Oldenberch unde Hans Bodendorpp, Albert Kint, Jôhan van der Hûven unde Bernd Nyendorpp. Item so lovet Hans Bodendorpp, dat he nicht bodemen enwille uppe Hans Oldenberges vêrdendêel schepes; qwême dar schade up, dat schall Hans Bodendorpp vorboten. [5])

287 (288). *Generalvollmacht mit Substitutionsbefugnis. Eidesleistungen dem Vollmachtgeber vorbehalten.* (1436, April 28.)

Thomas Der Oberhof zu Frankfurt am Main 326 Nr. 68.

Item Steffan Scherf, unsers gnêdigsten herren des rômischen keisers munzmeister zû Frankfurt, hât hûde zû tage vor unsern herren, schultheiz und scheffen, in der râtstuben zû Frankfurt gesaget und erzalt, nâchdem er vormals dâniden zû Collen und auch darnâch hie oben zû Frankfurt zû sîn mompar gesast habe Dîtrîch Wînpennig, und im macht gegeben, in sînen sachen dâniden zû Collen zû tûn glîch im selbs, und obe nû dem selben Dietrîch sîn sachen alsô gestalt wêren, daz er solichs nit gewarten moge, sô hât der vorgenante Steffan vor den selben unseren herrn Oilf Slosselpennig und Peter Râben, schrîber, die auch aldâ geinwertig wâren, beide semptlich und ir îglicher besunder, auch zû sînen rechten momparn gesast und in genzen vollen gewalt und macht gegeben, daz sie semptlich oder besunder in allen sînen sachen, als er dâniden zû Collen zû schicken und zû tûn hât, oder dâ zû schicken und zû tûn gewinnet [6]), an sîner stat und von sînet wegen tûn und lâzen moge, und im daz sîn dâselbs zû Collen verantworten, vergêen und verstên, zû gewinne und verluste, und auch, obe sichs nôt geboren wurde, andere mompar an ir stât zû setzen und zû machen, zû glîcher wîse und in aller mâze, als obe er geinwortig wêre und tûn mochte.

Darûf sie der schultheiz in die momparschaft hât gesast als recht ist. Doch geburten sich eide zû tûn in den sachen, die mûste Steffan selbs tûn.

288 (289). *Gesamthand der Ehegatten. Gerichtlicher Protest.* (1437, Februar 20.)

Thomas Der Oberhof zu Frankfurt am Main 489 Nr. 67. Vgl. Schröder GüterR. II 2 S. 29; Laband Die vermögensrechtl. Klagen 301, 325.

---

[1]) *entsprechend.* — [2]) *die Mitreeder.* — [3]) *vgl. S.* 205[2]. — [4]) *die Vorlage hat* he. — [5]) *in der Vorlage folgt ein nicht hierher gehöriger Eintrag; dann heisst es:* Actum fuit anno etc. 36., feria quarta post festum trium regum. — [6]) *so statt* gemynnet *der Vorlage. R.*

Unser herren die scheffen hân mit ortel gewîset zuschen Kribelhennen hûsfrauwen ûf ein und Hebele Phîlsteckern ûf die andere partîen: Nâchdem des êgenanten Kribelhennen hûsfrauwen in solichen kauf, als derselbe Henne der obgenanten Hebele einen garten verkauft hât, sprach und meint, daz der nit macht haben sulde, dieweile sie den nit gewilliget oder im des nit befolhen hette; dride dan desselben Hennen hûsfrauwe, und swert ûf die heiligen, daz sie solichen kauf nit gewilliget und irem hûswirt daz befolhen habe, und auch daz sie mit rechte darin gesprochen habe in des jâres friste, als sie gewar worden sî, daz iz ein stêdiger kauf wêre, daz dan solich kauf billich abe sî und kein macht habe; ez enwêre dan, das Hebel gewissen wulte, daz sie den gewilliget oder daz irem hûswirt befolhen gehabt hette, oder daz sie daz vor des jâres friste gewar worden sî und gewust habe, als sie dagein mit rechte gesprochen; und obe Hennen hûsfrauwen daz recht alsô dût, als dan dem gerichte sîns rechten umb die bûzen hie mide unbenomen.

289 (290). *Eheherrliche Vogtei. Bürgschaften von Ehefrauen.* (1440, Januar 18.)

Thomas Der Oberhof zu Frankfurt am Main 491 Nr. 70. Vgl. Schröder GüterR. II 2 S. 160 f.

Item unser herren hân mit orteil gewîset zuschen Henne Kestener ûf ein und Heintze Kangisser ûf die ander partîen: Sweret Henne, das er sîner hûsfrauwe nit befohlen habe, burge zû werden fur solche gelt, als Heintze furnam, darfur sie burge wêre, und auch das nit gewilliget habe, nâch dem er dan derselben sîner hûsfrauwen mompar ist, und sie nit der sîn, daz sie im dan nichts zû verliesen habe; Heintze wulte dan erwîsen, das er ir solichs befolhen oder iß gewilliget hett.

290 (291). *Handelsgesellschaft. Bevollmächtigung.* (1440, Oktober 28.)

Eintrag im Lübecker Nieder-Stadtbuch, Pauli Lübeckische Zustände im MA. III 159 Nr. 89. Vgl. Nr. 188, 212, 276, 296; Hansisches UB. X 109 Nr. 183; Pauli a. O. 34 ff.; Silberschmidt Das Sendegeschäft im Hansagebiet, in ZHR. 68, 405 ff. und 69, 1 ff.

Hans Buschman vor sik unde vor sîne erven vor deme bôke heft bekant, dat he van Lodewîge Greverôden hebbe entfangen 2000 mark Lubesch, van olden Alve Greverôden, borgere tôm Sunde[1]), 2000 mark Lubesch, van Hinrîke Greverôden 1500 mark Lubesch; hîr tô heft[2]) de êrbenomede Hans Buschman gelecht 180 mark Lubesch. Mit desseme gelde scal Hans Buschman côpslagen[3]), vormides râde unde hulpe Hinrîkes Greverôden, unde Hinrîk Greverôde scal Hans

---

1) *Stralsund.* — 2) *die Vorlage hat* hest. — 3) *eigentlich durch Handschlag Kauf abschliessen; hier Handelsgeschäfte treiben.*

Buschmans hôvetman[1]) hîrover wesen in sôdâmer wîse: eft sik Hans nicht wol enregêrede, sô scal Hinrîk macht hebben, Hanse aftôsettende unde ênen andern in Hanssen stede wedder tô nemende. Desse vorscrevene seltschop sal dûren unde stân drêe jâr langh, unde we denne van deme andern wil, de sal deme anderen tôsecgen tôm vêerden jâre up wînachten aftôschêdende. Unde wan de schêdinge denne tô gheit, sô scal êen îszlik sîn angelechte gelt tôvoren ûtnemen. Wes denne gewinnen[2]) is, dar sal Buschman den twölften penning van hebben, unde wes denne vorder van winninge blîft, dat sal Hinrîk Greverôde half hebben, unde de andern helfte solen Lodewîg unde Alf Greverôde, brôdere, lîke dêlen under ene beiden.

291 (292). *Rückständige Renten haften auf dem Gute. Regress des Pächters gegen den Verpächter wegen der Rente. Pfändungsrecht des Rentengläubigers.* (1440.)

Feith Ordelboek van den etstoel van Drenthe (Zitat zu Nr. 275) 20. Vgl. Nr. 310; Gierke PrivR. II 757-759; Schröder RG5. 733, 747; Fockema Andreae Burgerlijk recht I 336 f.

Tuschen Otto tô Ransouwe ende Mense ther Horst is gewîst: Want Mense de meier was, ende op den arve wôende dâer de mudden[3]) up stâen, sô mach Otto de mudden mâenen ende Mense afpenden[4]). Ende want Otto Woldringe ende Jâcob Mensinghe de landthêren sind, sô sollen sie Mensen schadelôes holden. Ende Mense is vellich in der pantweringhe.

292 (293). *Chartepartie.* 1442, September 26.

Hansische Geschichtsblätter 4 (Jahrg. 1874, erschienen 1875) 65 Nr. 7.

In Gades namen, amen. Dit sint de vorwort twuschen den schiphêr Ghêrde Rumpe unde deme kôpmanne Jôhan Cyrenberch[5]) . . .: dat he em schal zeghelen mit der bussen[6]) up de Wesser tô Bremen, Got gheve beholden reise, unde schal hebben van îtliken tunne rûm $4^1/_2$ Bremer mark. Unde he schal deme kôpmanne vôren ênen stûrman, unde he schal wesen tô schepesvolke sulftei[n]de, sunder junghen. Unde de kôpman schal vôren ûp îtlik tunne rûm ênen man, de dar vul vor dôn kan[7]); wêer aver, dat it enbrêke an ienighen

---

[1]) *dieser Ausdruck wird gebraucht, um die 'Hauptperson' in einem rechtlichen Verhältnisse zu bezeichnen.* — [2]) *zu verbessern in* winninge? — [3]) modius, *hier Getreiderente.* — [4]) *vgl. Urteil von 1416 (S. 8 a. O.):* Tuschen Albert Heminghe ende Rôesebôem is gewîst, dat Albert vorschreven die mudden, die hie over dat arve hadde, dat he der plôech van volgen sall, 'th enwêre dat Rôesebôem met beteren schîne bewîsen mochte. — [5]) *es folgen noch 12 Namen.* — [6]) *ein kleines Schiff.* — [7]) *dies ist der Superkargo; vgl. L. Perels Die Stellung des Kapitäns im deutschen Seehandelsrecht (II), in ZHR. 57, 74.*

kôpman de up dat tunne rûm nênen man vôrde, de schal van den tunne rûm gheven 6 Lubesche mark, sunder wedderspråke unde rech[t]ghank. Got gheve mit lêve [1]) aver tô kamen, sô schal de kôpman setten dre hovetlûde [2]) tô den schiphêren, de schalen sik dat vorborghen låten van den ghennen de an dessen vorscreven punte breke, êer se dat up schepen [3]). Wêer ôk aver, dat de kôpman dar soldeners up wunnen: up ieniche rûm, der nên man up vôre, alsô vorscreven steit, wat schade dar up qwême, den schal me zôken up de rûm dar nên man up vart. Unde wêer aver, dat de schiphêr sîn volk alsô nicht envôrde alsô vorscreven steit, de schal beteren lîk dem kôpmanne, sunder wedderspråke. Unde de schiphêr schal deme kôpmanne de vittallige understouwen [4]), unde schal sulven nêne vittallige ofte kôpmansgûd up den averlôpe [5]) vôren. Unde de schiphêr schal vôren drên kôplûden êne kisten, unde nicht mêer. Des tô tûghe sint desser certer twê, de êne ût den anderen dorch A, B, C gesneden, der de schiphêr de êne unde de kôpman de anderen hebben [6]). Int jår unses Hêren 1442 jår, des midwêkens vor sunte Michahêl ghescreven etc.

293 (294). *Schuldverschreibung mit alternativer Inhaberklausel. Zinsversprechen. Mitbürgschaft.* (1442, Dezember 17.)

Thomas Der Oberhof zu Frankfurt am Main 557 Nr. 124. Vgl. Nr. 320; Hallein Mainzer Gerichtsformeln aus dem 15. Jahrhundert 44 Nr. X e.

Item als Jôhann Ecke zûsprach Dammen von Prunheim dem alden um 200 gulden heubtgelts und fur 64 gulden gulde dâvon erschienen [7]) und schaden, die im ûßstunden [8]); als dan der selbe Damme sich mit andern vormâls vur den eteln herren, hern Wilhelm grâve zû Nassauwe, dômprobest zû Menze, fur soliche 200 gulden und alle jâre vur 16 gulden geltes und schaden gein Henne Doringe, sîner hûsfrauwen, iren erben oder behelder des brîfs [9]) verschriben und versigelt hette, und nâchdem er dem eteln herrn, hern Henrîch grâve zû Nassawe, des êgenanten hern Wilhelms brûder, den das nû antreffe, verkundet hette die lôsunge nâch lûde sîns briefs, und er des nit geachtet hette, darumb er den êgenanten Dammen und andere sîne mitburgen in leistunge gemant hette, und er ein verbrochen burge worden wêre [10]), sô hoffte er, er sulde im ûßrichten die 200 gulden heubtgelts, die 64 gulden gulte und kosten und schaden. Darûf der vorgenante Damme antwurte, er hoffte, daz er nit mê

[1]) *vgl. S. 211*[8]. — [2]) *vgl. S. 214*[1]. — [3]) *ausladen, löschen.* — [4]) *die Lebensmittel (Viktualien) unterbringen (stauen).* — [5]) *Verdeck.* — [6]) *vgl. Nr. 276. 286.* — [7]) *von der Hauptsumme aufgelaufene Gülten (Zinsen).* — [8]) *das Interesse des Gläubigers wegen Nichterfüllung.* — [9]) *Kläger selbst klagt als Inhaber des Schuldbriefs, ohne sich auf ein bestimmtes Sukzessionsverhältnis zu dem ursprünglichen Gläubiger Henne Düring zu berufen; vgl.* Brunner *in ZHR. 23, 254 ff.* — [10]) *weil er, zur 'Leistung' gemahnt, sich nicht gestellt hatte.*

plichtig wêre dan sîn anzale daran zû bezalen, und wêre des urbûdig. — Und nâch ansprâche und antwurte hân unser herren mit ortel gewîset: Nâchdem Damme des brîfs und auch, daß Jôhann Ecke ine gemant habe, erkentlich ist, und sîns anzales zû geben urbûdig ist: das dan Jôhann Ecke sîn anzal billich von ime neme und die andern burgen auch ersûche; doch, wes im an ine abegêe, im sîns rechten gein Dammen unbenomen. Item, als Jôhan Ecke of soliche orteil meinte, das Damme im ein drittel des vorgeschriben ûßrichten sulde, und Damme dargein furnam, nâchdem er selbvîrde darfur burge wêre, der burgen einer abegegangen wêre, und Jôhann Ecke im keine manunge von desselben abegegangenen burgen wegen getân hette, und die wîle der brost [1]) an Jôhann Ecken selbes gewest wêre, sô hoffte er, das er dem selben Jôhann nit mê dan daz vîrde teile plichtig wêre ûß zû richten. — Und nâch ansprâche und antwurte hân unser herren mit orteil gewîset: Swert Damme ûf den heiligen, daz im nit wissentlich sî, das ine Jôhann von solichs abegangen burgen wegen in leistunge gemant habe: das er im dan nit mê plichtig sî zû diser zît ûß zû richten dan daz vierde teile, Jôhann wulte dan erwîsen mit briefen oder lebendiger kuntschaft, das er in von solichs abegegangen burgen wegen in leistunge gemant hette; doch, obe Damme das recht têde und Jôhann der gewîsunge nit têde, dem selben Jôhann sîns rechten fur basser an der manunge, die mogen thûn nâch lûde sîns brîfs, unbenomen.

294*. *Werkvertrag mit Übernahme der Gewährschaft.* 1443, März 17.

Hertel UB. der Stadt Magdeburg III (= GeschichtsQu. der Provinz Sachsen 28) 897 Nr. 45 der Nachträge. Vgl. ebenda 905 Nr. 58; Rothenbücher (Zitat zu Nr. 110).

Anno etc. 43. dominica Reminiscere hebben sijk de râd, de vorstender sinthe Nicolaus kerken [2]) unde meister Bertram Becman [3]) vordragen umbe de apostelclocken to gŷthen in sôdâner wîse: Bertram wil deme râde eyne gûde wol geczŷrde clocken antwerden unde 8 jâre weringhe dôen; des schollen sij ome vor den czyntener tô gŷthen geven 14 nŷge groschen; in sôdâner wîse wil he ôk eyn czymbal [4]), dar de seyger [5]) up sleyt, gŷthen, unde nehmen von den czynthener 14 nŷge groschen, unde de râd wil om eyn tunne bîrs tô hulpe geven.

295 (295). *Gemeinschaftliche Auslobung eines Preises für Vollziehung der Blutrache.* 1443, Mai 13.

His Das Strafrecht der Friesen im MA. 362; vordem u. a. bei E. Friedlaender Ostfriesisches UB. I 483 Nr. 548. Vgl. Siegel Das Versprechen als Verpflichtungsgrund 91 ff.; His a. O. 204 f.

---

[1]) brost, *auch* brust (*zu* bresten) = *Gebrechen, Fehler; vgl. S. 219 Z. 23.* — [2]) *zu Zerbst.* — [3]) *aus Magdeburg.* — [4]) *kleinere Glocke.* — [5]) *Uhrwerk.*

Wi Siardus, curêet[1]) wandages[2]) tô Fiskwert[3]), nû an dusser tîd tô Pilsum, enkenne openbâer an dusser scrift von den ghennen, den dussen opennen brêf ghetôent wart[4]), wô ick dar an ende over was, sô vêer als mi tôbehôerde, binnen Fiskwert vorscreven, an der tîd als Enno Abekena[5]) sâligher dechtnisse ghemêne vrende tô Dîkenhûes[6]) darsulves, als hîr benamen nâscreven stâen, de vastinghe makeden up Ippo Meien tô Pilsum umme de misdâet, dar Ippo sâligher dechtnisse an sâlighen Ennen hadde begâen, und loveden tô sammede den ghennen, de Ippo vorscreven weder slâen kunden[7]), dit nâscreven gûet, unde darnâ van sammender hant schadelôes tô holden, als ôeck Ebbo tô Pewesum[8]) over dat open graf sprak, als den sustern tô Dichûsen kundich's. In't êrst lovede dartô Tateke, sâlighe Ennen hûsvrouwe, êen span[9]) unde tein grase landes[10]) bî Lomken slôet, item Ponptet tô Hlerlte[11]) 20 grase landes, item Gaiko darsulves 40 Arnsgulden[12]), item Frerd 6 grase landes, item Enno 40 Arnsgulden[13]) .... Dit is de rechte vastinghe, dat schach beide tô Fiskwert ende Dîchûsen. In orkunde der wârheit sô hebbe ik Siardus vorscreven mînen ingheseghel um de rechte wârheit hanghen hêten bîneden an dessen brêf. In't jâr unses Hêren dûsent vêrhundert 43, up sunte Servâcius dach, des hilligen biscops.

296 (296). *Handelsgesellschaft. Darlehensschuld.* 1443, Juni 3.

Hansische Geschichtsblätter 4 (Jahrgang 1874, erschienen 1875) 68 Nr. 11. Vgl. Nr. 188, 212, 276, 290.

Ik Kort Vorstenberch bekenne unde betûghe openbâr in dessem brêve, dat ik bin schuldich rechter schuld her Hinrîke van der Hûde tein Bremer mark, de he mi lende an rêden ghelde; unde de sulve her Hinrîk heft ôk vor mi ût gesêet êene hantvesten vor dertich Bremer mark. Unde de vorscreven tein mark unde de dertich mark sint gekomen in unser beider selschap de wi tô hôpe hebben, her Hinrîk van der Hûde unde ik. Unde ik Kort vorscreven schal her

---

[1]) *Kuratgeistlicher.* — [2]) *ehemals.* — [3]) *Visquard bei Greetsiel, nordwestl. von Emden.* — [4]) *gezeigt wird.* — [5]) *Genitiv: des Enno Abeken.* — [6]) *Dykhusen im Federgo.* — [7]) *es wurde also demjenigen, der den Enno an seinem (schon geächteten) Mörder Ippo rächen würde, ein Preis ausgesetzt. Dieser Preis war aber, als der inzwischen nach Visquard, unweit von Pilsum, versetzte Kurat Siardus unsere Urkunde ausstellte, bereits von jemand verdient; denn Ippo selbst wird in ihr als* sâligher dechtnisse *bezeichnet. Wahrscheinlich hatte der Töter des Ippo sich die Urkunde ausstellen lassen, um auf des Siardus Zeugnis hin den Preis zu erheben.* — [8]) *Pewsum, nördl. von Emden.* — [9]) *Spange.* — [10]) gras *ist ein Landmass. Vgl. Beekman Het dijk- en waterschapsrecht in Nederland I 619, 725; Ernst Mayer Friesische Standesverhältnisse (in Festschrift f. Hugo von Burckhard, 1910) 24[24]; Swart Zur fries. AgrarG. (Staats- und socialwiss. Forschungen hersg. v. Schmoller und Sering Heft 145), bes. 124 f., 130 ff., 141[3], 161 ff. und p. 12.* — [11]) *Larrelt im Emsigo.* — [12]) = Arnsche, Arnensche (floreni Arnemenses), *d. i. Arnheimische, niederländische. R.* — [13]) *es folgt noch eine grosse Zahl von Land- und Geldversprechungen.*

Hinrîke vorscreven de vorscreven tein mark betalen unde de hantvesten weder in lôssen ût unser beider selschap tôvoren sunder sînen schaden. Des tô tûghe sô hebbe ik mîn ingheseghel ghedrucket beneden an dessen brêf. Gescreven nâ Godes bort dûsent vêrhundert in dem 43. jâre, des mândaghes tô pinxten.

297 (297). *Totsatzung.* (1443, Juni 7.)

Thomas Der Oberhof zu Frankfurt am Main 559 Nr. 126. Vgl. Gierke PrivR. II 814.

Item als Henne Cleynfische und sîn hûsfrauwe zûgesprochen hân Bochhenne von Rumpenheim als von zweier garten wegen zû Birgel gelegen, darof der alte Bochhenne, sîn vater, ir nün gulden gethân hette, in mâissen das die selben nün gulden sich mit der schare [1]), nemlich îglichs jârs siebenzehn schillinge heller daran abe zû gên, selbs lôisen solden, und als sie vormâls von der selben garten wegen auch in gespenne gewest sîen, und sie darumb von beiden sîten gewilkort haben ûf vier manne, die das an daz lantgericht gein Hanauwe tragen solten, und wes sie dâ underschieden wurden mit rechte, nâch ansprâch und antwurte beider parthîen, das solden sie wider mit rechte ûßsprechen. Das sich die vier auch alsô angenomen, und eß alsô fur das lantgerichte zu Hanauwe bracht haben. Das hânt die vorgeschriben êlûde sich vermessen mit den zwein gerichten, dem lantgerichte zû Hanauwe und dem gerichte zû Rumpenheim, oder iren versigelten briefen kuntlich zû machen, das daz lantgerichte zû Hanauwe die vier menner entschieden habe: behalde die Cleynfischen ûf den eidt, das an der schare der garten alle jâre sibenzehen schillinge an den nün gulden, die der alde Bochhenne ir darof getân hette, als vor steit, abegêen sulten, daß ir dan soliche ir garten billig lôiß folgen solten, Bochhenne wulde dan gewîsen, daß eß nit alsô, sunder ein stêdiger kauf wêre. [2]) . . .

298 (298). *Errungenschaftsgemeinschaft bei kinderloser, allgemeine Gütergemeinschaft bei beerbter Ehe nach dem Rechte von Drenthe.* (1445.)

Feith Ordelboek van den etstoel van Drenthe (Zitat zu Nr. 275) 24. Vgl. Schröder RG.[5] 757[146].

Tuschen Reiner Beckinghe wîf ende Jôhann ende Tîden Herwordinghe is gewîst: Want Reiners wîf onbeerft wasz ahn Hendrik Herwordinghe, sô sol elck sîn gôet weder hebben dat se ahn malckanderen brochten; ende hebben se ênich gôet gewunnen, soelen se gelîcke deilen; ende hebben se verlues, soelen se ôick gelîcke hebben [3]).

---

[1]) *Nutzung.* — [2]) *das Folgende bezieht sich ausschliesslich auf die Beweisfrage.* — [3]) *bei beerbter Ehe allgemeine Gütergemeinschaft. Urteil von 1446 (S. 36 a. O.):* want Rôelefs wîf bî Egbert Hovinge (*dem ersten*

299 (299). *Lösbare Rente und Ewiggeld.* (1445.)

Feith a. O. (Zitat zu Nr. 275) 36. Vgl. Gierke PrivR. II 761; Schröder RG.[5] 747; Fockema Andreae Burgerlijk recht II 52 f.

Tuschen Barolt Odinghe ende Jôhan Weszelinghe is gewîst: Mach Jôhan bewîzen, als landtrecht is, dat he de 5 mudden lôezen mach, sô heft he de lôeze [1]); dôet hee't niet, sô soelen't arfliche mudden blîven.

300*. *Streit um den Lauf einer Dachtraufe. Beweislast.* 1446, Januar 29.

Nach dem Original in der Universitätsbibliothek Heidelberg, Sammlung Barth Nr. 91.

Ich Anthis Yde von Adernheym schultheiße, wir die scheffen Frige Hanman der elter, Peter Clarman, Niclas Steffan von Spîre, Henne Geißpeßhemmer und das werntliche geriechte gemeinlichen der stede Wormße erkennen offenliche, das unser herren eins teiles vom râde und die alten scheffen mit innen ein anleit czuschen den êrsamen und êrbêrn her Mathis Jüden an eim und Steffan Winschrôder dem andern teile gewîst haben, das der selbe Steffan den drauffe, der da fallen ist von sîme hûße, ûßleiden solle ône her Mathis Jüden schaden; er mocht dan wîsen und zûbrengen als recht ist, das es ander sîn solt. Und also nun forter die wîsunge gestalt und gesatzt ist, czû stunt oder ober vierczehen tage, und Steffan [2]) vorgemelt daran brost [3]) ist worden und auch darûff her Mathis Jüde der anleiden forter nâch getag hâit ein tag und sehs wochen und die erkobert und erfolgt nach unsers geriechts recht: sô solle es billichen forter gehalten werden wie obgeschrieben gewiesen stêtt, ôn alles gevêrde. Des czû orkunde sô haben wir unsern obgemelten schultheißen sîne eigen insiegel heran thûn hencken, das wir, die scheffen und das werntliche geriechte gemeinlichen obgeschrieben, uns mit ime herinn gebrûchen sîn. Datum anno Domini 1446. sabatho post Pauli conversionis.

Manne) bearvet wordt, sô is se mede Egberts arfgenâmen ende sol schade und bôethe mede hebben. *Die zu Drenthe gehörige Stadt Groningen führte 1374 die allgemeine Gütergemeinschaft für alle Ehen ein. Vgl. Brunner in ZRG. 29, 70.*

[1]) *über eine derartige Ablösung bestimmt ein Urteil von 1471 (S. 88 a. O.):* dat Steinge de mudden lôsen magh, elck mudde met 19 gl. betâelen, elck gl. met 15 krumstert, als over 53 jâer gange unde gâve wâren, dôe de mudden gecôft wêren, want Jôhan Steinge dâer kunde van gehadt heft, dat men se alsô lôesen soll; 't ensî, dat Jôannes (*der Kläger*) bewîsen kan, dat de mudden dûrer stâen. — [2]) *Dativ!* — [3]) *hier etwa = Mangel. Vgl. Boos UB. der Stadt Worms II 556 Nr. 849 (v. J. 1384):* des wart in brost und brachten daz nit zû zû virtzehen tagen; *d. h. sie wurden beweisfällig. Siehe auch oben S. 216 Z. 12.*

301 (300). *Wechselregress gegen den Testamentsvollstrecker eines Lombarden.* (1449, August 6.)

Eintrag im Lübecker Nieder-Stadtbuch, UB. der Stadt Lübeck VIII 674 Nr. 632; vordem bei Pauli Lübeckische Zustände im MA. II 137 Nr. 35. Vgl. Schröder RG.[5] 775.

Jôhannes Hômôd ûth dem lande Dêtmerschen vor deme bôke hefft bekand, dat he van her Jôhan Brôlinge, râdmanne, Hermen Dartzouwen, Hermen Sundesbeken unde Clawese Brunswike, vormundern des testamentes Ghêrardus de Bôeris, anders genomet de Wâle [1]), hebbe wedderentfangen twelf ducâten, de em Gêrardus tô Rôme overscreven hadde an de wesselbank [2]), unde Jôhannes Hômôd darsulves tô Rôme nicht vernôget enmochten werden. Hijr umme de vorscrevene Jôhannes Hômôd mit sînen erven vorlâtet Gêrarde den Wâlen, sîne êrscrevenen testamentârien unde ere erven van den vorscrevenen twelf ducâten van vorder maninghe unde tôsage gentzliken qwijt, leddich unde lôs.

302 (301). *Eheherrliche Vogtei.* (1451.)

Feith Ordelboek van den etstoel van Drenthe (Zitat zu Nr. 275) 42. Vgl. Nr. 289; Fockema Andreae Burgerlijk recht II 57.

Sôe is gewîst tuschen Marten Wilhmszon ende sînen wîve Âleidt, dat Merten sîns wîfs mombâer wesen sol, ende sol ôer beider gôet machtich wesen; ende wat gôeder dat Âleidt verkôft hevet bûiten Martens consent, de côep soll van gêenre wêerden wesen.

303 (302). *Verjährung eines Rentenbriefs.* (1453.)

Feith a. O. (Zitat zu Nr. 275) 50. Vgl. Fockema Andreae Burgerlijk recht II 57.

Tuschen Jôhan Pîpen ende Elleken Nikinge is gewîst: Mach Elleken bewîzen binnen 3 wêken, als lantrecht is, dat se binnen 30 jâhren niet mêer betâelt heft, ende met rechte niet hôeger mâent is, dan êen mudde roggen und êen half mudde moltz [3]) des jâers, sô ensol sie vôert ahn niet mêer betâlen, ende sô sol de brêef êen slâper wesen, dar Pîpe mede sprack, went he boven 30 jâhr olt is.

304 (303). *Wette.* (1445, Juni 5.)

Eintrag im Lübecker Nieder-Stadtbuch, UB. der Stadt Lübeck IX 240 Nr. 230 Abs. 1; vordem bei Pauli Lübeckische Zustände im MA. II 91[14]. Vgl. Schröder RG.[5] 749[111]; Gierke Schuld und Haftung 328, 329.

---

[1]) *der Welsche, d. h. Lombarde.* — [2]) *also die Wechselbank zu Rom ist Bezogene.* — [3]) molt *hier* = *Malz.*

Engelbrecht Strûss vor dessem bôke hefft bekand, dat he unde zîne erven schuldich zîn Bernde Meyer vifftich marc Lubisch, iss it zake, dat de koning van Pålen uppe sunte Michêlis daghe nêgest komende vort over ein jâr uppe den sulven sunte Michêlis dach ein vulmechtich hêre is over dat gantze land tô Prûtzen, over alle stede unde slote dessulven landes, uppe denzulven sunte Michêlis dach unbeworen tô betalende. Unde wêre't sake, dat de koning in zulker macht nicht enwêre uppe de êrscrevene tijd, zô schal Engelbrecht mit zînen erven van der vorbenomeden vifftich mark wegen ungemanet unde unbelastet blîven [1]).

305 (304). *Erblosung geht vor Nachbarlosung.* (1455.)

Feith Ordelboek van den etstoel van Drenthe (Zitat zu Nr. 275) 57.

Tuschen Mense Hôvingen end Ziger Asinghe is gewîst, dat de mâech nâer is [2]) den côep an den wardêel [3]) thô beholden, dan hem de clenôte [4]) is af thô winnen, want sie beide bûren sint in der marck, dar dat wardêl gelegen is.

306 (305). *Aufgebot der Näherkaufsberechtigten zur Geltendmachung ihres Rechts binnen einer Ausschlussfrist.* (1455.)

Feith ebendaselbst. Vgl. Fockema Andreae in ZRG. 27, 98 (vor und in Anm. 1), 107[4].

Sô is de droste mit den êtten [5]) overdragen: Wêert sâecke, dat sick iemant êenighes rechtens, seggens ende nâercôep vermête tô hebben in den venen [6]) of landen, dat Evert Entens ende Helprîck van Borck ghekôft hebben in den karspel van Anlô ende van Egeste, dat de sol spreken nâ desen lottinghe [7]) binnen 6 wêecken; wêert sâecke, dat het niet engheschiede, sô willen de drost ende êtten t'endes de 6 wêeken dar gêne clagen van hôeren, ende sô soll de côep, de Evert ende Helprîck gedâhn hebben an desen venen und landen vorscreven, vôer ehm und hôeren arfgenâmen êwelichen arflichen dûeren. Ende dese overdracht sol de droste êens thô Anlôe up den hilligen dagh openbâr over de kerck dôen spreken, dat sich êen iegelick dar nâ wete thô richten.

---

1) *die Wette wurde gewonnen, da die Feste Marienburg erst 1460 an die Polen verloren ging.* — 2) *vgl. S. 146*[3]. — 3) *von* wa(h)re, *Anteil an der gemeinen Mark. Vgl. von Bahder in Grimms WB. XIII 754 f.; Ernst Mayer Friesische Standesverhältnisse (Zitat S. 217*[10]*) 18 f., 21*[14]*, 23*[22]*, 95*[54]*; Swart (Zitat S. 217*[10]*) 155 f.* — 4) *zusammengezogen aus* clevenôte, *von* cleve = *Kluft, Geschlecht, Abteilung einer Gemeinde; also 'Kluftgenosse'. Vgl. Verwijs en Verdam III 1542, 1595* (clovenote); *Beekman Het dijk- en waterschapsrecht II 983; E. Mayer a. O. 82*[20]*; Swart a. O. 82-93, 96*[8]. — 5) *vgl. S. 209*[1]. — 6) *Fenn, Moorland.* — 7) *echtes Ding.*

307 (306). *Eheliche Errungenschaftsgemeinschaft und gesetzliche Leibzucht nach fränkischem Rechte.* 1456, Mai 27.

Schreiben des Herzogs von Jülich an den Aachener Stadtrat, Loersch Achener Rechtsdenkmäler 219 Nr. 17. Vgl. Schröder GüterR. II 3 S. 69.

Hertzouge zô Guilge, zô dem Berge etc. ind grêve zô Râvensberge. Êirsamen besonderen gûeden frunde! Wir hâin verstanden, wie dat eine ûwer geboren burgersse, gnant Barbar Jungejans, binnen Âiche zô schicken have umb ire môder nâgelâissen gûede, ire steifvader nâ der môder dôit ein lîftzuchter an wêre, der nû vervaren sî, alsô dat sulche gûede, ire môder darbracht hedde, allein an si as eine einige dochter ire môder, ind vort alle tzinsse ind erflige gûede, ire môder und steifvader samender hant gehalden of an sich erworven haven, half an si erstorven sî; zô wilchen ire môder nâgelâissen gûeden inzôerwerven van des steifvaders lester hûisfrauwen ir hinder ingedragen werde ungeburlich, darzô si ûre gunst ind bîstantz behovende sî. Ind want wir si dan gerne gunstlich gevurdert seigen, dâir si recht zô hedde, umb ire frunde wille, die unss mit râide ind dienste besonder bewant sîn, sô begeren wir van ûch sêre fruntlich und mit gantzem vlîsse, der vurschreven vrauwen gunstlich ind behulplich zô sîn, dat sulche brieve ind bewîss van den erfzinsen, die nâ ire môder dôde hinder dem steifvader bleven sîn, ind nâ sîme dôde bî der lester vrauwen ir vurunthalden werden, vur ôigen komen, want sie beide parthîen antreffen, umb zô erkennen, wat ir mit rechte sulle geboeren; ind ir sulchs sunder ungeburlichen hinder inzôvurderen zô iren rechten gunstlich bîstendich sîn willen, as dat doch an eme selfs gôtlich ind geburlich is, ind ûch, besonder gûeden frunde, hie inne alsô gunstlich umb unser begerden wille zô bewîsen, dat di vurschreven vrauwe sich des van unss zô bedanken have. Dâirane dôet ir unss sêre dencklich ind getrûwen ûch des mit gantzer zôversicht gentzlich, dat wir ouch umb ûch ind die ûre gerne gunstlich erkennen ind verschulden willen. Gegeven zô Nîdecken up des heilgen sacramentz dach, anno etc. 56.

308 (307). *Verkauf eines Schiffes unter Vorbehalt des Reurechts für den Käufer. Frachtvertrag mit Gemeinschaft des Reisegewinnes.* (1462, Januar 1.)

Eintrag im Lübecker Nieder-Stadtbuch, UB. der Stadt Lübeck X 126 Nr. 121; vordem bei Pauli Lübeckische Zustände im MA. III 174 Nr. 114. Vgl. Pauli a. O. 86 ff.; Schröder bei Endemann (Zitat zu Nr. 198) IV 243[33]; Goldschmidt UniversalG. des Handelsrechts 257[79].

Schipper Asmus Kalouwe, borger tô Dantzik, vor desseme bôke heft bekant vor zik unde sîne erven, dat he rechte unde redeliken vorkôfft unde upgelâten hebbe, vorkôft unde uplêth jegenwardigen

Clawese Ubies, borger tô Revel, unde sînen erven zînen holk[1]) gehêten 'Marienknecht', mit dem segel, bonitze[2]), vêer kabels, vêer ankers, soss bussen[3]), twelf manharnsch, twê gropen[4]), twê ketel unde vort alle upstânde takel unde touwe, sô dem schepe tôbehôret[5]), vrij unde qwîd vor alle mans ansprâke[6]), vor vijfhundert mark Rigesch, de desulfte schipper Asmus Kalouwe van dem genanten Clawes Ubies tô zîner genôge heft entfangen, sô he des vor dessem bôke bekande. Vurdermêr sô bekande desulfte schipper Asmus Kalouwe, dat ene de genante Clawes Ubies unde Gôdeman van Bûren, borger tô Lubeke, mit dem êrscrevenen schepe in de Baye[7]) unde vort van der Baye tô Revel vorfrachtet hebbe. Unde alse he tô Revel gekomen is, sô schal de kore stân bij deme êscrevenen Clawese Ubies, wes he dat schipp vor de vijfhundert mark Rigesch beholden wille edder nicht. Unde wêre't zake, dat em dat schipp vor de vîfhundert nicht gelêvede tô beholdende, sô schal Clawes van der vorfrachtinge de vijfhundert mark Rigesch tôvoren ûthnemen; unde wes dar denne overblîvet, alse alle ungelt betalet is, dat schal en beiden samptliken tôbehôren.

309 (308). *Frachtvertrag. Unterbrechung der Reise durch Verfügung von hoher Hand. Verkauf der Ladung durch den Schiffer in Notfällen. Distanzfracht.* (1463, Februar 2.)

Eintrag im Lübecker Nieder-Stadtbuch, UB. der Stadt Lübeck X 294 Nr. 283; vordem bei Pauli Lübeckische Zustände im MA. III 175 Nr. 115. Vgl. Nr. 259; Pauli a. O. 90.

Witlick zij, dat vor dem êrsamen râde tô Lubeke erschenen zint de êrsame her Hinrîk Castorp borgermêster, ...[8]), borger unde inwoner darsulves tô Lubeke, mit schipper Hans Swarte, unde darzulves ghêven tô vorstânde: wô dat ze densulften schippern Hanse Swarten mit zînem holke[1]) in de Baye[9]) hadden dôn laden mit Bayeschen solte, umme darmede den rechten wech nâ Revele in Liflande tô zegelende; unde wennêr he dar beholden qwême, scholde he hebben tôr fracht van êner jewelker gewegenen last twelf mark Rigesch unde ênen fêrdingk[10]). Unde alse de schipper in den Orssund wêre gekomen, wêre he rostêrt[11]) geworden, alsô dat he dem konige van Dennemarken uppe zoldie[12]) to Copenhagen zegelen môste,

---

[1]) *vgl. S. 159*[5]; *auch R. van der Meulen De Hollandsche zee- en schepstermen in het Russisch (Verhandelingen der Kon. Akad. v. Wetensch. te Amsterdam, Afd. Letterkunde, nieuwe reeks dl. X. no. 2) 83.* — [2]) *Leesegel; vgl. Schiller und Lübben I 386, VI 78. Das Wort entspricht dem frz.* bonnet(te); *s. dazu Saggau Die Benennungen der Schiffsteile . . . im Neufranzösischen (Kieler Diss. 1905) 95 f.* — [3]) *Büchsen, auch Kanonen.* — [4]) *Grapen, Kessel.* — [5]) *wegen des Schiffszubehörs vgl. Pappenheim Handbuch des Seerechts II 35*[6]. — [6]) *vgl. S. 211 Z. 31.* — [7]) *das ist die Bai von Bourgneuf, südlich der Loiremündung; vgl. Agats Der hansische Baienhandel (Heidelberger Abhandlungen zur mittleren und neueren Gesch. 5) und dazu W. Stein in Hansische Geschichtsblätter 32 (1904/5) 188 ff.* — [8]) *es folgen noch 6 Namen.* — [9]) *vgl. Anm. 7, woraus sich ergibt, dass die Deutung auf Biskaya bei Rothenbücher a. O. (Zitat zu Nr. 110) 71 irrtümlich ist.* — [10]) *1/4 Mark.* — [11]) rostîren = arrestare; *vgl. S. 117 Z. 19.* — [12]) *gegen Sold.*

darvan he wol betalet zij. Alsus sô schepede de schipper dat solt tô Côpenhagen up[1]) an land unde leverde dem konige dat mêste part van dem solte, de last vor êenundetwintigeste halve mark, sostein smale tunnen vor êne last gemeten; welker gelt, namliken vijfundetwintich hundert min achtehalve mark, de her koning dar noch af schuldich wêre. Aldus sô wolde de schipper an deme gelde hebben zîne vulle fracht, de he, wennêr he tô Revel mit dem solte gekomen wêre, scholde gehat hebben. Des doch de vorbenomede her Hinrîk Castorp unde her Bernd Dartzouw mit den andern, den des tôqwam, mênden: nâdeme de vorgenante schipper sôdân solt tô Revele, dar he vorfrachtet wêre, nicht tôlevert hedde, men underwegen ere solt upgeschepet[1]) hedde unde mit zîneme schepe uppe êne andere fracht gesegelt wêre, sô enwêren ze eme nicht mêr schuldich tôr fracht van deme solte, denne nâ avenante[2]) des weges dar he dat solt gefôrt hedde, unde setten dat bij den râd, biddende, de râd ze darumme im rechten vorschêden wolde. — Des denne de râd nâ besprâke unde rîpeme râde darup dêlede unde afzêde[3]) vor recht: nâdeme de schipper dat solt nicht gefôrt hedde tô der stede, dar dat gefrachtet was, sô scholde he nicht mêr hebben tôr fracht, denne nâ avenante des weges.

310 (309). *Rückständiger Hofzins haftet auf dem Gute. Pfändungsrecht des Zinsherrn.* 1469, März 8.

Monumenta Boica 25, 287 Nr. 118. Vgl. Nr. 291; Schröder in ZRG. 5, 43 und RG.[5] 733, 747; Gierke PrivR. II 724, 757 f.

Wir Ludwîg von Gottes genâden lantgrâve zûm Leuthenberge, grâve zû Hals, lantrichter und pfleger zû Aurbach[4]), bekennen in dem brieve, das für uns kame in gerichte auf dem lantgerichte zû Aurbach der êrwirdig inn Gott herr Wernher, abte des stifts und clôsters zû Michelfelt[4]), und clagte durch seinen vorsprechen zûe Hannsen Schuster zû Püchenbach[5]) darumb und sprach: wie er im jêrlicher güllt und zinns, der eins tails ettwâ lang angestanden, zû raichen pflichtig und schuldig wêr, derhalb er ine zû mêrermâln durch seinen anwalt im die zû entrichten ersûcht hett, der er alsdann in der güte von ime nicht hett bekomen mögen, in darauf wöllen pfenden lâssen, des er sich mit wernder hant frevellichen und geweltiglichen gewert und widersetzt het, in vertrauen, er würde mit und durch recht untter[r]icht und darane geweist, im umb all sein versessen und verfallen güllt und zins auszurichtung(!) zû thûen, verfûgete ime das und kêrte im sein scheden, wie recht wêr. — In antwort kame Hanns Schuster durch sein vorsprechen, und laugente des frevels und gewaltz, sagende, das er sich der pfant nicht gewert, noch auch den sein ichtzit zû thûen begert hett, sunder sie gütlich ersûcht und gepeten, im sein vîch stên zû lâssen, wolte er sich mit seinem herrn umb sein versessen zinns gütlich vertragen; und (als er) berüerder verfallen güllt halb, der

---

[1]) *vgl. S.* 215[3]. — [2]) *vgl. frz.* à l'avenant, *nach Verhältnis.* — [3]) afseggen, (*eine Entscheidung*) *verkünden.* — [4]) *in der Oberpfalz.* — [5]) *Büchenbach, Oberpfalz, Bezirksamt Pegnitz.*

eins tails ettwâ lang angestanden sein solte, getraute er, nâchdem der erben des hofs, die solich hinterstellig güllt, und nicht er, gemacht heten, mêr wêren, sô er der irre gienge, er ersûchte pillichen die selben darumb, und nicht ine, das er im der auszûrichten nicht schuldig noch pflichtig wêre; wann ime der hove ein anzal jâre, die nû schîr auß wêrn, gelâssen wêre, dieselben güllte, der er dieselben jâre versessen und verfallen wêr, sprêche er im nicht Nain umb, sunder ime die gütlich nâch der pilligkait anzûslahen zû bezalen, des er sich alsdann wie vor gein im und den sein erpoten hett, in vertrauen, er nême die nôchmâlen nâch der pilligkait bezalt von im, und trünge in nicht weiter; und er wêre im daruber an dem zûspruche nichtz schuldig. — Darauf der abte zû Michelfelt reden liesse: Er getraute, das er sich mit dem, das mêr erben verhanden sind, nicht behelfen sülle oder müge, wann er der sei, der das gût besitze; darumb sô fare er der schleifen nâch und sûche sein güllt und zinns zû ime und auf dem gûte; sie vertragen sich selbs mit einander wie sie wöllen, das lâsse er sein; und er werde noch mit und durch recht darane geweist, das er als ein besitzer und innhaber des gûtz ime umb sollich sein versessen und verfallen gült und zinns außrichtung thûe, verfüge im das und kêre im sein scheden, wie recht sei. — Herwider Hanns Schuster wie vor, und des mêr reden liesse: Er getraue, das er solicher schulde auszûrichten nicht schuldig noch pflichtig sei, wann er der nicht, sunder sein vorvorder die hinterstellig gemacht heten; darumb sô sûchet er die pillicher an denselben und nicht an ime; und er nême auch solich sein verfallen güllt und zinns, sô er die anzal jâre verfallen wêr, die nâch der pilligkait anzûslahen nôchmâln, inmâssen er des vormâln gein im und den sein erpütig gewest sei, pillich von ime, und wêre im darauf an dem zûspruche nichtz schuldig. — Nâch mêr reden und widerreden, die zûm rechten nit dienten, satzten sie es baiderseit zûm rechten. — Nû nâch anclage, antwort, reden und widerreden wart im recht erkant: daz Hanns Schuster obgemelt als ein besitzer und innhalter des gûtz dem abte von Mi[c]helfelt umb sein verfallen und versessen güllt und zinns hie zwischen und des nêgsten lantgerichtz ausrichtung thûn solte; thête er aber des nicht, sô solt und möcht ime der abte von Michelfelt als der aigen herr zûm Hanns Schuster umb sein güllt und zinns wol helfen und den pfenten lâssen, ob er wolt. Des rechten und der gevallen urtail pate im der abte von Michelfelt einen gerichtzbrieve zû geben, der im allsô mit gemeiner volg und urtail ertailt und von gerichte gegeben ist, mit des lantgerichtz zû Aurbach anhangendem insigill besigelt, am nêgsten mitwoch vor mitterfasten, als man zalte nâch Cristi unnsers lieben Herrn geburdt tausend vierhundert sechtzigk und neun jâre.

311*. *Hausleihezins. Gesamthaftung aller auf dem Grundstück errichteten Bauten. Unvordenklichkeit. Schriftliches Anerkenntnis. Brief und Siegel. Urkundenbeweis.* 1472, Oktober 21.

Nach dem Original in der Universitätsbibliothek Heidelberg, Sammlung Barth Nr. 116.

Wir die burgermeistere und râte der stat zu Heydelberg bekennen und thûn kunt offenbâre mit dießem brief, das vor uns an offen geriecht kommen ist der êrsame herre meister Endris von Eppingen, baccalârius beider rechten, und von der wirdigen herrn rector und der gantzen ûniversitêten wegen zu Heydelberg Niclaus Dieppurger, unserm mitburger, inn recht zûgesprochen, das sie ein zinß ûff sînem hûß, nemlichen dreissig schilling alter heller Heydelberger werung, haben, den er und sîn furfare lenger, dann iemant verdencken moge, ûßgeriecht und bezalt hânn biß ûff vier jâre ungevêrlich, daz solicher zinß verhalten worden sî: fordert, Niclausen gûtlichen zû underwîsen, ine solichen zinß ûßzuriechten, und obe er das nit vermeint zu thûn, begert er darumb rechts. Darûff Niclaus Dieppurger inn recht antwortten ließ: er bekennet solichs zinß; aber nâchdem vormals zwô hoffstat, hûß und kelterhûß, an sîns nûwen hûß stat gestanden und solicher zinß ûff dem kelterhûß belegt gewest, sî sîn meinung, an dem nûwen hûse eine halbteile vor solichen zinß verhafft zu machen und daz ander halbteile des zinß halb unbeswert zû lâssen, und so ferre das der rector und die ûniversitête zûlâssen, wolle er ine solichen zinß gûtlichen ûßrichten und deßhalben bekentinißbrief geben und hofft, nit hôher getrengt werden soll; hetten sie aber versiegelt brief uber solichen zinß, daz solich hûß und hoffstat gantz darfur verhafft sî, die wolt er hôren und ime sîn inerede darinn behalten. Darûff meister Endris widder antwort: solicher zinß stunde ûff hûß und kelterhûß samethafft, und legt des dâr ein abeschrifft des verlîhungsbrief uber die gemelten hûsere, besagen darinn eigentlich geschriben stunde, daz soliche drîssig schilling heller ûff hûß, kelter, hoiffreide und gesesse mit aller zûgehôrung, keinerlei ûßgenommen, gelegen gein unser lieben Frauwe cappellen uber, daz dâ Lazarus sons, des juden, was, neben Claus Mâlers hûß, verlûhen worden wêre; dardurch er hofft, das solicher zinß ûff dem gantzen hûß stêen und davon ûßgericht werden solt. Darûß Niclaus sîn nâchrede dete: solicher zinß wêre vormals allein ûff dem kelterhûß und nit ûff bêden hûsern gestanden, und dwîle er die alten hûsere abegebrochen und ein nûwe hûß gebûwet hett, so meint er, die ûniversitête solt solichen zinß ûff dem halben hûß versichert nemen, daran sie wole versorgt wêrn; und sô ferre sie daz gûtlichen nit vermeinten zu thûn, so hofft er, das solichs zû recht erkant werden solt etc. Nâch ansprâch, antwortt, widerrede, nâchrede und waz beide teile inn recht vor uns mit den und andern mêe wortten bracht und die sachen zû recht gestalt, haben wir vermerckt und verstanden, und sprechen zû recht: daz Niclaus Dieppurger solichen vorgeschriben zinß von sînem gantzen hûß und hoffstat der ûniversitêten geben und ûßrichten soll. Des zû wârem urkunde so hânn wir die burgermeistere mit namen Peter Wîgel und Hans Kuchler, von geheiß des râts und von bede wegen, der stat Heydelberg ingesiegel an dießen brief gehenckt, der geben ist ûff mittwoch nach sant Gallen tag, des heiligen bîchtigers, dâ man zalte von Christi unsers Heren geburte tûsent vierhundert siebentzig und zwei jâre.

312 (311). *Kauf bricht nicht Miete.* (1480, Oktober 28.)

Eintrag im Lübecker Nieder-Stadtbuch, Pauli Lübeckische Zustände im MA. III 128 Nr. 42. Vgl. Nr. 144.

De êrsame her Diderik Hûep, râdman tô Lubeke, vor deme êrsamen râde darsulves heft tôsprâke gedân tô Peter Vlêmynge, borger tô Lubeke, wô dat he eme de woninge, darinne he wonet, upgesecht lâten hebbe, sô enwille doch desulve Peter sôdâner woninge nicht rûmen. Darupp Peter geantwordet heft, wô dat he sôdâne woninge van eme nicht, sunder van Godeken Pleskouwen mit vorworden gehûret hebbe, alzô dat erer ên deme anderen ên half jâr tôvoren upseggen scholde. Darup de êrsame râd . . . .[1]) afgesecht[2]) heft: Nâdeme her[3]) Diderik zîn hûs mit der êrscrêven woninge van Godeken gekôft heft, unde de Peter tô rechter tîd heft tôseggen lâten, sô brekt kôep hûre[4]), unde Peter schal eme de woninge rûmen.

313*. *Lehrvertrag.* 1483, Januar 28.

H. von Loesch Die Kölner Zunfturkunden (= Publikationen der Gesellschaft für Rheinische Geschichtsurkunde XXII) II 45 Nr. 229. Vgl. ebenda 646-648.

Anno 83 hât entfangen mîster Mychel[5]) in der Dranckgassen einen lêirjongen, de heischt Dêrich Smedinck van Recklinckûysen, inde sall eme dênen 8 jâer lank in lêirjongesgewîs inde hêit dem ammetzmîster sînem mîster gelôift, de 8 jâer zô dênen trûwelichen sunder argelist, des dinxdach nâ sent Pauls, dat he bekert wart[6]). Dô wâren mîster Zyman in der Nûwergassen, mîster Clâes up dem Heumart mîster zerzît. Dâ was[7]) Peter van Bacharach, Symon an dem Eygelsteyn, mîster Gêrart up sent Severîns strâissen, mîster Êwalt. Clâys Schildergas hêit sîn lêirgelt bezelt.

---

1) *Lücke in der Vorlage.* — 2) *vgl. S.* 224[3]. — 3) *die Vorlage hat* der. — 4) *Pauli (a. O. 21 f.) hält dies für einen allgemeinen Rechtssatz, der ausnahmsweise in Lübeck gegolten habe. Aber die ausdrückliche Bezugnahme des Urteils auf die rechtzeitige Kündigung ergibt, dass der Käufer allerdings an den von dem Verkäufer abgeschlossenen Mietvertrag gebunden war.* — 5) *ein Barbiermeister.* — 6) *Pauli Bekehrung ist der 25. Januar.* — 7) *die Vorlage hat* vas.

314 (312). *Lieferungskauf. Verpflichtung des säumigen Verkäufers zur Nachlieferung bei Mahnung innerhalb kurzer Frist nach dem Stichtage.* 1489, Mai 22.

Lübecker Oberhofsentscheidung für Wilster, Michelsen Der ehemalige Oberhof zu Lübeck 279 Nr. 208. Vgl. Handelsgesetzbuch § 376.

Witlik sî, dat mit einem geschuldenen ordele van deme râde tô Wilster, vor deme râdt tô Lubeke geschulden, etlikes haveren halven, sô Jâcob Merten van Hans Holsten gekôeft hadde, uppe midtvasten vorgangen tô leverndo etc., hîrup de râdt tô Lubeke nâ clage unde antworde, insage, rede und wedderrede, nâ besprâke unde rîpeme râde vor recht hebben afseggen [1]) lâten: Nâdeme Hans Holste des kôpes tôsteit als denne Jâcob ein ancleger [2]), kan denne Jâcob betûgen, sô recht is, dat he des dinxdages nâ midtfasten [3]) den haveren van Hans Holsten geeischet hebbe, sô môth Hans Holste Jâcobe den haveren tôleveren. Screven van bevele des râdes ame vrîdage nâ Cantâte, anno 89.

315 (313). *Grosse Haverei und deren Beweis.* (1489.)

Eintrag im Lübecker Nieder-Stadtbuch, Pauli Lübeckische Zustände im MA. III 246 Nr. 245. Vgl. Nr. 318; Pauli a. O. 88 f., 92 f.; R. Behrend in ZRG. 32, 72; L. Perels in ZRG. 45, 248-254.

Schiphêr Claves Ûtermark vor deme êrsamen râde tô Lubeke heft tôsprâke gedâen tô Diderik Oldenborge, . . . [4]) van wegen etliker gûdere de de schiphêr in grôter nôdt wedders unde windes halven in der szêe geworpen hadde, vorhopede, sôdâne schade over schip unde gûdt gâen scholde . . . . [5]). De râdt tô Lubeke hebben vor recht afseggen [1]) lâten: Wolde de schiphêr midt sînem volke, de he eindêls dar yegenwardich hadde, der beschêdentliken twê wêren, mit sîneme rechte beholden unde vorêeden, dat sôdâne gûdt wedders unde windes halven geworpen wêre, sô môste sôdâne schade aver schip unde gûd gâen. Des denne de schiphêr unde sîn volk mit eme dar tôr stede wesende ere recht dar tô bôden, dat se sôdâne gûdere in grôter nôdt etc. geworpen hadden, welke êede van den vorbenomden côplûden vorlâten worden. Des sik denne desulven kôplûde [6]) vor deme râde vorwilleden unde laveden, van Lubeke nicht tô schêdende, sunder se hadden des schiphêren willen.

---

[1]) *vgl. S. 224*[3]. — [2]) *da Hans Holste den Kauf in der Weise zugesteht, wie Jakob in der Klage behauptet hat.* — [3]) *Mitfasten, der Sonntag Laetare, war 1489 der 29., der nächste Dienstag also der 31. März.* — [4]) *es folgen noch 4 Namen.* — [5]) *Lücke.* — [6]) *an diese Stelle gehört* kôplûde, *welches bei Pauli mit Unrecht vor* willen *geraten ist. R.*

316 (314). *Veränderte Auffassung der rechtlichen Natur des Verfangenschaftsrechts in Nördlingen.* 1490, März 3.

Nördlinger Stadtbucheintrag, Vocke Gemeines eheliches Güter- und ErbR. in Deutschland II 300. Vgl. Nr. 134; Schröder in KrVJSchr. 17, 84 f.

Hans Bopfinger hât vor rât clagt, er hab sich gehîrât zû des Wanners tochter in seim[1]) leben; als der tôd sî, hab sein swiger[2]) etlich kind ausgestürt und ir hand aufgetân, darumb er hoff, si in pillich seins hîrâtgûtz verglîch und sô vil geb als der andere aim worden und geben sî, vorbehalten seiner zeit seins waibs säligen erlept veterlich erbgût. Die witib sagt, was si den kinden geben het, wêr mit seim willen geschêen, und hete sich untzher gehalten, als ainer witib zimbet. Darumb ward zû recht erkennt, das die witib ditzmâls dem widerteil nichtz schuldig wêr. Als aber die witib starb, dâ clagt der Bopfinger witer umb verglîchung seins hîrâtgûtz und umb seiner hûsfrauen erlept veterlich erbgût. Dâ mainten die Wanner, ir vater und mûter heten ain hîrât unverdingt gehept, und als ir vater tôd, dâ wêr alle hab auf die mûter komen und dâmâls kein kind geerbt; nach der mûter tôd sî die erbschaft auf si als ir êlich kinder und nêst erben gefallen, und hât des Bopfingers wîb denselben fall nit erlept[3]). Darumb ward erkennt, das die Wanner dem Bopfinger bî seiner vordrung nichtz schuldig seien. Actum mitwochs nach Invocavit, anno Domini 1490.

317 (315). *Nachwährschaft des Käufers bei mangelhafter Ware.* (1494) September 29.

Eintrag im Lübecker Nieder-Stadtbuch, Pauli Lübeckische Zustände im MA. III 124 Nr. 35. Vgl. ebenda S. 18 f.

De êrsame râdt tô Lubeke hebben tuschen hern Thomas Warneri, kerkhern tô Grônouwe, anklegern ....[4]), unde Jurgen Grimmen, einen perdekôper, antwerdesman[5]) ...., van wegen eines perdes, dat desulve Jurgen deme hern Thomasse vorkôft hadde, ... vor recht afseggen[6]) lâten: Wolde Jurgen sîn recht dartô dôen, dat sôdâne perdt kôpmannsgûdt wêre gewesen, dô he hern Thomas dat vorkôft unde averantwordet, unde here Thomas baven drê daghe dat pert bî sick beholden unde darnâ eme averantwordet hadde, sô môste here Thomas dat pert beholden.

---

1) *die Vorlage hat* sein. — 2) *Schwiegermutter.* — 3) *die Vorlage hat* erlegt. — 4) *Lücke in der Vorlage.* — 5) *Beklagter.* — 6) *vgl. S.* 224[3].

318 (316). *Grosse Haverei.* (1497.)

Eintrag im Lübecker Nieder-Stadtbuch, Pauli Lübeckische Zustände im MA. III 242 Nr. 238. Vgl. Nr. 315; Goldschmidt Lex Rhodia und Agermanament, in ZHR. 35, 373 und 375.

De êrsame râdt tô Lubeke hebben tuschen schiphêre Gorges Wolders, ankleger, . . . [1]) unde Mathias Köne . . . van wegen der mast, alse de êrgenomde schiphêr in sînem schepe gehouwen hadde . . ., vor recht afseggen [2]) lâten: Nâdeme de schiphêr mit der côplûde willen, de im schepe gewesen sîn, umme schip unde gûdt tô reddende, sîne mast gehouwen heft, alse denne de genne de mit deme schiphêrn in wêren, dô he de masthouw gedân hebben, sô môten de anderen côplûde, de dar nicht inne wêren, ôk dôn.

319*. *Austausch von Eigenleuten durch ihre Herren. Geschlechtsvormundschaft. Ehemännliche und väterliche Gewalt. Besiegelung.* 1498, April 21.

Nach dem Original in der Universitätsbibliothek Heidelberg, Sammlung Barth Nr. 137.

Ich Cristîna Sindelarin von Erenstorff bekenn offenlich unnd thôn kundt menglichem mit disem brieff, als ich dann in vergangner weil ain aigen mensch mit namen Anna Waucherin unnd ir kind Martîn, von Herbertingen [3]), von dem edlen unnd vesten junckherr Bernhartten von Büren nach innhalt ain besigelten kŏffbrieffs recht unnd redlich erkŏfft hab: das ich dieselbegen aigne erkŏffte frouwen unnd das kind durch rautt, haissen unnd vergunden mîner zûgegebner pfleger mit namen Barttlime Sindelis und Barttlime Göbels, baider von Erenstorff, gegen dem hôchwirdigen fürsten unnd herren herr Martîn, abbt dess wirdigen gotzhûs Rîchenow, zu tûschs wîs ûffrecht unnd redlich vertûscht hab an ain aigen mensch genant Barbara Karrerin, die lîbaigen dess genannten gotshûs Rîchenow gewesen ist. Unnd ist solicher tûsch geschenchen(!) durch verwillgung der gemelten Anna Waucherin unnd ires êelichen mans, Hansen Gudins von Herbertingen, der ôch von ir unnd dess kinds wegen darzû gûttwilliglichen verwilgt haut, alsô das sî fürohin dem gemelten wirdigen gotshûs als ander aigen menschen gehôrsam unnd verpflicht sîn söllen, unnd die gemelt Barbara Karrerin fürohin mîn aigen unnd wîtter von dem obgestimpten gotshûs nit wîtter(!) angelangt werden söll, all gevärd unnd arglist hindangesetzt. Unnd zû waurer urkund sô habend wir genanten Christîn Sindelarin unnd wir Barttlime Sindelin und Barttlime Göbel als pfleger iren wegen, unnd wir Hans Gudin unnd Anna Waucherin von unser und dess kinds wegen, gebetten und erbetten den êrsamen unnd wîsen Cûnrat Hüpschlîn, der zîtt aman zû Herbertingen, das er von unser allen wegen, doch

[1]) *Lücke in der Vorlage.* — [2]) *vgl. S. 224*[3]. — [3]) *im württemb. Donaukreis, Oberamt Saulgau.*

im unnd sînen erben ôn schaden, sîn aigen insigel haut gehenckt an disen brieff, der geben ist ûff samstag vor sant Jörgen tag im jaur, als man zalt nâch der gepurtt Cristi tûsetvierhundertt und im achtunndnüzegosten jaur.

320 (317). *Schuldbrief mit alternativer Inhaberklausel.* 1499, April 28.

Eintrag im Lübecker Nieder-Stadtbuch, Pauli Lübeckische Zustände im MA. III 107 Nr. 6. Vgl. Nr. 293; Brunner Das französische Inhaberpapier 58[1] und in ZHR. 23, 254 ff.; Stobbe ebenda 11, 425 f.; 25, 181 f.

Hermen Zyderdissen, borger tô Colne an deme Rîne, vor deme êrsamen râde tô Lubeke irschînende, heft Jôhan Cleytzen, borger darsulvest, angespraken unde beclaget umme hundert Rînsch gulden, de desulve Jôhan Cleytzen Francke Greverôde, borger tô Colne, sînen erven ofte hebbern des brêves van Jôhan Cleytzen ûthgegeven unde durch denselven Jôhan mit sîner êgenen hant, sô he ôpenbâre tôstunt unde bekande, undergeschreven unde mit sînem signête vorsegelt, de vor deme râde tô Lubeke wart gelesen, noch nâstendich [1]) schuldich sîn schele. Darthô Jôhan Cleysen antworde, dat Hermen sîne macht van Francke Greverôden scholde tôgen. Darup de êrscreven râdt tô Lubeke ....[2]) nâ recht hebben afseggen [3]) lâten: Nâdeme de brêf inholdt: 'hebbere des brêves', unde tôstund, dat he den underschreven hadde, sô môste he dartô antworden; hadde he insage [4]) dariegen, darumme tô gânde alse recht is.

321 (318). *Fruchterwerb (Baurecht).* 15. Jahrhundert, 1. Drittel. [5])

Clevisches Hofgerichtsurteil, Schröder Liber sententiarum Cliviensis (Bonner Universitätsschrift 1870) 7 c. 50. Vgl. desselben RG.[5] 730.

Twê parthîen sîn twîtâlich mit malckandern van erve, dat ôn gelick âen bestorven is, wilker erve dêels besaiet, dêels gemaiet ind dêels mit grâese stêet, ind hâepten, want dat erve ongescheiden sî, ind gelick dâir an gherechtet sîn, dat si ôic dâir af di vruchten gelick bôern sullen, ind begêrn êens ordels: wêer, si sullen, of ensullen? — Dâir op hevet die ander partîe geantwôirdt: want si gelick an der gestorven vrouwe erve gee(e)rft wêrn, als die ander partîe seide, dat nœmen si an ôn, end dat selve erve dêels mit kâern end dêels mit grâse stunt, sô dat gelegen wêer, sô enkenden si niemant recht an, dat op ôern erve verschenen wêer, ind hâepten ôic, van den tît, dat die vrouwe ôir ôghen geslâiten hedde, dat ôen ôic die vrucht, die op ôern dêel verschenen wêer, volgen sull, ind êen ordel beghêert:

---

1) = *rückständig; die Vorlage hat* nastengich. — 2) *Lücke in der Vorlage.* — 3) *vgl. S.* 224[3]. — 4) *Einspruch.* — 5) *nach Liesegang Niederrheinisches Städtewesen* (*Gierkes Untersuchungen* 52) *541 ff. vielleicht noch in der 2. Hälfte des 14. Jahrhunderts.*

wêr, si sull, of ensul? — Dâir op hêeft die ander man gesacht, dat hi des erves, dat die vrouwe achter gelâiten hêeft, êen dêel gebouwet hêeft, end êen dêel hêeft dôen bouwen, dâir an hi gehindert wordt âen sînen bourecht, end onrecht gedâen; ind êen ordell beghêert: sower ôn sîn bouwerecht dâir af volghen sull, of ensul, of wes dâir af recht is? — Hier op is gewîst van onsen landshêren ind sînen râide: Sowes op ten erve verschenen sî, dâir af sal die bouweman sîn bouwerecht hebn, ind dat nâe ôn vûern, ind wes dâir enteinden blîft, dat sullen die twê parthîen gelic deilen ind nâ ôn vûern.

322 (319). *Schichtung zu Cleve.* 15. Jahrhundert, 1. Drittel. [1])

Clevisches Schöffenurteil, landesherrlich bestätigt, Schröder Liber sententiarum Cliviensis (Bonner Universitätsschrift 1870) 9 c. 69. Vgl. Schröder GüterR. II 2 S. 114; II 3 S. 149; Brie (Zitat zu Nr. 126) I 222[43].

Êen man, als recht momber sîns wîfs, hêeft gheeischet mit recht sîns wîfs vader, ôn scheidingh ind deilingh te dôen van wegen sîns wîfs, as van ôirre sêliger môider wegen, van allen erve ind rêde gûet, dat hi hedde end besête; ind meinden, dat hi ôn dat mit recht dôen sold, want sînen wîve tôt dien dagen tô gêenrelei gûet van ôirre sêligen môider bewîst enwêr, ind die vader des samenden gûets in notte end gebrûke tô gewin ind tô verlîes sonder ênich onderscheit geseten hed, ind sîn wîf ôic nâ dôide ôirre môider dat hedde helpen winnen end werven; end hâepten dâir om des gewins te ghenieten, want si des verlôs mûsten nû scholden hebn; end des êen ordell bestadet: wêr, men ôn ind sînen wîve dese deilinge dôen sull, of ensull, of wes dâir af recht is? — Die vader des wîfs vurscreven hêeft geantwôirdt, ind hê[e]ft den man gebaden recht scheidingh end deilingh van den gûede, alsulck as dâir sîns wîfs môider in gestorven is; ind dôcht den scepenen, dat hi mit recht vorder dôen solde, des blêef hi bî den scepenen, ind êen ordell: wêer, hi sull, of ensull, of wes dâir af recht is? — Hier op hebn die scepenen gewîst end ons landshêre bestedicht: Die vader sall sînre dochter ûitreiken end scheidinghe dôe[n] van wegen ôirre môider, van allen gûede, dat hi nû hevet end besittet, beheltelic ôn sînre tuchten nâ rechten end gewôenten der stat, ind beheltelic sînen andern wîve dat hôiftgûet van ôirre mêedgâven.

323 (320). *Retrakt an Renten. Geltendmachung binnen Jahr und Tag. Rechte Gewere. Beweisrecht im Prozess.* 15. Jahrhundert, 1. Hälfte.

Aachener Stadtrechtsbuch art. 37, Loersch Achener Rechtsdenkmäler 108. Vgl. Schröder in ZRG. 9, 414; Brink (Zitat zu Nr. 168) 45-47.

Want Jôhan Hasenmûl zens gegolden haidde ind Merthîn Neuten den geschûit hadde, darup Hasemûle sprach, dat he den tzens jâre

[1]) *vgl. S. 231*[5].

ind dach besessen hedde, êe he geschûit worde, als he sich des vermâis. Alsô wart gewîst, dat he dat bîbrengen sulde mit sînere einger hant etc., dat he den tzens besessen hedde jâir ind dach, stillich ind vreideliche, êe der lôisspennick geboden worden.

324 (322). *Fortgesetzte Gütergemeinschaft in zweiter Ehe, nach thüringischem Rechte.* 15. Jahrhundert, 1. Hälfte.

Goslarer Rechtsbelehrung, P. J. Bruns Beyträge zu den deutschen Rechten des MA. 192 c. 29 am Anfang. Vgl. Nr. 322; Schröder GüterR. II 3 S. 204, 208, 210 f.

Icht ein unser borgere mit uns eine junchvrowen nême, unde worde beervet, de sulve unse borger hedde vore eine vrowen unde bî der vrowen twê kinder gehad, unde de borger storve, unde de leste vrowe sête mit den vorderen kinderen in sampdem gûde, dersulven vorderen kindere frund êscheden van der kindere wegen dat gûd lîkehalf, des wetet: dat de vrowe deilen scal mit den kinderen, alsô dat se de helfte beholde unde de kindere de helfte, et enwêre, dat se wat ingebracht enhedde mit orkunde oder mit gerichte, dat scal se tôvoren afnemen unde endarf des mit den stîfkinderen nicht deilen.

325 (323). *Geschäftsunfähigkeit zum Tode Verurteilter.* 15. Jahrhundert, 1. Hälfte.

Magdeburger Schöffenurteil, Wasserschleben Sammlung deutscher Rechtsquellen I 422 c. 77. Vgl. daselbst 283 c. 148; Schröder GüterR. II 3 S. 371 ff.; Otto Loening Das Testament im Gebiet des Magdeburger Stadtrechtes (Gierkes Untersuchungen 82) 87; R. Müller (Zitat zu Nr. 283) 94.

Ap eine frawe czû tôde vororteilt ist, ap si in dem gefenkenis ir gût vorgeben unde bescheiden mag? [1]) Sprechin wir schepphin zû Meideburg: Was die frawe, die czû dem tôde vororteilt ist, an gelde unde an gûte dem knechte, den si solde genomen haben czû der ê, czû kerchin unde czû clôstern, den wertlichin phaffen in dem gefenckenis bescheiden hâd, daz ist mahtelôsz, und ore erben dorfin daz nicht haldin von rechtis wegen, sintemâl einer in sulchen steten leibis nach gûtis mechtig ist.

326 (324). *Kaufgut und Erbgut. Unmündige verschweigen sich nicht. Der Sohn erlangt die rechte Gewere an väterlichen Zuwendungen selbst dann, wenn die Gabe nicht ausgeschieden wird.* 15. Jahrhundert, 1. Hälfte.

Magdeburger Schöffenurteil, Wasserschleben a. O. 357 c. 3. Vgl.

---

1) *hier und in den meisten der folgenden Nummern bis 338 sind die zwar erst spät entstandenen Überschriften beibehalten worden.*

Nr. 335; **Laband** Die vermögensrechtl. Klagen 300; **Schröder** RG.[5] 773-775.

Ap der vater dem sone ûflîsse sunderlich gût, ap daz dem sone an seime veterlichem erbe geschaden mag. (Mêdeburg.) Fritzko hâd gehabit einen êlichen vater, dem Got gnâde, der hât in begâbit mit wol bedâchten mûte unde mit gûtem willen, bei gesundem leibe, an der stad, dô alle gâben craft und macht haben, vor richter unde vor schepphin, seins erbis ein halp haus unde eine halbe gewandkammer, di der vater hât gekauft umb sein wol gewonnen habe, daz Friczko wol beweisen wil mit der stad bûche, daz dô volle macht hât, alsô der stad brîf. Der gâbe hât her mêr gehabit wen jâr unde tag, ân alle ansprôche, alsô daz seine geswister, di dô mundig wâren, di gâbe nî wedirsprochin habin unde di gâbe in gnâden bis si gestorbin. Nû ist der vater gestorbin, der ouch gelâsen hât mêr erbis unde gût, daz her nicht vorgebin hât; unde hâd ouch gelâsen czwei unmundige kinder, di mit Franczken (!) geswister sein vater halben. Nû wil sich Friczko teilin mit seinen unmundigen geswistern unde wil czû vorûs nemen di gâbe, di im der vater gegebin hât. Sô sprechin der unmundigen kinder frûnd, her zulle di gâbe vor êrsten inlegin, êr her mit in teile, alsô si alle mittenander gestorbin sind in daz vatern gûte unde si abe von ores vatern brôte nî gescheiden sei[n], unde ouch her[1]) der gâbe und ander seiner gûter unde der kinder aller ein vorweser ist bleben bis an seinen tôd.

Hîrûf etc. Ûf di vorbeschrebin rede teile wir vor recht: Daz gût, daz Friczkes vater Friczken gegeben hâd vor gehegitter bangk, was daz seins vater wol gewonnen habe ist gewest, daz blîbit billich bei Friczczen âne hindernis; aber di erbe eigen ader gût, das Friczczen vater von seinen eldern anderstorben was: haben daz di erbglobin, di dô mundig sîn gewest, vorswegin jâr unde tag, sô blîbit es abir billich bei Friczczen, alsô daz di gâbe desselbin gûtis den unmundigen kindern an sulchen teile, als on dôvon vor rechte geburen mag, unschedelich ist. Von rechtis wegen. Ouch bedarf Friczko daz obgenante gût, daz im von seinem vater wurden ist, nicht teilen mit seinen geswistern. Von rechtis wegen.

327 (325). *Rechte Gewere. Präklusion des Erben. Haftung des Vormundes.* 15. Jahrhundert, 1. Hälfte.

Magdeburger Schöffenurteil, **Wasserschleben** a. O. 379 c. 28. Vgl. **Laband** a. O. 338 ff., 324 ff., 350; **Kraut** Vormundschaft II 91.

Aber von lêhngûter, di einer jâr unde tag inne hette. Elze[2]) spricht, si habe einen rechten êevater gehabet, der ist abegegangen, êr di juncfrau mundig wart, der hât ir erbe unde gût

[1]) *der Vater.* — [2]) *bei* ***Wasserschleben*** *ist die Klage der Klagebeantwortung nachgestellt.*

gelâsin wissentlich oren erbhêren unde nâckebêrn, alsô vil als si bedarf czû orem rechte, daz hât sich Czesem underwunden weder orem willen, unde hât ir daz nî abegekauft, unde ore nâckbêrn daz ir bekennen — ab [1]) her von des rechtin wegin her wider abetreten sulle sîn von ores vater gûte unde daz entwertin, ader waz recht sei?

Di antwort darauf. Cesem spricht, daz her erbe unde gût gekauft habe umme sein silber unde umme sein gelt, unde hât das in sein lêhn bracht unde das in seinen geweren gehabit jâr unde tag, alsô vil als her bedarf czû seinen rechte, wissintlichin seinem [2]) erbhêren, dem er di czinse jêrlich gereicht hât; unde diselbige mait einen vormunden gehabit hât, ores rechten êevaters bruder, unde di juncfrau mundig gewest ist lenger wen jâr unde tag, si unde ir vormunde inlendisch gewest sint unde czû wege unde czû stegin unde czû merckten, unde daz si nî angesprôche gemacht habin in keiner stad, dô is macht ader kraft hette. Nû bethe ich eins rechtin orteils, ab her dôbei czû bleiben sei, wen her keinen geczug leiden sal, ader vorder (mit) keinen infal gemachen konne mit keinen rechte, ader was recht sei?

Daz recht darauf. Hîrauf etc. Hât Czesem erbe unde gût gekauft, daz juncfrawen Elzen vaters gewest ist, unde hât das in sein gewere bracht, unde hât [daz gehabt] jâr unde tag âne recht ansprôche, alsô als si einen vormunden gehat hât unde selber mundig gewest ist; mag her daz irczûgen alsô recht ist, sô ist her bei seinen gekauften gûte czû blîben. Hette denne di juncfrawe vormunde di juncfrau in seiner vormundeschaft an ichte verseumet, dô antworte her der juncfrawen mogelich umme. Von rechtis wegen.

328 (326). *Anfangsklage. Erbeutung begründet keinen Erwerbstitel an gestohlenen und geraubten Sachen.* 15. Jahrhundert, 1. Hälfte.

Magdeburger Oberhofsentscheidung, Wasserschleben a. O. 404 c. 49. Vgl. Laband a. O. 75 f., 130 f.; Schröder RG.[5] 728-730; Friese und Liesegang Magdeburger Schöffensprüche I 709 f.

Ap ein man di habe, di eime von keczirn [3]) wêre genomen, di den keczirn weder worde [genomen] unde abegedrunge, wedirgebin dorfin? Unszirn dînst etc. Ir habit uns umb recht gefrâget in desen worten: Niclâs hât in unsirn gerichte ein pherd geanefanget, daz om, alsô her spricht, von den vordampten ketczirn genomen sei, unde wil sich dorczû czîhn alzô recht ist. Spricht sein wedersache, daz das pherd von Cristen in einen offinbâre krîge weder abegedrungen sei, von den hers gekouft hât, und habe des seinen werman. Dôkeigen meint Niclâs, daz di ketczer keinen offinbâr noch furstlichin krîg wider di Cristen nicht haben mogen; unde nîmand mag mit sulcher habe, daz si den Cristen sô

---

[1]) *die Vorlage hat* das. — [2]) *die Vorlage hat* seinen. — [3]) *gemeint sind die Hussiten.*

weder Got unde recht nemen, den andirn weren. Bitten wir uns czû underweisen unde was recht ist dorobir czû sprechin.

Hîrauf sprechin wir schepphin czû Meideburg ein recht: Wil sich dar[1]) Niclâs czû czîhn selbdritte, alsô recht ist, daz das pherd sein sei unde om von den ketczern genomen sei, sô enmag sein wedersache das keigen om nicht vorantwerten dômethe daz her sait, daz das pherd von den Cristen in eime offinbâre crîge den keczirn wider abegedrungen sî; wenne nîmand mag den andern sulchs geraubeten gûtis nicht geweren. Von rechtis wegen. Vorsigilt mit unszirm ingesegil[2]).

329 (327). *Beweisthema bei der Anfangsklage. Judenprivileg.* 15. Jahrhundert, 1. Hälfte.

Oberhofsentscheidung der Schöffen zu Donin, Wasserschleben a. O. 400 c. 44. Vgl. Laband a. O. 89, 117; Schröder RG.[5] 728 f.

Ap einer eime ein pherd entrit, und daz pherd angefangin wirt unde in di Jüden gesant wirt. Wir manschaft der Donînschin pflege sint rechtis gefrôgit in desin nâchgeschribin worten alsô: Unszirn willigin dînst. Gestrengen unde festen frunde! Vor uns ist komen vor gehegete bang Hempil Czigilheym, hôt fundin sein pherd unde des angefangit in eins Cristen hûsze, in Cristin gewere, unde stêt hî vor gehegiter bang unde wil sich dorczû czîhin selpdritte volkomner leuthe, daz daz pherd sein gewest ist vor der czeit alsô is om entreittin wart unde genomen wart, unde nach mein ist, unde der Jude nû dorin geth[3]), ab her icht durch recht selpdritte ouch dirwîsin sal unde geczûgen, daz iz czû der czeit sein gewest ist, alsô ichz angefangen; ab[4]) ich dem Juden umme mein pherd antworten solle, ader was recht sei? Nû hât der Jûde seine antwort dorûf getân: daz pherd sei sein, und habe sein gelt dorauf gelegin mit wiszin, unde daz pherd nach sein ist. Sô habin om die schepphin geteilt, das her is, der Jude, irhaldin sal, daz das pherd in der czeit sein ist, alsô is der Krist(in) in dem Kristenhausze angefangit hât; unde frâgit dornâch, ab her is mit seines selbis hant unde munde behalden sulde, ader was darumb recht sei? Hîrumme bitte wir euch, gestrengin lîbin frund, uns nâch rechte dorûs czû entscheidin unde wîsze czû machin; daz wolle wir gerne umme euch vordînen[5]). Hîrûf etc. Sinttemâl daz der Jude in seiner antwort seczt, daz das angefangene pherd sei sein, unde nach sein ist, unde habe sein gelt dorûf gelegin mit wissin: mag der Jude selpdritten mit eime Juden und eime Cristen geczûgen, daz her sein gelt unvorhalen bei tagelichte und nicht in beslossene hausze ûf daz pherd gelegin habe, sô beheld her seine phenninge doran, di her dorumb gab ader

---

[1]) *die Vorlage hat* daz. — [2]) *der Beklagte hätte sich mit Erfolg auf seinen Gewähren berufen können, wenn dieser das Pferd erbeutet, aufgeboten und Jahr und Tag besessen hätte.* — [3]) darin gehen (jehen) = *Einsprache erheben.* — [4]) *die Vorlage hat* e. — [5]) *vgl. S. 180*[2].

dorûf tet, mit seinem eide, ab is wol vorstolin ist; gebricht om abir an den geczûgen, sô vorleust her seine phenninge, ab Hempil Czigilheym czû seime enttriten (!) pherde selpdritte czûgit, alsô recht ist. Von rechtis wegen.

330 (328). *Dienstbotenlohn.* 15. Jahrhundert, 1. Hälfte.

Magdeburger Schöffenurteil, Wasserschleben a. O. 281 c. 143. Vgl. Schröder RG.[5] 772[225].

Von dînstboten lône. Unsern frundlichen grûs czûvor. Liebin frunt! Ir habit uns gefrâgit umb recht nôch diszen worten: Peter seczt, her habe gedînet einem manne, der dô abegegangin ist von tôdis wegin, alzô, das her im sein lôn nicht gegebin hât, das her wol beweiszin wil nôch rechte. Nû hât her ouch die erbnemen gemanet. Die wêgern im sein vordînet lôn zcû gebin und sprechin, sie wissin von seime gemîte dînste noch lône nicht, und wollen des volkomen, alzô recht ist. Nû bith euch Peter eins rechten orteils czû sprechen, ab her nicht nêh[i]r [1]) sei czû der dirweiszunge, sint dem mâle das is umb sein vordînet lôn ist, wenne en nîmant dorvon gedringen moge, adir was recht sei? Hîrûf spreche wir etc.: Wer eins mannes erbe nimmet, is sei sein son adir seine tachter, adir an wen is mit rechte gevellit, is sei weip adir man, der sal czû rechte den dîns[t]boten zcum êrsten ir lôn gebin, das en gloubit was, dô sie sich vormîtet hatten; und welde der erbe des lônes loucken und sprêche lîchte, sie wêren nicht gemît, und wêgert man en ouch lônes von einem halbin adir ganczen jâre, das sint die dînstboten nêhir [1]) zcû behalden ûf den heiligen, wenne en der erbe dôvor gesweren moge. Von rechtis wegen.

331 (329). *Legitimation durch nachfolgende Ehe.* 15. Jahrhundert, 1. Hälfte.

Magdeburger Schöffenurteil, Wasserschleben a. O. 248 Nr. 108. Vgl. Schröder RG.[5] 766[102].

Ab ein kind, geczelit wirt ûszen der êe, und sich doch die eltern dornôch zcû der êe nemen, glîch erbteil mit den andern genemen moge(n)? Ein man ist gestorbin in erbe und in gûte und hât kinder dorinne gelâzzen, czwêne sone und eine tachter. Des wart der eine zon abegesundirt, und die swestir nam einen man ungesundirt von dem gûte; der andir brûder bleib in dem gûte. Des starb der swestir man; dô quam sie wedir in das gût, dô sie nicht von gesundirt was. Dornôch nam sie einen andern man, ungeteilt von dem gûte, und hât mit deme kinder gehabt und hât mit im gewonet minner denne 30 jâr. Indes beslîf der ungesundirte

---

1) *vgl. S. 146*[3].

brûdir seine mait und hatte mit ir ein kind, ê denne sie mit im getrawit wart. Dornôch hatte der selbe brûdir kinder mit ir, die noch lebin. Nû bitte ich euch ein recht zcû sprechin, ab der ungesundirte brûdir mit seiner frawen, die her vor beslôfen hât, eine gewere besessin hât kegen seiner swestir, das ir kinder erbeteil habin zullen kein seinen kindern, die her mit der beslâfen frawen gehabt hât, adir was der selbin frawen kind rechtis an dem gûte gehabin moge von rechtis wegen?

Hîrûf spreche wir scheppen zcû Magdeburg ein recht: Sintdemmâl das [der] man die frawe, dô der brûdir vor ein kind mete gehabt hât, zcû der êe hât genomen, zô hât her sein gût geerbit ûf alle seine kind, die her mit der selbin frawen gehabt hât. Von rechtis wegin.

332 (330). *Mündigkeitstermin. Gewere zu rechter Vormundschaft. Ersatzanspruch des Ehemannes für Verbesserung des Frauengutes. Väterliche Gewalt. Erbenwarterecht. Rechte Gewere. Satzung um Schuld. Zurückbehaltungsrecht.* 15. Jahrhundert, 1. Hälfte.

Rechtsgutachten der Magdeburger Schöffen, Wasserschleben a. O. 202 c. 62. Vgl. von Meibom PfandR. 307; Laband Die vermögensrechtl. Klagen 300 f.; Schröder GüterR. II 3 S. 18[51] und RG.[5] 765, 766[189].

Unsern frundlichen grûs czûvor. Êrsamer liebir besundir! Ir habit uns rechtis gefrôget nôch diszen worten: Ich habe vor geczeiten, wol vor 32 jârn, eine hausfrawe genomen, czû der ich czôch in ir gût, in haus und hof, unde undirwand mich allis das sie hatte. Das selbe haus und hof habe ich gebawet und gebessirt, das mich gekosst hât 30 schog schildigter groschen, und habe das ouch vor gelôst vor 10 schog Bêmscher groschen von eim manne von Frîberg, dôvor her(!) im zcû phande stund. Mit der selbigen frawen habe ich kinder geczûgit, und nôch erem tôde habe ich von[1]) ir czwêne sone behalden und eine tachter. Der eine son ist ein prîster worden, der andir ist noch unmundig, bei 13 jârn alt, alzô das her in meiner gewalt und vormundeschaft noch ist; und die tachter hât einen man genomen âne meinen rât, willen und geheisze, und hât keine kinder. Nû habin sich die drei, meine kinder, voreint und seczcen sich gar scherflich und swêrlich wedir mich umb haus und hof, das ir mûtir gewest ist, und treibin mich dorauz und von allem gûte und varnder habe, die dorinne ist, und habin das meiner tachter manne vorkouft und ûfgelâssen. Den kouf und die ûflâssunge ich binnen rechtir czeit, ìr jâr und tag obirgangin ist, vor gerichte wedirsprochen habe, dorumb das ich mein geld alzô in vormundeschaft doran vorbawet und von dem phandrechte gelôst habe, alzô vor geschrebin steit, und ouch dorumb, das ich ir vatir bin und des jungisten vormunde, und sie keinen erbnemen haben denne mich, und sie den kouf âne meinen willen und wort gethân habin. Sintdemmâl das sie das haus und hof

[1]) *die Vorlage hat* vor.

und braugefêsse und andir varnde habe wedir meinen willen und volwort vorkouft und ûfgelâssen habin, und ich das binnen jâr und tag wedirsprochin habe, ab der kouf und ûflâssunge icht durch recht machtlôsz sulle sein, und mein gelt und gût, das ich doran gelegit habe und an varnder habe dorinne habe, icht nêir[1]) czû behaldin und dôbei zcû bleibin sei, und man mir das in meinen geweren fredelich lâszen sulle, wenne mich meine kinder und meiner tachter man das vorhaldin adir îmand doran gehindern moge, adir was recht sei?

Hîrûf spreche wir scheppen czû Magdeburg ein recht. Sintdemmâl das ir ewir kinder, alzô des prîsters und des jungen und ouch ewir tachter, die keine kinder hât, nêste erbnemen sein, zô mogen sie des hauszes und des hofes, das en von ir mûter anirstorbin ist, âne ewirn willen und volwort nicht vorlâssen, und habt ir den kouf[2]) und ûflâssunge, die ewir tachter manne doran geschêen ist, binnen rechter czeit, îr jâr und tag vorgangin ist, vor gerichte wedirsprochen, sô ist der kouf und vorlâssunge machtlôsz; und alzô denne der kouf und ûflâssunge mit rechte nicht geschên ist, und machtelôs geteilt, sô mag ewir tachtir man euch aus ewirn geweren nicht entsiczczen, und ir seit bei ewirm gelde, das ir doran alz ein vormunde geleget, vorbawet und von dem phandrechte gelâssen habit, das ir beweisen moget, als recht ist, und ouch das braugefêsze und varnde habe nêir czû behaldin und dôbei czû bleiben, wenne ewir kinder und ewir tachter man euch[3]) die vorenthaldin adir doran gehindern mogen, und die weile sie euch ewir gelt nicht wedirgebin, sô dorft ir der gewere nicht rûmen. Von rechtis wegin. Vorsegilt mit unserm ingesegil.

333 (331). *Recht des Mannes auf die nicht zur Gerade gehörige Fahrhabe seiner Frau, nach Magdeburger Recht.* 15. Jahrhundert, 1. Hälfte.

Rechtsgutachten der Magdeburger Schöffen, Wasserschleben a. O. 204 c. 63 (wiederholt daselbst aus der Leipziger Handschrift 405 c. 51). Vgl. Schröder GüterR. II 3 S. 365; von Martitz Das eheliche GüterR. des Sachsenspiegels 277; Agricola Die Gewere zu rechter Vormundschaft 626 f.; Friese und Liesegang Magdeburger Schöffensprüche I 765.

Unsern frundlichen grûs zcûvor. Êrsamer und besunder! Ir habit uns umb recht gefrôget nôch diszen worten: Francze spricht, her habe genomen ein weip; das weip habe gehat vatir und mûtir und brûder. Nû sint gestorbin die brûder ein teil[4]), und dornôch die mûter und dornôch der vatir. Der vatir hât gelâzen erbe und gût und varnde habe Franczen weibe und Petir, erem brûdir. Dornôch starb Franczen weip, îr wenn das sie sich teilten mit den gûtern, die von erem vatir ûf sie beide irstorbin wôrn, mit erem brûder. Nû wil Petir seinem swôger Franczen kein teil gebin in den gûtern

---

[1]) *vgl. S. 146*[3]. — [2]) *die Vorlage hat* hof. — [3]) *Vorlage:* ouch. — [4]) der bruder ein *a. O. S. 405. R.*

an erbin noch an varnder habe, und Petir spricht, wie das die gûter und alle varnde habe von seiner swestir ûf en gestorbin sei, sintdemmâl das sie aus eres vatir gûter ungeteilt sein. Nû bith Francze eins rechten zcû irkennen: sintdemmâl daz im keine mittegoft noch[1]) eres vatir gûter worden was mit seinem weibe, ab nû Petir nôch seiner swestir tôde mit im icht erbe und varnde habe teilen sulle, adir was hîrumb recht sei?

Hîrûf spreche wir scheppen zcû Magdeburg ein recht: Waz Franczen weibis vatir an varnder habe ûf sein weip, seine tachter und ûf Petir, seinen son, geerbit hatte, das ist halb Franczen an seines weibes stad, nû is vorstorbin ist, und der helfte der varnden habe mag Petir seime swôger Franczen nicht vorbehalden; was abir stanteigens adir leginder grunde anirstorbin sein, das hât si nû geerbit ûf Petir, eren brûdir, und der darf Franczen dôvon keinen teil gebin. Von rechtis wegin. Vorsegilt mit unserm ingesegil.

334 (332). *Leibzucht an Geld. Erfordernis der Spezialität bei Satzung um Schuld.* 15. Jahrhundert, 1. Hälfte.

Rechtsgutachten der Magdeburger Schöffen, Wasserschleben a. O. 281 c. 144. Vgl. Schröder GüterR. II 3 S. 251, 337 f., 351 f. und RG.[5] 732 f.; Agricola Die Gewere zu rechter Vormundschaft 499 ff., 529 ff.; Laband Die vermögensrechtl. Klagen 396 f., 403; Gierke PrivR. II 821[67], 824[83]; R. Müller (Zitat zu Nr. 283) 215[1], 216[4].

Recht frôgit ir uns nôch diszen worten: Ab ein man seinem weibe benente ein bescheiden gelt, und seczte ir dôvor zcû phande alle sein gût, is sei varnde adir unvarnde; mochte der man das gût vorkoufin adir vorkommern, das is der frawen zcû erem rechte schedelich wêre, adir nicht, adir was hîrumb recht sei?

Hîrûf zô spreche wir ein recht: Vorschreibet ein man seinem weibe eine lîpczucht, zcû wartende und zcû behaldene ûf alle seinen gûtern gemeinlichen, wô her sie habe adir immer gewinne, der man mag sein gût vorkoufen und das wandeln nôch seiner nôtdurft; dô mag en die frawe nicht an gehindern; is wêre denne sundirlich vorschrebin ûf ein genant gût, alzô ûf daz haus adir den czinsgarten, das torste her âne wedirstatunge nicht vorwandiln. Von rechtis wegin[2]).

335 (333). *Gegenseitige Vergabung des ganzen Vermögens unter Ehegatten. Auflassung. Weinkauf (Bierkauf). Rechte Gewere.* 15. Jahrhundert, 1. Hälfte.

Dresdener Schöffenurteil, Wasserschleben a. O. 317 c. 169. Vgl. Nr. 326; Laband a. O. 315 ff.; Schröder GüterR. II 3 S. 375[16]; Heusler Gewere 150 ff.

---

[1]) *hier ist vielleicht ein* aus *einzuschalten; vgl. a. O. S. 405.* — [2]) *nur scheinbar abweichende Grundsätze daselbst 284 c. 149 in einem Schöffenspruche, welcher der älteren Generalhypothek den Vorzug vor der jüngeren einräumt.*

Von ûszlôszin [1]) erbis und gûtis czwischin weip und man. Wir burger und schepphin der stad Dresden bekennen, das wir gefrôgit sein umb recht nôch dessen worten, die hernôch geschrebin stên: Her richter! Wolt ir Mertîns wort vornemen? Mertîn hâd eine êliche frauwe gehad, die wîle Got wulde; mit der hâd her erbe und gût gehat und das hât her zcû seiner hant brôcht, und hâd daz dornôch gehad fumfczîn jâr âne allerleie ansprôche, es sei minner ader mêher. Dornôch ist her zcû râthe wurden, daz her sich hâd vorgift mit seiner êlichin frauwen, welchs under en êher sturbe, sô sulde das gût dem lebindigen blîbin. Die vorgiftunge ist geschên mit der erbhern wille und vor eime richter und vor der gehegitten bank, dorobir hâd Mertîn sein wissebier [2]) gegebin den getrauwen nâchebûren, und die cleger, die umb den anefal teidigin, die sint keginwertig gewest und habin die vorgiftunge nicht wedirsprochin vor gehegitter bang und habin das wissebîr mitte getruncken umb die selbe vorgiftunge, und sint vor abegesundirte geswister umb ir vetirlich erbe. Nû bittet Mertîn eines rechtin orteils, wenne her das nôch der vorgiftunge hâd gehat âne allerlei ansprôche jâr und tag und abir jâr und tag, wenne si bei im in dem lande sin gewest, ab im das bekennet s[e]in erbherre, richter und gehegitte bang und seine getrûwe nâckebûrn, ab her mit s[e]inen erblêhnen unde seiner stillir gewere seines gûtis icht nêher [3]) zcû behaldene sei, wenne im îmand kein hindern adir ansprôche dorin getragen moge, adir was dorumme recht sei in dem lande?

Hîrûf spreche wir vorgenanten schepphin vor recht: Ist das alsô, das Mertîn das erbe mit rechte an sich gebrocht hâd, wissentlich dem erbhern und erbgenôszin und gehegitter bang, und hât das in seiner gewere gehad jâr unde tag âne rechte ansprôche, sô ist her des erbis nêhir zcû behalden mit irem bekentenisz, denne en dôvon îmand gedringen ader doran gehindern moge. Von rechtis wegin.

336 (334). *Eheliche Verwaltungsgemeinschaft zu Dresden. 'Res succedit in locum pretii et pretium in locum rei'. Ersatzansprüche des Mannes für Verbesserung von Frauengütern.* 15. Jahrhundert, 1. Hälfte.

Magdeburger Oberhofsentscheidung für Dresden, Wasserschleben a. O. 201 c. 61. Vgl. Schröder GüterR. II 3 S. 16-18, 87-89, 317, 320 ff. und RG.5 792[18].

Lucas Hertil ist komen vor gerichte und geheite banck und hât geclait zcû eime hofe, gelegin in dem wîgbilde zcû Dresden, und zcû alle den, die den hof vortreten wollen [4]), und spricht, wie das Hans Hertil, sein brûdir, dem Got gnâde, den hof wedir seine swegir [5])

[1]) *zu lesen* uffloszin (= *auflassen*)? — [2]) *vgl.* *Zöpfl Alterthümer des deutschen Reichs und Rechts III 334; Stobbe in ZRG. 13, 209 ff.* — [3]) *vgl. S. 146*[3]. — [4]) *anderes Beispiel einer Klage gegen die noch unbestimmten Personen, welche die Sache vertreten wollen: ZRG. 15, 182 f. Siehe auch R. Leonhard Schiffe als Prozessparteien (Sonder-Abdruck aus der Festgabe der Breslauer Juristenfakultät für S. Brie, 1912) 39 f.* — [5]) *vgl. S. 229*[1].

gekouft habe und doran gegebin habe einen wînberg und 36 schog groschzin.

Dôrûf antwort Nickel Kamenig in vormundeschaft von Barbaran Hertelin wegin, seiner mühemen, die Hans Hertils sêlgin gedechtniss êliche wirtinne gewest ist, und spricht, wie das sich der hof und ouch der w(e)înberg von Barbaran eldirvatir ûf ere mûtir vorstorbin habin und alzô herkomen sein; und dô sich Barbara sundirte mit ir mûter nôch irs vatir tôde, dem Got gnâde, dô wart Barbaran der wînberg, und ir mûter der hof. An dem wînberge Hans Hertil andir gewere nî gewan denne in vormundeschaft von seines weibis wegin. Dornôch geschach ein wechsil, alzô das Hans Hertil und Barbara sein êlich weib denselbin wînberg und dorczû gereit geld, das ir beider direrbit[1]) und ungeczweit gût was, nôch deme das man und weib ungeczweit gût zcû erem lîbe habin, Barbaran mûtir wedir umb den hof gegebin habin. Den hof Barbara, noch ere mûter, Hansze ouch nî ûfgelâzen noch sich des vorczegin habin an keiner stad, dô is von rechte craft adir macht gehabin mochte; dôvon Hans ouch andir gewere an dem hofe nî gewonnen noch gehabt hât denne in vormundeschaft von seines êlichen weibis wegin, und ist alzô vorscheiden, das im Got barmherczig sei. Bitte ich, Nickel Kamenig, nôch rechte auszcûsprechen: Sintdemmâl das das wechsel mit erbe umb erbe, das beiderseit von Barbaran eldirvater ûf ir mûter und ûf sie alzô hergestorbin und gestammet ist, und mit zcûgôbe gereitis geldis eres ungeczweiten gûtis dirvollet sei, und ist alzô geschên, das Barbara noch ere mûter Hansze den wînberg noch den hof nî ûfgelâzen noch sich des vorczegin habin an keiner stad, dô is von rechtis wegin craft adir macht gehabin mochte, dôvon Hans ouch andir gewere doran nî gewonnen noch gehabt hât denne in vormundeschaft von seines êlichen weibis wegin, und Barbara ouch nôch eres wirtes tôde, das im Got gnêdig sei, in den geweren des hoffis bleben ist: ab sie denne den hof nôch sulchen vorloufin geschicken mit besserm rechte[2]) behaldin moge, denne ir Lucas keinen teil doran[3]), noch wedirstatunge des geldis, ûngewinnen moge, adir was dorumb recht sei?

Unsern fruntlichen grûs zcûvor. Liebin frunde! Alz ir uns in czwein czediln gesand hât und gebeten, recht zcû sprechen dorobir, und euch wedir zcû senden, die selbin czediln vindet ir wedir beslossen in diszem unserm rechtbrîfe. Und wir scheppin zcû Magdeburg sprechen dorûf ein recht: Nôchdemmâle das frawe Barbara und ir mûter den hof und den wînberg behalden und vortreten und vorantworten wellen von des wegin, das das ir andirstorbin gût ist, und sie das Hans Hertiln nicht ûfgelâssen habin an der stat, dô is craft und macht hât, und ouch des wechsels und des koufs, der dorumb geschên ist, nicht halden wellen, sô ist frawe Barbara und ere mûter sulch geld, das Hans Hertil zcûgegebin hât, das die frawen bekennen adir mit rechte gewonnen werdin, seinem brûder phlichtig wedir zcû gebin. Von

---

[1]) *statt* direrbeit, *erarbeitetes, erspartes Gut.* — [2]) *in der Vorlage folgt noch* wenne ich. — [3]) *nämlich zwei Drittel, da die Witwe in Dresden ein Drittel des Nachlasses ihres Mannes erbte.*

rechtis wegen. Das dis recht recht sei, habe wir vorgenante scheppin unser ingesegil ûf diszen brîf lâssen drucken.

337 (335). *Statutarische Portion zu Dresden. Ius rei sitae. Gesamtbelehnung. Lehnsfolgeordnung.* 15. Jahrhundert, 1. Hälfte.

Rechtsgutachten der Magdeburger Schöffen für Dresden, Wasserschleben a. O. 433 c. 89. Vgl. Schröder GüterR. II 3 S. 87 ff.; Homeyer System des Lehnrechts 362, 450 f., 459.

Unszern fruntlichin grûs czûvor. Êrsame gûte frunt! Ir habit uns umb recht gefrôgit in desen worten: Mein brûder hâd ein weip czû der ê czû Dresdin, gût ererbeit unde acker ûswennig wîchbilde in lantgerichte gekouft, unde ist âne kinder gestorbin. Nû ist eine willekor czû Dresdin, daz ein îczlich frawe beheld nâch ires mannes tôde ein dritten teil an ires mannes gûte, her habe si denne begâb an der stad, dô is craft habe; unde si mag dômethe thûn was si wil, âne îdermannes wedersprôche. Meine ich, di frawe [1]), meins brûder weip, ein dritteil an den gûtern, di in wîchbilde vorstorbin, unde nicht an den di ûswennig wîchbildin in andirn gerichten gelegin sind, haben sal. Was hîrumb recht sei, bitte ich ûsczûsprechin.

Spreche wir schepphin czû Magdeburg ein recht: Hât ûwer brûder seiner hausfrawen an dem acker, den her in lantrechte bûssen [2]) dem wîchbilde czû Dresden gelegen hâd, keine gâbe gegebin ader vorlâssen an der stad, dô is craft unde macht hâd, sô hât her den acker mittenander ûf den brûder geerbit mit besserm rechte, wen seine frawe kein dritteil von willekor wegin daran haben moge(n). Von rechtis wegin.

Ouch hâd mein brûder, dem Got gnâde, bei seinem lebin sein weip an di lîhunge unde reichunge des ackers ûswennig wîchbilde in andirn gerichten gelegin, den her gekauft hâd, der im von dem vorkeufer vor dem erbhêren ûfgelâsen ist unde enphangen hâd, mit om lâzen grîfen (sein weip). Meint seine frawe: alsô as si mit irem manne, meinem brûder, an di leihunge unde reichunge gegriffin habe, daz si den acker gancz unde gar wil behaldin. Alleine dôkeigen meine ich unde mich duncket, daz sei von deswegin, daz si mit irem êlichin manne, meinem brûder, an di lîhunge unde reichunge des ackers gegriffin hâd, daz si nicht mêhir wen di helfte des ackers dômethe behaldin moge, ader was recht ist?

Sprechen wir schepphin czû Meideburg: Ist der acker, dô di frawe mit ûwerm brûder mete belegin ist, dô si mitte angegriffen hâd, mennlich lêhngût, unde vulsteit ir daz der lêhinhêre [3]), dômete behelt si den acker gancz unde gar, unde ir habit dor kein recht czû, wenne menlich lêhngût erbet nicht forder wen von dem vater ûf den son. Von rechtis wegin.

---

[1]) *die Vorlage hat* meinet di frawe. — [2]) *die Vorlage hat* bussem. — [3]) *und bestätigt ihr das der Lehnherr.*

338 (336). *Der Dreissigste. Gerade. Heergewäte.* 15. Jahrhundert, 1. Hälfte.

Magdeburger Schöffenurteil, Wasserschleben a. O. 283 c. 147. Vgl. Laband Die vermögensrechtl. Klagen 370; Schröder GüterR. II 3 S. 2 ff. und RG.[5] 771 f., 791; Friese und Liesegang Magdeburger Schöffensprüche I 758, 808; Klatt (Zitat zu Nr. 33), bes. 47[3] und Urkundenanhang Nr. 9, 18-22, 29; S. Rietschel Der „Totenteil" in germanischen Rechten, in ZRG. 45, 297 ff.

Ab eine frawe ire nêstin gespinne gerâde fordirte czû hant alz sie tôd wêre. Recht frâgit ir uns nôch diszen worten: Ab eines mannes weip sturbe und ere neftil quême zcû hant alz die frawe tôd wêre, und welde die gerâde; der man welde ir die nicht gebin und sprêche leichte: 'Wolt ir die gerâde îczund habin, nû ist mein weip nêrlich kalt worden; wenne die czeit kommet, sie wirt euch wol, wenne ich were mich des rechten nicht'. Die frawe lûde en zcû dinge und bestelte ire clage. Der man sprêche: 'Des rechten welde ich mich ungerne weren, wenne sie quam und wolde die gerâde haben die weile mein w[e]ip obir der erden was'. Sie sprêche lîchte, sie wêre begrabin gewest, und her hette sich des wedir recht geweret, alz her dô stêht und bekennet, das her sie noch an dem eren hindert; ab her sie nû ir billich sal lâssen volgen adir nicht? Her sprêche: 'Wedir das recht seczcze ich mich nicht und welde mich ungerne dô wedir seczczen, und bitte in einem rechten czû dirfarne, ab ich vor dem drîszigisten icht phlichtig bin zcû gebin von rechtis wegen, adir was recht sei?'

Hîrûf spreche wir etc.: Stirbit îmand gerâde an adir hergewête, wie wol is an en irstorbin ist, is sei weip adir man, zcû hant alzô her tôd ist, vor dem drîszigisten ist her's nicht phlichtig von im zcû gebin. Von rechtis wegin.

339 (337). *Verrufung von Urkunden im Aufgebotsverfahren.* 15. Jahrhundert, 1. Hälfte.

Ferdinand Bischoff Steiermärkisches Landrecht 184 Nr. 20. Vgl. ebenda 185-190.

Ein tôdbrief umb sidel[1]). Vergich[2]) mit dem brief, das Perchtold der N.[3]) als heut[4]) vor mir zû Grêcz vor dem rechten zû dem vierden mâl melden und beruefen lâssen hât, er hab vormâlen in offner schrann hie zû Grêcz vor dem rechten drei rechtag nâch einander melden und beruefen lâssen, ob iemant sei, Kristen oder Juden, die brief, insigel oder petschaft von im hetten umb geltschult oder anderlai vordrung, das die in der zeit zû im komen wêren,

1) = sigel. — 2) *die Angabe des Ausstellers fehlt.* — 3) *die Vorlage hat* M, *weiterhin aber zweimal* N, *was wohl erst von dem Abschreiber für den ursprünglichen Namen 'Dünnerstorfer' substituiert worden ist.* — 4) *das* als *dient nur zur Hervorhebung des* heut; *vgl. Grimm WB. I 257 Nr. 7.*

die wolt er geledigt und gelôst haben und darczû getân haben, was recht gewesen wêr. Es sei niemant furkomen, weder Kristen noch Juden, die brief, insigel oder petschaft auf in gemelt hetten von geltschult oder ander vordrung wegen. Und pat zû frâgen, was recht wêr? Darumb ist im von êrbârn herrn, rittern und knechten, ertailt zû dem rechten: seint er das alsô in offner schrann hie zû Grêcz vor dem rechten drei rechtag nâcheinander melden und beruefen lâssen hât, ob iemant sei, Kristen oder Juden, die brief, insigel oder petschaft von im haben umb geltschult oder anderlai vordrung, das die in der czeit komen wêren, die wolt er geledigt und gelöst und darczû getân haben, was recht gewesen wêr, und nîmant furkomen ist, weder Kristen noch Juden, die brief, insigel oder petschaft auf denselben N. gemelt haben von geltschult oder anderlai vordrung wegen, er und sein erben sein pilleich furbas ledig und berubt gegen allermeinkchlich, Kristen oder Juden, von aller geltschult und vordrung, darumb brief, insigel und petschaft sind. Und ob furbas icht brief, insigel oder petschaft herfur komen und die auf den vorgenannten N. lautteten oder sagten, und die vor heutigen tag geben wêrn, es wêr von Kristen oder von Juden die zû der zeit inner lands gewesen wêren: die sullen furbas genzlich tôd und ab sein und kain kraft nicht mêr haben, wênig noch vil, und dem vorgenanten Dünnerstorfer und allen sein erben kain schaden noch beswêrung bringen, wênig noch vil, in dhain weg, wann im das als [1]) heut zû eim [2]) rechten erfunden ist.

340 (344). *Gegenseitige Belassung Dithmarscher Ehegatten.* 1500.

A. L. J. Michelsen Sammlung altdithmarscher Rechtsquellen 254 Nr. 4. Vgl. Schröder GüterR. II 3 S. 417.

Ik Hebbeke Matheas belâte mîner werdinnen Grêten alle mîn gûd, bewechlick und unbewechlick, ôer lîftîth. Veftich marck is ôer vrîgh gût, id gâ wô id gâ. Ôer klêder sô vrîgh ûth alse in.

Sô belâte ick, Grête, Matheas wedder alle mîne marke de daghe dat he levet.

Anno 1500.

341 (345). *Fahrnis- und Errungenschaftsgemeinschaft in Drenthe.* (1516.)

Feith Ordelboek van den etstoel van Drenthe (Zitat zu Nr. 275) 183. Vgl. Nr. 298; Schröder RG.⁵ 757[146].

Tuschen Lamme Sibringe ende Rôeleff Sibringe, als van zêlighe Sibringe nâegelâeten tilbâer gûedt [3]), is gewîst: dat szôdâhne rôerende ende tilbâer gûedt, als Jôhan Sibringe arfgenâmen bewîsen konnen tôt

---

1) *vgl. S. 244⁴.* — 2) *die Vorlage hat* ein. — 3) *Fahrnis.*

Lammen ingebracht, ende mit szôdâhhe tilbâer gûedt als Jôhan ende Lamme up den dach, dô Jôhan levendich ende dôot was, hem beiden tôebehôerende hadden, dâer van sol Lamme van der helfte Jôhan Sibringe arfgenhâmen ûtinge[1]) weder dôen. Ende is dâer sâemenwinninge[2]), dâer van sol sie in gelîcken ther helfte ûtinge dôen.

342 (346). *Entmündigung eines Ehemannes wegen Verschwendung.* (1517.)

Feith a. O. (Zitat zu Nr. 275) 195 f.; auch bei Fockema Andreae Burgerlijk recht II 249. Vgl. Nr. 208; L. Oldenhuis Gratama in Nieuwe Bijdragen voor regtsgeleerdheid en wetgeving 20, 637; Gierke PrivR. I 393; Schröder RG.[5] 766[190].

Item Âleidt Bronninger met hôeren frunden gekohmen mit êen ordêel, ende beclâicht hôeren man, dat hie hôer ende der kinder gôet verdrinckt ende in dronckenschap mit gecken côepslâegen thôebrenget[3]), beghêert, dat men hem dâerumme unmundich mâecte. Sô hebben de droste mit den êtten[4]) hîr inne overkohmen ende lâeten ûthspreecken: dat, szowel mit Lambert Bronninger nhâ desen dâeghe tuschen hîr ende den lottinge[5]) tôe pinxteren êenige kômenschap[6]) dêde, de soll van ghêener wêerden ende unbundich wesen. Ende will Âleidt mit den frunden hem vôirt unmundich mâecken, szô soll sie Lambert vorschreven upt lottingh thôe pinxteren ther antwôert lâeten lâeden, ende szô sol men dan nhâ bewîs, ahnsprâecke ende antwôert vôort kennen.

---

[1]) *Auskehrung.* — [2]) *Errungenschaft.* — [3]) *mit törichten Kaufgeschäften verbringt; vgl. S. 213 Z. 39.* — [4]) *vgl. S. 209*[4]. — [5]) *vgl. S. 221*[7]. — [6]) *Kaufmannschaft, Kaufgeschäfte.*

Wortliste.

Die Hauptzahlen bezeichnen die Seite, die klein daneben gedruckten die Zeile, der Exponent die Anmerkung.

Berichtigungen und Nachträge.

S. 8 Z. 21 füge hinzu: Partsch in ZHR. 70, 480 f.
S. 18 Z. 17 lies Braune Althochdeutsches Lesebuch[7] S. 6.
Z. 34 lies Ôtitales honbit, deinde.
S. 19 Z. 41 lies visi.
S. 31 Z. 9 lies Vgl. Nr. 47.
Z. 44 lies Schröder GüterR. I 69 f.;
S. 32 Z. 24 lies tribus.
S. 35 Z. 34 füge hinzu: Heldmann in Historische Ztschr. 108, 326-332.
S. 54 Nr. 69 ist neu herausgegeben bei d'Herbomez Cartulaire de l'abbaye de Gorze (= Mémoires et documents publiés par la Société nationale des Antiquaires de France, Mettensia II) 159 Nr. 88. Man vergleiche ebenda S. 482, sowie Marichal Remarques chronologiques et topographiques sur le Cartulaire de Gorze (= Mémoires usw., Mettensia III) 50 52, 58-66, 72 f., und verbessere folgendes:
S. 55 Z. 1 lies utriusque.
Z. 7 lies 7 *statt* 6.
Z. 13 lies Boloncias (*nach Marichal's Annahme Bouligny, Meuse, canton de Spincourt*).
Z. 14/15 hinter anno *bis* regis *lies* quo supra, *womit allerdings das Datum unseres Textes gemeint sein muss. Vgl. Marichal a. O. 97.*
Z. 28 füge hinzu: J. P. W. A. Smit Het Brabantsche Jachtrecht vóór de regeering van Karel den Stouten 8, 32.
Anm. 4 lies middel-nederlandsche.
S. 57 Nr. 72, deren Datum übrigens interpoliert ist, steht bei d'Herbomez a. O. 194 Nr. 106; vgl. ebenda S. 508. Mithin:
Z. 14 lies retributorem sibi faciat Deum.
Z. 25 lies Girvulfi.
Z. 44 lies revertantur.
S. 61 Z. 21 füge hinzu: von Amira Die Handgebärden in den Bilderhandschriften des Sachsenspiegels (Abhandlungen der philos.-philol. Kl. der K. Bayer. Akad. der Wissenschaften Bd. 23 Abt. II) 193 f., 219, 260.
S. 65 Z. 12 lies libras (!).
S. 74 Z. 26 lies Michlenstat[2]).
Z. 33 lies superficiaria.
S. 78 Z. 34 füge hinzu: J. Ahrens Die Ministerialen in Köln und am Niederrhein (= Leipziger historische Abhandlungen 9) 61-63, 79[1].
S. 97 Anm. 1 füge hinzu: Bonolis Sul significato di "calumnia", im Archivio storico italiano, serie V, tomo 48, 284-330.
S. 133 Nr. 179 ist auch abgedruckt bei Herbert Meyer Die Einkindschaft (Breslauer Diss. 1900) 14.
S. 205 Anm. 2 am Ende lies Bresslau Handb. der Urkundenlehre I² 667-677, 745 f.
S. 224 Z. 38 lies aus(zu)richtung zû thuen.

Auf die Arbeiten von Dopsch Die Wirtschaftsentwicklung der Karolingerzeit, 1. Teil (Weimar 1912) und von Hans Planitz Die Vermögensvollstreckung im deutschen mittelalterlichen Recht, 1. Band (Leipzig 1912) kann hier nur noch allgemein hingewiesen werden.

Carl Georgi, Universitäts-Buchdruckerei, Bonn.

MIX
Papier | Fördert gute Waldnutzung
FSC® C083411

Kolibri 360 GmbH
Ferdinand-Jühlke-Straße 7
99095 Erfurt, Deutschland
produktsicherheit@kolibri360.de